B
V
72

AF550554

Hans-Hilmar Staudte • Milu Milescu

Das 1 x 1 des Endspiels

Ein Lehr- und Lesebuch der Endspielkunst

Joachim Beyer Verlag

Die Jugend will lieber angeregt als unterrichtet sein. (Goethe)

4. Auflage 2022

ISBN 978-3-95920-168-1

Ein Imprint des Schachverlag Ullrich, Zur Wallfahrtskirche 5, 97483 Eltmann

Herausgeber: Robert Ullrich

Inhaltsverzeichnis

Zum Geleit 12

Statt eines Vorworts 14

1. KAPITEL 18
   Schachpartie und Komposition 18
   Studien kennen bringt Gewinn 19
   Die unterlassene Nutzanwendung 20
   Das Vorbild (1) 20
   Das Vorbild (2) 23
   Den Omnibus verpasst 23
   Partie und Studie 24
   Nach fünfzig Jahren 25
   Zugzwanggedanken 28

2. KAPITEL 30
   Der Kampf um das Tempo 30
   Mit Tempo ins Quadrat! 30
   Auf schmalem Grat 31
   Ja, die „Übergänge"! 32
   Das einleitende Spiel 32
   Kritischer Punkt 33
   Auf Zugumstellungen achten! 33
   Pendeleien 34
   Die gute Gelegenheit 36
   Trumpf und Gegentrumpf 36
   Eines schickt sich nicht... 37
   ... für alle 38
   Das goldene Schach 39
   Es sieht so einfach aus 39
   Die doppelte Pointe 40
   Kampf ums Schach 41
   Sehr peinlich 43
   Eine widerlegte Analyse 44
   Kleiner Fehltritt 45
   Siegreich zurück 45
   Gelungener Übergang 46
   Zur „Wiederholung" 46
   Im Widerstreit 47

3. KAPITEL ... 49
Lenkung und Lockung ... 49
Eine berühmte Studie von Lasker ... 49
– und die Nutzanwendung ... 49
Vor Lasker gab man remis... ... 51
Eine alte Regel ... 51
„Herumgezwungener“ Läufer ... 52
Ablenkung ist auch Lenkung ... 53
Von gewinnendem Wesen ... 53
Ein kleines Zwischenschach ... 54
Das Hineinziehungs-Echo ... 54
Versäume keine Ablenkung 55
Die Tauschfeldverlagerung ... 56
Viermal Lenkungsopfer! ... 56
Eindrucksvolle Deplacierung ... 57
Nützliche Kenntnis ... 57
Mit feinster Delikatesse ... 58
Echt Bronstein! ... 58

4. KAPITEL ... 59
Schädliche Steine, Linien und Felder ... 59
Der geschonte Pattschädling ... 60
Im Interesse des Patts ... 61
Einer zuviel an Bord ... 61
Fein überlegt ... 62
Von klassischer Einfachheit ... 62
Wer am Zuge ist 63
Erst Versteckspiel ... 63
Mit kunstvollen Manövern ... 65
Freude am Besitz ... 66
Das Pattversteck ... 67
Niedergerissener Schutzwall ... 67
Komplizierte Versteckwahl ... 68
Der tiefe Schlaf 69
Fehler im Kalkül ... 69
Schädliche Schräge ... 70
In Gedanken 70
Der unterbrochene Kontakt ... 71
Nicht der eine 72

5. KAPITEL ... 74
Leicht- gegen Schwergewicht ... 74
So muss es gemacht werden ... 74

Nur der Turm! 75
Den Zugzwang vermeiden 75
Schachhistorischer Fehler 76
Unsterblicher Saavedra 77
Alle guten Geister 78
... waren in Urlaub 79
Zwei Urteilsfehler 80
Einfacher Fall 81
Schon ziemlich schwierig 81
Ganz unwahrscheinlich! 82
Mit „Probespiel“ 83
Noch einmal davongekommen 84
Wie die Katze um den heißen Brei 85
Zweimal Tabu 86
Altes Thema, neu verbrämt 86
Von der Seite gesehen 88
Weise Zurückhaltung 89
Drei kleine Negerlein 89

6. KAPITEL 91
Die letzte Zuflucht 91
Ruhe nach dem Sturm 91
Lahmgelegter Verkehr 91
Nach altem Vorbild 92
Zum Ausgangspunkt zurück 93
Die glänzende Pointe 93
Kluger Läufer 94
Zu früh aufgegeben 94
Tief verborgen 95
Hohe Schule der Pattkunst 96
Klassiker der Pattwanderungen 98

7. KAPITEL 101
Positionelles Remis 101
Das Pattduell 101
Duplizität 101
Ein Schritt zu weit 102
Pattofferten 102
Machtlose Dame 103
Höchst eigenartig 103
Die Remis-Schaukel 104
Eine Schaukeldrohung 105
Im Exil 106

Daneben gelungen! ... 106
Die Festung ... 107

8. KAPITEL ... 109
Der Trumpf des Freibauern ... 109
Akute Turmlähmung ... 109
Der Elfmeter ... 109
Listige Strategie ... 110
Der kleine David ... 111
Einmal hin, einmal her ... 112
Zwei Bauern – ein Tempo! ... 112
Gut gemacht, Läufer! ... 113
Doppelter Zugzwang ... 113
Gefährliche Freibauern ... 114
Ähnlich – nicht gleich ... 114
Feines Tempospiel ... 115
... und des Läufers ... 116
Patt statt Matt ... 116
Selbst gegen drei ... 117
Das treue Ross ... 117
Entschärfte Sperrzüge ... 118
Schnöde getäuscht ... 119
Aus alt mach neu ... 119

9. KAPITEL ... 121
Leichte Figuren in schwerem Kampf ... 121
Wie macht er das bloß? ... 121
Noch einmal Schachhistorie ... 121
Gerade noch mattgesetzt! ... 122
Die vermeintliche Bindung ... 122
Zwischengeschaltet ... 123
Matt in der Geheimratsecke ... 123
Rettung in letzter Sekunde ... 124
Unterschätzte Gefahren ... 125
Abenteuerliche Königsfahrt ... 127
Ein Schritt zu wenig ... 128
Eingeholt! ... 128
Nicht alltäglich ... 129
Tempo, Tempo! ... 129
Der falsche Läufer ... 130
Einmal hatte er's gesehen ... 130
Tempoverlust wird Tempogewinn ... 133
Schach ist kein Zählspiel! ... 133

„Der hübsche Reinfall" ... 134
Angebundener Springer ... 135
Zerbrochene Ketten ... 135
Es war nicht so einfach ... (... wie es aussah) ... 136

10. KAPITEL ... 139
Zugzwang, Duelle und allerhand Begleiterscheinungen ... 139
Nicht Opposition – sonst Zugzwang ... 139
Das feine Gegenspiel ... 140
Klassische Umgehung ... 140
Vom Remis zum Verlust ... 141
Erzwungene Feldräumung ... 143
Langsam, aber sicher ... 143
Ein Zugzwangsopfer ... 144
... und vom Künstler gestaltet ... 145
Verlagerte Deckung ... 145
Auf engem Raum ... 146
Zweimal Platzwechsel ... 146
Auf dem Wege zur Quelle ... 147
Parallelogramm der Kräfte ... 147
Ein eleganter Läufer ... 148
Und doch 149
Entgegen der Regel ... 150
Ausmanövriert! ... 151
Kleines Zugzwangduell ... 151
Gegenseitiger Zugzwang ... 152
Der vergessene Freibauer ... 153
Herrscher über zwei Figuren ... 154
Verfolgt, gejagt, erobert ... 155
Der Dauerangriff ... 155
Geplagter Läufer ... 156
Schönheit der Logik ... 157
Freie Bahn dem Turm! ... 157
Das große Duell ... 158
Unvergängliche Fesselungskombination ... 158
Übers Kreuz ... 159
Kurz vor dem Ziel 159

11. KAPITEL ... 161
Das schwierige Bauernendspiel ... 161
Um ein Haar ... 161
Der große Bogen ... 162
Zu menschenfreundlich ... 163

Quo vadis? 163
Er verteidigt sich selbst 164
Autarkie des Doppelbauern 164
Der übersehene Zugzwang 165
Bauern gewinnen „von selbst“ 166
Klassischer Durchbruch 167
Warum so pessimistisch? 168
Raffiniertes Tempospiel 169
Weiß fand den Weg 170
Kaum zu glauben! 170
Ein kritisches Feld 171
Ein Remis à la Halberstadt 172
Der Schritt vom Wege 174
Was sind das: „Gegenfelder“? 174
Das schwebende Gleichgewicht 176
Aber hier entschwebt es 176

12. KAPITEL 178
Der „Mehrbauer“ 178
Felder gleicher Farbe 178
Warum so eilig? 179
Auch der Turm opfert sich 180
Er glaubte es nicht 180
Auf halbem Wege stehen geblieben 182
Dreimal innerhalb eines Jahres 183
Zu weit links zum Gewinn 184
Schon vor 75 Jahren 186
So wär's gegangen 186
Umweg führt ins Verderben 187
Das unbekannte Vorbild 188
In Sicherheit gewiegt 189

13. KAPITEL 191
Das Endspielmatt 191
Matt in drei Zügen! 191
Zugzwang der Dame 191
Ins Mattnetz gegangen 192
Das ganze Endspielrepertoire! 193
Mattwitz hilft siegen 194

14. KAPITEL 197
Nachlese 197
Der positionelle Weg 197
In die Enge getrieben 198
Intakte Dame, aber 199
Vorpläne 200
Einfach, doch lehrreich 200
In Remisgefahr 201
Wo der König steht 201
In acht Zügen! 202
Geistreich und brillant 203
Wie gewonnen, so zerronnen 204
Radulescus Fund 204
Zweimal Damenfang 205
„Um die Ecke gezielt" 205
Auch die Großmeister! 206
Ein tragikomischer Springer 206
Waagerecht gefangen 207
Verbunden – gebunden 207
Klassischer Fall 208
Ein Freibauer, prächtig anzuschauen... 209
Der letzte Versuch 210
Mit kombinatorischen Mitteln 210
Capablancas Bauernopfer 211
Die vermeintliche Rettung 211
Positionelles Remis? 212
Das Wandern ist des Königs Lust 213
Ausgedehnte Exkursion 214
Ein reizender Fischer-Zug 214
Hinderliche Masse 215
Ins Leere 216
Der Turm im Kampf gegen den Läufer 216

Nachwort 218

Verzeichnis der hauptsächlich benutzten Quellen 219

Zeitschriften 221

Namenregister der Autoren und Spieler 222

Zum Geleit

Das 1 x 1 ist die Grundlage der Rechenkunst. Nun muss man ja auch im Schach rechnen und dies besonders im Endspiel. Erwarten Sie jedoch nicht von diesem höchst vergnüglichen Buch einen „Stein der Weisen", den es im Schach nun schon gar nicht geben kann. „Das 1 x 1 des Endspiels" ist also keine systematische Darstellung der Endspiele, und vielleicht sagen Sie deshalb, der Titel sei Spiegelfechterei. Mitnichten! Die klug getroffene Auswahl der zahlreichen Beispiele, deren Vergleich mit bestimmten Endspielregeln, Analogien in Hülle und Fülle gestalten das Buch ungemein anregend und lehrreich.

Aus solchen Darstellungen lernt der Schachschüler mehr als aus ermüdenden Variantenanhäufungen, ein Erfahrungssatz, den ich zeit meines Lebens in eigenen Büchern befolgt habe, weswegen das vorliegende Buch auch von mir geschrieben sein könnte, was es aber leider nicht ist!

Der ursprüngliche Gedanke des israelischen, früher rumänischen Studienfachmanns Milu Milescu bestand darin, an einer möglichst umfassenden Sammlung von Analogien zwischen Partie und Studie die Bedeutung und den Wert der Studienkomposition für die Entspielführung in der praktischen Partie darzulegen. Dr. Staudte entzündete sich an dieser Idee, schritt aber weit darüber hinaus und schuf praktisch ein Lehrbuch der Endspielkunst auf unsystematischer Grundlage. Man erkennt wieder einmal, wie viel Schwierigkeiten die richtige Behandlung der Endspiele selbst großen Meistern bereitet. Und woran liegt das? An einer Tatsache, die in der Eröffnung und im Mittelspiel doch längst nicht so ausgeprägt zur Geltung kommt: dem Erfordernis größtmöglicher Genauigkeit! Jeder Zug muss sitzen, kann man in vielen Endspielstellungen sagen. Und wenn man etwa im Mittelspiel einen Fehler häufig noch gutmachen kann, ist er im Endspiel meist sofort spielentscheidend.

Man staunt über die ungeahnten schöpferischen Möglichkeiten im Endspiel, das – wie übrigens das Schachspiel überhaupt – mehr Ausnahmen als Regeln enthält. Und man muss den Verfassern dankbar sein, dass sie uns so interessante und sehenswerte Einblicke in ein wichtiges, sehr zu Unrecht von manchen Spielern als „trocken" bezeichnetes Teilgebiet des Schachspiels vermittelt haben.

Wer dieses Buch mit Anteilnahme studiert, der ist im 1 x 1 des Endspiels ein gutes Stück vorangekommen!

Berlin, Herbst 1964. Kurt Richter

Statt eines Vorworts

„Das Endspiel ist langweilig! Einzige Aufgabe des Schachspielers ist es, öde Regeln, dürre, mechanische Technik auswendig zu lernen und den Gegner mit dem Gedächtnis, nicht mit der schöpferischen Phantasie auf die Knie zu zwingen." – So oder ähnlich hört man gelegentlich lautstark verkünden. Wir aber möchten diesen Propheten in aller Bescheidenheit empfehlen, auf der „Leiter der Erkenntnisse" doch noch einige weitere Sprossen zu erklimmen. Sie wollen etwa im Endspiel einen Mattangriff führen?! Nur zu, es bietet sich Ihnen mannigfache Gelegenheit! Oder es wäre Ihnen unangenehm, sich zum guten Schluss noch mattsetzen zu lassen?! Getrost, – es gibt vielerlei Ausflüchte, und manchmal bietet sich, wenn alles zu versagen scheint, noch „die letzte Zuflucht"! Allerdings können die Verfasser nicht verheimlichen, dass es zuweilen auch im Endspiel, wo nur ganz wenige Steine, gegnerische und eigene, das Brett unsicher machen, misslich ist, Mattdrohungen abwehren zu müssen. Es kann Kopf und Kragen kosten, wenn auch sozusagen im Zeitlupentempo. – Doch sehen Sie selbst:

1

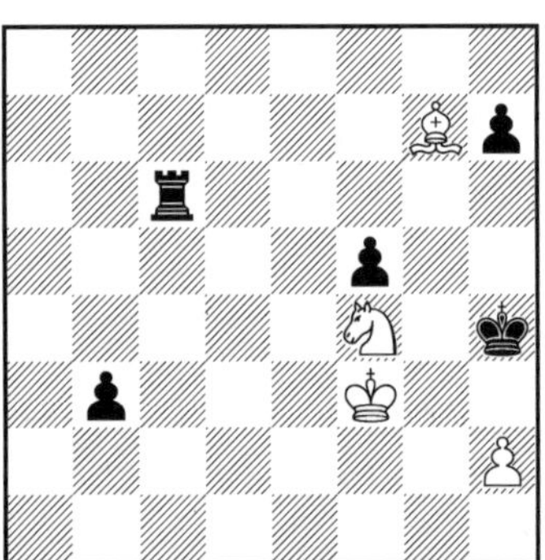

Gligoric – Liberson (am Zuge)
Moskau 1963

2

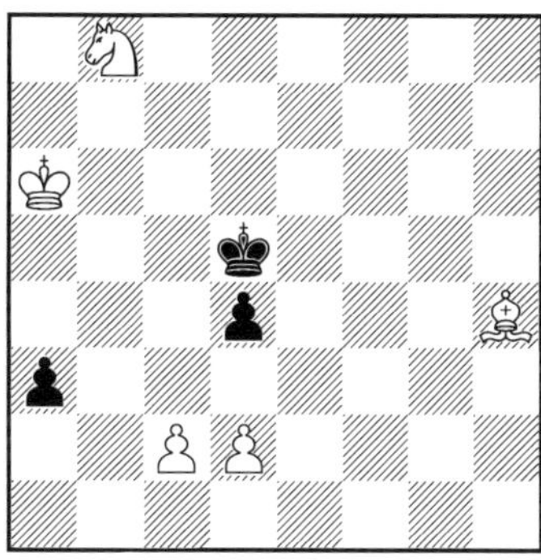

L. I. Kubbel
„Schachtmatny Listok“, 1922
Weiß gewinnt

In Nr. 1 griff der junge Liberson (der jetzige Großmeister) zu dem seltsam anmutenden Manöver **1. ... ♔g5 2. ♔g3** (droht Matt) **2. ... ♖h6,** worauf sich die Gegner mit einem schiedlich-friedlichen Remis trennten. – Warum aber, so fragte man nach der Partie, zog Schwarz nicht 1. ... ♖b6, um seinen Freibauern zu verwerten; wäre nicht Weiß nach 2. ♗d4 (auch auf 2. ♗b2 hat Schwarz Gewinnaussichten) 2. ... b2 verloren gewesen? Die Antwort macht uns das Endspiel so interessant: Es geschieht 3. ♗b6:!, und nun zeigt sich, dass der schwarze König in argen Mattgefahren schwebt, denen er nur unter Preisgabe des Freibauern entrinnen kann. 3. ... ♔g5 (es drohte Matt auf d8) 4. h4+! ♔h6 (4. ... ♔h4:? 5. ♗d8#, oder 4. ... ♔f6 5. ♗d4+) 5. ♗c5!. Wieder droht Matt, doch jetzt hat Schwarz keinen Zug mehr, als mit 5. ... ♔g7 die Schräge a1/h8 zu betreten: Nach 6. ♗d4+ fallen der Bauer und der Vorhang.
Ja, sie fallen, – aber nicht so, wie sich das unser imaginärer Schachfreund wohl vorgestellt haben mag; Schwarz zieht 6. ... ♔h6!! und hat nach 7. ♗b2: im „Haus zur letzten Zuflucht“, nämlich dem Patt, eine sichere Bleibe gefunden!
Ein Zufall will es, dass Schwarz, wenn der Gegner mit 4. ♗c5? (statt 4. h4+) die Züge umstellt, „weil es ja doch remis ist“, den Spieß umdrehen kann: „Sichern Sie sich nicht mit 4. h4+ das Remis, verehrter Meister, dann gewinne ich mit 4. ... h5!“ Der Vorstoß des h-Bauern verschafft dem Schwarzen das Fluchtfeld h7, und Weiß, unversehens zu einem armen Schlucker geworden, muss die Partie aufgeben.

Liberson hat sich also kein Versäumnis zuschulden kommen lassen, als er auf Gewinnversuche verzichtete. Großmeister Gligoric seinerseits erkannte, dass er nach den Partiezügen 1. ... ♔g5 2. ♔g3 ♖h6 nichts Besseres hatte, als Frieden zu schließen: Die Annahme des Qualitätsopfers mit 3. ♗h6:+ ♔h6: hätte ihn nämlich mit einem „Mehrspringer“ zurückgelassen, dessen einzige Aufgabe darin bestanden hätte, den Bb3 zu bewachen; – eine Pflicht, von der ihn seine Majestät, der weiße König, nicht entlasten könnte, da er vollauf damit beschäftigt wäre, seinen Thron und Kriegsschatz, den Bh2, vor Unbill zu bewahren.

*

Was aber hat die zweite Stellung, eine berühmte Studie des russischen Problem- und Studienmeisters L. I. Kubbel, mit Matt zu tun?! **1. ♘c6** „Das raffinierte Tier“ – frei nach Christian Morgenstern – „tut's um des Mattes willen!“ **1. ... ♔c6:** (erzwungen) **2. ♗f6 ♔d5 3. d3.** Unwillkürlich hat man das Empfinden, dass Weiß reichlich spät daran denkt, die Entwicklung seines Damenflügels zu beenden! **3. ... a2 4. c4+ ♔c5 5. ♔b7!!.** Urplötzlich droht Matt! **5. ... ♔d6 6. ♗d4:**, und Weiß gewinnt.

*

Beide Endspiele, die Analyse des Partieschlusses und die so genannte „Kunststudie“, haben etwas Wesentliches gemeinsam: In beiden Stellungen droht Weiß, den Gegner mit den bescheidensten Mitteln mattzusetzen. Wird in der Partie der schwarze König zur Schrägen a1/h8 „hingelenkt“, so führt in der Studie die Mattdrohung umgekehrt zur „Weglenkung“ des schwarzen Königs von der Deckung des Bd4. Beide Male aber war es die erzwungene Flucht aus dem Matt, die – wenn auch mit verschiedenem Ergebnis – die Entscheidung bestimmte.
So lassen diese beiden Beispiele zwei Erkenntnisse wenigstens schon erahnen; erstens: Auch im Partie-Endspiel kann es zu Mattdrohungen kommen, und zweitens: Die künstlich erdachte Studie vermag es, Einsichten zu vermitteln, die unser Schachfreund im Kampf am Schachbrett zum eigenen Nutzen und zum Schaden seiner Gegner verwerten kann.

1. KAPITEL
Schachpartie und Komposition

Unser Buch lädt den Leser an Hand einer großen Zahl von Stellungen aus Partie und Komposition zu einem Spaziergang in der reichen, vielgestaltigen Landschaft des Endspiels ein. So wenig es in den Absichten der Verfasser liegen kann, eine systematische Darstellung des Endspiels in der Schachpartie zu geben (dazu wären viele Bände nötig), so sehr hoffen sie, dem Endspiel und auch der Studie neue Freunde zu gewinnen und damit dem Königlichen Spiel einen bescheidenen Dienst zu leisten. In seinem grundlegenden Essay „Poesie des Schachs", der in der Übersetzung von Dr. Speckmann auch in deutscher Sprache vorliegt1), hat einer der bedeutendsten russischen Studienkomponisten, Abram Solomonowitsch G u r w i t s c h, die Ansicht vertreten, dass „die Komposition um enge Verbindung zur Schachpartie bemüht bleiben (müsse)", weil der Partieschachspieler – und auf diesen komme es an – „der Studie seine Aufmerksamkeit nur dann (zuwende), wenn er in ihr einer klaren Verkörperung von Ideen begegne, die ihn i n der Partie i n ihren Bann ziehen". Gurwitsch meint, dass „die Darstellung schöner Kombinationen das einzige Ziel der Studienkomposition sei". – Damit aber, so will es uns scheinen, engt Gurwitsch den Bereich dessen, was der Komposition zugänglich ist, allzu sehr ein: ganz erfasst von jenem Unerklärbaren, sich der rationalen Deutung Entziehenden, nämlich von dem, was wir das Schöne nennen, lässt Gurwitsch außer acht, dass es auch etwas gibt, was als die „eherne Schönheit des Gesetzmäßigen" bezeichnet werden könnte. Nicht umsonst haben sich große Studienkünstler wie Troitzky, Réti, Tschechower, Halberstadt, Herberg, Prokes, Rinck und Moravec darum bemüht, gesetzmäßigen Zusammenhängen auf dem Schachbrett nachzuspüren, die den Generationen vorher noch verschlossen geblieben waren. Und, wenn wir einmal ganz „rational" sprechen wollen: Der von Gurwitsch beschworene Partieschachspieler muss sich ganz zwangsläufig – weil er sonst im Turnierkampf unterliegen würde! – auch von den positionellen Problemen „in seinen Bann ziehen" lassen, die Gurwitsch der Endspieltheorie vorbehalten möchte. Gewiss kann es sich ereignen, dass Erkenntnisse der Studienkunst – denken wir nur an die Forschungen Troitzkys und Chérons im Endspiel von zwei Springern gegen einen Bauern – Gemeingut werden

1) Gurwitsch/Speckmann: Meisterwerke der Endspielkunst, Berlin 1963

und damit in den Bereich der endspieltheoretischen Wissenschaft einmünden; aber das besagt nichts weiter, als dass beides, kombinatorische Eingebung und vorausschauende Planung, zueinander gehören wie Geschwister. Bei der Auswahl der zahlreichen Studien, die der Leser in diesem Buch finden wird, haben die Verfasser auf Partiewahrscheinlichkeit Gewicht gelegt, – wie denn das „Außerordentliche" in der Schachkunst auch in den für das Buch ausgewählten Partiestellungen nur angedeutet werden konnte.

Studien kennen bringt Gewinn
(oder jedenfalls einen halben Punkt)

3

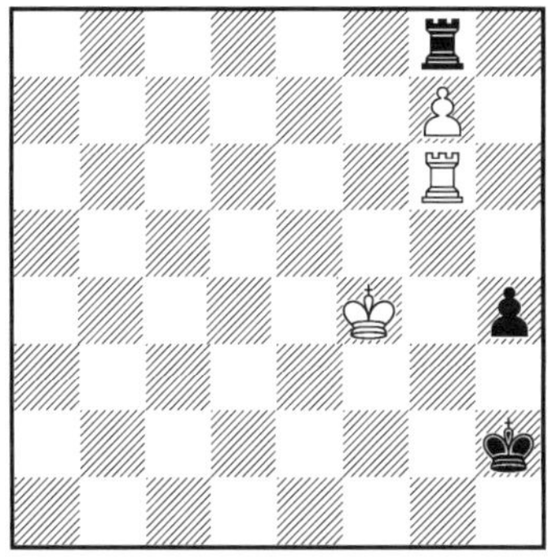

Frau Bykowa – Frau Rubzowa
(am Zug)
Damenweltmeisterschaft 1958

Frau Rubzowa zog **1. ... h3?** und gab nach **2. ♖g3!** (Zugzwang!) die Partie auf. Hätte sie dagegen 1. ... ♔h1!! gespielt, so wäre ein überraschendes Unentschieden ihr Lohn gewesen; z. B. 2. ♔g4 h3! 3 ♔h3: ♖g7: 4. ♖g7:, und Schwarz ist patt!

4

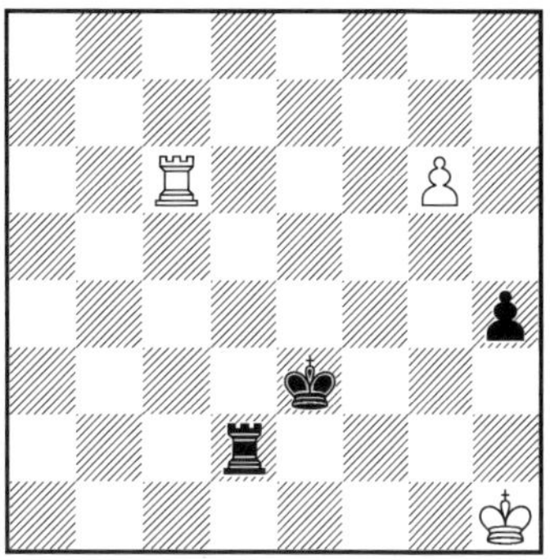

I. A. Kantorowitsch
2. ehr. Erw. in einem russischen Studienturnier 1952
Weiß gewinnt

Die Ausgangsstellung der Studie von Kantorowitsch lässt einstweilen nur erkennen, dass – im Verhältnis zur Partie Bykowa-Rubzowa – gleichartige Bauern auf dem Brett sind und der „falsche" König in der Ecke steht. Doch sehen Sie: **1. g7 ♖d8 2. ♖e6+! ♔f3**(4)!. Aber nicht 2. ... ♔d4? 3. ♖d6+! mit Gewinn. **3. ♖f6+ ♔g3**(!) **4. ♖g6+ ♔h3!**. Ein Witz: 5. g8♕? ♖g8:! ♖g8:, und Schwarz ist patt. Daher **5. ♔g1! ♖g8 6. ♔f2 ♔h2,** und jetzt sind wir bei der kritischen Stellung angelangt.

5

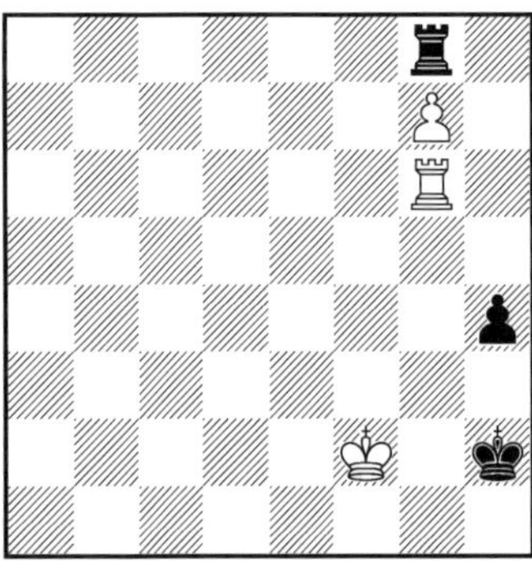

Stellung nach 6. ... ♔h2

Wie das Bild zeigt, unterscheidet sie sich von der Partiestellung nur durch den – hier unwesentlichen – Umstand, dass der weiße König nicht auf f4, sondern auf f2 steht.

Weiß muss sich nun vor drei Verführungen in acht nehmen: a) 7. ♖h6? h3! 8. ♖h7 ♖a8, oder b) 7. ♖g2+? ♔h3 8. ♔f3 ♖f8+!, oder schließlich c) 7. ♔f3?.

Das ist die Parallele zu unserer Weltmeisterschaftspartie! Es folgt 7. ... ♔h1! (nicht 7. ... h3?, wie Frau Rubzowa zog) 8. ♔g4 h3 9. ♔h3: ♖g7:! mit Remis.

Richtig ist nur **7. ♖g4! h3 8. ♖g3** (so gewann Frau Bykowa nach dem Fehler ihrer Gegnerin!), oder **7. ... ♔h3 8. ♔f3,** in beiden Fällen mit tödlichem Zugzwang.

Die unterlassene Nutzanwendung

6

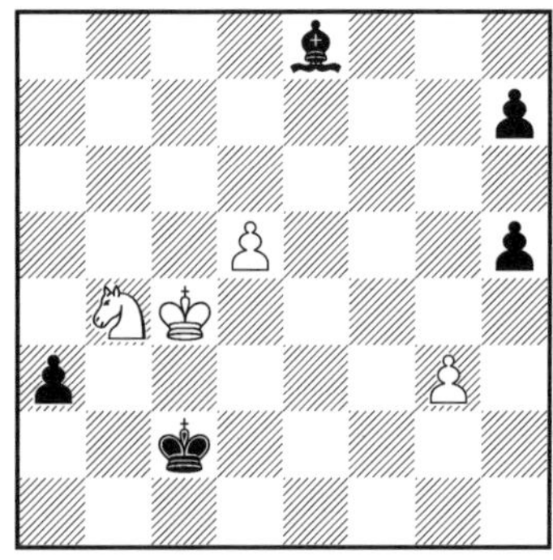

Barcza – Portisch (am Zug)
Stichkampf um die Meisterschaft von Ungarn 1960

Das Vorbild (1)

7

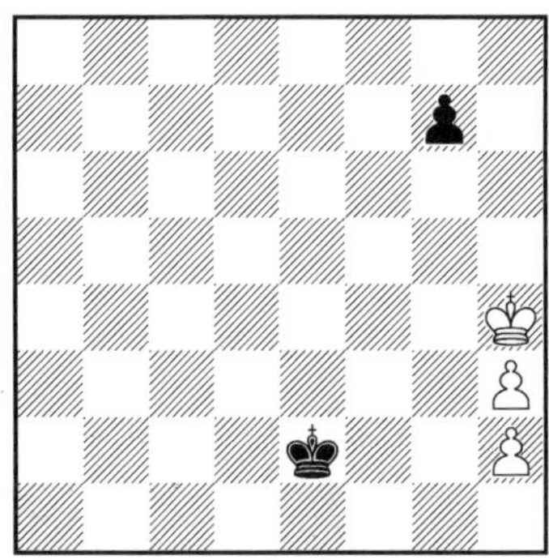

N. D. Grigoriew
„64", 1932, 1. Preis
Weiß gewinnt

Hier wird sich die Frage aufdrängen, was denn wohl diese beiden Stellungen miteinander zu tun haben. Nun, lieber Schachfreund, Ihr Blick ist schon etwas geschärft, und es wird Ihnen sofort aufgefallen sein, dass die Bauernkonstellationen am Königsflügel ähnlich sind: In beiden Fällen steht ein g-Bauer einem Doppelbauern auf der h-Linie gegenüber. Sehen wir aber zunächst zu, wie es in der Partie weiterging:

Großmeister Portisch entschloss sich zu **1. ... ♔d2,** möglicherweise in der Hoffnung, dass sein Großmeisterkollege mit 2. d6? fortsetzen würde. Dann wäre 2. ... ♗a4! gefolgt; Schwarz wäre auf den g-Bauern losgegangen, hätte den indirekten Tausch seiner beiden h-Bauern gegen die beiden weißen Bauern erzwungen und wäre siegreich seinem freien a-Bauern zur Hilfe geeilt. – Barcza aber durchkreuzte nachdrücklich diese Rechnung; er zog **2. ♔b3!** und machte dadurch seinen Springer für die Unterstützung des d-Bauern frei. Nach **2. ... ♔e3 3. d6 ♔f3 4. ♘d5! ♔g3: 5. ♘f6** endete die Partie unentschieden; die Gegner hatten sich davon überzeugt, dass 5. ... ♗c6 6. ♘h5:+! ♔f3 7. ♘f6 h6 8. d7 ♗d7: 9. ♘d7: h5 10. ♘e5+ zum Remis führt.

Hätte aber Portisch die Studie von Grigoriew gekannt (wir wissen es nicht), oder hätte er erkannt, dass er zwangsläufig eine Stellung aus dieser Komposition (mit vertauschten Farben natürlich) hätte erreichen können, – nun, dann würde er zweifellos nicht gezögert haben, 2. ... ♔b2! (statt ... ♔d2?) zu ziehen! Die Folge wäre gewesen: 2. d6 a2 3. ♘a2: ♔a2: 4. ♔d5 ♔b3 (... ♗d7 ergibt schließlich dieselbe Stellung) 5. ♔e6 ♔c4 6. d7 ♗d7:+ 7. ♔d7: ♔d5 8. ♔e7 ♔e5 9. ♔f7 ♔f5 10. ♔g7. Aber jetzt müssen wir zunächst einen Blick auf die Studie von Grigoriew werfen!

Bei Grigoriew beginnt Weiß mit **1. ♔g3!,** was Schwarz am besten mit **1. ... ♔f1** beantwortet (1. ... ♔e3 2. h4 ♔e4 3. ♔g4 ♔e5 4. ♔g 5 ♔e4 5.h5! ♔f3 6. ♔f5 usw. mit Gewinn). **2. h4 g6!.**

8

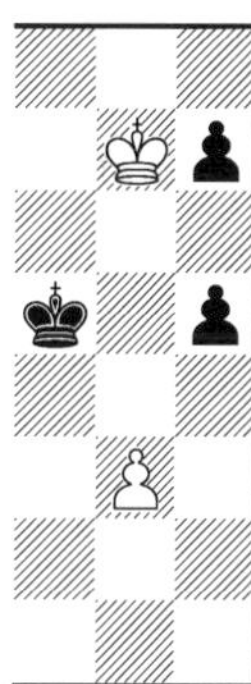

Barcza – Portisch
Stellung nach 10. ♔g7 (Variante)

9

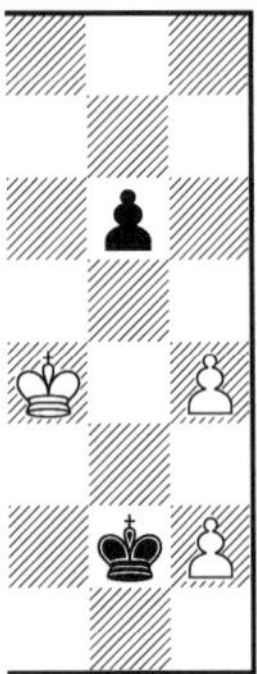

Grigoriew
Stellung nach 3. ... ♔g2

Schwarz darf den h-Bauern nicht nach h5 kommen lassen. **3. ♔f4 ♔g2.**

Wir erkennen nun, dass beide Stellungsbilder einander genau entsprechen! Weiß zieht bei Grigoriew **4. h5! gh5: 5. h4!** und gewinnt, – und Portisch würde „studienhaft fein“ mit 10. (♔g7) h4!! 11. gh4: h5! gewonnen haben.

Immerhin war, das muss der Kritiker zugeben, Grigoriews Gewinnführung in der Stellung Barcza-Portisch kleidsam und anmutig, aber doch recht wirksam verborgen. Damit stoßen wir auf einen grundsätzlichen Unterschied zwischen dem Partie-Endspiel und der Studienkomposition: Vom Standpunkt des Komponisten aus enthält das in der praktischen Partie entstehende Endspiel vielfach „unnötiges Beiwerk“, dessen sich der Schöpfer einer Studie nach Möglichkeit zu entledigen trachtet, um dem Gedanken, den er gestalten will, die künstlerisch reinste Darstellungsform zu geben. Ähnlich verfährt der Endspieltheoretiker, wenngleich von einem grundsätzlich anderen Ausgangspunkt aus: Auch er vermeidet alles „Störende“, damit die Idee in „abgelöster“, d. h. abstrakter Form erscheine und zukünftig als Regel (oder auch als Ausnahme von der Regel) die schuldige Reverenz erfahre.

Dennoch kann man in der Partiestellung, genau betrachtet, in ökonomischer Form alle Elemente einer Studie wiederfinden; die Züge von 1. ... ♔b2! ab bis zu 7. ... ♔d5 erscheinen dabei als die Einleitung, bei der Schwarz die starke Verführung 1. ... ♔d2? vermeiden muss, und nach 8. ♔e7 usw. entsteht in völlig reiner Gestalt das Grigoriewsche Studienthema!

Anders liegen die Verhältnisse in den beiden folgenden Beispielen.

Das Vorbild (2)
10

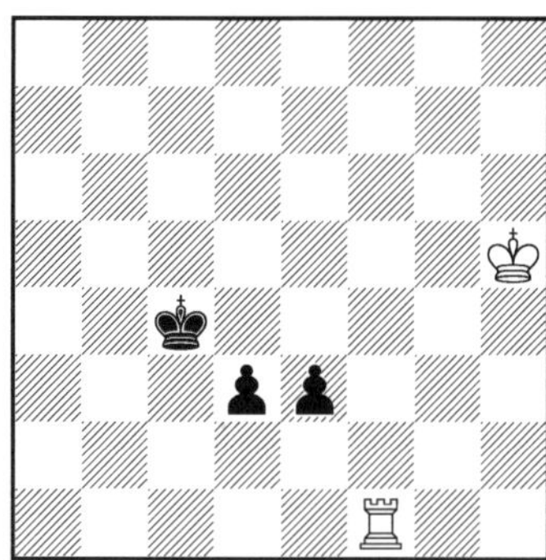

L. Prokes
„Schackvärlden", 1939 – ehr. Erw.
Weiß hält unentschieden

In dieser bekannten Studie des tschechoslowakischen Komponisten Professor Ladislav Prokes scheint Weiß den furchtbaren Bauern machtlos gegenüberzustehen. Aber mit Hilfe des von Prokes' Landesmann, dem Studienkomponisten Dr. J. Fritz, so genannten „Prokes-Manövers" gelingt es Weiß, unter Aufopferung seines Turms die Bauernphalanx unschädlich zu machen: **1. ♔g4 e2.** Oder 1. ... d2 2. ♔f3 ♔d3 3. ♖a1! e2 4. ♖a3+ ♔c2 5. ♖a2+ ♔c1 6. ♖a1+ ♔b2 7. ♔e2: mit Remisschluss. **2. ♖c1+ ♔d4 3. ♔f3 d2 4. ♖c4+!! ♔d3** (oder ... ♔c4: 5. ♔e2:) **5. ♖d4+! ♔d4:** (nun hat Schwarz nichts Besseres) **6. ♔e2: ♔c3 7. ♔d1;** Remis.
Wenn Schwarz 2. ... ♔b3 zieht, so folgt 3. ♔f3 d2 4. ♖b1+ ♔c2 5. ♔e2:, und auf 2. ... ♔d5 geschieht 3. ♔f3 d2 4. ♖c5+ ♔c5: 5. ♔e2:. Viermal Turmopfer!

Den Omnibus verpasst
11

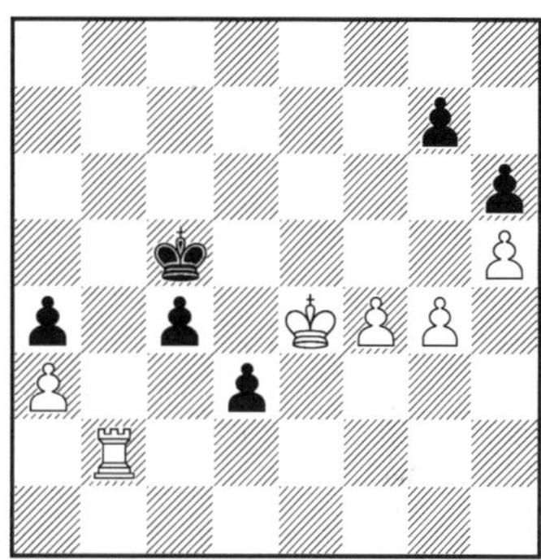

Schachar – Aloni (am Zug)
Meisterschaft von Israel 1962

H. Aloni, der spätere Turniersieger, hatte in kritischer Lage den schönen Einfall gehabt, seinen ♗f6 auf b2 gegen einen Bauern zu opfern; mit **1. ... c3** spielte er nun den Trumpf aus, von dem er Remis erhoffte. – Nur eine Kleinigkeit war Aloni bei seiner Kombination entgangen! Doch Weiß zog **2. ♔d3:?**, und nach **2. ... cb2: 3. ♔c2 ♔d4 4. ♔b2: ♔e4 5. ♔c3 ♔f4: 6. ♔b4 ♔g4:** usw. endete die Partie unentschieden.
Der Führer der Weißen hätte sich nur darüber klar werden müssen, dass der Turm, die beiden schwarzen Freibauern und die beiden Könige in der „Prokes-Konstellation" standen! Dann wäre er sicherlich auf den Ge-

winnzug (1. ... c3) 2. ♖b5+!! verfallen, der ihm einen glänzenden Sieg eingebracht hätte. Nach 2. ... ♔b5: (erzwungen) 3. ♔d3: c2 (oder 3. ... ♚c5 4. ♔c3: mit leichtem Gewinn) 4. ♔c2: ♚c4 5. g5 ♔d4 6. f5! ♔e5 (oder 6. ... hg5: 7. f6!) 7. f6 gf6: 8. gh6:! wäre Schwarz verloren gewesen. Bemerkenswert ist an dieser Partiestellung, dass das Turmopfer á la Prokes nur dem Zweck dient, die beiden Freibauern unter günstigeren Umständen zu erobern, als es mit 2. ♔d3: möglich war. Vergleicht man die Positionen nach dem vierten Zuge, so bringt 2. ♖b5+ dem Weißen nicht weniger als zwei volle Tempi ein (die Verbesserung der weißen Königsstellung nicht einmal eingerechnet). Und gerade diese beiden Tempi braucht Weiß, um ganz knapp den Sieg davonzutragen. Hier hatte also das Studienthema nur eine begrenzte Funktion innerhalb der Gesamtproblematik des Endspielkampfs am Schachbrett.

Partie und Studie
12

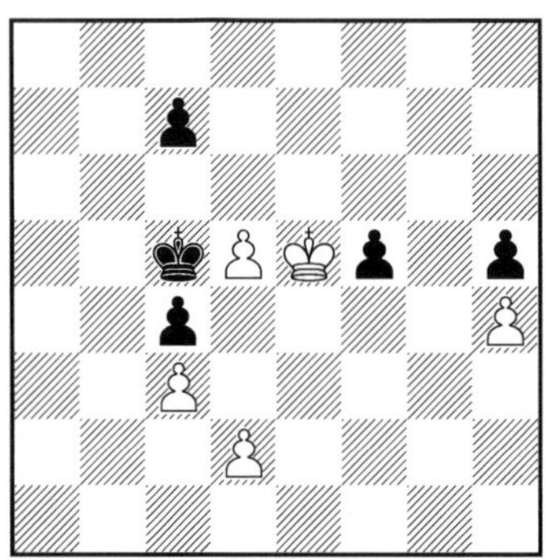

Breazu (am Zug) – Orban
Cluj 1958, zugleich: Studie von P. Farago
„Schachmaty“, 1958

Dem Umstand, dass Studienmeister Paul Farago dem Turnier von Cluj (Rumänien) als Schiedsrichter beiwohnte, verdankt die Schachwelt eine hübsche kleine Studie! Doch zunächst zur Partie: Breazu zog 1. ♔f5:? und musste sich nach **1. ... ♚d5: 2. ♔g5 ♚e5 3. ♔h5: ♚f5 4. ♔h6 ♚f6 5. h5 c6! 6. ♔h7 ♚f7 7. h6 c5!** mit Remis zufrieden geben. Der Leser, der den Partieschluss aufmerksam verfolgt hat, ist sich im klaren darüber, dass Schwarz den glücklichen Ausgang der Partie den beiden „Reservezügen“ 5. ... c6 und 7. ... c5 zuzuschreiben hat. Farago aber erkannte sofort, dass es dem Weißen mit **1. d6!!** gelingen würde, seinen Gegner ganz ohne materiellen Aufwand um einen dieser Reservezüge zu bringen: Nach 1. ... cd6: 2.♔f5: ♔d5 3.♔g5 ♔e5 4. ♔h5: ♔f5 5. ♔h6 ♔f6 6. h5 d5 7. ♔h7 ♔f7 8. h6 muss Schwarz die Segel streichen. Zwar hat er nach 1. ... cd6: 2. ♔f5: die zusätzliche Möglichkeit gewonnen, den d-Bauern sofort vorzustoßen (2. ... d5), aber das nützt ihm nichts: 3. ♔g5 d4 4. ♔h5: ♔d5 (oder 4. ... dc3: 5. dc3: ♔d5 6. ♔g4 ♔e4 7. h5 usw.) 5. ♔g4 ♔e4 6. h5 ♔d3 7. cd4: ♔d2: (auch nach 7. ... ♔d4: kommt Schwarz zu spät) 8. h6 c3 9. h7 c2 10. h8♕ c1♕ 11. ♕h6+, und Weiß gewinnt.

Wie fast alle Studien hat auch diese „Partiestudie reinsten Wassers" eine handfeste Verführung: es ist der Partiezug 1. ♔f5:.

Hier gingen also Partie und Studie gewissermaßen Hand in Hand, und es ist ganz in der Ordnung, wenn sich der Studienkomponist von der praktischen Partei inspirieren lässt.

Auch von dem großen Réti weiß man, dass er – zum Schaden seiner Turniererfolge – die Eingebungen zu seinen Studien-Meisterwerken vielfach empfing, während ihm etwa Dr. Tartakower, Yates oder Bogoljubow im ernsten Kampf gegenübersaß.

Nach fünfzig Jahren
12 A

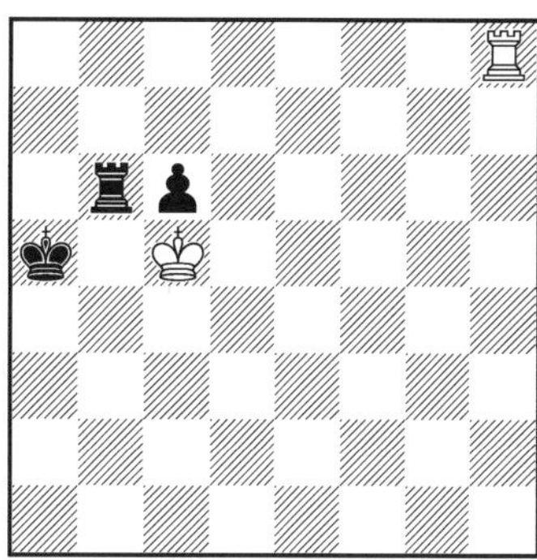

Lang – Spitz
BR Deutschland 1965
Weiß gewinnt

Wir begegnen hier dem „Doppel-Echo", einer Studienidee, die schon vor 50 Jahren vorgestellt worden ist. **1. ♖a8+ ♖a6 2. ♖b8! ♔a4** (2. ... ♖a7 3. ♖b1 ♔a6 4. ♔c6: und gewinnt) **3. ♖b1! ♖a5+ 4. ♔c4.** Schwarz, mit einem Bauern mehr, verliert. Etwas besonderes sind die beiden Echo-Varianten.

Die gleiche Idee finden wir in der folgenden Studie.

12 B

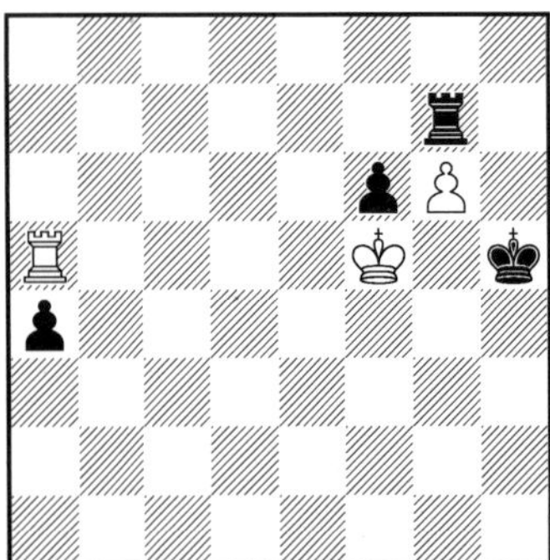

A. S. Selesniew
Schweizerische Schachzeitung
1915. Weiß gewinnt

1. ♖a8! (1. ♔f6:+? führt zum Remis nach 1. ... ♚h6 2. ♖g5 ♜a7! 3. g7 ♜a6+) **1. ... ♜g6: 2. ♖h8+ ♜h6 3. ♖g8!**. Weiß gewinnt wie in der Partie, obwohl Schwarz zwei Bauern mehr hat!

In der folgenden Stellung kannte der Führer der weißen Steine die Studienidee nicht. Erst nach nächtlicher Analyse entdeckte er den richtigen Plan.

12 C

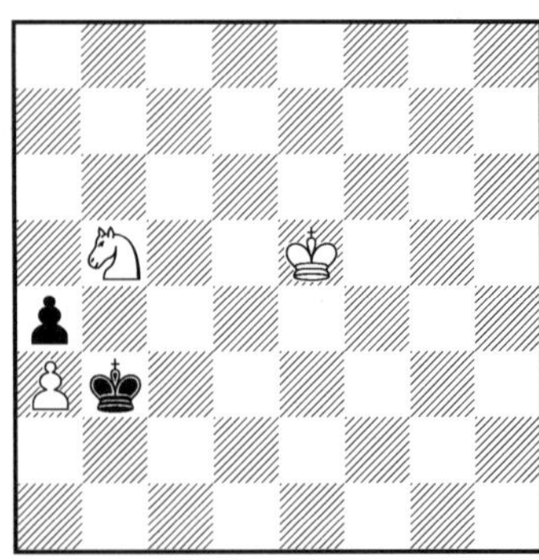

Gergeli – Nemtschin (am Zug)
Meisterschaft von Kasachstan 1966

Nach den Zügen **1. ... ♚c4 2. ♘d4 ♚c5 3. ♔e4 ♚c4 4. ♔e3** (versiegelter Zug) wurde die Partie abgebrochen. In der schlaflosen Nacht entdeckte Weiß, dass der Springer den Bai nicht von oben, sondern von unten decken musste, um den schwarzen König entscheidend abzudrängen.

4. ... ♚c3 5. ♔e4! ♚c4 6. ♔e5 ♚c5 7. ♘f3 ♚c4 8. ♘d2+ ♚c3 9. ♘b1+ ♚b2 10. ♔d4 ♚b1: 11. ♔c3. Schwarz gab auf.

12 D

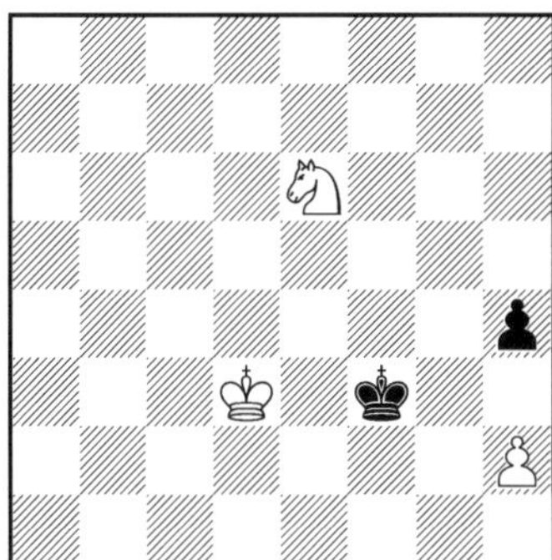

K. A. L. Kubbel
Rigaer Tageblatt 1914
Weiß gewinnt

12 E

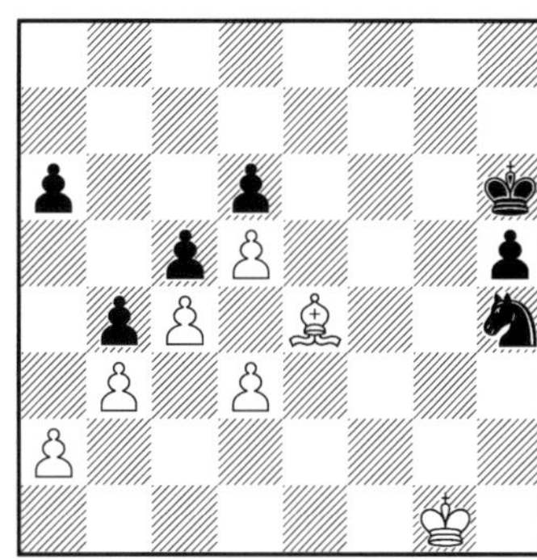

Nikolajewski – Taimanow
UdSSR-Meisterschaft 1967

Kenntnis der Studienliteratur hätte dem Führer der weißen Steine geholfen. Vor vielen Jahren hat Kubbel das Gewinnmanöver gezeigt: **1. h3!** (Nach 1. ♘g5+ ♔g4! bleibt das Spiel remis.) **1. ... ♔g3 2. ♘g5 ♔f4 3. ♘e4 ♔f3 4. ♔d4 ♔f4! 5. ♔d5 ♔f5! 6. ♘c3!** (Nicht 6. ♘f2? ♔f4 7. ♔e6 ♔f3 8. ♔f5 ♔f2: 9. ♔g4 ♔e3 mit Remisschluss.) **6. ... ♔f4 7. ♘e2+ ♔f3 8. ♘g1+ ♔g2 9. ♔e4 ♔g1: 10. ♔f3 und** gewinnt.

Hier schließlich ein noch neuerer Fall dieser Art.

Nach **1. d4 ♘g6** (cd4: 2. c5! und Weiß gewinnt) **2. dc5: dc5: 3. ♗g6: ♔g6:** sieht es so aus, als ob Weiß mit seinem gedeckten Freibauern leicht gewinnt. Es folgte **4. ♔f2 ♔f6 5. ♔g3 ♔f5 6. ♔h3 ♔f6** 7. **♔h4 ♔g6 8. d6 ♔f6 9. ♔h5: ♔e6 10. ♔g5 ♔d6: 11. ♔f5.** Weiß erobert den Bc5, aber Taimanow rettet sich mit einer Pattidee. **11. ... ♔c6 12. ♔e6 ♔b6 13. ♔d5 ♔a5! 14. ♔c5:** patt!. Ob er die folgende Studie kannte?

12 F

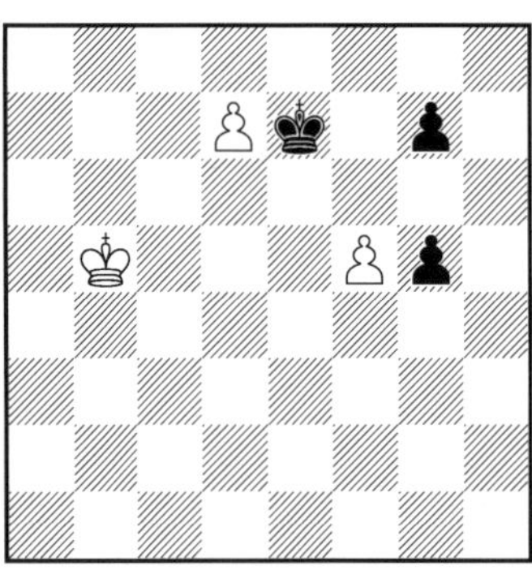

A. S. Selesniew
Deutsche Schachzeitung 1918
Remis

1. ♔c6 ♔d8 2. ♔d5 ♔d7: 3. ♔e4. Nicht 3. ♔e5?, weil nach 3. ... ♔e7 4. ♔d4 ♔f6 5. ♔e4 g4 Schwarz die Opposition hat und gewinnt. **3. ... ♔d6 4. ♔f3 ♔e5 5. ♔g4 ♔f6 6. ♔h5 ♔f5:**. Patt. Diese Studie dürfte durch folgende Partiestellung angeregt worden sein: Tschigorin – Tarrasch, Ostende 1905. Weiß ♔f4 ♙f5 g5 h4 – Schwarz ♔d5 ♙f6 g7 h7. Weiß konnte der Niederlage mit **1. ♔g4 ♔e5 2. g6 h6 3. ♔h5! ♔f5:** patt entgehen (er spielte jedoch 1. gf6: gf6: 2. ♔g4 ♔e5 3. ♔h3 ♔f4 und gab auf).

Zugzwanggedanken
12 G

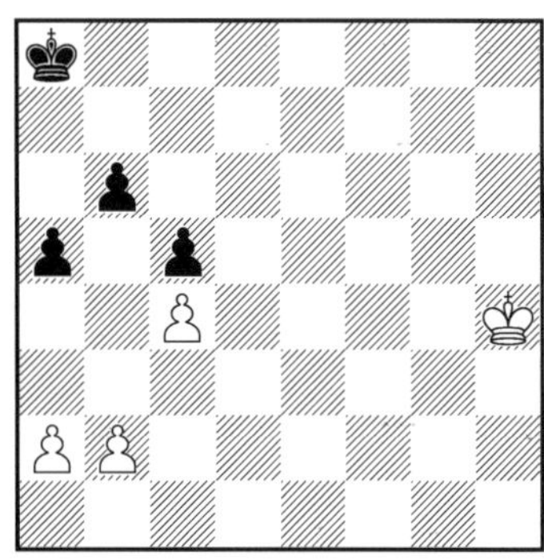

N. D. Grigoriew
Schachmatt 1938. Gewinn
Ehrende Erwähnung

Hier sehen wir eine einfache Oppositions-Idee. **1. a4 ♔b7 2. ♔g5 ♔c7 3. ♔f6 ♔d6 4. b3** (Weißfeldrige Opposition der Bauern. Der schwarze König vermag nicht zu verhindern, dass sein Gegenspieler ins schwarze Lager eindringt.) **4. ... ♔d7 5. ♔f7! ♔d6** (Auf 5. ... ♔d8 6. ♔e6 ♔c7 7. ♔e7 ♔c6 8. ♔d8 ♔b7 9. ♔d7 ♔a8 10. ♔c6! ♔a7 11. ♔c7 ist der Gewinn elementar.) **6. ♔e8 ♔e5 7. ♔d7 ♔d4 8. ♔c6 ♔c3 9. ♔b6: ♔b3: 10. ♔b5! und** gewinnt.

Und hier das Gegenstück aus der Praxis.

12 H

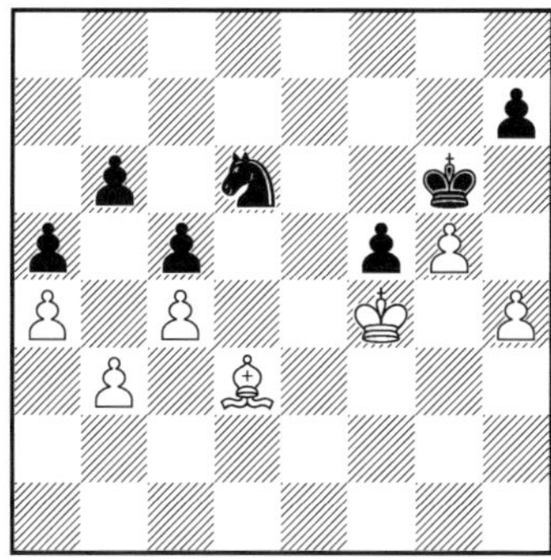

Kortschnoj – Petrosjan (am Zug)
3. Matchpartie 1974

Es herrscht Zugzwang. In der Partie folgte: **40. ...♘e4 41. ♗e4: fe4: 42. ♔e4: ♔h5 43. ♔f5 ♔h4: 44. g6 hg6:+ 45. ♔g6: ♔g4 46. ♔f6 ♔f4 47. ♔e6 ♔e4 48. ♔d6 ♔d4 49. ♔c6 ♔c3 50. ♔b6: ♔b3: 51. ♔b5!.** Schwarz gab auf.

2. KAPITEL

Der Kampf um das Tempo

Mit Tempo ins Quadrat!

Wohl jeder Schachspieler, der schon einmal einen Blick in ein Schachbuch geworfen hat, kennt eine Studie von Réti, in der ein schwarzer Bauer, scheinbar uneinholbar, vor einem König, „der es noch nicht gemerkt hat", davonläuft, wo aber dieser mit einem raffinierten „Knicktrick" ein remisbringendes Tempo gewinnt: ♔h8, ♙c6 – ♔a6, ♙h5 („Kagans Neueste Schachnachrichten", 1922). **1. ♔g7 h4 2. ♔f6,** und jetzt muss Schwarz, wenn er nicht nach 2. ... h3 3 ♔e6 ('7) auch eine weiße Dame entstehen lassen will, **2. ... ♔b6** ziehen. Dann aber geschieht **3. ♔e5!** mit der Doppeldrohung 4. ♔d6(f4), die Schwarz nicht abwehren kann. Entweder holt sich Weiß ebenso wie Schwarz eine neue Dame, oder er holt den Bauern ein; Remis!

13

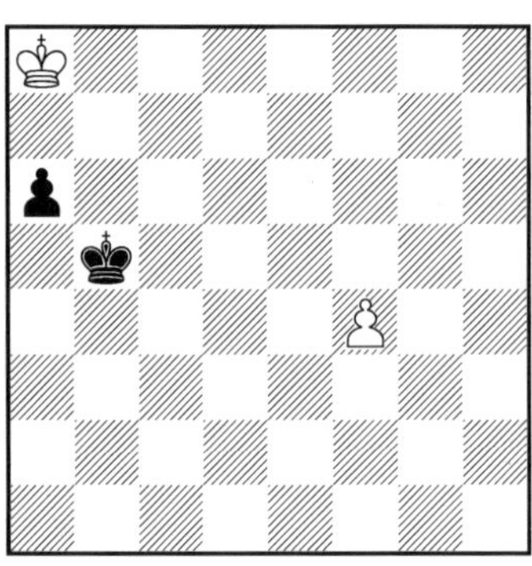

C. J. de Feyter
„Deventer Dagblad", 1939
Weiß hält unentschieden

Wir führen hier ein anderes Beispiel an, in dem der Gedanke von Réti womöglich noch sinnfälliger zum Ausdruck kommt: **1. ♔b7 a5 2. ♔c7 ♔c5(!).** Oder 2. ... a4 3. f5 usw. **3. ♔d7 ♔d5 4. ♔e7.** Wieder droht der Vormarsch des f-Bauern; daher **4. ... ♔e4 5. ♔e6!.** Hält die Remisdrohung aufrecht und zwingt daher den Schwarzen, mit **5. ... ♔f4:** das entscheidende Tempo zu verlieren; nach 5. ♔d6? a4! hingegen wäre Weiß verloren. Aber jetzt folgt **6. ♔d5,** und der weiße König hat „auf dem nächsten Umwege", wie man wohl sagen darf, das Quadrat des Freibauern betreten; Remis.

Selbstverständlich hat Réti die geknickte Königsreise nicht „erfunden“; sie ist schon lange vor 1922 in der Großmeisterpraxis vorgekommen. Mehr als hinreichend bekannt dünkt uns die Stellung **Lasker – Tarrasch** aus dem Petersburger Turnier 1914: ♔g7, ♙b2, b3, h2 – ♔f5, ♙a5, b5, c5 (Weiß am Zuge). Schwarz hatte diese Position in der Erwägung angestrebt, dass nach 1. h4 ♔g4 2. ♔f6 c4 3. bc4: bc4: 4. ♔e5 c3! 5. bc3: a4 der weiße König den schwarzen Freibauern nicht mehr erreichen kann, da er, obgleich im Quadrat stehend, durch seinen eigenen Bauern behindert wird. In der Tat eine lobenswerte Konzeption! Indessen geschah **1. h4 ♔g4 2. ♔g6!!** mit der für Schwarz fatalen Folge, dass sich nach 2. ... **♔h4:** der weiße König nicht auf der Schrägen a1/h8 bewegen muss, sondern seinem gefährdeten Damenflügel auf dem Wege über f5 zur Hilfe eilen kann. **3. ♔f5** sichert das Remis (. ... c4 4. bc4: bc4: 5. ♔e4 c3 6. bc3: a4 7. ♔d3 usw., oder 3. ... ♔g3 4. ♔e4 ♔f2 5. ♔d5 ♔e3 6. ♔c5: ♔d3 7. ♔b5: ♔c2 8. ♔a5: ♔b3:; Remis).

Auf schmalem Grat
14

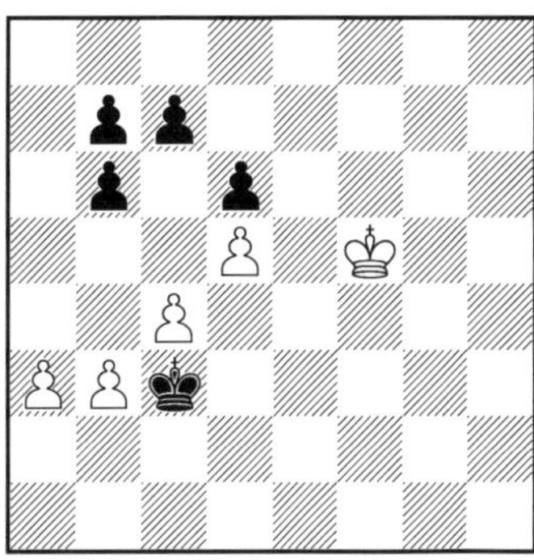

Schlechter (am Zug) – Marco
Wettkampfpartie, Wien 1893

Dies ist das älteste (und zugleich ein sehr schönes!) Beispiel aus der internationalen Praxis, das wir gefunden haben. Weiß scheint verloren, da der schwarze König viel besser steht. Es folgte **1. ♔e6 ♔b3: 2. ♔d7 ♔c4:**. Den ♙a3 darf Schwarz nicht nehmen (2. ... ♔a3: 3 ♔c7: ♔b3 4. ♔d6:), und das bringt die Rettung für Weiß! **3. ♔c7: ♔d5: 4. ♔b6:!** (♔b7:? ♔c5) **4. ... ♔c4 5. ♔b7: d5 6. a4! ♔b4** 7. **♔b6!**; das Spiel ist remis.

Ja, die „Übergänge"! 15

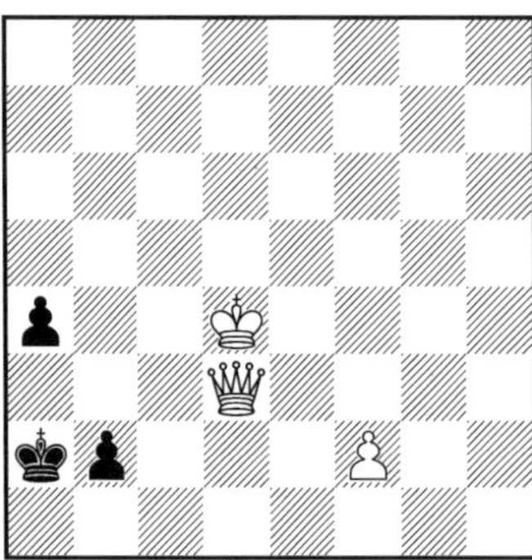

Yates (am Zug) – Marshall
Karlsbad 1929

Marshall war einer der raffiniertesten Turnierfüchse der Schachgeschichte, was hier zu seinem Leidwesen auch Meister Yates erfuhr. Anstatt mit 1. ♕c2 a3 (erzwungen) 2. ♔c3 ♔a1 3. ♕b3 b1♕ 4. ♕a3:+ nebst Damentausch leicht zu gewinnen, wählte Yates „die noch einfachere Fortsetzung" **1. ♔c4(??) b1♕ 2. ♕b1:+ ♔b1: 3. ♔b4** und sah sich nach **3. ... ♔b2!!** um den so sicheren Sieg betrogen! Nach 4. ♔a4: (erzwungen) 4. ... ♔c3 hat der schwarze König (wieder einmal!) das Quadrat erreicht.

Das einleitende Spiel 16

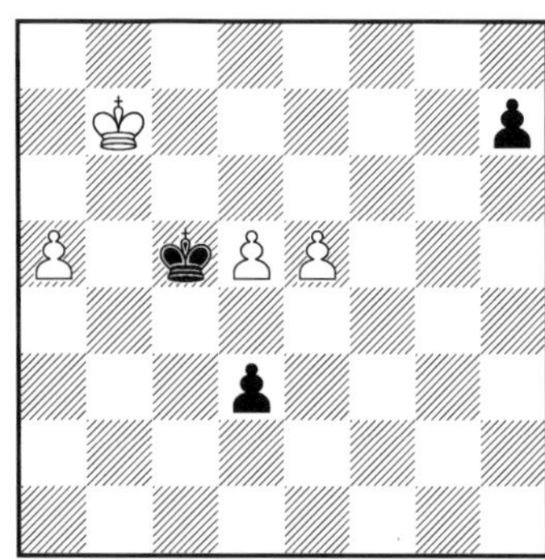

W. A. Korolkow
Lob in einem russischen Studienturnier 1950
Weiß hält unentschieden

Nach dem siebten Zuge dieser Studie entsteht die Ausgangsstellung einer Komposition von Prokes (vgl. das nächste Stellungsbild). „Neu ist hier – bei Korolkow – nur das einleitende Spiel", bemerkt J. Maiselis in Awerbachs Endspielwerk. – Richtig, sagen wir, aber gerade die „Einkleidung" macht die Komposition Korolkows für den Partiespieler so wertvoll: In der Partie wird einem ja die Remisstellung nicht gratis ins Haus geliefert, sondern man wird oft hart darum kämpfen müssen, den richtigen „Übergang" zu ihr zu finden!

1. e6! ♔d6 2. e7 ♔e7: 3. ♔c7 d2 4. d6+ ♔e6(!) 5. d7 d1♕ 6. d8♕ ♕d8:+ (offensichtlich das Einzige) **7. ♔d8: ♔d6.**

Kritischer Punkt
17

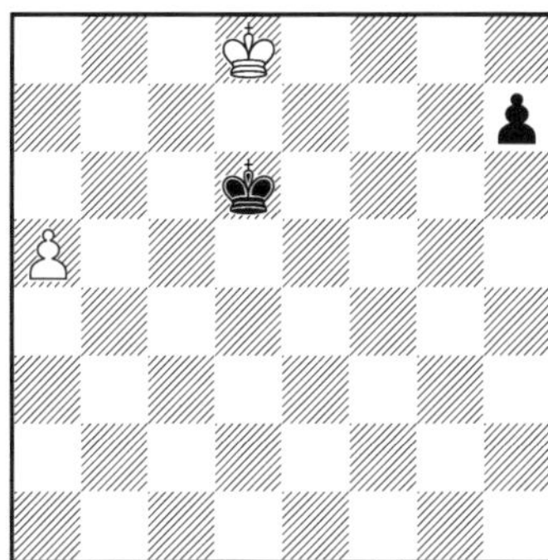

L. Prokes
„Sachove umeni“, 1917
Weiß hält unentschieden
(Korolkow: Stellung nach dem siebten Zug)

Auf Zugumstellungen achten!
18

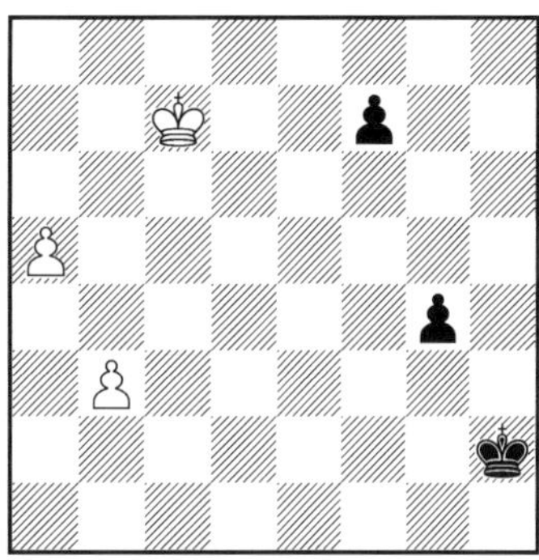

Loewenton (am Zug) – Panaitescu
Bukarest 1953

8. ♔c8! (wir behalten die Zugnummern, der Korolkow-Studie bei) **8. ... ♔c6 9. ♔b8!** (immer noch darf der Bauer nicht vorgestoßen werden) **9. ... ♔b5.** Und jetzt geht er „nach bekanntem Muster“ sogar verloren! Aber: **10. ♔b7!** (nun kennen wir diesen Trick schon gut) **10. ... ♔a5: 11. ♔c6,** und er ist glücklich, der weiße König!

L. Loewenton, der nicht nur ein starker Spieler, sondern auch ein namhafter Problem- und Studienkomponist war, sah sich nach **1. a6 g3 2. a7 g2 3. a8♕ g1♕ 4. ♕h8+ ♔g3 5. ♕g8+ ♔h2 6. ♕g1:+ ♔g1:** in der erfreulichen Lage, mit **7. ♔d6** den feindlichen Bauern aufhalten zu können, während seinem Gegner solches verwehrt war. **7. ... ♔f2.** Und Schwarz versucht es trotzdem? Er tut es ganz mit Recht, und gerade hier war der kritische Punkt! Es ist klar, dass Schwarz versuchen muss, durch „Beschäftigungslenkung“ des weißen Königs das notwendige Tempo zu gewinnen; aber in unserer Stellung ist noch ein weiteres Element mitbestimmend vorhanden: die Gefahr der mechanischen Absperrung. Schwarz war der Lage gewachsen; er vermied es, sich in vorzeitiger Sorglosigkeit zu wiegen und sich etwa zu sagen: Ach, es ist ja ziemlich gleich, was ich ziehe: ich kann genau so gut mit 7. ... f5 beginnen (8. ♔e5 ♚f2 9. ♔f5: ♚e3 mit Remis). Hätte Schwarz tatsächlich so argumentiert (und gezogen), dann wäre er vermutlich nach (7. ... f5?? 8. ♔e5 ♚f2) 9. ♔f4! aus allen Wolken gefallen. Im Gegensatz zu den vorigen Beispielen ist nämlich hier der weiße König keineswegs genötigt, den f-Bauern sofort zu schlagen („der Bauer läuft nicht davon"), sondern er kann sich in aller Gemütsruhe der behaglichen Tätigkeit widmen, für einen entscheidenden Augenblick dem gegnerischen Kollegen den Weg nach e3 zu verlegen!

Nach **7. ... ♚f2! 8. b4 f5!** Hingegen (nicht 8. ... ♚e3? 9. b5!, und Weiß gewinnt) ergibt sich ein Remisspiel, gleichgültig, ob Weiß mit 9. ♔e5 ♚e3! oder mit 9. b5 fortsetzt (9. ... f4 10. b6 f3 11. b7 ♚g1 12. b8♕ f2 usw.); Weiß kann nicht gewinnen.

Pendeleien

19

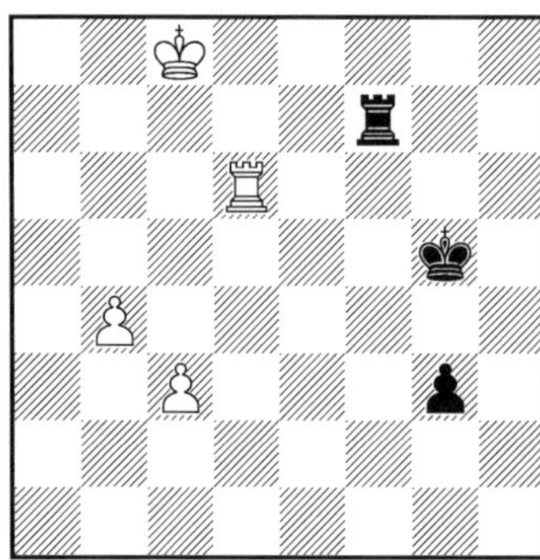

Blasbalg – Herland (am Zug)
Bukarest 1938

S. Herland, Meister der Partie und der Komposition, erfand ein Manöver – „Turm im Pendelschlag" könnte man es nennen -, das seinem Charakter nach eine „logische Kombination" ist und das Endspiel in den Rang einer künstlerisch hoch stehenden „Studie" erhebt.

Zwar gehört die Stellung zum eisernen Bestand der Schachliteratur, aber wir wollen sie dem Leser ins Gedächtnis zurückrufen, weil gerade sie verdeutlichen kann, wie sehr – und zumal im Endspiel! – das Schach doch K u n s t ist.

Alexander Aljechin hat stets betont, dass das Künstlerische im Schach ihn besonders angezogen habe und dass er unbeugsamer Kämpfer, der er war, die Partie, und gerade die Turnierpartie, als schachliebes Kunstwerk ansehe. Er beklagte es, dass ihn oft seine

Gegner, wenn sie nicht die stärksten Antworten fänden, daran hinderten, Kunstwerke von bleibendem Wert zu schaffen. Aljechin schrieb einmal, dass er glücklich sein würde, wenn er völlig allein schaffen könnte, ohne durch „aufgezwungene Mitarbeiter", nämlich seine Partiegegner, beeinträchtigt zu werden.

Hat damit Aljechin nicht, so fragen wir, klar zu erkennen gegeben, dass es im Grunde das Schaffen des Studienkünstlers ist, wo sich das Schöne im Schach voll entfalten kann, wo das Schach als Kunstwerk seine eigentliche Heimat findet? Allein der Studienkomponist ist imstande, herrliche, Auge und Herz erfreuende Kombinationen zu ersinnen und sie – darin unterscheidet sich die Studie von der Partie – in ihrer ganzen Schönheit sichtbar zu machen! Dem Meister der Partie ist dies nur selten vergönnt. Wie oft schlummern doch die verborgensten, überraschendsten und genialsten Eingebungen in den A n m e r k u n g e n der Glossatoren, weil der Partiegegner die Kombination – aus welchen Gründen auch immer – nicht zugelassen und die Partie ein vielleicht ganz prosaisches Ende genommen hat! Nun zurück zu unserem „Turmpendel"! Herland spielte **1. ... g2,** setzte aber nach **2. ♖d1** nicht mit 2. ... ♖f1? fort, weil dies dem Gegner die Möglichkeit gegeben hätte, mit 2. ♖d8! g1♕ (oder 2. ... ♖f6 3. ♖d1) 3. ♖g8+ ♔f5 4. ♖g1: ♖g1: 5. b5 unübersehbar und nachdrücklich auf seine Freibauern aufmerksam zu machen (z. B. 5. ... ♖b1 6. c4 mit voraussichtlichem Remis). Schwarz zog daher **2. ... ♖f8+!! 3. ♔c7 ♖f1 4. ♖d8 ♖f7+!.** Durch das Schach auf f8 ist der schwarze Turm nun mit Tempogewinn auf die siebte Reihe gelangt; nach **5. ♔c8** wurde daher **5. ... ♔g6!** möglich; Schwarz gewann **(6. ♖d1 ♖f1 7. ♖d8 ♔g7** usw.).

19 A

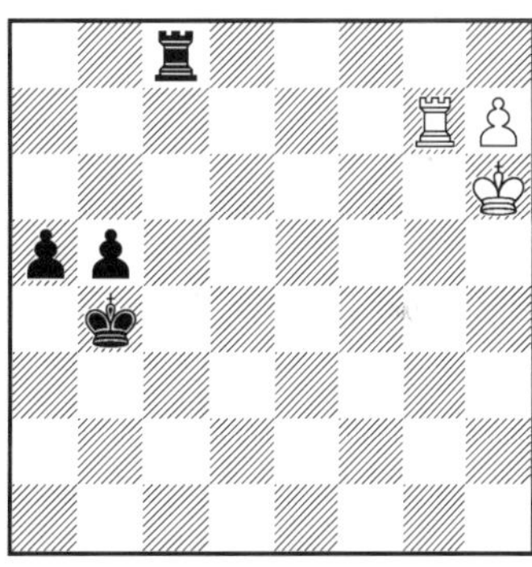

I. Bilek
„Magyar Sakkelet", 1971
1. Preis
Weiß gewinnt

Einen lehrreichen Vergleich bietet diese preisgekrönte Studie des ungarischen Großmeisters: **1. ♖g8 ♖c1 2. ♖g4+ ♔a3 3. ♔h5** (3. ♖g5? ♖c8 4. ♖b5: a4 5. ♖g5 ♖h8 remis) **3. ... ♖c8 4. ♖g8 ♖c1 5. ♖g3+ ♔a2** (Das typische Manöver im Hintergrund ist 5.

... ♔a4 6. ♖g4+ und 7. h8♕) **6. ♔h4 ♖c8 7. ♖g8 ♖c1 8. ♖g2+ ♔b1 9. ♔h3 ♖c8 10. ♖g8 ♖c1 11. ♔h2** und Weiß gewinnt. Der Unterschied gegenüber der Partie liegt in der längeren Königswanderung.

Die gute Gelegenheit
20

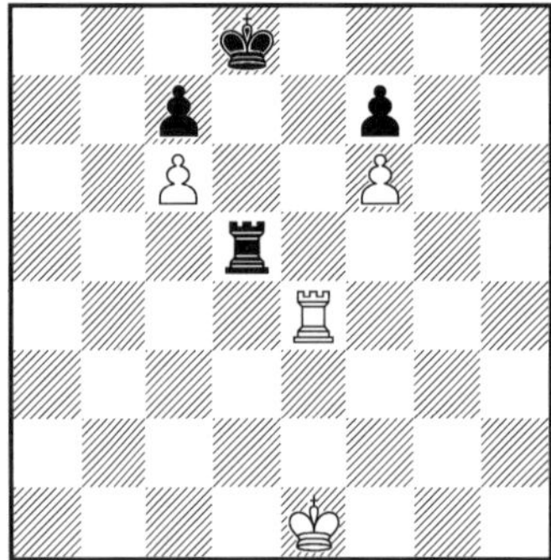

T. Dawson
„Magyar Sakkvilag", 1923
Weiß gewinnt

Auch diese Stellung zeigt eine hübsche Pendelei mit „Begleiterscheinungen". Dawson war ein berühmter Problemkomponist; er hat aber auch eine Anzahl guter Studien verfasst. **1. ♖a4!.** Nicht jedoch 1. ♖h4? ♔c8! 2. ♖a4 ♔b8! **1. ... ♔e8 2. ♖h4 ♖e5+ 3. ♔d2.** Raffiniert nähert sich jetzt unter ständigen Tempogewinnen der weiße König! **3. ... ♔d8 4. ♖a4 ♖d5+ 5. ♔e3 ♔e8 6. ♖h4.** Der letzte Pendelschlag ... **6. ...** ♖e5+ 7. ♔d4, und Weiß gewinnt.

Trumpf und Gegentrumpf
21

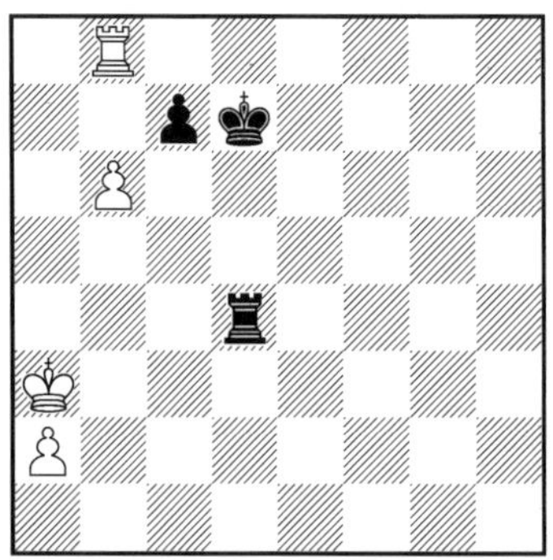

J. Moravec
„Leipziger Neueste Nachrichten"
1937
Weiß gewinnt

Es gibt eine bekannte Stellung aus einer Simultanpartie **Laskers** (London 1903, Schwarz: **Loman**), die so aussieht: ♔g3, ♙g2, h2, h7 – ♔f8, ♖c2, ♙a6, b5, b7, d5, g7. Schwarz (am Zug) ist trotz seines gewaltigen materiellen Übergewichts verloren, weil der Bh7 nicht aufzuhalten ist. Lomans Zug **1. ... ♖c3+** hat daher nur noch den Charakter eines Racheschachs, – und siehe da: die Rache gelang! Der vielfach beschäftigte Weltmeister zog 2. ♔g4?? und gab nach 2. ... ♖c4+ (jetzt ist es keineswegs mehr ein Racheschach!) 3. ♔g5 (♔g3 hätte nichts geändert) 3. ... ♖h4! (4. ♔h4: g5+ nebst ... ♔g7) die Partie auf, die er mit 2. ♔f2 usw. leicht hätte gewinnen können.

*

Loman zog die Nutzanwendung aus einem Gedanken, den zuerst **A. A. Troitzky** in der „Nowoje Wremja“ 1889 dargestellt hat: ♔g1, ♖d7, ♘e6, ♙a4, f2, h2 – ♔g4, ♗b6, ♙c6, c7, e2, h5; Weiß gewinnt. 1. h3+! ♔f5. Oder 1. ... ♔h4 2. ♖d4+! ♗d4: 3. ♘d4: e1♕ 4. ♔g2! nebst ♘f3+, und Weiß gewinnt. 2. ♘d4+! ♗d4: 3. ♖e7! ♗e5 4. ♖e5+ ♔e5: 5. f4+ und Weiß hält den Bauern auf. (Wie sich inzwischen herausgestellt hat, gewinnt Schwarz trotzdem, indem er den Be2 hält, den weißen ♔ vor den B auf die 1. Reihe zwingt und dann mit dem c-B mit Schachgebot in die Dame läuft, also 5. ... ♔e4! 6. ♔f2 ♔d3 7. ♔e1 c5 und so fort.)

*

In unserem Studienbeispiel hat Moravec der Idee die wohl am meisten künstlerische Fassung gegeben: **1. ♖d8+! ♔d8: 2. b7 ♖b4! 3. ♔b4: c5+ 4. ♔b5!! ♔c7 5. ♔a6,** und Weiß appliziert dem Gegner gerade noch rechtzeitig ein Zwei-Bauern-Matt (5. ... ♔b8 6. ♔b6 usw.).

Eines schickt sich nicht ...

22

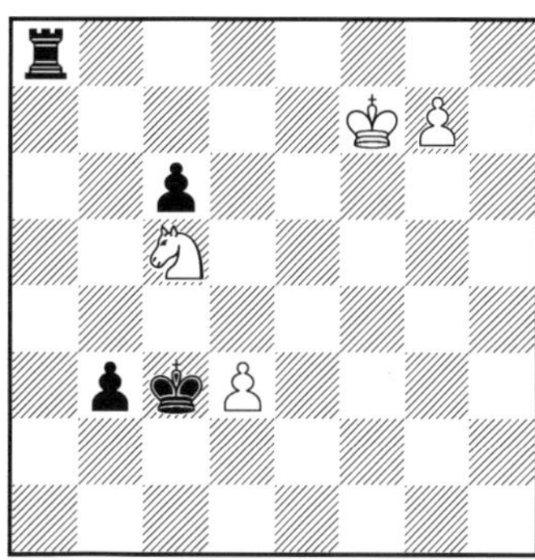

Genes (am Zug) – Barcza (simultan)
Budapest 1961

Weiß erkannte nicht, dass es auf ein einziges Tempo ankam; vielleicht unterschätzte er auch die Kraft seines Springers. So kam **1. ♘b3:? ♔b3: 2. g8♕ ♖g8: 3. ♔g8: ♔c3 4. ♔f7 ♔d3: 5. ♔e6 c5, und** Weiß gab auf. Dabei war es gewiss nicht schwer zu sehen, dass nach 1. g8♕! ♖g8: 2. ♔g8: b2 3. ♘a4+ ♔c2 4. ♘b2: in sonst gleicher Stellung der schwarze König nicht auf c3, sondern „weit entfernt“ auf b2 gestanden hätte! Das genügt zum Remis: 5. ♔f7 ♔c3 6. ♔e6 ♔d3: 7. ♔d6, Unentschieden. Tempo verloren, Partie verloren – eine alte Weisheit.

... für alle
23

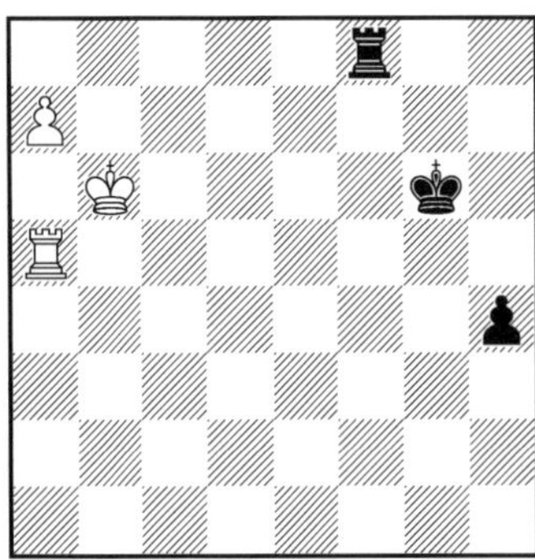

Dommes (am Zug) – Sosonko
Leningrad 1963

Weiß vergab einen halben Punkt, weil er seinen Bauern ohne Verzug umwandelte, also das tat, was in unserer vorigen Stellung Weiß hätte tun sollen! Die günstige Stellung des weißen Turms auf a5, wo dieser den schwarzen König von seinem Bauern trennt, hätte den Weißen aber veranlassen können – und müssen –, die Umwandlung mit Hilfe des Königs und nicht des Turms zu vollziehen. Allerdings muss auch der strengste Richter zugestehen, dass diese Behauptung zunächst geradezu widersinnig anmutet, den wie soll Weiß ein Tempo gewinnen, wenn er 1. ♔b7 zieht und damit seinen König noch weiter vom Schauplatz der Geschehnisse entfernt? Doch zuerst der Partieverlauf: **1. a8♕? ♖a8: 2. ♖a8: ♔f5 3. ♖h8 ♔g4 4. ♔c5 h3 5. ♔d4 ♔g3 5. ♔e3 ♔g2!**. Eine beherzigenswerte Feinheit: Mit 5. ... h2? hätte Schwarz verloren, weil der schwarze König nun zu wenig Bewegungsfreiheit hat (6. ♖g8+! ♔h3 7. ♔f2! h1♘+ erzwungen 8. ♔f3 ♔h2 9. ♖g7 mit Gewinn). **6. ♔e2** (oder 6. ♖g8+ ♔f1!) **6. ... h2 7. ♖g8+ ♔h1**, und die Partie war remis!

Das geistreiche und nicht ganz einfache Gewinnverfahren beginnt mit **1. ♔b7! ♖f7+(!) 2. ♔a6!**. Damit wird auf den Rückzug 2. ... ♖f8 die Antwort 3. ♖b5! vorbereitet; z. B. 3. ... h3 4. ♖b3! (jedoch nicht 4. ♖b8? ♖f3! 5. ♖h8(!) ♔g5! mit Remis) 4. ... h2 5. ♖h3 ♖f6+ 6. ♔b5 ♖f5+ 7. ♔b4 ♖f4+ 8. ♔b3! (Weiß nutzt die Tatsache, dass der Turm auf der f-Linie steht!) 8. ... ♖f3+ (auch 8. . . ♖f8 verliert nach 9. ♖h2:) 9. ♖f3: h1♕ 10. a8♕, und der weiße König bringt sich schließlich auf g2 in Sicherheit. **2. ... ♖f6+ 3. ♔b5 ♖f8 4. a8♕ ♖a8: 5. ♖a8: ♔f5 6. ♔c4 h3 7. ♔d3 ♔f4 8. ♔e2 ♔g3 9. ♔f1!**; die Partie ist für Weiß gewonnen. – Ein feines Endspiel von studienhaftem Gepräge, das zeigt, wie weit man zuweilen ausholen muss, um ein simples Tempo zu gewinnen.

Ein beliebtes Mittel zu Tempogewinnen ist das berühmte Zwischenschach. Dafür zum Schluss noch ein amüsantes Beispiel:

Das goldene Schach
24

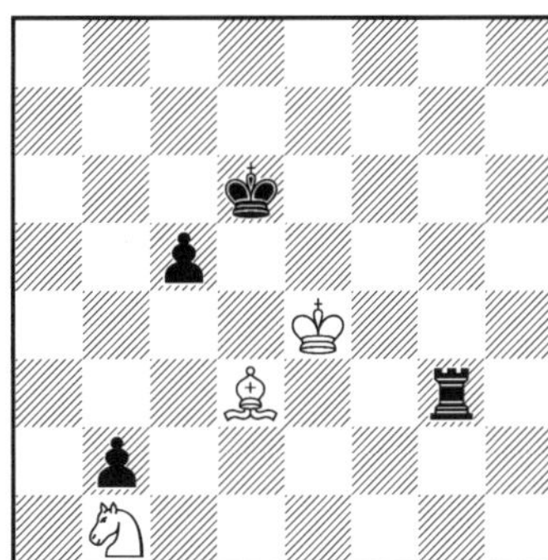

Staudte (am Zug) – Hilden
Aachen 1951

In seiner nicht eben erfreulichen Lage zog Weiß a tempo – es handelte sich um eine freie Partie – **1. ♘c3!?**, geriet aber nach der selbstverständlichen Antwort **1. ... c4** für einige Augenblicke in peinliche Verlegenheit. Jedoch **2. ♘a4!**, Remis!

Vier Varianten: a) 2. ... ♖g4+ 3. ♔e3 cd3: (oder 3. ... ♖g3+ 4. ♔e4) 4. ♘b2:; b) 2. ... ♖g2 3. ♘b2:; c) 2. ... ♖d3: 3. ♘b2: ♖c3 4. ♔d4, oder schließlich d) 2. ... cd3:(!) 3. ♘b2: d2 4. ♘c4+ (das goldene Zwischenschach!). –

Es sieht so einfach aus
25

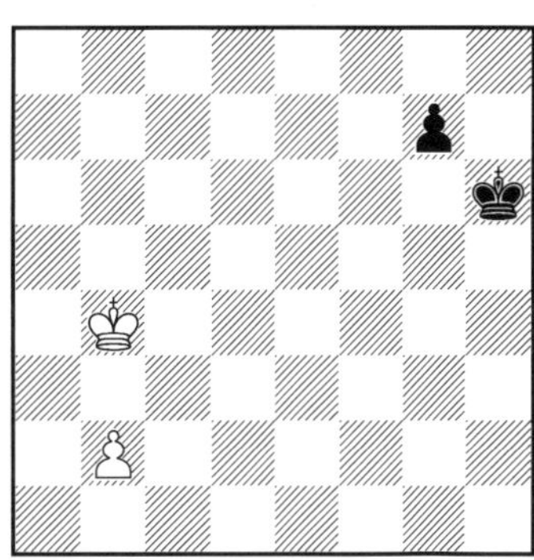

O. Duras
„Narodni Listy“, 1905
Weiß gewinnt

In dieser klassischen Studie des Schachgroßmeisters Oldrich Duras gelingt es dem Weißen, durch geschicktes Manövrieren mit seinem König den schwarzen Monarchen auf ein Feld zu locken (h2), wo er einem Schach durch die auf b8 entstehende weiße Dame ausgesetzt ist. Hilfsmittel ist hierbei wieder das Quadrat! **1. ♔c5 g5.** Aussichtslos wäre 1. ... ♔g6 2. b4 ♔f7 3. b5! ♔e7 4. ♔c6! ♔d8, weil sich auch hier der Bauer mit Schach verwandeln wird: 5. ♔b7 g5 6. b6 g4 7. ♔a7 g3 8. b7 g2, und Schwarz kommt um einen Zug zu spät. **2. b4 g4 3. ♔d4!**. Das Quadrat ist erreicht, so dass der schwarze König seinen Bauern unterstützen muss. **3. ... ♔g5 4. b5 g3** (oder ... ♔f4 5. b6 mit Schachdrohung auf b8) **5. ♔e3 ♔g4** (erzwungen) **6. b6 ♔h3**

7. b7 g2 8. ♔f2!. Weiß ist am Ziel (8. ... ♔h2 9. b8♕+!).
Ein tempogewinnendes Schach durch Lenkung des feindlichen Königs gehört zu den typischen Elementen, wenn es um die Verwandlung eines Freibauern geht, – und beileibe nicht nur im Bauernendspiel!

Die doppelte Pointe

26

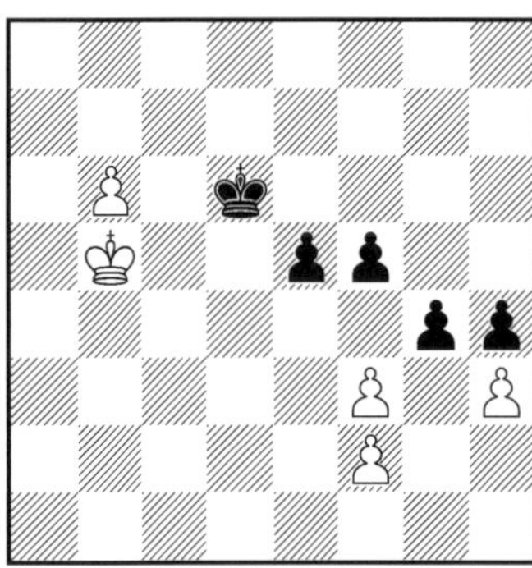

Papp – Erdös (am Zug)
Budapest 1960

Mit **1. ... g3!!** betrat Schwarz die Pfade der Duras-Studie, diesmal aber gar mit einer doppelten Schachpointe! Weiß gab schon hierauf die Partie auf, und zwar mit Recht: 2. ♔a6 gf2: führt zu dem vernichtenden Schach auf f1, und nach 2. fg3: hg3: 3. ♔a6 g2 4. b7 hätte Schwarz mit 4. ... ♔c7! den weißen König nach a7 gelockt oder „gelenkt", – genau wie bei Duras!

26 A

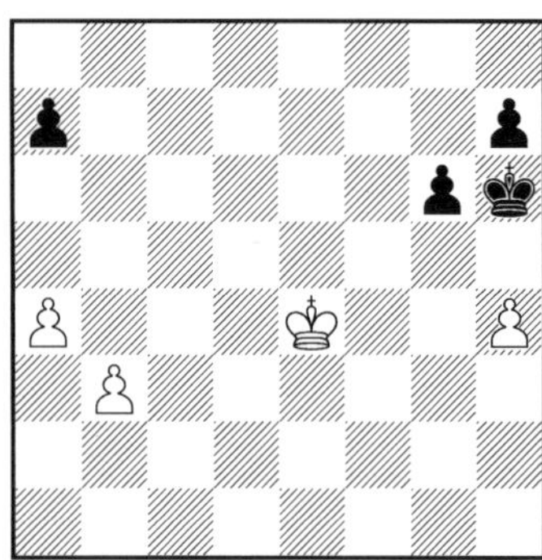

Uhlmann – Robatsch (am Zug)
Marienbad 1965

Schwarz hatte den Zug abgegeben und bot seinem Gegner in der Pause Remis an. Uhlmann: „Ja, aber nur, wenn Sie den richtigen Königszug aufgeschrieben haben!"
Schwarz hatte richtig 1. ... ♔g7! abgegeben. Uhlmann nahm das Remis an, weil der schwarze König rechtzeitig am Damenflügel erscheint, wenn Weiß dort mit seinen Bauern läuft. Liefe der weiße König ebenfalls mit, käme Schwarz mit h7-h6 und g6-g5 zum Gegenspiel. Der „aktive" Königszug 1. ... ♔h5? aber hätte studienartig verloren: 2. b4 ♔h4: 3. b5 g5 4. a5 g4 5.b6 ab6: 6. ab6: g3 7. ♔f3!! (Die Idee ist, den schwarzen König nach h2 zu locken, damit der weiße Bauer mit Schachgebot die 8. Reihe betritt.) 7. ... ♔h3 8. b7 g2 9. ♔f2! ♔h2 10. b8♕+ und Weiß gewinnt.

Wir fügen noch ein Gegenstück zur Duras Studie (Nr. 25) aus der Praxis an.

26 B

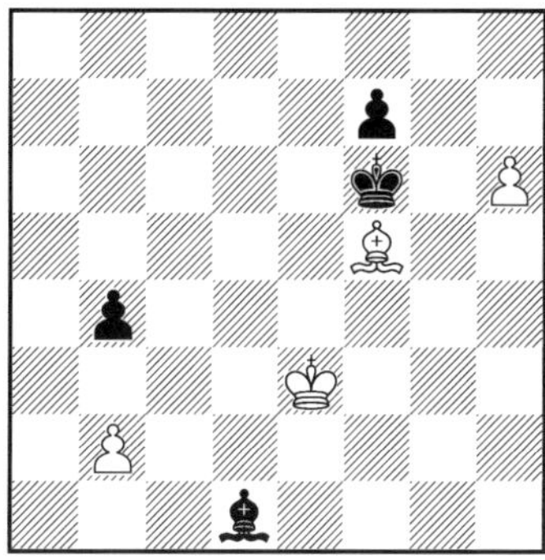

Schijanowski – Schwidenko
Semifinale UdSSR 1971
Weiß am Zug, gewinnt

Schwarz hatte diese Stellung angestrebt. Er war sicher, mit ♗d1-h5-g6 Remis erzielen zu können. Aber nach **1. ♔d4 ♗h5 2. ♔c4 ♗g6 3. h7 ♔g7 4. ♗g6: fg6: 5. ♔b4: ♔h7: 6. ♔c5!** haben wir die Gewinnstellung von Duras. Lehrreich und witzig.

Kampf ums Schach
27

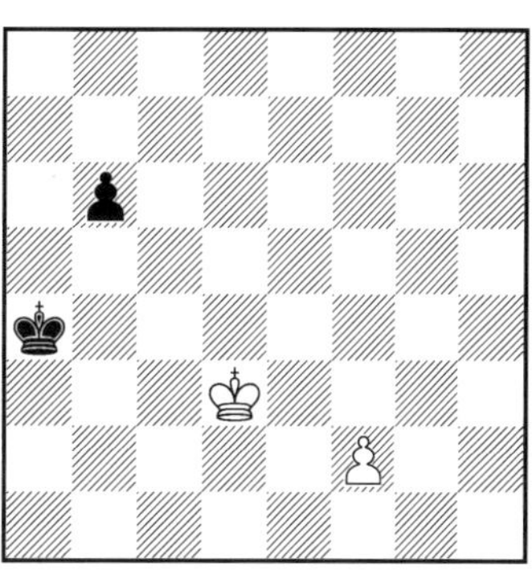

N. D. Grigoriew
„Isvestija", 1929
Weiß gewinnt

Auch in dieser ungemein vielseitigen Studie – sie hat eine so ungezwungene Stellung, dass sie erst gerade gestern im Schachklub vorgekommen zu sein scheint! – spielen Schachgebote die entscheidende Rolle: **1. ♔d4! b5.** Ganz andere Bilder ergeben sich, wenn Schwarz versucht, mit 1. ... ♔b5 2. ♔d5! ♔a6 dem weißen Bauern den Weg zu verlegen: 3. f4 ♔b7 4. f5 ♔c7 5. ♔e6! ♔d8 (jetzt ist wieder die Umwandlung des f-Bauern mit Schach gesichert!) 6. ♔f7, und Weiß gewinnt (6. ... b5 7. f6 b4 8. ♔g7 usw.). – In diesem Abspiel kann Schwarz nach 1. ♔d4 ♔b5 2. ♔d5 auch mit 2. ... ♔a4 fortsetzen; wir erhalten dann mit 3. f4 b5 4, f5 b4 5. ♔c4! b3 6. ♔c3 ♔a3 7. f6 um zwei Züge später eine Stellung des Hauptspiels.

2. f4 b4 3. f5 b3 4. ♔c3 ♔a3. Sie sehen es schon, das Schach auf f8! Obgleich Schwarz zuerst eine Dame erhält, verliert er wegen der Randstellung seines Königs: **5. f6 b2 6. f7 b1♕ 7. f8♕+**, und Weiß setzt entweder matt oder gewinnt die Dame.

27 A

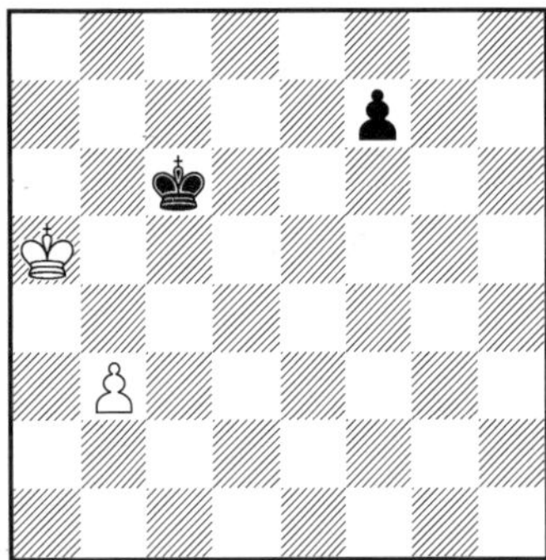

Ljubojevic – Browne (am Zug)
IBM-Turnier Amsterdam 1972

In dieser Partie ergab sich fast die gleiche Stellung wie in 27 (Grigoriew). Wie dort Weiß mit 1. ♔d4 gewinnt, hätte Browne hier mit 1. ... ♔d5, einem keineswegs nahe liegenden Zug, der dem weißen König rechtzeitig den Weg verlegt, den Sieg erringen können (auf 2. ♔b4 folgt 2. ... ♔d4!). Zwar erreicht nun der weiße Bauer zuerst die Umwandlungsreihe, der schwarze marschiert jedoch mit Schachgebot ein. Danach wirkt sich die ungünstige weiße Königsstellung verhängnisvoll aus: 2. b4 f5 3. b5 f4 4. b6 ♔c6! 5. ♔a6 f3 6. b7 f2 7. b8♕ f1♕+ 8. ♔a5 (auf 8. ♔a7 ♕a1+) 8. ... ♕a1+ 9. ♔b4 ♕b1+ erobert Schwarz die Dame. Vermutlich in Zeitnot, vergab Browne den Gewinn, indem er mit dem scheinbar selbstverständlichen Zug **1. ... f5?** fortfuhr. Natürlich verlöre dann 2. b4? f4 3. ♔a6 f3 4. b5+ ♔c5 5. b6 f2 6. b7 f1♕+. Weiß spielt aber **2. ♔b4!**, brachte den König in das „Quadrat des Bauern" und erzwang das Remis. Eine gute Lektion!

27 B

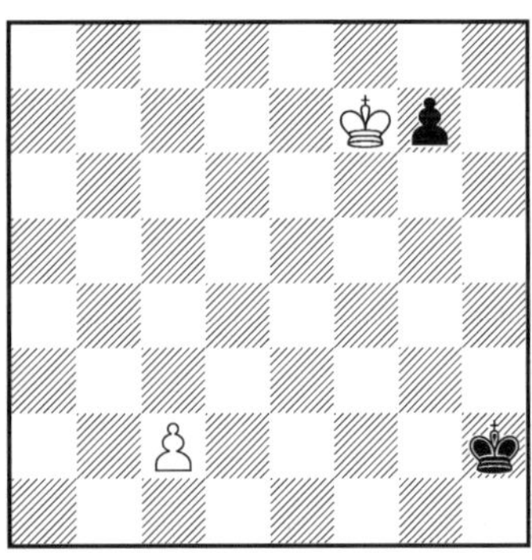

J. Hoch
1972. Weiß gewinnt

Der israelische Studienkomponist hat zu diesem Thema viele Aufgaben verfasst. 1. ♔g7:? ♔g3! führt nur zum Remis. Richtig ist nur **1. ♔e6** (1. ♔g6? ♔g3 2. ♔f5 ♔f3 3. c4 g5!) **1. ... ♔h3 2. ♔f5! ♔h4** (oder 2. ... g6+ 3. ♔g5! und gewinnt) **3. c4!** (nicht 3. ♔g6? ♔g4, remis) **3. ... g5 4. c5 g4 5. ♔f4 g3 6. ♔f3 ♔h3 7. c6 g2 8. c7 g1♕ 9. c8♕+ ♔h4 10. ♕h8+** und Weiß gewinnt.

Sehr peinlich
28

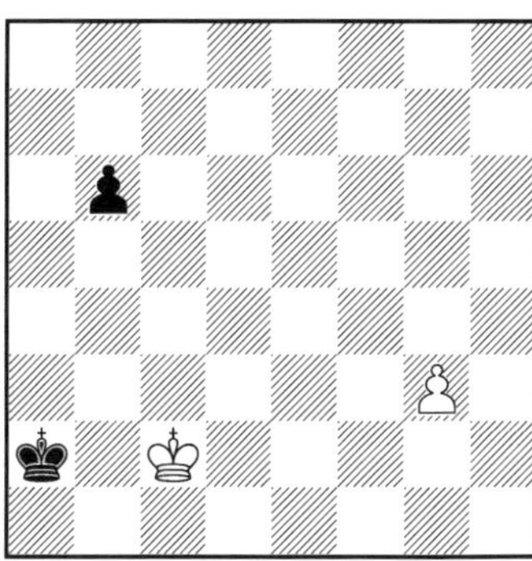

N. D. Grigoriew
„ Isvstija“ 1928
Weiß gewinnt

Hier hat der schwarze König „programmgemäß“ schon mit dem Schach von g8 her zu rechnen; aber er verfügt über die nicht minder scharfe Waffe, auch seinerseits ein Schach zu drohen (auf b3). Kann Weiß etwas dagegen tun? – Er kann, obwohl man es nicht glauben möchte!

1. ♔c3!. Das kostet kein Tempo, weil Schwarz die weißen Königsbewegungen nachmachen muss. **1. … ♔a3 2. ♔c4 ♔a4 3. g4 b5+**. Aber was hat Weiß erreicht, außer den schwarzen König dem potentiellen Schach zu entziehen und sich selbst ein tempogewinnendes Schach zuzuziehen?!

29

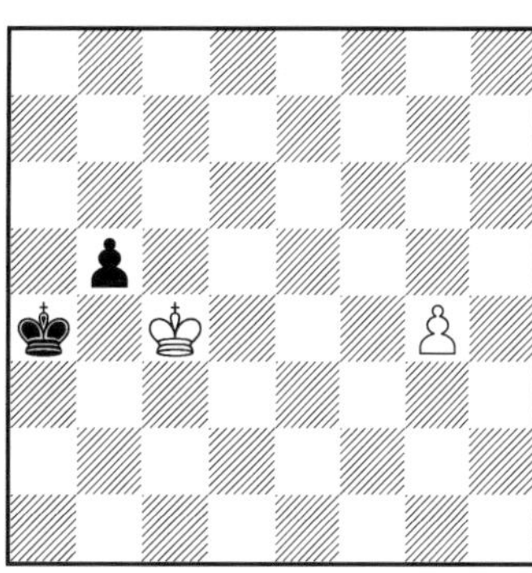

Stellung nach 3. … b5+

4. ♔d3!!. Das ist der Witz! Der König zwingt den schwarzen König, angesichts der Drohung ♔c2 auf die dritte Reihe zurückzukehren. Nach **4. … ♔a3** aber sind wir plötzlich auf dem vertrauten Gebiet der Duras-Stellung Nr. 25! **5. g5 b4 6.g6 b3 7.g7 b2 8. ♔e2!**. Nun, da der schwarze Bauer das kritische Feld b3 ohne Schachgebot überschritten hat, kehrt der weiße König froher Laune auf die c-Linie und sein Ursprungsfeld zurück. **8. … ♔a2 9. g8♕+**, und das Spiel ist aus.

Eine widerlegte Analyse
30

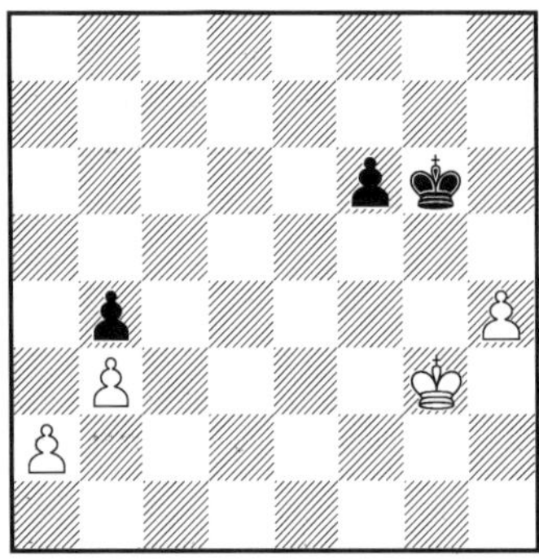

Kmoch – van Scheltinga (am Zug)
Amsterdam 1936
(Variante)

Zunächst müssen wir darauf hinweisen, dass sich die Stellung in der Partie nicht wirklich ereignet hat; es handelt sich vielmehr um eine hypothetische Position, die hätte entstehen können, wenn van Scheltinga eine Möglichkeit wahrgenommen hätte, die zum Remis führt (?!). Großmeister Fine hat sie untersucht und in seinen „Basic Chess Endings“ (1941) die Auffassung vertreten, dass Schwarz mit **1. ... ♔f5! 2. ♔f3 ♔e5!!** (Ausrufungszeichen von Fine) das Remis erzwingen könne: **3. ♔g4** (das Einzige, da 3. h5? ♔f5 den Bauern kostet) **3. ... ♔e4 4. h5 f5+ 5. ♔g3 ♔e3 6. h6 f4+** mit Remis, „da beide Parteien gleichzeitig eine Dame erhalten“.

Wer aber die vorige Stellung Grigoriews aufmerksam studiert hat, sieht sogleich den Pferdefuß: Weiß zieht nicht 5. ♔g3(??), sondern 5. ♔h3! und macht damit die schwarze Bemühung zunichte: 5. ... f4 (ohne Schach!) 6. h6 f3 7. h7 f2 8. ♔g2, und Weiß gewinnt.

Übrigens ist, wie **Maiselis** in Awerbachs Endspielwerk mit Recht bemerkt, auch bei Fines Fortsetzung 5. ♔g3 das Unentschieden noch nicht klar, da Weiß nach 5. ... ♔e3 6. h6 f4+ 7. ♔g4! f3 8. h7 f2 9. h8♕ f1♕ mit 10. ♕e5+ ♔d2(!) 11. ♕d4+ ♔c2 (erzwungen) 12. ♕b4: den letzten schwarzen Bauern erobern kann; Schwarz wird dann, wenn überhaupt, nur unter großen Schwierigkeiten Remis erzwingen können.

*

Mit demselben Gedanken gibt es übrigens auch eine Studie von **Botwinnik**, der eine ähnliche Stellung in einer seiner Simultanvorstellungen erlebt hatte. Die Studie hat die Stellung ♔g1, ♙b4, g2, h4 – ♔g6, ♙b5, f6, h5 („VOKS“, 1945) und die Lösung 1. ♔f2 ♔f5. Auf 1. ... f5 geht der weiße König nach f4 (mit „Reservezug“ g2-g3!) und erobert einen Bauern.

2. ♔f3 ♔e5(!) 3.g4 hg4:+ 4. ♔g4: ♔e4 5. h5 f5+ 6. ♔h3! usw. wie bei Kmoch – van Scheltinga.

In der Simultanpartie standen die Bauern wie in der Studie und die beiden Könige auf f5 und d5. Botwinnik hatte 1. g4 gezogen und gewann nach 1. ... hg4: 2. ♔g4: ♔e6(?) 3. h5 ♔f7 4. ♔f5 ♔g7 5. h6+ usw. leicht.

Kleiner Fehltritt
31

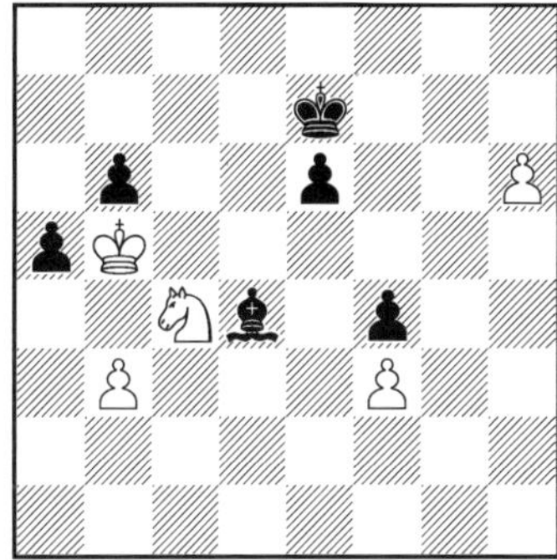

Subarew – Kan (am Zug)
Russische Meisterschaft 1929

Nach **1. ... ♔f7?** wurde die Partie remis: **2. ♘b6: ♗b6: 3. ♔b6: e5** (die einzige, natürlich vorbedachte Möglichkeit) **4. ♔c5 e4 5. fe4:** (♔d4? e3) **5. f3 6. e5 f2 6. e6+.** Wieder dieses unangenehme Schachgebot! **6. ... ♔e6:.** Es gibt nichts Besseres. **7. h7 f1♕ 8. h8♕**; Remis.

Wenn Meister Kahn das nach dem Figurentausch auf b6 entstehende Bauernendspiel ganz gründlich durchdacht hätte, wäre er mit dem König nach f8 gegangen (**1. ... ♔f8!** statt ... ♔f7?); Weiß hätte dann nicht über das tempogewinnende Schach im sechsten Zuge verfügt und aller Voraussicht nach die Partie schnell verloren.

Ein lehrreiches Beispiel für einen nicht ganz richtig überlegten Übergang vom Figuren-Endspiel zum Bauernendspiel! – Ihm schließt sich die folgende Stellung würdig an.

Siegreich zurück
32

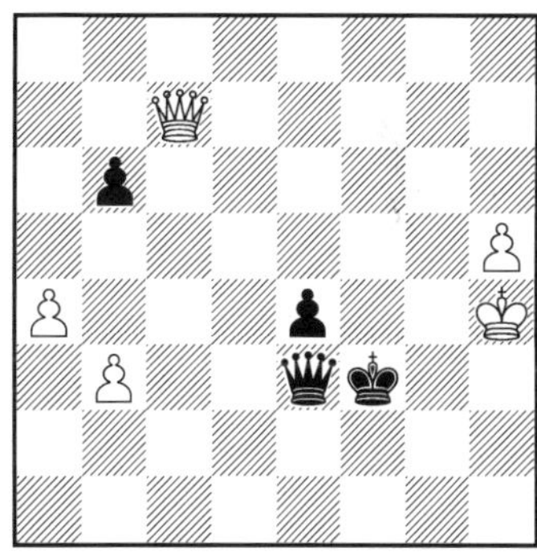

Pilnik – Oolafsson (am Zug)
Reykjavik 1956

Olafsson zog **1. ... ♕f4+** und wartete nach **2. ♕f4:+ ♔f4:** darauf, dass Weiß im Hinblick auf die Fortsetzung 3. h6 e3 4. h7 e2 5. h8♕ e1♕+ mit Damengewinn die Partie aufgeben würde.

Pilnik erwiderte jedoch **3. ♔h3!!**, und nun gab Schwarz die Partie auf!! Schwarz könnte jetzt die Verwandlung des e-Bauern nur noch mit 3. ... ♔f3 durchsetzen, was aber, einem Schachgebot der neuen schwarzen Dame ausgesetzt ist, zum Damentausch und zu einem für Weiß leicht gewonnenen Bauernendspiel führen würde. Die Bauernendspiele nach 3. ... e3 4. ♔g2 oder 3. ... ♔g5 4. ♔g3 sind gleichfalls ganz hoffnungslos für Schwarz.

Gelungener Übergang
33

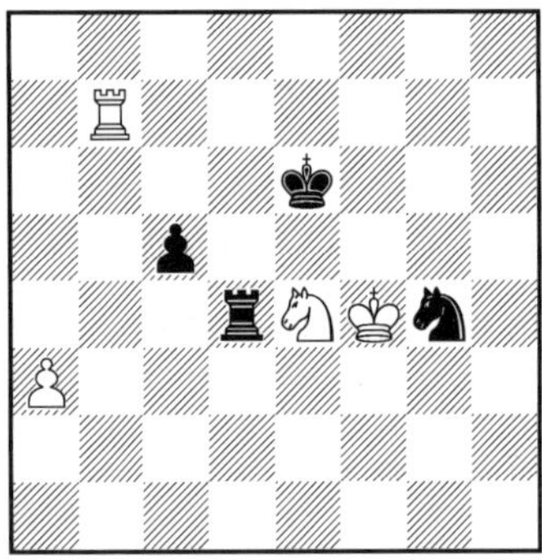

Perneder – Post (am Zug)
Berlin 1932

Post war nicht nur ein starker Meister; er hat auch die Studienliteratur mit zwar wenigen, aber bedeutsamen Werken bereichert. Auch unser Partiebeispiel zeigt durchaus studienhafte Züge!

Nach **1. ... ♘f2** musste Weiß mit 2. ♖b6+ den Versuch machen, die e-Linie für seinen Turm zu gewinnen. 2. ... **♔d7 3. ♖b7+.** Nun stand Schwarz vor der Wahl; er entschied sich für **3. ... ♔c6!.** Der scheinbar gleichwertige Zug nach c8 hätte eine verborgene Schwäche der schwarzen Stellung enthüllt: 3. ... ♔c8? 4. ♖e7 ♔d8 5. ♖e6! (lenkend und lockend ...) 5. ... ♔d7 6. ♖e5!! (erstaunlich, dass dies möglich ist!) 6. ... ♘d3+ (erzwungen) 7. ♔e3! ♘e5: 8. ♘c5:+!, und Schwarz bleibt mit einem nutzlosen Springer auf der Strecke.

4. ♖e7. Der Springer ist gerettet, nicht aber die Partie!

4. ... ♘e4: 5. ♖e4: ♔d5!. Mit Recht wählte Schwarz den Übergang ins Bauernendspiel. **6. ♖d4:+ ♔d4: 7. ♔f3.** Weiß erkannte, dass er nach 7. a4 c4 8. ♔f3 (sonst verwandelt sich der Bauer mit Schach) 8. ... ♔d3 9. a5 c3 usw. mit (12.) ... ♕h1+ seine neue Dame verloren hätte. **7. ... ♔d3 8. ♔f2 c4 9. ♔e1.** Das hatte Schwarz gewollt: die Umwandlung des c-Bauern mit Schach ist zum zweiten Mal erkämpft! **9. ... ♔c2!.** Die Vollstreckung. **10. a4 c3 11. a5 ♔b2.** Weiß gab auf.

Zur „Wiederholung"
34

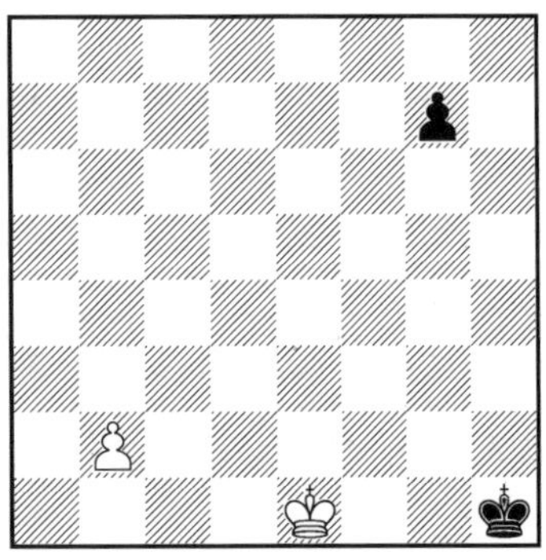

S. Isenegger
Urdruck
Weiß am Zug

Und jetzt wird es Ihnen sicher nicht mehr schwer fallen, selbst herauszufinden, ob Weiß in dieser hübschen Stellung (herzlichen Dank dem Verfasser!) das Spiel remis macht oder ob er gewinnen kann; wenn nein: warum nicht; wenn ja: wie?

Aber wir können den alles entscheidenden ersten Zug ruhig verraten oder vielmehr bestätigen, weil Sie ihn ohnehin sofort (?!) gefunden haben: Es ist **1. ♔e2!!**. Wegen der Drohung ♔f3 wird der schwarze König nach h2 genötigt, denn auf g2 würde er seinem eigenen Bauern den Weg verlegen. Auf h2 ist er aber dem Schachgebot der künftigen weißen Dame ausgesetzt; der schwarze Bauer kommt also nur bis g2. Daher: Weiß gewinnt! Übrigens reicht auch 1. ♔f2 ♔h2 2. ♔f3! analog der Stellung Nr. 28 (Grigoriew) zum Gewinn aus. Die Studie ist also nebenlösig.

Im Widerstreit

35

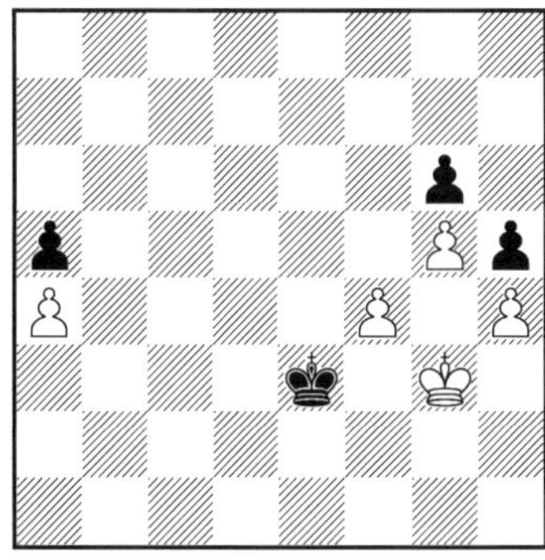

Colle (am Zug) – Grünfeld
Karlsbad 1929

Wir haben gesehen, dass man aus Tempo-Gründen einem vorrückenden feindlichen Freibauern möglichst keine Gelegenheit zum Schachbieten geben sollte, und man weiß, dass es einen halben Punkt kosten kann, wenn ein König auf der a- oder h-Linie „kollegial eingesperrt wird". – In unserem Beispiel sah sich Belgiens Meister Colle beiden Problemen zugleich gegenüber: Nach **1. f5 gf5: 2. g6 f4+** fasste er den ersten richtigen Entschluss: Er zog nicht etwa 3. ♔h2?, um Schachgeboten des Bauern zu entgehen, sondern er wählte **3. ♔g2!**, weil er nach der Umwandlung der beiden Freibauern ein „zweites" Bauernendspiel anstrebte. Nach 3. ♔g2 sah sich Schwarz nämlich genötigt, **3. ... ♔e2** zu antworten (3. ... f3+ 4. ♔f1!) und damit nicht nur auch seinerseits ein Tempo zu verlieren, sondern gleichzeitig seinem Gegner den Damentausch zu ermöglichen. **4. g7 f3+ 5. ♔g3!**. Wieder ein richtiger Entschluss! **5. ... f2 6. g8♕ f1♕** 7. **♕c4+ ♔e1 8. ♕f1:+ ♔f1: 9. ♔f4!**. Hätte Weiß ♔h2? (statt ♔g3) gespielt, so stände der weiße König jetzt erst auf g3; Schwarz hätte das so wichtige Tempo – jetzt fehlt es ihm -, um den weißen König auf der h-Linie einzusperren. **9. ... ♔e2 10. ♔g5**, und Weiß gewinnt.

Was wir aus dieser Stellung lernen können: Es gibt nur wenige Endspiele, ausgenommen reine „Theoriestellungen“, in denen man sklavisch bestimmten Regeln folgen darf. In unserer Stellung hatte sich Colle mit z w e i Strategemen auseinanderzusetzen: Schachgebote des schwarzen Freibauern und zugleich die Einsperrung auf h5 zu vermeiden. Colle nahm die Schachgebote auf sich, um nicht eingesperrt zu werden!

3. KAPITEL
Lenkung und Lockung

Eine berühmte Studie von Lasker

Sie ist als Schöpfung des damals 21jährigen **Emanuel Lasker** 1890 im „Deutschen Wochenschach“ veröffentlicht worden und hat folgende Stellung: ♔c8, ♖f7, ♙c7 – ♔a6, ♖c2, ♙f2. Weiß gewinnt mit **1. ♔b8!** (sonst ... ♔a7) **1. ... ♖b2+ 2. ♔a8! ♖c2 3. ♖f6+ ♔a5 4. ♔b7! ♖b2+ 5. ♔a7 ♖c2 6. ♖f5+ ♔a4** 7. **♔b7 ♖b2+ 8. ♔a6 ♖c2 9. ♖f4+ ♔a3 10. ♔b6 ♖b2+ 11. ♔a5! ♖c2 12. ♖f3+ ♔a(b)2 13. ♖f2:!.**

*

Der Gedanke ist schon alt: Der italienische Theoretiker **D. L. Ponziani** zeigte in seinem „Giuoco degli Scacchi“ aus dem Jahre 1786(!) die Stellung ♔h8, ♖b7, Bh7 – ♔f6 ♖f2 mit den Zügen **1. ♔g8 ♖g2+ 2. ♔f8! ♖h2 3. ♖b6+ ♔f5**(!) **4. ♔g7 ♖g2+ 5. ♔f2 ♖h2 6. ♖b5+ ♔f4 7. ♔g7 ♖g2+ 8. ♔h6! ♖h2+ 9. ♖h5.** Lasker hat die Idee erweitert und die Darstellung zu einem vollkommenen Kunstwerk gestaltet, – das indessen von höchster Partiewahrscheinlichkeit ist.

Zunächst wird bei Lasker der schwarze König durch ein Manöver, in dem Verteidigung und Angriff einander abwechseln und das sich mehrmals wiederholt, auf dieselbe Reihe gelenkt oder besser genötigt, auf der der Turm steht, und dann wird mittels einer so genannten „Halbfesselung“, die zugleich ein Ablenkungsopfer enthält, die vertikale Wirkungskraft des schwarzen Turms ausgeschaltet. Diese Ablenkungsaktionen sind für Turmendspiele, in denen Freibauern vorhanden sind, geradezu typisch (vgl. etwa Stellung 50).

– und die Nutzanwendung

36

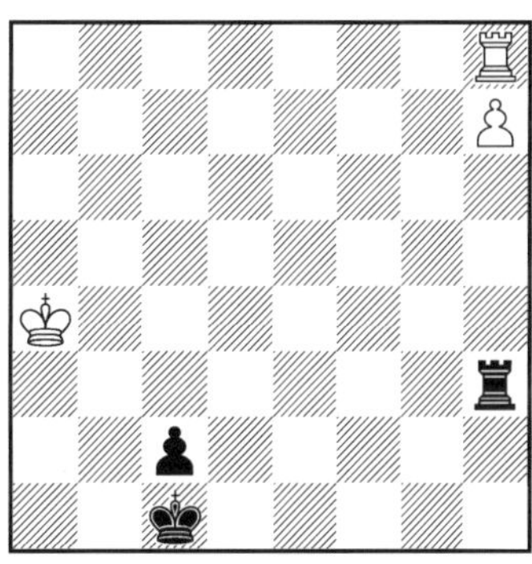

Opocensky – Keres (am Zug)
Schacholympiade Buenos Aires 1939

Fast genau die Lasker-Stellung mit vertauschten Farben! Keres siegte in der Manier, die Ponziani und Lasker gezeigt hatten: **1. ... ♔b2 2. ♖b8+ ♔a2 3. ♖c8 ♖h4+ 4. ♔a5 ♔b2 5. ♖b8+ ♔a3 6. ♖c8 ♖h5+ 7. ♔a6 ♔b3 8. ♖b8+ ♔a4 9. ♖c8 ♖h6+ 10. ♔a7 ♖h7:+**, und das Spiel ist gewonnen.

36 A

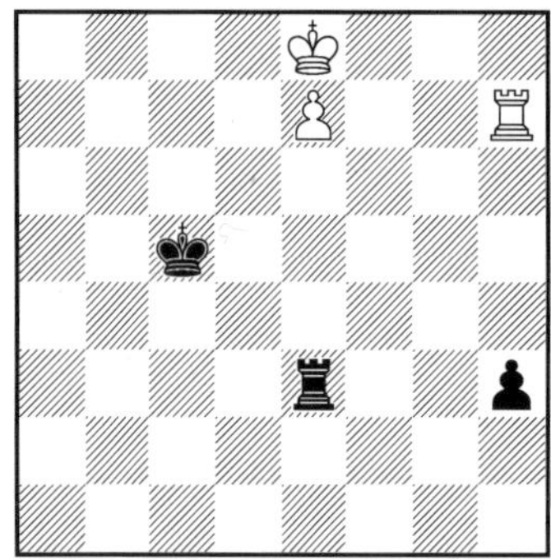

Najdorf – Czerniak
(Schwarz am Zug)
Turnierzyklus Buenos Aires 1939

Eine interessante Erweiterung des Laskerschen Manövers. Nach **1. ... ♖f3?** gewann Weiß mit **2. ♖h8.** Weltmeister Aljechin, der bei dieser Partie „kiebitzte", glaubte, dass 1. ... ♖a3! die Partie remis hält. 2. ♔d7 ♖d3+ 3. ♔c7 ♖e3 4. ♖h5+ ♔b4!. Oder 4. ... ♔c4 5. ♔d6. 5. ♔d7 ♖d3+ 6. ♔c6 ♖e3 7. ♖h4+ ♔a5 8. ♔d6 ♖d3+ 9. ♔c5! gewinnt nach Bolbochan dennoch (9. ... ♖e3 10. ♖h3:! ♖e7: 11. ♖a3#, oder 9. ... ♖c3+ 10. ♔d4).

36 B

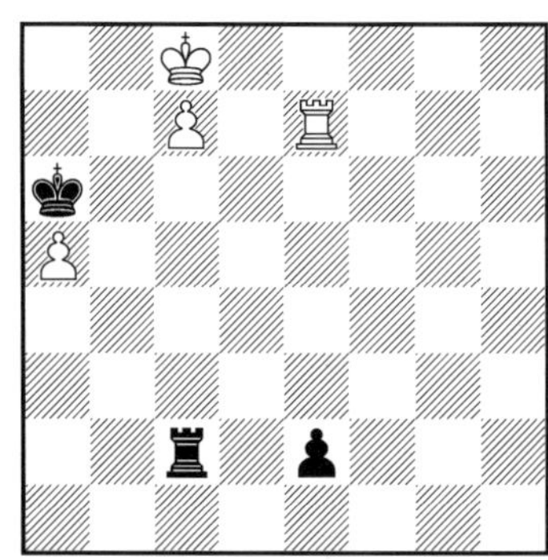

Nemkov – Zelinski (am Zug)
Riga 1978

Äußerst lehrreich ist diese neuere Partie. Schwarz zog **1. ... ♔a5:?** und verlor wie bei Lasker nach **2. ♔b7 ♖b2+ 3. ♔a7 ♖c2 4. ♖e5+** und so fort. Dabei hätte er die Partie wie folgt retten können: 1. ... ♔a7!!, zum Beispiel a) 2. ♔d8 ♖d2+ 3. ♔e8 ♔b7 4. a6+ ♔c8 remis, oder b) 2. ♖e6 ♖d2 3. ♖e3 ♔a8, und der schwarze König pendelt zwischen a7 und a8 hin und her.

Vor Lasker gab man remis...
37

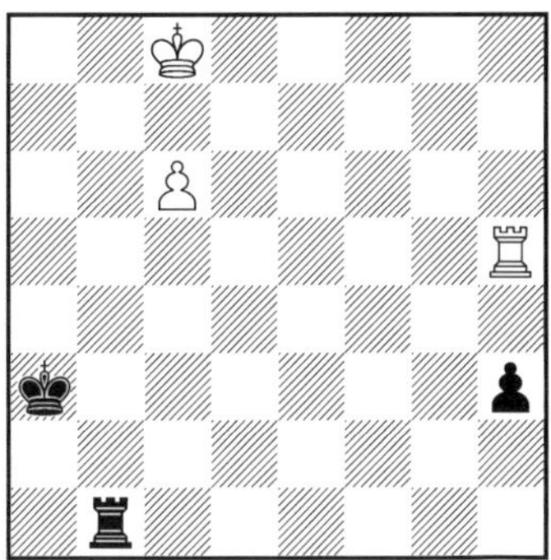

Tullidge – Witton (am Zug)
Adelaide 1887

Und hier noch ein Beispiel aus der Turnierpraxis; es ist das älteste, das wir gefunden haben: Schwarz zog 1. ... ♖h1, und die Gegner einigten sich auf Unentschieden. Nach der Partie aber stellte man fest, dass Weiß in der uns wohlbekannten Weise hätte gewinnen können: 2. c7! h2 3. ♔b7 ♖b1+ 4. ♔a6 ♖c1 5. ♔b6 ♖b1+ 6. ♔a5 ♖c1 7. ♖h3+ ♔a2 8. ♖h2:+, und Weiß ist am Ziel.
Auf 1. ... ♖b3 hätte Weiß übrigens mit 2. c7 ♔b2 3. ♖d5! gewonnen.

Eine alte Regel
38

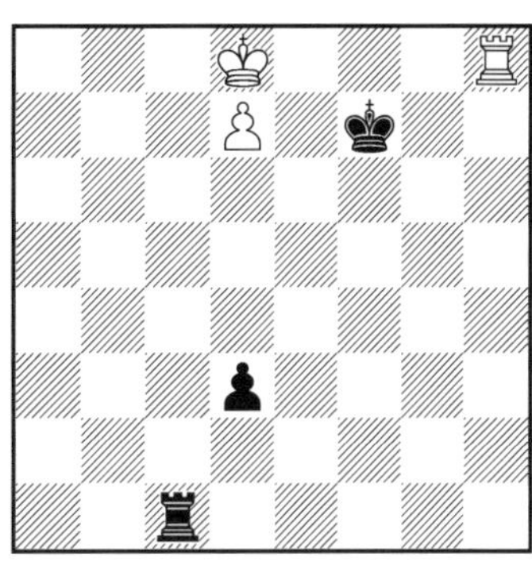

Dr. A. Wotawa
„Deutsche Schachzeitung", 1952
Weiß gewinnt

Um zu gewinnen, muss Weiß den schwarzen Turm, der berühmten Tarrasch-Regel widersprechend („Türme gehören hinter eigene und fremde Freibauern!"), gerade dorthin treiben, wohin er „gehört"! **1. ♖h7+! ♔f8.** Am besten, da auf 1. ... ♔g6 Weiß mit 2. ♖h2 ♖c2 3. ♖h1 d2 (oder 3. ... ♔f7 4. ♖f1+ nebst ♔e7 und evtl. ♔d6) 4. ♔e7 ♖c1 5. d8♕ ♖e1+ 6. ♔f8 leicht gewinnt.
2. ♖h2 ♖c4(!). Falls 2. ... ♖c3, so 3. ♖f2+ nebst ♔e7, was auch auf 2. ... ♖d1 folgt, und wenn 2. ... ♖c2, so 3. ♖d2! ♖d2: 4. ♔c7. **3. ♖f2+ ♔g7 4. ♖d2! ♖d4 5. ♔e7.** Aber was soll das alles?! **5. ... ♖e4+ 6. ♔d6 ♖d4+** 7. ♔e6. Jetzt deutet sich an, dass der Turm räumlich recht beschränkt wohnt! 7. ... **♔f8.** Nach 7. ... ♔h7 kommt es zu dem gleichen Spiel,

während 7. ... ♔g6 mit 8. ♖g2+ ♔h5(!) 9. ♖g8 d2 10. d8♕ beantwortet wird. **8. ♖f2+ ♔g7 9. ♖f4!** Sogar ohne Schachgebot! Weiß gewinnt.

Also hat sich die Tarrasch-Regel trotz der scheinbar sinnwidrigen Einleitung doch wieder bewährt: Damit Weiß gewinnen konnte, musste der Turm aus dem Paradies d4, in das er hineingelenkt worden war, wieder vertrieben werden!

„Herumgezwungener“ Läufer

In einer Studie von Selesniew (Stellung 139) werden wir sehen, dass im Kampf gegen feindliche Freibauern die Läuferpartei der Gefahr gegenseitiger Behinderung von König und Läufer noch gerade entgehen kann: Zwar muss der weiße König das Feld e4 betreten, aber das bleibt ohne Schaden, weil der Läufer nach 7. ... b2 nicht darauf angewiesen ist, die Verwandlung des Bauern von f5 aus zu verhindern, sondern diesen Auftrag von a2 aus erfüllen kann.

Nun gibt es aber Situationen, in denen es dem „Bauernkönig“ gelingt das gegnerische Verteidigungssystem durcheinander zu bringen. Der bekannteste Fall dieser Art ist wohl eine berühmte Studie von **H. Otten** (♔e4, ♙a4, g4-♔f6 ♗g7; „The Boy's Own Paper“, 1892), in der Weiß wie folgt gewinnt: 1. a5 ♗f8 2. ♔d5! ♗h6. Es droht ... ♗e3, und Weiß steht vor der Frage, wie er der Gefahr des Remis entgegenwirken soll. 3. ♔d4 sieht zwar gut aus (3. ... ♗f8 4. a6 und gewinnt), lässt jedoch 3. ... ♗f4 4. a6 ♗b8 zu.

3. g5+!!. Mit diesem Lenkungsopfer erreicht Weiß zweierlei: Einmal wird der Läufer daran gehindert, zukünftig auf dem Wege über f8 Unruhe zu stiften, und zum anderen steht er nach 3. ... ♗g5: auf einer Schrägen, in der sein Bereich durch den eigenen König sozusagen halbiert wird. Die Folge: 4. ♔e4 ♗h4 5. ♔f3!, und Weiß gewinnt. – Viele kennen die Studie von Otten, aber wenige werden mit dem Mechanismus der „erzwungenen Selbstbehinderung“ vertraut sein. Wir haben es daher für zweckmäßig gehalten, die Lösung noch einmal ausführlich zu erläutern.

39

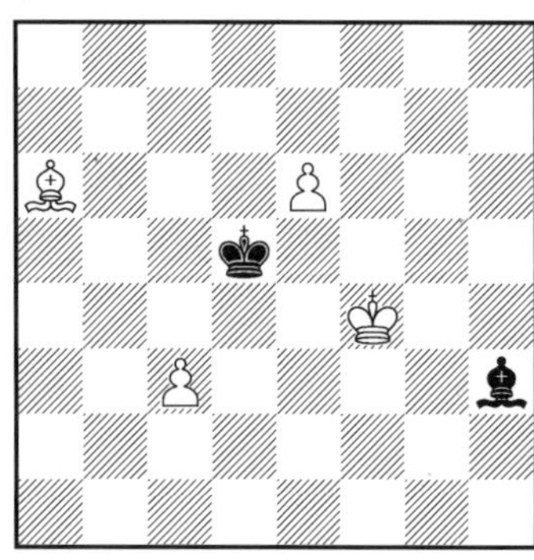

F. Sackmann
„Deutsche Schachblätter“, 1909
Weiß gewinnt

Bei Sackmanns Studie finden wir ein ähnliches Lenkungsmanöver, aber mit einer ganz anderen Zielsetzung: **1. ♗c8! ♗f1**. Erzwungen, weil 1. ... ♗e6: ein verlorenes Bauernendspiel ergibt und 1. ... ♔d6 den Vorstoß 2. e7 nicht verhindert. **2. e7 ♗b5 3. c4+!! ♔c4: 4. ♗a6!**. Siegreiche Rückkehr auf das Ausgangsfeld; Schwarz ist wegen der „Halbfesselung" des Läufers gegen die Umwandlung eines Bauern machtlos.

Die prinzipielle Ähnlichkeit des Läuferzuges 4. ♗a6 mit dem Zuge 13. ♖f2: in der Studie von Lasker ist unverkennbar. Den besonderen Reiz der Sackmannschen Studie macht es aus, dass die Entscheidung nicht, wie es die Ausgangsstellung vermuten lässt, am Königsflügel, sondern auf der anderen Seite des Bretts fällt.

Ablenkung ist auch Lenkung

40

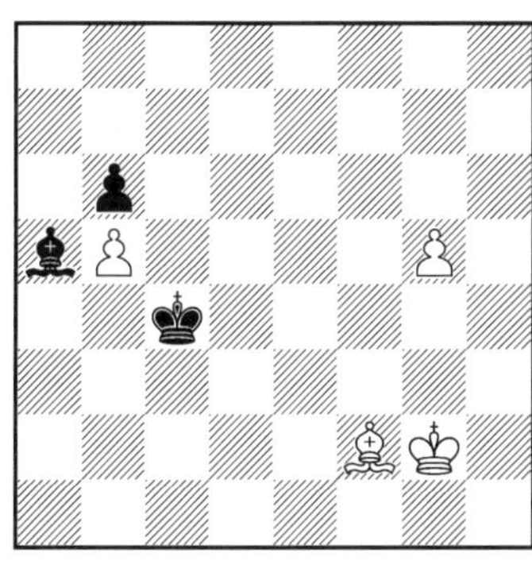

Bannik (am Zug) – Nikolajewsky
UdSSR
(Ukrainische Meisterschaft) 1958

Mit **1. ♗b6:! ♗c3** (natürlich darf Schwarz den Läufer nicht nehmen) **2. ♗a5!!** führte Weiß ein Tempogewinn-Manöver durch, durch das er den wichtigen Bauern auf b5 retten konnte. Der schwarze Läufer steht jetzt, ob er den weißen Kollegen verspeist oder nicht, den beiden Bauern hilflos gegenüber; Weiß gewinnt.

Von gewinnendem Wesen

41

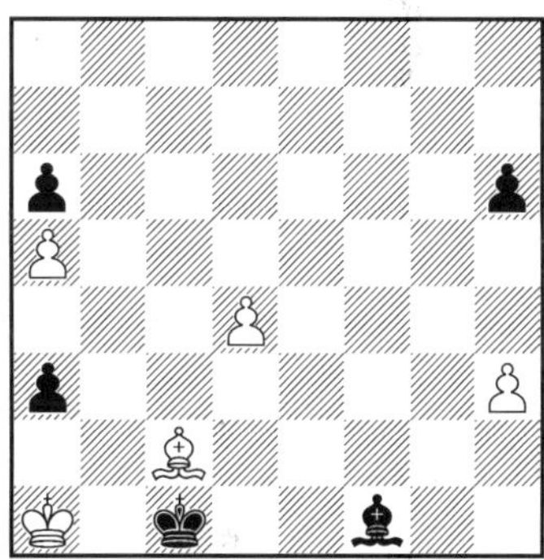

C. Raina
Rumänische Studienmeisterschaft
1948, 1. Preis
Weiß gewinnt

Ein ähnlicher Bauerngewinn, dem sich aber noch ein heftiger weiterer Kampf anschließt, wird in der Studie von Raina vorgeführt: **1. ♗e4! ♔d2!**. Den Bh3 darf Schwarz wegen 2. ♗b7 nicht nehmen. **2. ♗b7 ♔c3 3. d5**. Verfrüht wäre 3. ♗a6:? ♗h3:! 4. d5 ♔b4! mit Remis. **3. ... ♔b4 4. ♗a6: ♗h3:(!)**. Dies ist stärker als 4. ... ♗a6: 5. d6! oder 4. ... ♗g2 5. d6

♗c6 6. ♗b7!, und Weiß gewinnt. **5. ♗f1!**. Dasselbe Bild wie in der Partie! **5. ... ♗c8 6. ♗h3!!**. Der Läufer zeigt ein wirklich gewinnendes (Tempi gewinnendes!) Wesen. **6. ... ♗b7 7. d6 ♗c6 8. ♗g2!**. Alles ist von der Sorge um den unersetzlichen a-Bauern bestimmt. Mit 8. a6? ♔c5! dagegen würde Weiß nicht mehr als Remis erreichen (9. d7 ♗d7: 10. ♗d7: ♔b6). **8. ... ♔c5(!)**. Oder 8. ... ♗d7(b5) 9. a6. **9. ♗c6: ♔d6: 10. ♗e8,** und das Spiel ist gewonnen; z. B. 10. ... ♔c5 11. ♔a2 h5 12. ♔a3: h4 13. ♔a4 h3 14. ♗h5.

Ein kleines Zwischenschach

42

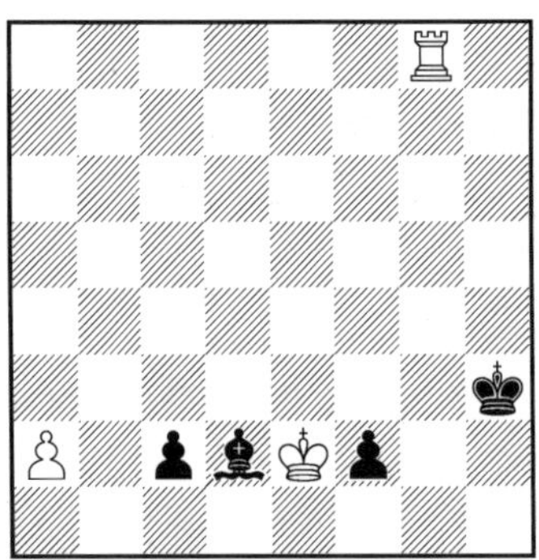

Csanadi (am Zug) – Forintos
Budapest 1963

Nach **1. ♖c8?? ♗c3!** gab Weiß die Partie, die er für klar remis gehalten hatte, enttäuscht verloren (2. ♖c3:+ ♔g2).

Verloren wurde auf diese Art eine Partie, die in der Tat „remis war“; Csanadi hatte da ganz recht! Er hätte nur ein kleines Zwischenschach geben müssen: 1. ♖h8+ ♔g4-denn 1. ... ♔g2 2. ♖g8+ ist ja nutzlos – und jetzt (jetzt erst!) 2. ♖c8! (♖h1? ♗e1), und das Spiel ist „klar remis“.

Wer sich in terminologischen Spielereien ergehen will, könnte den Zug 1. ... ♗c3 als ein „lenkendes Sperropfer“ bezeichnen; – lenkend deshalb, weil dem Turm nach 2. ♖c3: ♔g2 nicht mehr das Schach auf der g-Linie zur Verfügung steht.

Das Hineinziehungs-Echo

43

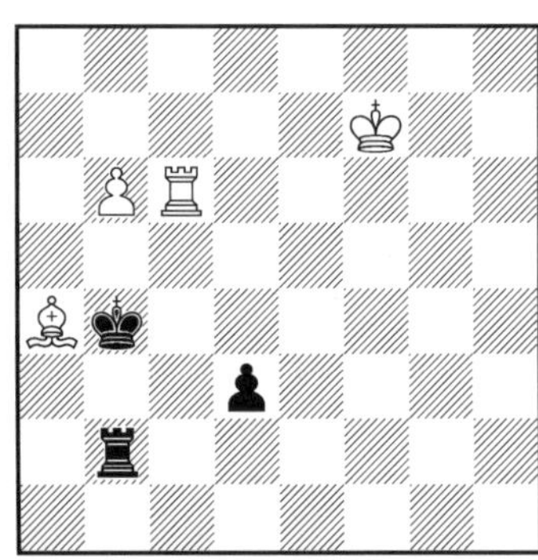

L. Prokes
UJCS-Turnier 1943, II. Preis
Weiß gewinnt

Hineinziehungsopfer gibt es in vielerlei Gestalt. Entfalten sie sich aber in der Studie in voller Schönheit, so bleiben sie in der Partie nicht selten Angelegenheit des Glossators, der wieder einmal eine „ausgelassene Gelegenheit“ vermerkt. Die Studie von

Prokes zeigt in einfachster Form, und zwar mit zwei Echo-Varianten, ein kombiniertes Sperr- und Hineinziehungsopfer mit nachfolgender Ablenkung á la Lasker: **1. b7** mit den beiden Möglichkeiten **1. ... ♔a5 2. ♗b5! ♖b5: 3. ♖c5!** und **1. ... ♔a3 2. ♗b3! ♖b3: 3. ♖c3!**; Weiß gewinnt.

Versäume keine Ablenkung ...
(... es könnte Matt sein!)
44

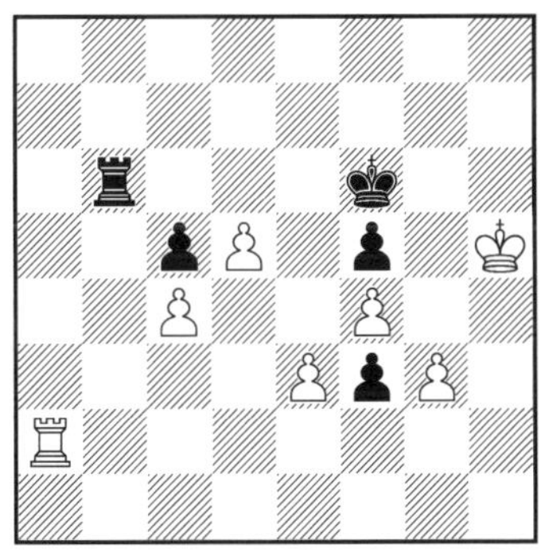

Losew – Mititelu (am Zuge Junioren-Länderkampf Bulgarien-Rumänien 1952

Der weiße König steht, wie man im Schach-Jargon so schön sagt, „auf Matt"; – eine Tatsache, die (auch) den Schwarzen hätte nachdenklich machen sollen. Mititelu aber war anscheinend der Ansicht, dass er Aussichten habe, seinen Freibauern durchzubringen; oder wollte er Remis forcieren? Wir wissen es nicht; jedenfalls spielte Schwarz **1. ... ♖b1??**, und nach **2. ♖a6+** endete die Partie unentschieden.

Wie aber wäre es mit 1. ... f2!! 2. ♖f2: ♖a8! gewesen?! Mit diesem Opfer, das man je nach Geschmack als Ablenkungsopfer (Ablenkung von a6) oder als Hineinziehungsopfer bezeichnen kann (Hinlenkung auf die „tote" f-Linie), hätte Schwarz die Partie effektvoll beenden können.

*

Ein ähnliches Opfer bringt der Partie-, Problem- und Studienmeister **H. Weenink** in folgender ebenso einfacher wie hübscher Studie: ♔b2, ♗h4, Ba6 – ♔e5, ♖g1; Weiß gewinnt („Tijdschrift", 1917). 1. a7 ♖g2+ (oder 1. ... ♖g8 2. ♗g3+ usw.) 2. ♔b1(!). Nicht 2. ♔b3? ♖g8! 3. ♗g3+? ♖g3:+. 2. ... ♖g1+ 3. ♗e1! ♖e1:+ 4. ♔b2; der weiße König findet auf b5 einen sicheren Platz, weil ihm der Turm, behindert durch seinen eigenen König, nicht auf e5 Schach bieten kann.

Die Tauschfeldverlagerung
45

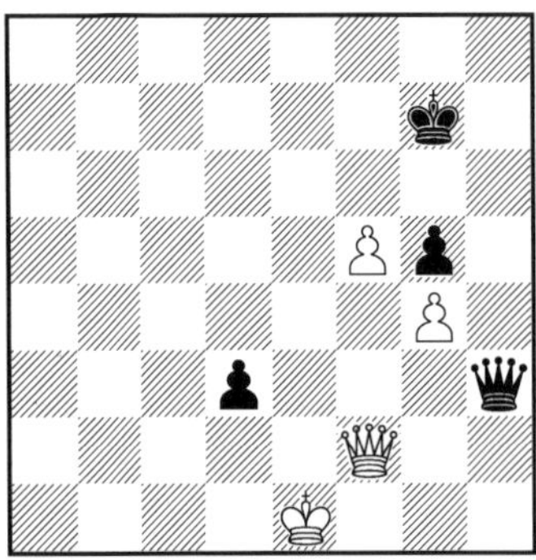

Rieger – Starck (am Zug)
Kühlungsborn 1963

Der DDR-Meister Starck erzwang in einer Position, die wohl mancher für remis halten würde, durch ein lehrreiches Tempogewinn-Manöver den Sieg. Grundlage war die weltbekannte Tatsache, dass im Bauernendspiel zwei getrennte Freibauern manchmal stärker sind als verbundene. Allgemein gültige Regeln hierfür gibt es nicht; der Leser wird es in diesem Buch selbst des öfteren feststellen können. Schwarz zog **1. ... ♕h4!** und erzwang dadurch die Antwort **2. ♔f1**, weil 2. ♕h4: gh4: eben wegen jener getrennten Bauern sofortigen Verlust bedeutet hätte. – Aber was hat Schwarz nach dein Königszug erreicht? **2. ... ♕h1+.** im Hinblick auf 3. ♕g1 ♕g1:+ 4. ♔g1: d2 gab Weiß auf. – Eigentlich war es daher gar kein Tempogewinn, sondern eine ohne Zeitverlust erzwungene Verlagerung des Tauschfeldes von f2 nach g1, also ein Lenkungsmanöver. Aber das kommt hier auf dasselbe heraus.

Viermal Lenkungsopfer!
46

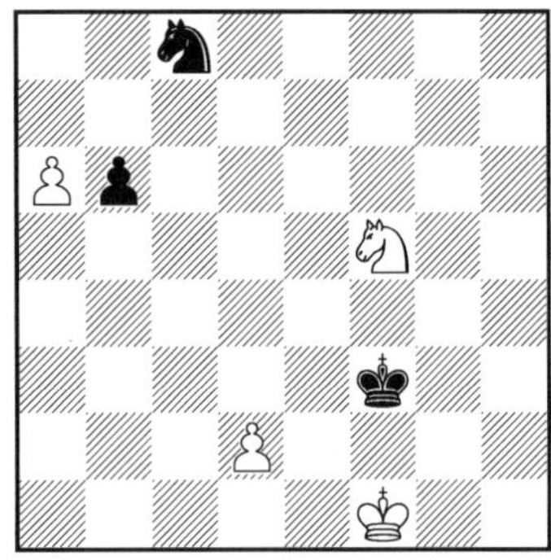

A. A. Troitzky
„Chess Amateur", 1916
Weiß gewinnt

Springer gegen Springer bei gegnerischem Freibauern, das ist eine Konstellation, die bei der kurzbeinigen Konstitution dieser Figuren immer die Gefahr von Ablenkungsmanövern mit sich bringt. Die Komposition Troitzkys ist ein klassisches Beispiel. **1. d4 ♔f4(!).** Nach 1. ... ♔e4? 2. ♘d6+ (... ♘d6: 3. a7) hätten wir schon den ersten Streich. **2. ♘e7.** Mit der bösen Absicht **2. ... ♘a7 3. ♘c6!.** Dies muss vor dem Vorstoß des d-Bauern geschehen, denn 3. d5? wird mit 3. ... ♔e5 4. ♘c6+ ♔d5:! 5. ♘a7: b5! 6. ♘b5: ♔c6 7. ♔e2 ♔b6 8. a7 ♔b7 widerlegt, wonach eine theoretische Remisstellung erreicht ist.

3. … ♘b5. Natürlich darf Schwarz den Springer nicht schlagen, da sich nach 3. … ♘c6: 4. d5 die beiden Bauern durchsetzen. **4. d5!.** Der Springergewinn 4. a7? wäre trügerisch: 4. … ♘a7: 5. ♘a7: ♔e4 6. ♘b5 ♔d5 7. ♔e2 ♔c4 8. ♔e3 ♔b5: mit Remis. **4. … ♔f5.** Schwarz muss sich ins Unvermeidliche fügen (4. … ♔g5 5. d6 ♔f6 6. d7) **5. ♘d4+!.** Zum vierten Mal hat sich der Springer geopfert; Weiß gewinnt.

Eindrucksvolle Deplacierung
47

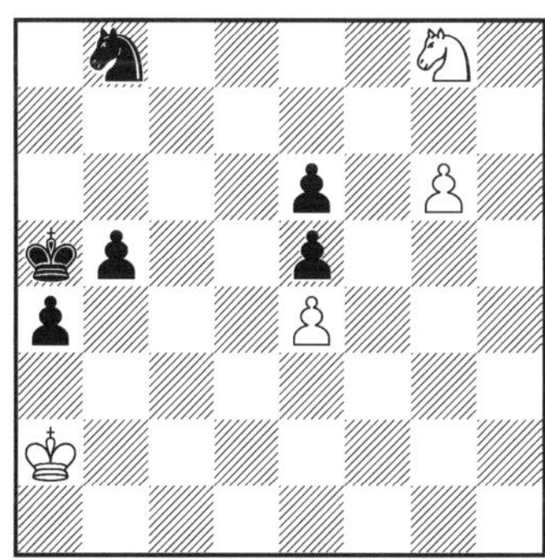

H. Rinck
„L'Italia Scacchistica" 1920,
III. Preis
Weiß gewinnt

Weiß ist in hoher Verlustgefahr; wenn sich der schwarze Springer gegen den gefährlichen Freibauern opfern kann, sieht es böse für Weiß aus; z. B. 1. ♘h6? ♘c6! 2. ♘f5 ef5:!! 3. ef5: ♘e7 4. g7 ♘g8!; oder 1. g7? ♘c6 2. ♘f6 ♘e7 3. g8♕ ♘g8: 4. ♘g8: ♔b4 5. ♘f6 ♔c3; oder 1. ♘f6? ♘c6 2. ♘d5 ed5:! 3. ed5: ♘b4+! nebst … ♘d5:. In allen Fällen behält Schwarz die Oberhand. Daher **1. ♘e7! ♘d7! 2. ♘c6+!.** Mit einer raffinierten Idee. **2. … ♔b6.** Erzwungen. **3. ♘e5:! ♘f6 4. ♘d7+! ♘d7: 5. e5!!.** Weiß gewinnt.
Mehrere Lenkungen auf Grund von Opferangeboten, und dann eine „Deplacierung" des schwarzen Springers durch einen einfachen Bauernzug (5. e5), – ein eindrucksvolles Bild!

Nützliche Kenntnis
48

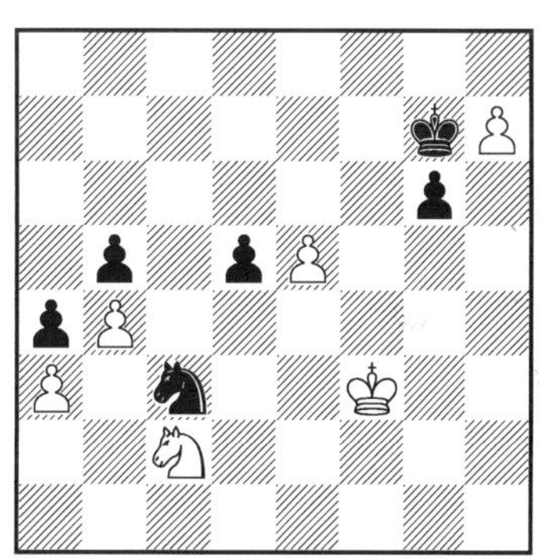

Wolf (am Zug) – Dr. Balogh
Fernpartie 1930

1. e6 ♘e4 2. e7 ♘d6 3. ♘d4 ♔h7: 4. ♘b5:! ♘e8 5. ♘c7! ♘c7: 6. b5 ♔g7 7. b6, und Schwarz gab auf. Die Gewinnführung hat einige Ähnlichkeit mit der in der Rinckstudie; diese war dem Führer der Weißen bekannt. Auf 2. … ♘f6 hätte Weiß mit 3. ♘d4 ♔h7: 4. ♘b5: ♔g7 (oder … ♘e8 5. ♘c7!) 5. ♘d6 leicht gewonnen.

Mit feinster Delikatesse

49

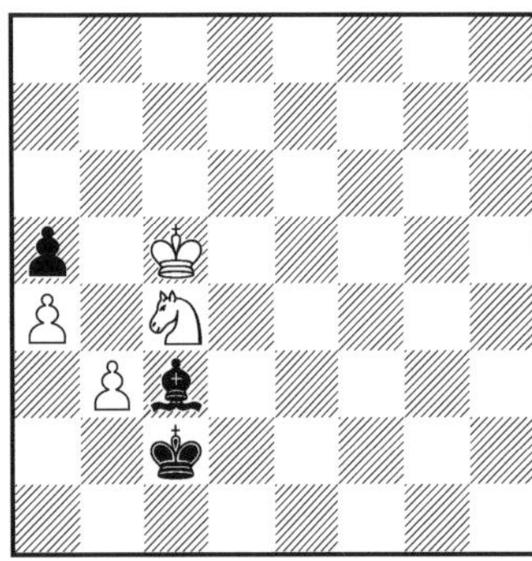

Parma (am Zug) – Gligoric
Bled 1961

Ein Wunder, dass sich Weiß nach **1. ♘a5:** (Absicht: 1. ... ♗a5: 2. b4 mit Gewinnstellung) mit einem halben Punkt begnügen musste! Gligoric antwortete **1. ... ♔b2!!**, um auf 2. b4 mit 2. ♔a3 einen der beiden Bauern zu erobern. Zugleich enthielt der Königszug aber auch noch einen raffinierten Lenkungs-Trick: Da 2. ♔b5 wegen 2. ... ♔a3 keinen Erfolg gehabt hätte, sah sich der damalige Jugendweltmeister zu **2. ♔c4** genötigt, was zwar Schwarz in Zugzwang brachte, aber auch ein Geschenk für ihn enthielt. Jetzt war nämlich **2. ... ♗a5:! 3. b4 ♗b6!!** möglich geworden, und die Besetzung der Schräge a7/g1 sicherte dem Schwarzen das Remis! **4. a5 ♗f2 5. a6.** Auch 4. b5 hätte nach 4. ... ♔a3! 5. b6 (oder a6) 5. ... ♔a4! nichts am Ergebnis geändert. **5. ... ♗a7 6. ♔b5 ♔c3** 7. **♔a4 ♗b6;** Remis.

Echt Bronstein!

50

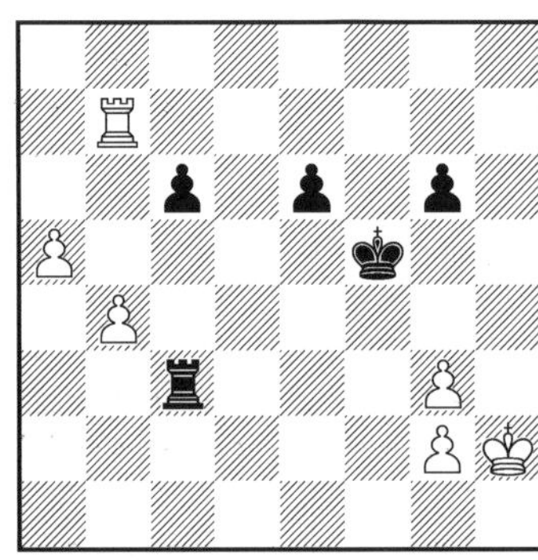

Bronstein (am Zug) – Minic
Länderkampf UdSSR –
Jugoslawien, Leinberg 1962

1. g4+!! war ein genialer, echt Bronsteinscher Einfall. **1. ... ♔g4:!?.** Das war die Absicht von Weiß; der schwarze König sollte auf die vierte Reihe gelockt werden! Immerhin ist es fraglich, ob 1. ... ♔e5 oder ... ♔f6 besser gewesen wäre. **2. a6 e5?.** Wenn der jugoslawische Meister den teuflischen Plan seines Gegners durchschaut hätte, würde er wohl zu 2. ... ♔f5! gegriffen haben, was ihm nach 3. ♖c7 ♖b3 (es drohte b5) 4. ♖c6: ♖b4: 5. ♖c5+ e5 6. ♖a5 (g4+ ♔f6!) 6. ... ♖b8 7. a7 ♖a8 noch Widerstand ermöglicht hätte.

Nach dem Bauernzug kam es zur „Hauptvariante" Bronsteins: **3. ♖c7 ♖b3 4. ♖c6: ♖b4: 5. a7!**, und Schwarz gab plötzlich auf, weil auf 5. ... ♖a4 mit 6. ♖c4+! ein uns wohlvertrautes typisches Ablenkungsopfer gefolgt wäre. – Ein Kabinettstück!

4. KAPITEL

Schädliche Steine, Linien und Felder

Eine der bekanntesten Studien in der gesamten Schachliteratur ist ein Werk des tschechoslowakischen Komponisten **J. Moravec** (♔h8, ♖a2 – ♔g1, ♙g7, h5; „La Strategie", 1913, X. (!) Preis). **1. ♔h7!! h4 2. ♔g6 h3 3. ♔g5 h2 4. ♔g4 h1♕ 5. ♔g3,** und Schwarz kann das Turmmatt auf a1 wegen des „stehen gebliebenen" Bg7 nicht verhindern. Auch die Umwandlung des Bauern in einen Springer bleibt erfolglos: 4. ... h1♘+ 5. ♔f3 g5 6. ♖d2! g4+ 7. ♔g4: ♘f2+ 8. ♔f3, und Weiß gewinnt (8. ... ♘h1 9. ♖a2, Zugzwang, 8. ... ♘h3 9. ♔g3). Wenn Schwarz, um allen diesen Misshelligkeiten zu entgehen, nicht 1. (♔h7) h4, sondern **1. ... g5** zieht, so folgt **2. ♔g6 g4 3. ♔g5!** (auch hier muss Weiß materiellen Gelüsten widerstehen: 3. ♔h5:? macht nur remis!) 3. ... **g3 4. ♔h4 g2 5. ♔h3,** und jetzt kann Weiß, weil der Bh5 noch da ist, **5. ... ♔h1** mit **6. ♖g2:** beantworten (im anderen Falle wäre Schwarz patt!).

Wenn ein Spieler solche Studien kennt, hat er in seinen eigenen Partien einen Kompass für richtiges Verhalten. Kennt er sie nicht, kann er hereinfallen.

50 A

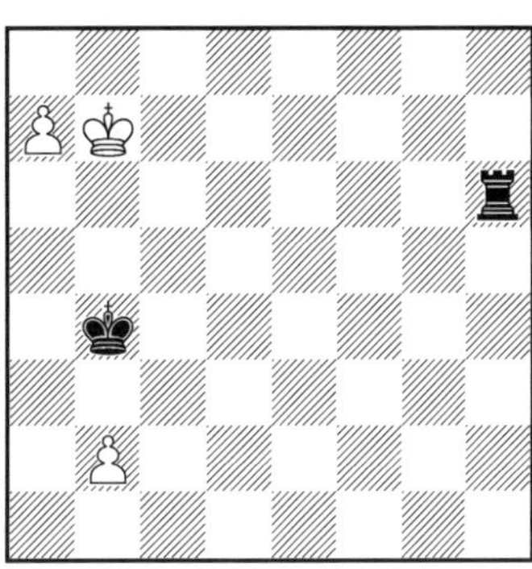

Klanski – Rodriguez (Israel 1965)

Ohne den ominösen Bauern b2 (entsprechend dem Bg7 in der Moravec-Studie) wäre die Partie in jedem Fall remis. Mit dem Bauern verlor Weiß, weil er nach **1. ... ♖h7+** fehlerhaft **2. ♔b8?** (statt richtig 2. ♔a6!) spielte und nun à la Moravec den kürzeren zog: **2. ... ♔b5! 3. a8♕ ♔b6!** und Weiß gab auf.

Ein gutes Beispiel zum Thema „störender Bauer".

Der geschonte Pattschädling
51

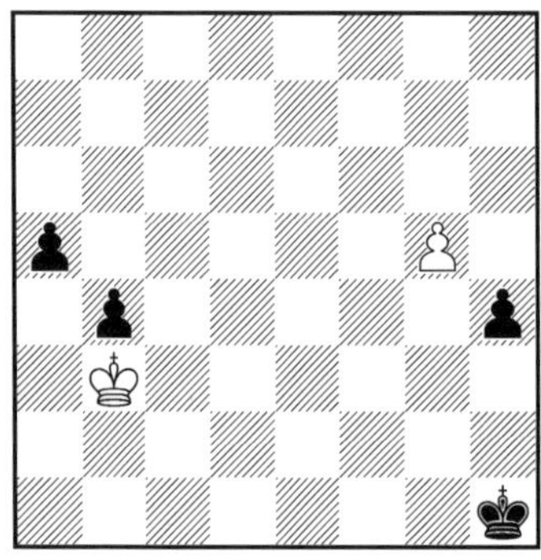

P. Farago
„Ceskoslovensky Sach“, 1937
Weiß gewinnt

Wenn Weiß sofort 1. g6? spielt, so kann Schwarz seine „überflüssigen“ Bauern am Damenflügel zum Schlagen anbieten: a4+!. Es ist interessant, dass der Komponist in seinem Buch „Idei noi in Sahul Artistic“ (Neue Ideen im Kunstschach) angibt, dass dadurch die Bauern „liquidiert werden“ und Schwarz Remis erreicht: 2. ♔a4: b3! 3. ♔b3: h3 4. g7 h2 5. ♔c2 ♔g1 6. g8♕+ ♔h1; Unentschieden. – Zwar ist es richtig, dass Weiß nicht gewinnen kann, aber die Liquidation der Bauern wird Schwarz nicht erreichen, wenn Weiß auf 1. ... a4+ mit 2. ♔b2(!) (oder ♔a2) fortsetzt; z. B. 2. ... a3+ (... b3 kommt nach 3. ♔a3 im Endergebnis auf dasselbe heraus) 3. ♔b3 a2 4. ♔a2: b3+ 5. ♔b2 h3 6. g7 h2 7. ♔c(a)1! (nach 7. g8♕ ist Schwarz patt) 7. ... b2+ 8. ♔b1 ♔g1 9. g8♕+ ♔h1, und das Spiel ist remis. Auch wenn der weiße König auf b2 und der Bauer auf b3 stände, könnte Weiß nicht gewinnen, wie wir bei der Betrachtung der Lösung sehen werden:

1. ♔a4! b3 2. ♔b3: a4+ 3. ♔a3!. Dass jetzt König und Bauer auf der dritten und vierten Reihe stehen, macht den ganzen Unterschied aus! Es folgt **3. ... h3 4. g6 h2 5. g7 ♔g1 6. g8♕+ ♔f1 7. ♕d5! ♔g1 8. ♕g5+ ♔f1 9. ♕h4 ♔g2 10. ♕g4+ ♔f1 11. ♕h3+ ♔g1 12. ♕g3+ ♔h1** (erzwungen) **13. ♔b4! a3.** Weiß hat einen Zug Zeit! **14. ♕f2!** nebst **15. ♕f1#.**

Es leuchtet ein, dass das Ausweichmanöver des weißen Königs keinen Erfolg haben könnte, wenn der schwarze Bauer, gleichgültig, ob a- oder b-Bauer, schon auf der dritten Reihe stände: (13.) ♔b3 a2, und dem Weißen bleibt keine Muße zu ♕f2. In diesem Fall ist also der schwarze Bauer unschädlich für Schwarz, und erst recht natürlich, wenn er schon auf a2 steht.

Im Interesse des Patts
52

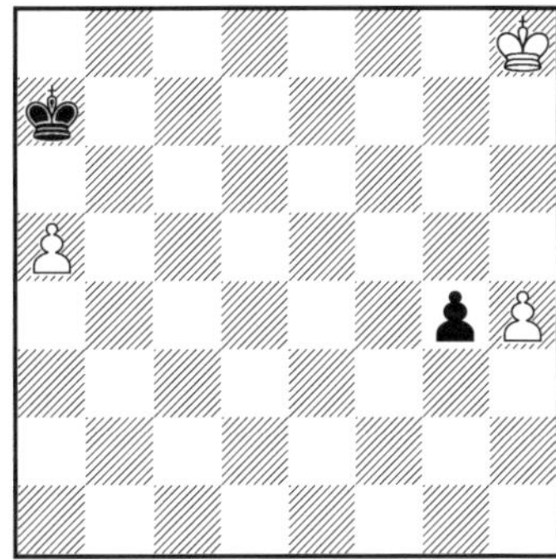

P. Farago
„Ceskoslovensky Sach“ 1937,
1. ehr. Erw.
Weiß hält unentschieden

Nach den Erkenntnissen, die wir aus dem vorigen Beispiel gewonnen haben, wird Ihnen, lieber Schachfreund, der Lösungszug **1. a6!!** wie eine reife Frucht in den Schoß fallen. Auf 1. h5? hingegen würde Schwarz mit 1. ... ♔a6! den weißen a-Bauern „zu einem schädlichen deklarieren“ und das Spiel nach bewährtem Muster gewinnen.

Einer zuviel an Bord
53

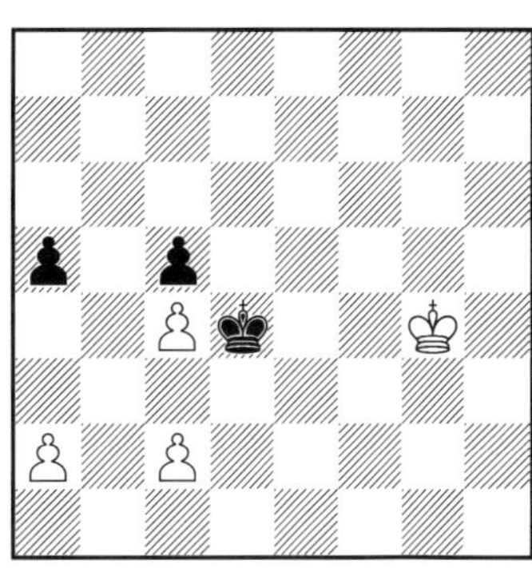

Belkadi – Pachman (am Zug)
Schacholympiade München 1998

Zwar hinderte der Bc2 den Großmeister, sofort mit 1. ... ♔c4:? ganze Arbeit zu leisten (nach 2. ♔f4 ♔c3 3. ♔e4 ist es nur remis), aber auf **1. ... ♔c3! 2. ♔f4 ♔b2!** gab der tunesische Meister Belkadi die Partie verloren; warum?! Einfach deswegen, weil jetzt plötzlich der Bc2 ein schädlicher Stein geworden ist! Schwarz hätte wie folgt gewonnen: **3. ♔e4 ♔a2: 4. ♔d5 a4 5. ♔c5: a3 6. ♔d6 ♔b2.** Es ist bemerkenswert, dass Schwarz, wenn der Bc2 nicht vorhanden wäre, auch mit 6. ... ♔b3 (das Feld wäre ja nun frei) nicht gewinnen würde; sein König müsste auf b4 stehen! **7. c5 a2 8. c6 a1♕ 9. c7.** Aus den Lehrbüchern oder aus Erfahrung wissen wir, dass sich der König der schwächeren Partei bemühen muss, in die „kurze Ecke“ zu gelangen, um sich dort notfalls pattsetzen zu lassen. Von Patt ist aber jetzt – eben wegen des Bc2! – keine Rede: **9. ... ♕a6+ 10. ♔d7 ♕b5+ 11. ♔d8 ♕d5+ 12. ♔e8.** „Normalerweise" würde statt dessen 12. ♔c8 geschehen; aber hier hat dies keinen Erfolg, weil Schwarz mit 12. ... ♔a3! 13. ♔b8 ♕b5+ 14. ♔a7 ♕c6 15. ♔b8 ♕b6+ den König wieder nach c8 zurückzwingen würde. **12. ... ♕c6+ 13. ♔d8 ♕d6+ 14. ♔c8 ♔a3!**. Natürlich hütet sich Schwarz, den Bc2 „pattzusetzen", d. h. zu stoppen! **15. c4 ♔b4 16. c5 ♔c5:** Nun steht der schwarze König schon in der Gewinnzone, so dass er den Bauern verspeisen darf. **17. ♔b7 ♕d7 18. ♔b8 ♔b6;** Schwarz gewinnt.

Fein überlegt
54

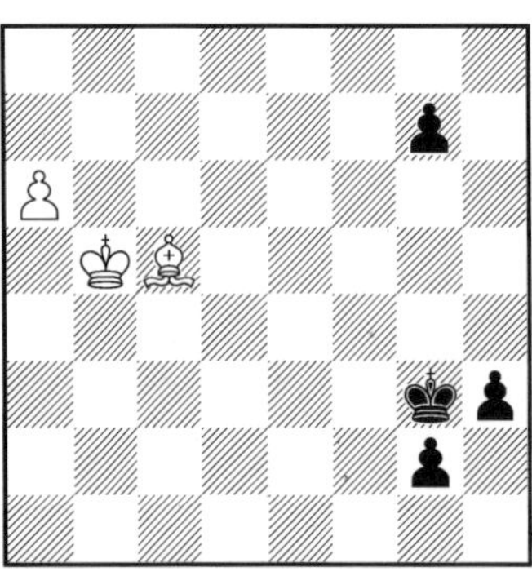

Davidescu (am Zug) – Niculescu
Bukarest 1939

Schwarz erfreute sich des unangefochtenen Besitzes eines für das greifbar nahe Remis gar nicht nötigen Bauern auf g7; die Freude dauerte jedoch nur noch ganze zwei Züge. Weiß zog recht fein **1. ♗d6+!**; er vermied es, sich mit 1. a7? um alle Aussichten zu bringen: 1. ... h2! 2. ♗d6+ ♔h3! mit Remis.

1. ... ♔f2. Oder 1. ... ♔f3, was nach 2. ♗h2 ♔f2 zu derselben Stellung führt. **2. a7 g1♕ 3. ♗c5+ ♔f1 4. ♗g1: ♔g1: 5. a8♕ h2 6. ♕a1+,** und Weiß gewinnt dadurch, dass er den schwarzen König auf h1 pattsetzt, indem er die ♕ nach f2 bringt und nach einem Zug des Bg7 das Matt folgen lässt. – Ohne den Bg7 wäre das Spiel remis geblieben!

Von klassischer Einfachheit
55

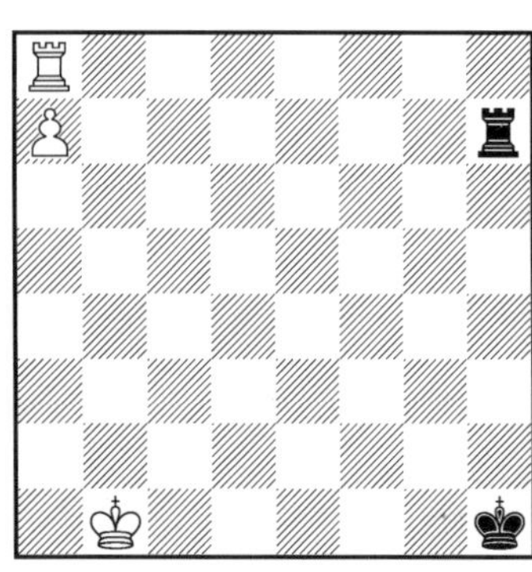

J. Gunst
„Suomen Social Democrat" 1946,
1. Preis, Weiß gewinnt

Mit **1. ♔c2** droht Weiß, den Turm von der h-Linie zu vertreiben und dadurch ein Turmschach auf h8 zu ermöglichen. Schwarz hat aber – unter dem Schutz des Turms – ein Gegenmittel: **1. ... ♔h2!** Es folgt 2. **♔d3 ♔h3** 4. **♔e4 ♔h4** 5. **♔f5 ♔h5**, doch nun macht **6. ♖f8! ♖a7:** 7. ♖h8+ dem Schwarzen den Garaus. – Klassisch in seiner Einfachheit.

Wer am Zuge ist ...
56

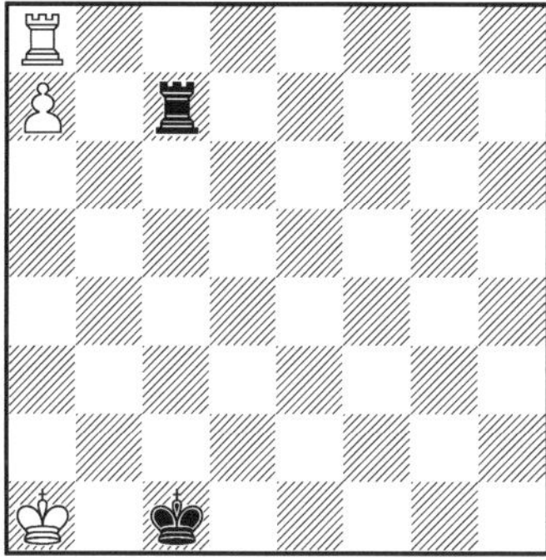

A. Chéron (1895-1980)
„La fin de partie: une tour et un pion contre une tour", 1923
Schwarz am Zuge: Weiß gewinnt
Weiß am Zuge: Remis

Andre Chéron, einer der bedeutendsten Endspieltheoretiker der Gegenwart und ein Meister des praktischen Spiels, hat diese Stellung in einem grundlegenden Aufsatz über das Endspiel von Turm und Bauer gegen Turm veröffentlicht. Nach **1. ♔a2 ♔c2 2. ♔a3 ♔c3 3. ♔a4 ♔c4 4. ♔a5 ♔c5 5. ♔a6** hält Schwarz das Spiel mit **5. ... ♖c6+! 6. ♔b7 ♖b6+ 7. ♔c7(8) ♖a6!** remis; z. B. 8. ♖c8 ♖a7:+ 9. ♔b8+ ♔b6, oder 8. ♔d7 ♔d5! usw., oder 8. ♔b7 ♖b6+. Der weiße König kommt nicht dazu, den Bauern zu decken, ohne durch ein Schachgebot des schwarzen Turmes gestört zu werden.

Ist aber Schwarz am Zuge, so gewinnt Weiß! **1. ... ♔c2** 2. ♔a2 ♔c3 3. ♔a3 ♔c4 4. ♔a4 ♔c5 5. ♔a5 ♔c6 (5. ... ♔c4 5. ♔b6 usw.) 6. ♔a6 ♔c5 7. ♖b8. Zieht Schwarz 2. ... ♖c6 (statt 2. ... ♔c3), so folgt 3. ♔a1 ♖a6+ (3. ... ♔a3 4. ♔a4 ♔c4 5. ♔a5) 4. ♔b4 ♔b1 5. ♔b5 ♖a2 6. ♔b6! (6. ♔c6 ♔a1! macht nur remis!) 6. ... ♖b2+ 7. ♔c6 ♖c2+ 8. ♔d5 usw. mit Gewinn.

Auf **1. ... ♖c6** endlich gewinnt Weiß mit 2. ♔a2 ♖a6+ 3. ♔b3 ♔b1 4. ♖h8! (aber nicht 4. ♔c4? ♔a1! 5. ♔b5 ♖a2, Remis) 4. ♖b6+ (es drohte Matt) 5. ♔c4, und Schwarz ist ohne Rettung.

Erst Versteckspiel
(dann Wettlauf)
57

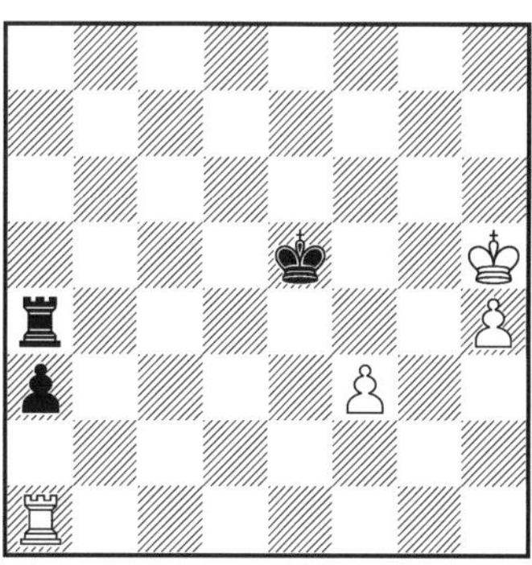

Wamper – Staudte (am Zug)
Aachen 1948

Nicht nur hinter eigenen, sondern auch hinter fremden Bauern kann sich der König verstecken! Zu einem solchen Spiel wäre es gekommen, wenn Schwarz 1. ... ♔f5 gezogen und Weiß darauf 2. ♖a2 geantwortet hätte. 2. f4 würde in die Fortsetzung nach dem Partiezug 1. ... ♔f6 einmünden, und 2. ♔h6? scheitert an 2. ... ♖h4:+.

Also 1. ... ♔f5 2. ♖a2 ♖a6 3. f4 (♖a1 a2) 3. ... ♖a8 4. ♔h6 ♖a7 5. h5 ♔f6 6. f5 ♖a5 7. ♔h7 ♖a8 8. h6 ♔f7 9. f6 ♖a6 10. ♔h8 ♖a7, und jetzt muss Weiß seinen König mit 11. ♔h7 ♖a8 pattsetzen lassen, worauf Schwarz leicht gewinnt.

Nach dem in der Partie geschehenen (etwas stärkeren, weil dem Gegner nicht so viel Wahl lassenden) Zuge **1. ... ♔f6** fiel das Versteckspiel ganz und gar aus; im Gegenteil hätte es zu einem aufregenden Wettlauf kommen sollen! **2. f4!** (2. ♖a2? ♔f5 3. f4 ♖a6!) **2. ... ♔f5 3. ♔h6 a2!**. Nach 3. ... ♖a7? 4. ♖a2! würde Schwarz bei der späteren Jagd um einen Zug zu spät kommen. **4. ♔g7 ♖a7+ 5. ♔h6** (♔f8 würde auf dasselbe herauskommen) **5. ... ♖a6+! 6. ♔g7!** (6. ♔h5? ♖a8 7. ♔h6 ♖a7 8. h5 ♔f6) **6. ... ♖a7+ 7. ♔h6 ♖a6+** (Zeitnoteinlage) **8. ♔g7 ♔f4:!**. Nicht jedoch 8. ... ♔g4? 9. h5! ♔h5: 10. f5! mit Remis. **9. h5?**. Schade! Der auf Zeitnot beruhende Bauernzug bedeutet einen schwerwiegenden Tempoverlust. Es folgte **9. ... ♔g5**, und Weiß gab auf (10. h6 ♖a7+ 11. ♔f8 ♔h6: 12. ♔e8 ♔g6 13. ♔d8 ♔f5 14. ♔c8 ♔e4 15. ♔b8 ♖a3 16. ♔b7 ♔d5 17. ♔b6 ♔c4).

Hätte Weiß 9. ♔f7! (statt 9. h5) gezogen, so wäre ein höchst spannendes Wettrennen entstanden, bei dem Weiß nur um ein einziges Tempo zu spät ist: 9. (♔f7) ♔g4 10. ♔e7 ♔h4: 11. ♔d7 ♔g4 12. ♔c7 ♔f4 13. ♔b7 ♖a3 14. ♔b6 ♔e4 15. ♔b5 ♔d3! (♔d4? macht nur remis!) 16. ♔b4 ♖a8 17. ♔b3 ♖b8+! 18. ♔a2: ♔c2!, und Schwarz gewinnt den Turm. Auf 18. ♔a3 ♔c2! 19. ♖a2:+ ♔c3! erhalten wir ein hübsches Echo.

58

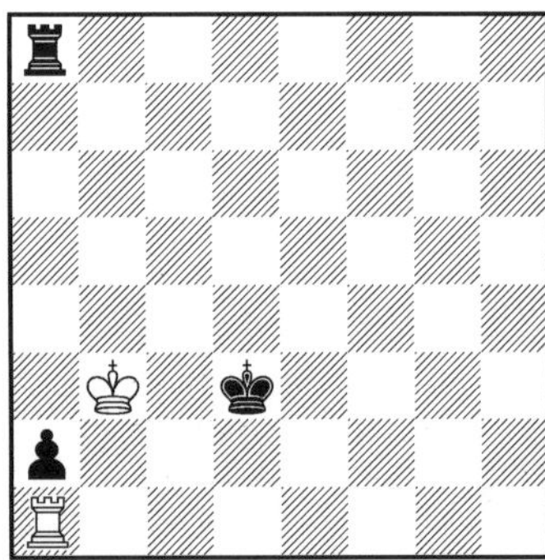

Stellung nach 17 – ♔b3 (Variante)

Selbstverständlich gibt es mit diesem Thema auch zahlreiche Studien. Abgesehen von der Studie Seyboths (vgl. die nächste Stellung), bei der das Motiv in der Verführung auftaucht, scheint uns das älteste Beispiel ein im „Deutschen Wochenschach" 1907 erschienenes Stück von **L. Ahrend** zu sein: ♔f4, ♖c6, ♙a6-♔b1, ♖e1, ♙b3; Weiß gewinnt. 1. a7 ♖e8 2. ♖b6 ♖a8 3. ♖b3:+ ♔a2 4. ♖b7 ♔a3 5. ♔e5 ♔a4 6. ♔d6 usw. wie in der Partie.

*

Eine andere Studie stammt von **F. Benesch** („Wiener Neueste Nachrichten" 1935 ♔e5, ♖a6, ♙a7 – ♔b3, ♖a8, ♙e7; Weiß gewinnt). Die hier interessierende Variante lautet 1. ♔d5 e6+(5) 2. ♔e6(5): ♔b4 3. ♔d6 ♔b5 4. ♖a1 ♔b6 5. ♖b1+, und Weiß gewinnt.

Mit kunstvollen Manövern

59

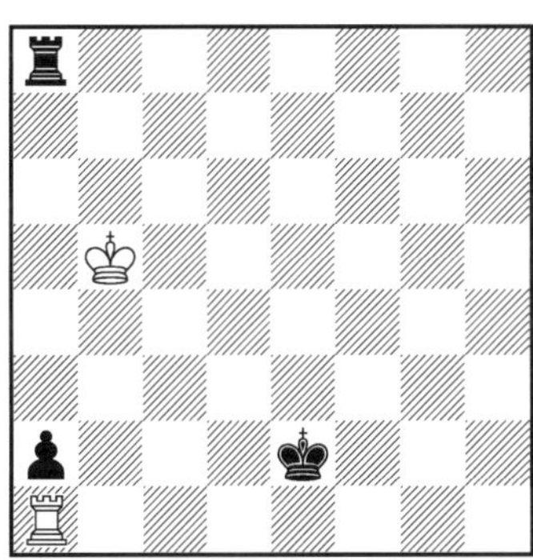

H. Seyboth
„Deutsches Wochenschach"
Weiß hält unentschieden

Wenn Weiß 1. ♔b4? zieht, haben wir nach 1. ... ♔d3! 2. ♔b3 steingetreu die Gewinnvariante der vorigen Stellung erreicht. Weiß kann aber besser spielen: **1. ♔c4!!**, worauf das Spiel nach **1. ... ♔d2 2. ♔b3 ♖b8+ 3. ♔c4! ♖b2** remis ist, dem Weißen aber noch eine neue Aufgabe gestellt wird: 4. ♔d4? wäre wegen 4. ... ♖b4+! nebst ... ♖a4! verfehlt, und nach **4. ♖h1! ♔c2** (4. ... ♔e3 5. ♖a7) muss Weiß **5. ♖a1!** (oder auch 5. ♖h2+) spielen, was das Remis klarstellt.

Falsch wäre aber (für Übergänge in dieses Endspiel zu merken!) der Abwartezug 5. ♖g1? ♖b8!, worauf wiederum Schwarz siegreich bleibt! Die Gewinnführung ist interessant: 6. ♖g2+ ♔b1! 7. ♖g1+ ♔b2 8. ♖g2+ ♔a3! 9. ♖g3+(!) ♔a4 10. ♖g7 (oder 10. ♖g1 ♖b1 11. ♖g8 ♖c1+) 10. ... ♖b5! 11. ♖g1 ♖b1 nebst ... ♖c1+, und der Bauer ist nicht mehr aufzuhalten.

Wir wollen in diesem Zusammenhang noch eine niedliche kleine Turmfang-Studie von **A. A. Troitzky** erwähnen, die 1896 in der Deutschen Schachzeitung veröffentlicht worden ist und folgende Stellung hat: ♔g4, ♖a8, ♙a7-♔g2, ♖a1; Weiß gewinnt. 1. ♔f4 ♔f2. Natürlich muss der schwarze König die Bewegungen des weißen Königs nachahmen. 2. ♔e4 ♔e2 3. ♔d4 ♔d2 4. ♔c5! ♔c3 5. ♖c8!! ♖a7: 6. ♔b6+, und der Turm fällt. Falls im vierten Zuge ... ♖c1+, so 5. ♔b4 ♖b1+ 6. ♔a3 ♖a1+ 7. ♔b2 mit Gewinn.

Stehen jedoch die beiden Könige auf der fünften und siebten Reihe (w♔g7, s♔g5), dann bleibt, wie **J. Berger** 1922 nachgewiesen hat, das Spiel remis! 1. ♔f7 ♔f5 2. ♔e7 ♔e5 3. ♔d7 ♔d5 4. ♔c7 ♔c5 5. ♔b7 (oder 5. ♖c8 ♖a7:+ 6. ♔b8+ ♔b6) 5. ... ♖b1+ mit Remis.

Freude am Besitz
(... bringt Verlust)
60

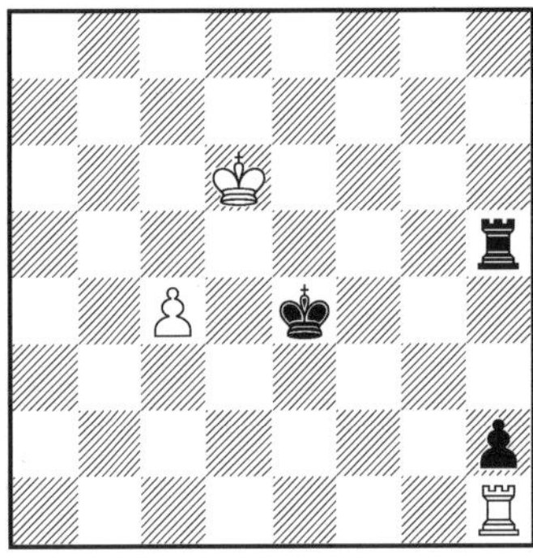

Neustadt (am Zug) – Wolkewitsch
Moskau 1958

Mit **1. c5?** landete Weiß auf dem schnellsten Wege in der Seybothschen Verführungsvariante (vgl. die vorige Stellung): **1. ... ♖h6+! 2. ♔e7 ♔d5 3. ♔f7 ♔c5: 4. ♔g7 ♖h3 5. ♔g6 ♔d4 6. ♔g5 ♔e3** 7. **♔g4 ♖h8 8. ♔g3 ♖g8+**, und Schwarz gewann.
Weiß hätte sich unverzüglich von seinem Bauern trennen müssen, – aber wer tut das gern?! Hier kam es auf die Erkenntnis an, dass Weiß den Bauern (durch dessen Forcierung unter Turmopfer er wohl bequem zu remisieren gedacht hatte) nicht über das Feld c5 hinaus vorstoßen konnte; Weiß musste sich somit auf das Spiel mit Turm gegen Turm und Bauer einstellen. Der Partiezug 1. c5? bedeutete daher einen Tempoverlust, den Weiß nicht mehr gutmachen konnte. So ergibt sich **1. ♔e6!** als die richtige, zum Remis führende Fortsetzung, da Schwarz ebenso viele Züge benötigt, den Bauern auf c4 zu erobern wie auf c5. Nach 1. ... ♔d4 (1. ... ♖h6+ 2. ♔f7 bringt keinen Nutzen) 2. ♔f6 ♔c4: 3. ♔g6 aber erweist sich, dass Schwarz um einen Zug zu kurz kommt: 3. ... ♖h8 4. ♔g5 ♔d4 5. ♔f4!. Nach 5. ♔g4? allerdings wäre alles vertan, weil Schwarz das Gewinnfeld e3 erreicht. Mit 5. ♔f4 aber erzwingt Weiß einen nutzlosen Zug des Gegners, und nach 6. ♔g3 fällt der Bauer.

Das Pattversteck
61

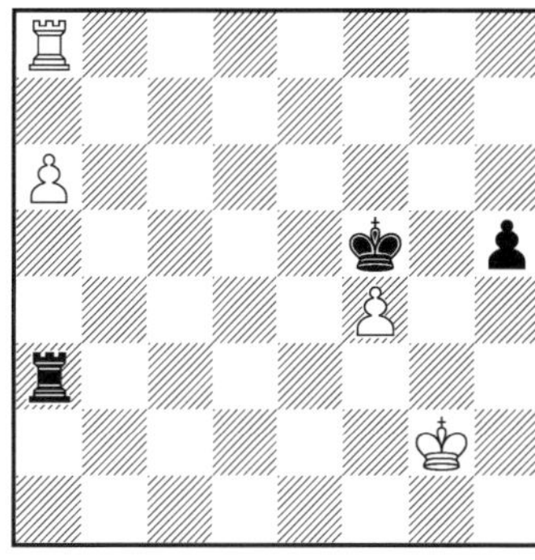

Kluger – Sandor (am Zug)
Ungarische Meisterschaft 1955

Der Zug **1. ... ♔g4!** war von der Tatsache bestimmt, dass der schwarze König eines sicheren Hafens bedurfte und ihm die Fortsetzung 1. ... ♔f6? 2. a7! ♔g7 (2. ... ♔f7? 3. ♖h8! mit der altbekannten Umgehung) 3. f6+! einen schnellen Untergang beschert haben würde. **2. a7.** Der Versuch 2. f5 würde nach 2. ... ♖a2+ 3. ♔f1 ♔f3 4. ♔e1 ♖e2+ keinen Erfolg gezeitigt haben; z. B. 5. ♔d1 ♖e7! 6. ♖h8 (oder 6. f6 ♖f7, was auch auf 6. a7 geschehen würde) 6. ... ♖a7 7. ♖h6 (oder 7. ♖h5: ♖a6:) 7. ♔g4 mit Remis.

2. ... ♖a2+ 3. ♔g1 ♔f3!. Der weiße f-Bauer bietet willkommenen Schutz! **4. ♔h1.** Auf 4. f5 würde Schwarz die Lage mit 5. ... ♖g2+ 6. ♔h1 ♖g7! mühelos meistern. Aber jetzt droht dieser Vormarsch. **4. ... h4!!.** Ein schöner Gedanke. **5. f5 ♔g3!.** Erzwungen und zwingend. **6. ♖g8+ ♔h3! 7. ♔g1.** Denn nach 7. a8♕ ♖a1+! 8. ♕a1: wäre Schwarz patt. **7. ... ♖g2+! 8. ♖g2:, Patt!**

Was wohl beide Spieler (und vermutlich auch die Preisrichter: Sandor erhielt einen Sonderpreis) nicht gekannt haben, ist eine uralte Ponziani-Stellung aus dem Jahre 1769 (!), die so aussieht: ♔h1, ♖a8, ♙a7-♔g5, ♖a2, ♙h4. Schwarz am Zuge erzwingt in seiner misslichen Lage mit 1. ... ♔g4! 2. ♖g8+ ♔h3! 3. a8♕ ♖a1+! das Patt.

Niedergerissener Schutzwall
62

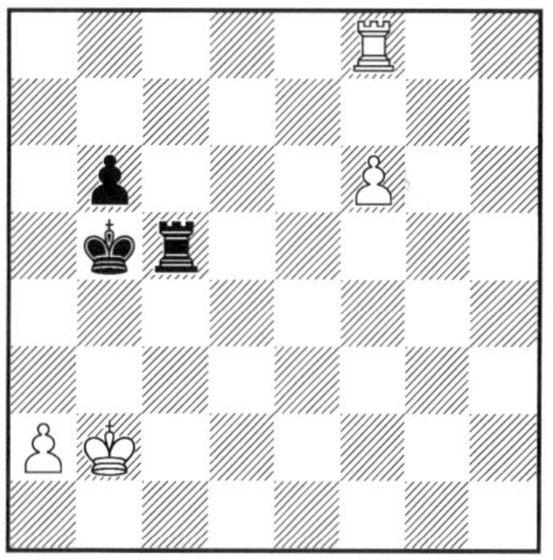

J. Kling
1866
Weiß gewinnt

Wir haben gesehen, wie Sandor in der vorigen Stellung seinen Bauern als Pattschutz für seinen König benutzt hat. In Klings klassischer Studie, in der es keine „letzte Zuflucht“ gibt, verfügt jedoch Schwarz nach **1. f7** über eine scheinbar gleichwertige Verteidigung; sein König ist vor einem Turmschach gesichert. Aber der Schutzwall wird niedergerissen! **1. ... ♖f5 2. a4+! ♔b4(!) 3. a5!**, und Weiß gewinnt. Wenn Schwarz diesem Ungemach vorbeugen will, kann er 1. ... ♖c7(!) spielen, aber auch das rettet ihn nicht: 2. ♔b3 (am einfachsten) 2. ... ♔c5 (oder 2. . . , ♔c6 3. ♔b4 b5 4. a3) 3. a4 ♔c6 4. ♔b4. Jetzt ist Schwarz in Zugzwang geraten; entweder muss sich der König aus dem Schutz des Turms herausbegeben, oder der Turm muss das Schach auf c8 zulassen.

Komplizierte Versteckwahl
63

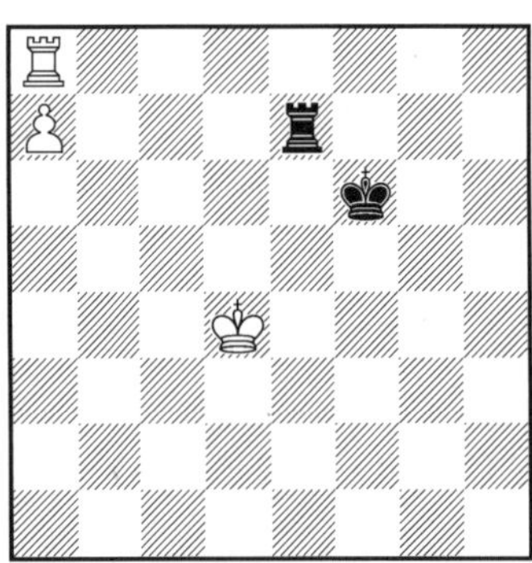

A. Chéron
„La fin de partie: une tour et un pion contre une tour", 1923
Schwarz hält unentschieden
(Stellung nach 2. ♔d4)

In der Chéronschen Stellung steht der weiße König auf e4 und der schwarze Turm auf f7. Schwarz beginnt mit **1. ... ♖e7+** und fährt nach **2. ♔d4** mit 2. ... ♖f7!! fort. Es ist klar, dass der schwarze Turm dem weißen König den Weg zum Freibauern nicht verlegen kann. So scheint es gleichgültig, ob Schwarz den Textzug oder 2. ... ♔e6 wählt. Und dennoch ist der – an sich näher liegende – Königszug ein entscheidender Fehler! Auf 2. ... ♔e6? gewinnt Weiß mit 3. ♔c5 ♔e5 (erzwungen) 4. ♔c6!, wonach Schwarz drei unzureichende Möglichkeiten hat: 4. ... ♔e4 5. ♔d6!, oder 4. ... ♖e6+ 5. ♔d7!, oder 4. ... ♔e6 5. ♔b6 ♔e5 6. ♖h8, in allen Fällen mit leichtem Gewinn für Weiß.

3. ♔d5 ♔f5!. Nicht aber 3. ... ♖d7+? 4. ♔c6 ♖f7 5. ♔b6, und Weiß gewinnt. **4. ♔d6** (♔c6 ♖f6+) **4. ... ♔f6! 5. ♔c6 ♔f5 6. ♔c5 ♔f4! 7. ♔b6 ♖f6+ 8. ♔c7 ♖f7+ 9. ♔c6 ♔f5!** (dies folgt auch auf 9. ♔d6) **10. ♔b6 ♖f6+ 11. ♔c7 ♖f7+ 12. ♔d6.** Weiß kommt nicht weiter; Remis! Chéron hat diese „Versteckspielereien" systematisch untersucht; aber auch andere Komponisten, z. B. Grigoriew und Moravec, haben sich um das Thema bemüht. In den Anmerkungen zu der Studie von Seyboth (Stellung 59) findet der Leser zwei weitere Beispiele von Berger und Troitzky.

Der tiefe Schlaf …
64

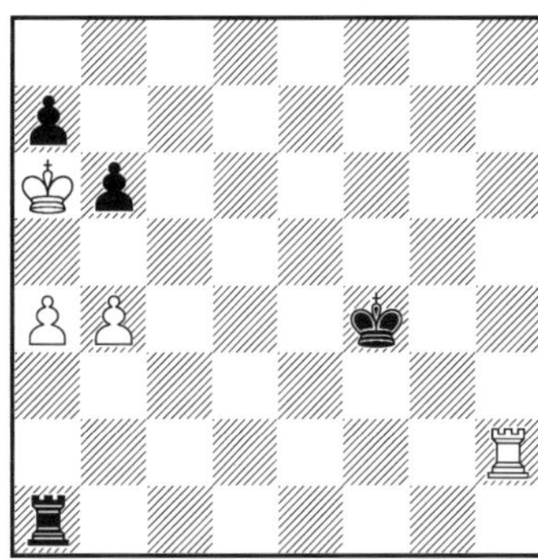

Thelen (am Zug) – Florian
Zlin 1943

Weiß zog **1. ♔a7: ♖a4:+ 2. ♔b6:??**, und nach **2. … ♖b4:+** erfreute sich Schwarz, vielleicht ein wenig erschöpft ob des ausgestandenen Schreckens, bester Gesundheit.

Schlimm hätte es dagegen um den Patienten ausgesehen, wenn Meister Thelen auf 2. ♔b7! (2. … ♖b4:?? 3 ♖h4+!) verfallen wäre. Da der weiße Bauer erhalten bleibt, der schwarze jedoch verloren geht, hätte Meister Florian vor einem harten Kampf um das Remis gestanden.

Fehler im Kalkül
65

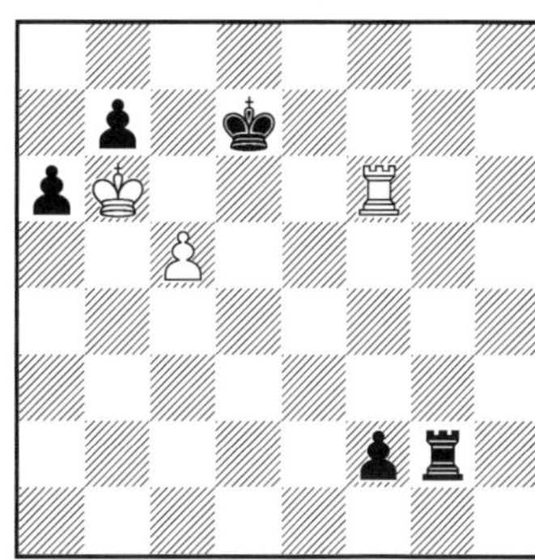

Prins – Dr. Lehmann (am Zug)
Schacholympiade Leipzig 1960

Schwarz wurde mit **1. … ♖g6??** das Opfer eines Fehlers im Kalkül; er „kalkulierte“: 2. ♖f2: geht nicht, weil der Turm gefesselt ist; also muss 2. ♖g6: geschehen, oder Weiß gibt endlich auf. – Der raffinierte Holländer, ein ganz gewiegter Versteckspieler, zog jedoch **2. c6+!!** und unterbrach damit unter Tempogewinn die waagerechte Turmlinie! Nach **2. … bc6: 3. ♖f2: ♔d6 4. ♖d2+ ♔e5 5. ♖c2** war Lehmann um einen halben Punkt ärmer. – Mit 1. … ♔e7! hätte er leicht gewonnen; z. B. 2. ♖f3 ♖g6+ nebst … ♖f6.

Schädliche Schräge

Weiß zog **1. ♔c3?** und gab nach **1. ... ♔g4 2. ♔b3: ♔h4:** den Kampf verloren; mit Recht, denn auf 3. ♔b4 ♔g5! 4. ♔b5 h5 usw. kommt er um ein Tempo zu spät.

66

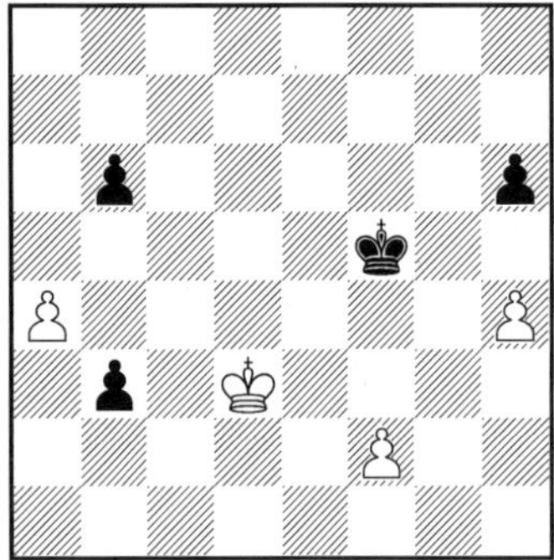

Vlk (am Zug) – Nüsken
Eisleben 1950

Ein unscheinbarer Bauernzug aber hätte dem Weißen zu einem schönen Remis verholfen: 1. f3!!. Zunächst sieht das unverständlich aus, weil zwar Schwarz nun einen Zug länger braucht, um den Bh4 zu erobern, aber auch Weiß einen Zug hat aufwenden müssen. Doch der feine Sinn des Bauernvorstoßes wird deutlich, wenn man einmal „stur weiterspielt“: 1. (f3) ♔f4 2. ♔c3 ♔g3 3. ♔b3: ♔h4: 4. ♔b4 ♔g3 5. ♔b5 h5 6. ♔b6: h4 7. a5 h3 8. a6. Nun wird es auch dem größten Skeptiker klar, dass der eigentliche Zweck des Zuges 1. f3 darin bestand, die Schräge a8/h1 für die neue schwarze Dame zu sperren! 8. ... h2 9. a7 h1♕ 10. a8♕!, und die Partie ist remis. – Aus demselben Grunde hätte übrigens Schwarz nach dem Partiezug 1. ♔c3? nicht 3. ... ♔g4? ziehen dürfen, weil dann Weiß in der Lage gewesen wäre, sein Versäumnis mit dem Zwischenzug 4. f3+! wiedergutzumachen.

In Gedanken ...

67

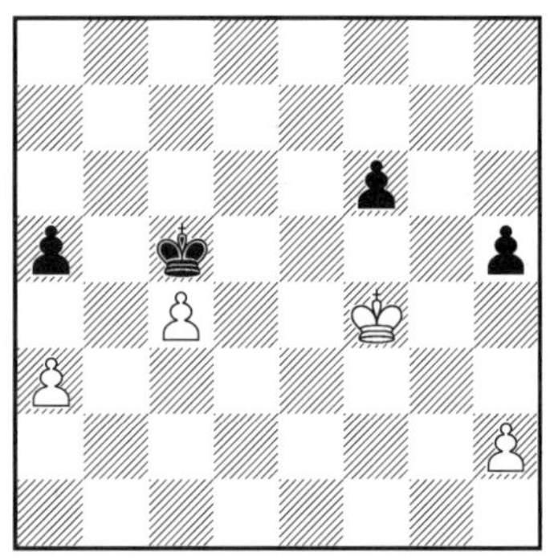

Klowan (am Zug) – Elistratow
Mannschaftskampf UdSSR 1963

Weiß war am Zuge, aber – er zog nicht mehr, sondern gab die Partie auf! Wahrscheinlich hatte er etwa so gerechnet: Mein König braucht vier Züge, um den Bh5 zu erobern, der schwarze König nur drei, uni den weißen a-Bauern zu schlagen. Außerdem steht der feindliche a-Bauer schon auf a5, mein h-Bauer aber noch auf h2; mein h-Bauer wird also erst auf h6 stehen, wenn eine neue schwarze Dame entsteht.

Wenn Meister Klowan zuerst tatsächlich so überlegt haben sollte, dann wird er sich bald darüber klar geworden sein, dass der Weg, den er seinen König in Gedanken hatte einschlagen lassen, um einen guten Schritt zu lang war: Warum nämlich ist es nötig, dass der König den Umweg über f6 nimmt? Geht er sogleich von f5 nach g6, so spart er einen ganzen Zug ein! Und jetzt wird, so möchte man vermuten, beim Führer der Weißen eine jener Halluzinationen eingetreten sein, die wohl jeder Schachspieler schon selbst erlebt hat: Klowan könnte sich vorgehalten haben, dass ihm auch dann, wenn der König über g6 geht, noch ein Tempo fehlt, und zwar ein entscheidendes, „weil ja die schwarze Dame von a1 aus das Umwandlungsfeld beherrscht, das der h-Bauer gerade im Begriff ist zu betreten". Und bei dieser Überlegung muss er einen Augenblick lang völlig vergessen haben, dass der Bf6 – den er in Gedanken zunächst geschlagen hatte- ja noch auf dem Brett ist und es daher auf das angeblich verlustbringende „Minustempo" gar nicht ankommt!

In Zügen ausgedrückt: Nach **1. h4! ♔c4: 2. ♔f5 ♔b3 3. ♔g6 ♔a3: 4. ♔h5: ♔b3 5. ♔g6 a4 6. h5 a3 7. h6 a2 8. h7 a1♕ 9. h8♕** ist die Partie elementar remis! – Das war Künstlerpech.

*

Die Sperr-Idee ist ein klassischer Gedanke, den auch die Studienkomponisten vielfach dargestellt haben. Dafür ein Beispiel aus dem (spärlichen) Studienschaffen eines der größten deutschen Problemkomponisten:

Der unterbrochene Kontakt

68

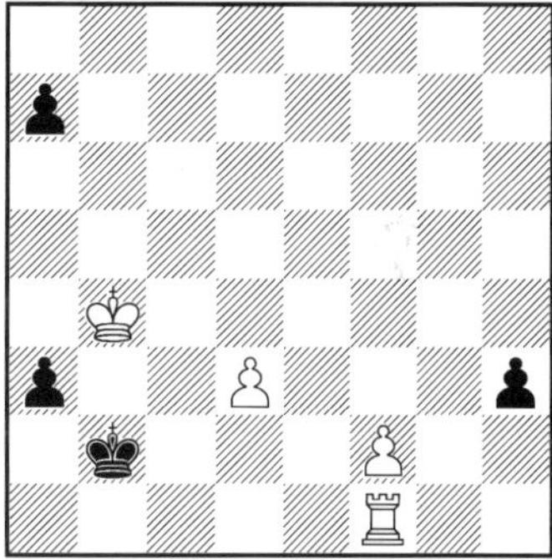

Dr. A. Kraemer
Festschrift zur
Deutschen Meisterschaft
Magdeburg 1927
Weiß gewinnt

Nur **1. f3!!** sichert den Sieg! Betrachten wir die Fortsetzung nach 1. f4?: 1. ... a5+ 2. ♔a4 a2 3. ♖f2+ ♔b1 4. ♔b3 a4+ 5. ♔a4: h2! (ein hübscher Lenkungszug!) 6. ♖h2: (erzwungen) 6. ... a1♕+ 7. ♔b3 ♕a8!, wonach Schwarz gewinnt. Mit dem Sperrzug 1. f3 macht Weiß diese Verteidigung von vornherein unmöglich; Weiß setzt matt.

68 A

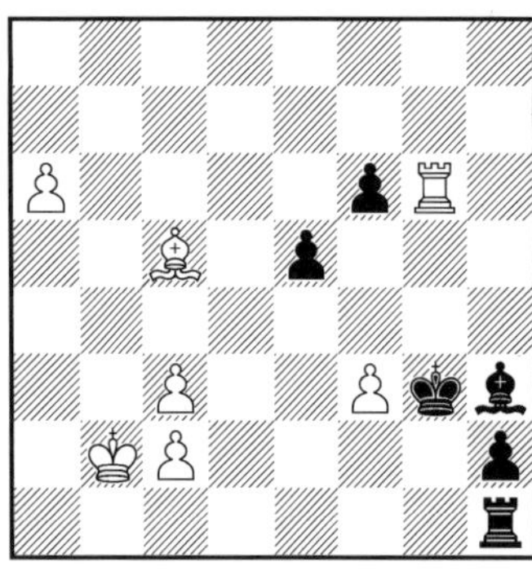

Dr. Pogats – Lein (am Zug)
Europameisterschaft.
Hamburg 1965

Zu dem gleichen Thema noch ein Partiebeispiel. Schwarz spielte **1. ... ♔f4!**. Die Diagonale h1/a8 muss geschlossen bleiben, wie die folgende Variante zeigt: 1. ... ♔f3:? 2. a7 ♖b1+ 3. ♔b1: h1♕+ 4. ♖g1 und Schwarz kann den a-Bauern nicht aufhalten. **2. a7 ♖b1+ 3. ♔b1: h1♕+ 4. ♔b2 ♕f3: 5. ♖f6:+ ♗f5 6. ♖f8 ♕g2 7. ♔a3.** Jetzt genügt 7. a8♕ ♕c2:+ 8. ♔a3 ♕c3:+9. ♔a4 ♕c4+ 10. ♔a3 ♕c5:+ 11. ♔b2, aber Weiß will gewinnen. Es folgte **7. ... ♕c2: 8. ♗b4 ♕c1+ 9. ♔a4 ♕a1+ 10. ♗a3 ♕d1+ 11. ♔a5 ♕d5+** mit Remis. 12. ♔b6 ♕e6+ 13. ♔c7 ♕d7+ 14. ♔b8 ♕b5+ führt zu ewigem Schach.

Nicht der eine ...
(sondern der andere!)
69

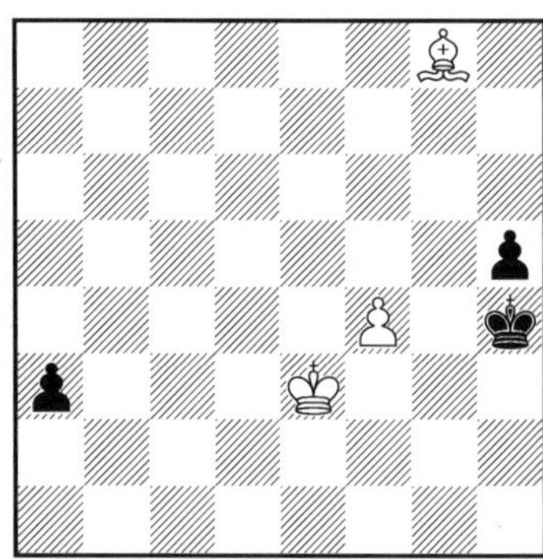

Vukovic – Jovcic (am Zug)
Wann und wo gespielt?

Zu unserer Stellung kam es in einer jugoslawischen Meisterschaft. Schwarz erkannte, dass er nach 1. ... ♔g3 (1. ... ♔g4? 2. ♗e6+ usw.) 2. f5 h4 3. f6 h3 4. f7 h(a)2 5. f8♕ h(a)1♕ mit 6. ♕f4+ usw. erbarmungslos mattgesetzt werden würde; er gab daher den Widerstand auf. Und das war nicht nur zu früh, sondern sein größter Fehler in der Partie! Schwarz sah zwar, dass der Lg8 den Ba3 am Vorrücken hindert, aber er maß der gleichfalls offenkundigen Tatsache, dass der f-Bauer für einen Augenblick die für Schwarz so fatale Schräge sperren muss (wenn er f7 passiert) zu Unrecht keine besondere Bedeutung he1. Wenn er das getan hätte, dann wäre ein neckisches Nachlaufspiel seine Tätigkeit und ein halber Punkt sein Lohn geworden.

Also ans Werk: **1. ... ♔g3 2. f5 ♔g4!! 3. f6** (oder 3. ♔e4 h4! usw.) **♔g5! 4. f7 a2! 5. f8♕ a1♕**, und in dieser Stellung kommt Weiß nicht zum Mattangriff.

5. KAPITEL

Leicht- gegen Schwergewicht

So muss es gemacht werden

70

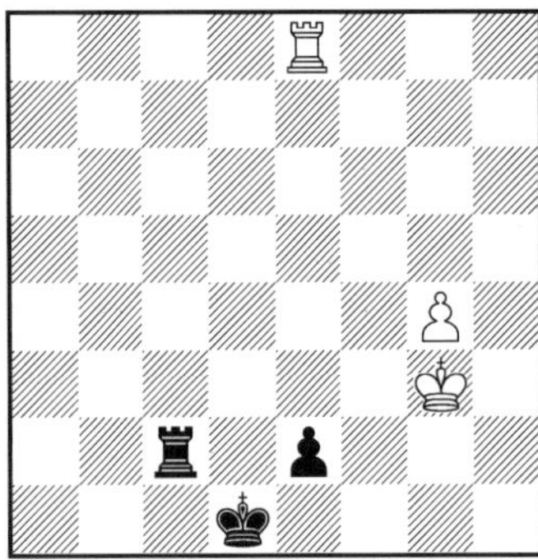

Perfiliew – Selesniew (am Zug)
Moskau 1927

Jeder weiß (oder sollte es wissen), dass ein Turm gegen einen von seinem König unterstützten Freibauern gewinnt, wenn es dem König der Turmpartei gelingt, den Bauern auf derjenigen Seite des Bretts einzuholen, die n i c h t von dein anderen König besetzt ist. Als Muster für viele Stellungen dieser Art zitieren wir **Salvioli:** ♔e8, ♖g7 – ♔d5, ♙c5 („Trattato completo dei Finali della Partita", 1888); Weiß am Zuge gewinnt. **1. ♖c7 c4 2. ♔d7!** (und nicht 2. ♔f7?) **2. ... ♔d4 3. ♔c6! c3 4. ♔b5 ♔d3 5. ♔b4 c2 6. ♔b3,** und der Bauer wird erobert.

In unserem Partie-Beispiel steht Schwarz so stark, dass er sogar über zwei Gewinnmethoden verfügt. Selesniew entschloss sich zu **1. ... ♖c8!** (ein Ablenkungsmanöver, das hier aber nur dem Gewinn eines Tempos dient) **2. ♖e5 e1♕+ 3. ♖e1: ♔e1: 4. ♔f4 ♖g8 5. g5 ♔f2 6. ♔g4 ♔g2!** Weiß gab auf (7. ♔f5 ♔h3 8. g6 ♔h4 9. ♔f6 ♔h5 10. g7 ♔h6; falls 7. ♔h5, so 7. ... ♔f3 mit analogem Verlauf).

In seinem Endspielbuch vertritt Selesniew die Meinung, dass nur 1. ... ♖c8 zum Gewinn führe. Es geht aber auch 1. ... e1♕+ 2. ♖e1: ♔e1: 3. ♔f4! (g5? ♖c4). Diese Stellung hielt Selesniew für remis, doch zieht Schwarz 3. ... ♖g2!. Wir haben jetzt eine Stellung erreicht, die ebenso wie die Salvioli-Position gewonnen wird: 4. g5 ♔f2 5. ♔f5 ♔g3! 6. g6 ♔h4 7. ♔f6 ♔h5 8. g7 ♔h6 mit Gewinn für Schwarz.

*

Interessant ist, dass **Botwinnik** im Jahre 1943 in „Schachmaty" eine Studie veröffentlicht hat, die sich von der Partiestellung nur dadurch unterscheidet, dass der weiße Turm auf e7 statt auf e8 steht. Die Lösung ist 1. ... e1♕+ usw.; warum aber darf Schwarz nicht 1. ... ♖c7 ziehen? Der Grund ist eigentlich nicht schwer zu enträtseln: Wenn wir die Partiefortsetzung 1. ... ♖c8 bei Selesniew nachspielen, so werden wir feststellen, dass der Turm auf g8 gut und sicher stand. In der Studie aber kann Weiß im sechsten Zuge darauf verzichten, mit ♔g4 so lange wie möglich aussichtslosen Widerstand zu leisten, sondern er darf unverzüglich nach vorn eilen, weil ihm in dem Turm auf g7 ein willkommenes, weil tempogewinnendes Angriffsobjekt zur Verfügung steht! Es geschieht deshalb 6. ♔f5! ♔g3 7. g6 ♔h4 8. ♔f6, und der schwarze König verspätet sich um einen Zug. – In der Studie von Botwinnik ist also 1. ... ♖c7? die Verführung.

Nur der Turm!
71

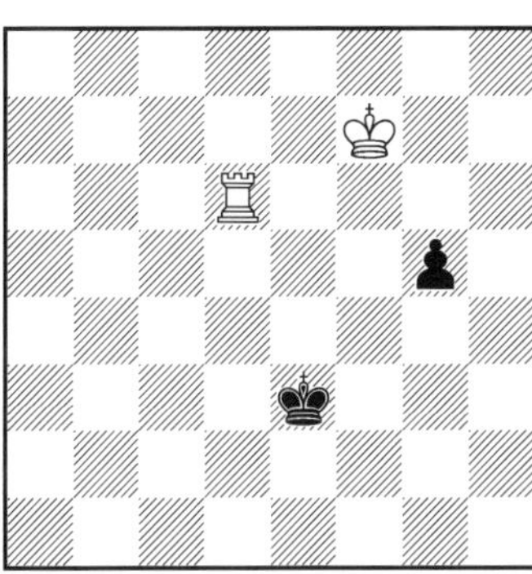

M. A. Eisenstadt
„Schachmaty" 1950, Lob
Weiß gewinnt
(Stellung nach 7. ... g5)

Die Studie hat folgende Stellung: ♔f8, ♖b6, ♗b7 – ♔c4, ♗f1, ♗h4, ♙g7. Die ersten Züge sind **1. ♖b1 ♗d3 2. ♖h1 ♗g3!**. Auf andere Züge des Läufers folgt 3. ♗a6+ nebst ♖h3(d1). Auch jetzt geht der Läufer verloren, aber unter günstigeren Umständen für Schwarz : **3. ♗a6+ ♔c3 4. ♗d3: ♗d6+ 5. ♔f7(g8)! ♔d3: 6. ♖d1+ ♔e3 7. ♖d6: g5.** Jetzt ist die abgebildete Stellung erreicht.
Es gewinnt nur **8. ♖g6!**, nicht aber 8. ♔g6? g4 9. ♔h5 g3, und Weiß kommt um einen Zug zu spät. **8. ... ♔f4.** Der entscheidende Tempoverlust (der König will ja nach f2!). **9. ♔g7 g4 10. ♔h6 g3 11. ♔h5 ♔f3 12. ♔h4** und das Spiel ist zugunsten von Weiß entschieden.

Den Zugzwang vermeiden
72

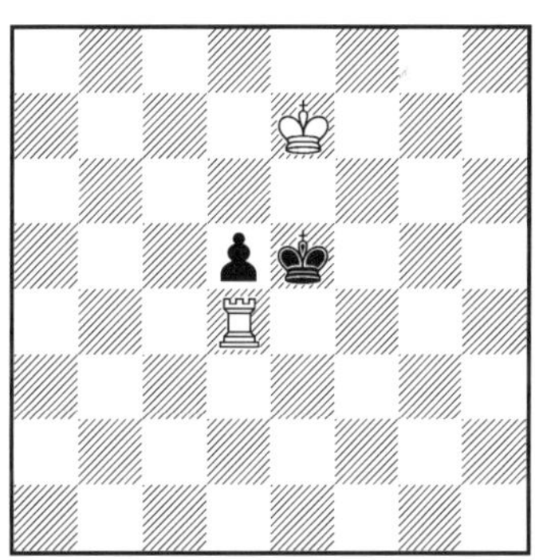

R. Réti
„Münchner Neueste Nachrichten"
1928
Weiß gewinnt

Weltbekannt ist diese Studie; ist aber auch der Grund „weltbekannt", warum hier nur **1. ♖d3(2)**, nicht aber

1. ♖d1? richtig ist? An sich ist der Trick einfach genug: Nach 1. ♖d1? d4 2. ♔d7 folgt 2. ... ♔d5!, und Weiß ist in Zugzwang! Geht er nach e7, so zieht Schwarz selbstverständlich gleichfalls nach rechts (3. ... ♔e5!), spielt Weiß aber 3. ♔c7, so konzentriert sich der schwarze König mit 3. ... ♔c5! „entgegenkommenderweise" gleichfalls nach links. Auch mit Turmzügen erreicht Weiß nichts: Auf etwa 3. ♖d2 hat Weiß wieder die ungünstige Turmstellung auf der zweiten Reihe, die wir bei Botwinnik schon gesehen haben (vgl. die Anmerkungen zu Stellung 70); verlässt aber der Turm die d-Linie, so rückt zunächst der Bauer weiter vor, ohne dass sich der weiße König nähern könnte.

Mit **1. ♖d3(2) d4(!) 2. ♖d1!** verfolgt Weiß einen doppelten Zweck: Erstens wird der Turm „richtig" aufgestellt, und zweiten ist es jetzt Schwarz, der nach **2. ... ♔d5 3. ♔d7** in Zugzwang ist: Wendet er sich nach rechts, so geht der weiße König nach links (und umgekehrt). Also **3. ... ♔e4 4. ♔c6 d3 5. ♔c5**, und Weiß gewinnt nach bekanntem Muster.

Schachhistorischer Fehler
73

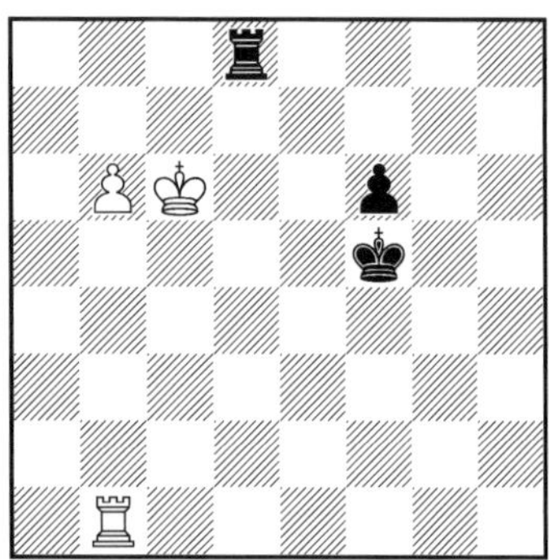

Dr. Aljechin – Bogoljubow
(am Zug)
Weltmeisterschaftskampf 1929

Bogoljubow zog **1. ... ♔g4??** und warf damit, wie die Deutsche Schachzeitung schrieb, „die Früchte stundenlanger Verteidigung weg"; – also ein schachhistorischer Fehler wie bei Bronstein – Botwinnik (vgl. Stellung 131). Nach **2. b7 f5 3. b8♕ ♖b8: 4. ♖b8: f4 5. ♔d5 f3 6. ♔e4 f2 7. ♖f8 ♔g3 8. ♔e3** gab Schwarz auf.

Hätte Bogoljubow dem Übergang vom Turmendspiel ins Endspiel von Bauer gegen Turm etwas mehr Aufmerksamkeit zugewandt, dann wäre zweifellos 1. ... ♔e4! das Ergebnis gewesen. Darauf ist das Spiel remis, gleichgültig, ob Weiß 2. ♖e1+ ♔f4 3. b7 f5 4. ♔c7 usw. spielt oder 2. b7 f5 3. b8♕ ♖b8: 4. ♖b8: (4. ... f4 usw.). Es steht zu vermuten, dass Bogoljubow wieder einmal einem seiner berühmten Anfälle von Optimismus erlegen war. So etwas wie die „rosenrote Brille“ gab es bei dem unerbittlichen Aljechin nie!

Unsterblicher Saavedra

Im Jahre 1875 spielten die Herren **Potter** und **Fenton** zu London eine Partie, die remis wurde. Nach ziemlich vielen Zügen hatten sie folgende Stellung erreicht, in der Weiß an der Reihe war: ♔d6, ♖h8, ♙a5, b6 – ♚g4, ♜b5, ♟h3. Herr Potter fegte mit **1. ♖h3:** den h-Bauern und Herr Fenton nach **1. ... ♚h3: 2. ♔c6** mit **2. ... ♖a5:** den a-Bauern vom Brett. Damit aber war die kurze Sturm- und Drangperiode schon zu Ende: Nach **3. b7 ♖a6+** schlossen die Herren Partner Frieden, obschon sie, wie Meister Gygli sagen würde, „sich gar nichts zuleide getan hatten“ und ruhig noch einige weitere Züge hätten tun können. Erst der Großmeister Dr. Johannes Hermann Zukertort zeigte im „City of London Chess Magazine“ 1875, dass Weiß mit 4. ♔c5 ♖a5+ 5. ♔c4 ♖a4+ 6. ♔c3 ♖a3+ 7. ♔b2 einen Gewinn erzielen konnte, den heute jeder Schachschüler als selbstverständlich mitleidig belächeln würde. Was aber hat diese so bedeutende Episode mit dem berühmten Pfarrer S. Saavedra zu tun? Genau genommen gar nichts. Im Jahre 1895, also zwanzig Jahre später, veröffentlichte der Schriftsteller und Schachspaltenleiter **G. Barbier** im Wochenblatt „Der Glasgower Bürger“ (Glasgow Citizen Weekly) eine Remisstudie mit der Stellung ♔b6, ♙c6 – ♔a1, ♖d1 (vermutlich mit vertauschten Farben). Die Lösung lautete **1. c7 ♖d6+ 2. ♔b5 ♖d5+ 3. ♔b4 ♖d4+ 4. ♔b3 ♖d3+ 5. ♔c2.** Bisher ganz wie bei Potter und Fenton (oder vielmehr Zukertort)! **5. ... ♖d4!!.** Dies wird dadurch möglich, dass der schwarze König nicht wie bei Potter und Fenton auf h3, sondern auf a1 steht. **6. c8♕ ♖c4+! 7. ♕c4:,** Patt! Jetzt aber taucht der Reverend Saavedra auf: Als Leser dieser Schachspalte hatte er entdeckt, dass Weiß mit **6. c8♖!!** (droht Matt auf a8) **6. ... ♖a4** (erzwungen) 7. **♔b3!** (neue Mattdrohung auf c1, zugleich aber Angriff auf den Turm!) gewinnen kann.

Selten hat ein Ereignis auf den 64 Feldern die Schachwelt so bewegt wie dieser glückliche Fund des englischen Pfarrers! Es versteht sich, dass später auch die Schachphilologen ans Werk gingen und nach den Ursprüngen der „Saavedra-Position“ forschten. So ist es denn auch gekommen, dass besonders erfolgreiche Wissenschaftler die Stellung zu einer Partiestellung „degradierten“ und ausgerechnet die Herren Potter und Fenton für das hübsche Patt nach 6. c8♕? und den übersehenen Gewinn mit 6. c8♖! verantwortlich machten! Auf diese Weise sind Mr. Potter und Mr.

Fenton mit Hilfe einer schachhistorischen Fehlleistung in die Schachliteratur eingegangen.

*

Es gibt eine große Anzahl geistreicher und geistreichster Studien zum Saavedra-Thema. Wir zeigen eine Komposition aus neuerer Zeit, in der das Thema allerdings nicht den einzigen Inhalt der Lösung ausmacht.

74

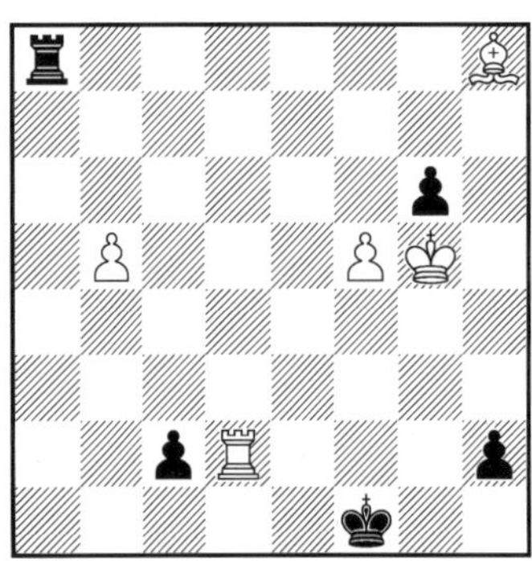

M. Gohn
„Revista de Sah" 1951. Ill. Preis
Weiß gewinnt

1. ♖c2: ♖h8:! Nach 1. ... h1♕? wären wir bei unserem Thema: 2. ♖c1+ ♔g2 3. ♖h1: ♔h1: 4. f6 ♖a5 5. f7 ♖b5:+ 6. ♗e5! (ein Hineinziehungsopfer!) 6. ... ♖e5:+ 7. ♔g6:, und es ist soweit: 7. ... ♖e6+ 8. ♔g5 usw. führt zum Saavedra-Gewinn.
2. f6!. Nach 2. fg6:? erzielt Schwarz mit 2. ... h1♕ 3. ♖c1+ ♔e2! 4. ♖h1: ♖h1: 5. g7 ♖g1+ 6.♔f6 ♖f1+ 7. ♔e6 ♖g1+ usw. Remis. **2. ... ♖h5+ 3. ♔g6: ♖h6+! 4. ♔g7!.** Die Fortsetzungen 4. ♔f5(7) verscherzen den Sieg, weil nach 4. ... h1♕ 5. ♖c1+ ♔e2 der weiße König ungünstig steht. **4. ... ♖h7+ 5. ♔f8! h1♕ 6. ♖c1+ ♔e2(!) 7. ♖h1: ♖h1: 8. f7 ♔d3 9. b6 ♔c4** (oder 9. ... ♖b1 10. ♔e7 ♖e1+ 11. ♔d6) **10. b7! ♖b1 11. ♔g8 ♖g1+ 12. ♔h7**, und Weiß gewinnt.

*

Im ersten Kapitel haben wir die Bekanntschaft mit dem „Prokes-Manöver" gemacht, das es der Turmpartei ermöglicht, mittels mehrerer Opferangebote gefährlicher feindlicher Bauern Herr zu werden. – Unsere nächste Stellung scheint „ähnliche Aspekte auszuweisen.

Alle guten Geister ...

75

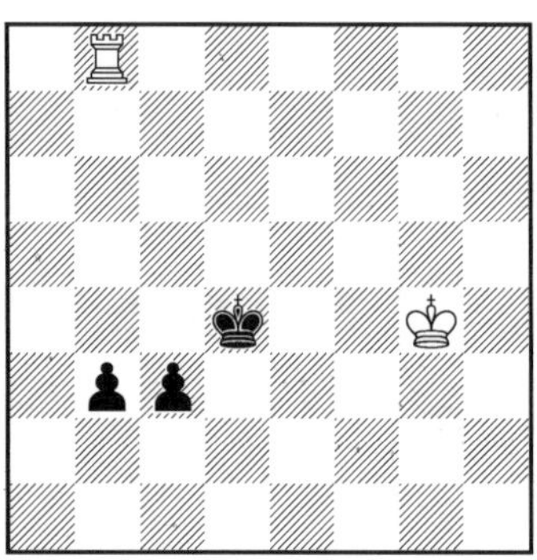

Friedstein (am Zug) – Lutikow
Riga 1954

Meister Friedstein war in dieser Stellung, die durchaus keine tiefsinnigen Überlegungen erforderte und mit der Studie von Prokes nichts gemein hat als das „Material“, von allen guten Geistern verlassen (doch wer von uns war es noch nie?!); vielleicht war es aber auch ein Fingerfehler, der ihn den zweiten Zug vor dem ersten machen ließ: Weiß zog **1. ♖b3:??** und gab nach **1. ... c2 2. ♖b4+ ♔d5 3. ♖b5+ ♔d6 4. ♖b6+ ♔c7** die Partie auf. Ein ganz leichtes Remis wäre aber zu holen gewesen, wenn er das simple Schach 1. ♖b4! eingeschaltet hätte. Schwarz kann darauf nicht mehr gewinnen, da nach 2. ♖b3: der c-Bauer leicht gehalten wird. Ein Schulfall von Schachblindheit!

Im übrigen lässt sich aber auch sonst feststellen, dass die Meister im Kampf von Turm gegen verbundene Freibauern nicht selten einem sträflichen Optimismus huldigen. Ein weiteres Beispiel:

... waren in Urlaub

76

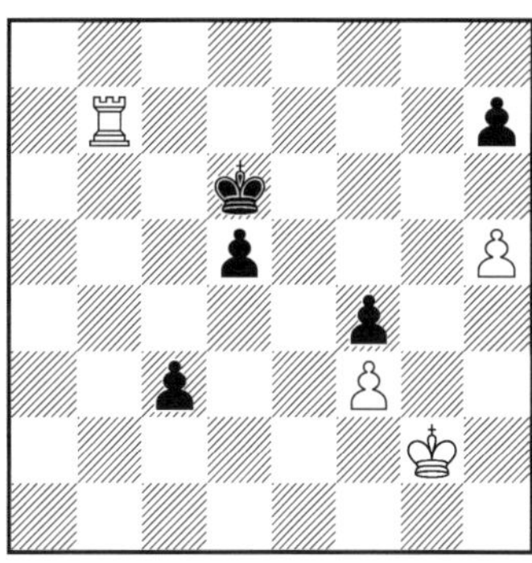

Garcia (am Zug) – Ivkow
Havanna 1963

Der kubanische Meister Garcia, der in Havanna Geller und Darga schlug, stand auf Grund kraftvollen Spiels auch gegen Großmeister Ivkow auf Gewinn; er brauchte jetzt nur noch 1. ♖b8 (oder auch 1. ♖b1) zu ziehen; z. B. 1. ♖b8 d4 2. ♖c8 ♔d5 3. ♔f2 usw. oder 1. ... ♔c7 2. ♖b1(!) d4 3. ♔f2 d3 (... c2 4. ♖c1 nebst ♔e1) 4. ♔e1 (es geht auch ♖b3), und Weiß gewinnt.

Aber was tat er? Er schoss mit **1. ♖b3??** einen kapitalen Bock und musste nach **1. ... d4 2. ♔f2** (hier hätte auch ♖b1 oder ♖b8 nicht mehr geholfen) **2. ... c2** die „gewonnene Partie“ aufgeben!

Von diesen beiden Schulfällen abgesehen gibt es gelegentlich Stellungen, bei deren Prüfung die Gegner interessanten Urteilsfehlern unterliegen. Sehen Sie beispielsweise folgende spannende und hübsche Episode aus einem Pokalturnier.

Zwei Urteilsfehler

77

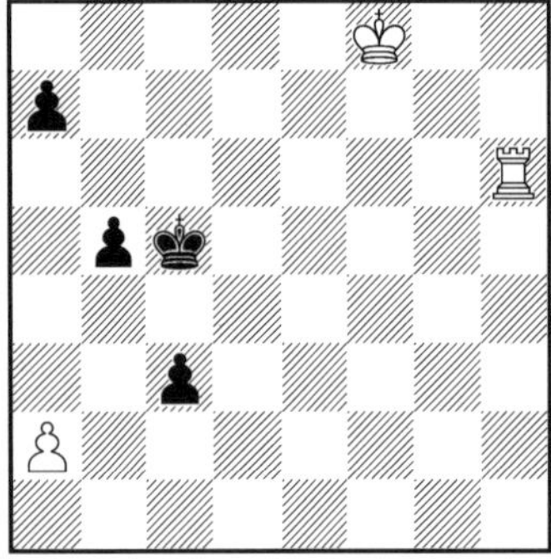

Demberger – Hecht (am Zug)
Köln 1964

In dieser Entscheidungspartie um den vom Präsidenten des Deutschen Schachbundes gestifteten Pokal, den „Silbernen Turm", hatte der unbekannte jugendliche Führer der Weißen dem international erfahrenen Meister heftigen Widerstand geleistet und gerade sogar auf f8 das Opfer des schwarzen Turms gegen einen Freibauern erzwungen. – Es ist sicher verständlich, dass Hecht auf dem schnellsten Wege Gleiches mit Gleichem vergelten wollte, – aber **1. ... c2?** war zu schnell!

Wenn Schwarz statt dessen 1. ... b4! (genauer als 1. ... a5) gezogen hätte, wäre Weiß angesichts seiner überaus ungünstigen Königsstellung gegen die Verbindung der schwarzen Bauern durch ... a5, ... a4 und ... b3 vollkommen machtlos gewesen. – Der übereilte Vorstoß des c-Bauern hingegen gab den Gewinn aus der Hand. **2. ♖h7.** Natürlich nicht 2. ♖h1?, was dem schwarzen König den Weg nach b2 geebnet hätte. **2. ... ♔d4.** Wenn dem schwarzen König das Feld b3 zur Verfügung stünde, wäre der Gewinn ein Kinderspiel; aber so muss er sich „ins Freie begeben", – und dort herrscht eine ziemlich kühle Luft! **3. ♖c7 ♔d3 4. ♔e7?.** Jetzt ist es Weiß, der einen halben Punkt verschenkt. Mit 4. ♖d7+! ♔e2 5. ♖e7+ ♔d2 6. ♖d7+ ♔c1 (... ♔c3 ändert nichts!) 7. ♖a7:! ♔b2 8. ♖c7 c1♕ (oder 8. ... b4 9. ♔e7 usw.) 9. ♖c1: ♔c1: 10. ♔e7 ♔b2 11. ♔d6 ♔a2: 12. ♔c5 kommt der weiße König auf die Sekunde rechtzeitig zur „Abholung" des Bb5.

4. ... a5 5. ♔e6 (es gibt keine Rettung) **5. ... b4 6. ♔e5 a4** 7. **♖d7+ ♔e2 8. ♖c7 b3 9. ♔e4 ♔d2 10. ♖d7+ ♔e1.** Weiß gab auf. – Ein interessantes Endspiel mit zwei „kritischen Augenblicken"!

Einfacher Fall

78

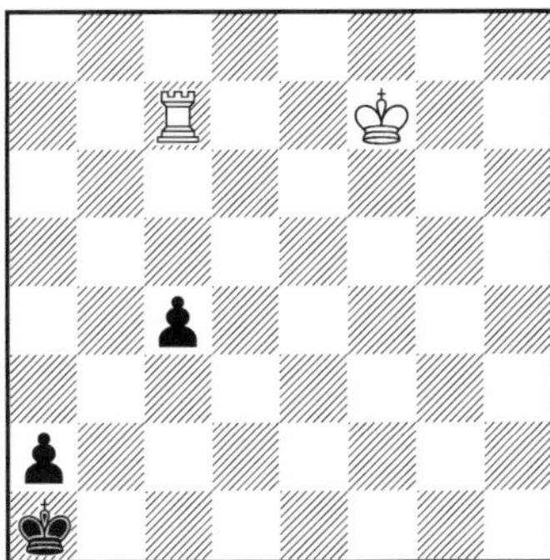

Kammenich – Korne (am Zug)
UdSSR 1962

Das Endspiel eines (von seinem König nicht unterstützten) Turms gegen zwei weit vorgerückte Freibauern, die durch eine Linie voneinander getrennt sind, bietet die überraschendsten Möglichkeiten; man fasst sich manchmal geradezu an den Kopf! – Gewissermaßen zur Einführung zeigen wir eine Partiestellung, in der Schwarz ohne Schwierigkeiten gewinnt: **1. ... c3!**. Dieser Bauer darf nicht genommen werden (2. ♖c3: ♔b2). **2. ♔f6 ♔b2 3. ♖b7+**. Weiß hat keine Verteidigung; die Schachgebote nehmen bald ein Ende. **3. ... ♔a3 4. ♖a7+ ♔b3 5. ♖b7+ ♔c4 6. ♖c7+** (♖a7 c2) **6. ... ♔b5** 7. **♖b7+ ♔c6**, und Weiß gab auf.

Schon ziemlich schwierig

79

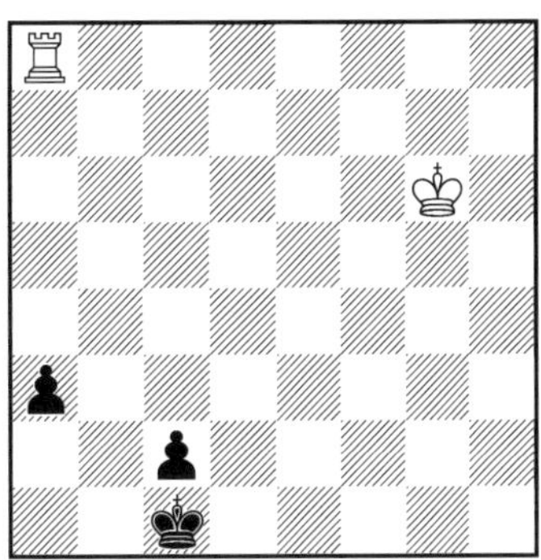

J. Berger
„Sonntagsblatt“, Berlin 1888
Stellung nach dem dritten Zuge
Schwarz gewinnt

Die Stellung entsteht aus folgender Studie Bergers: ♔g6, ♖e8 – ♔d1, ♙a4, c3 (mit Schwarz am Zuge) nach **1. ... a3 2. ♖d8+ ♔c1 3. ♖a8 c2.** Berger war in seiner „Theorie und Praxis der Endspiele“, 1922, der Ansicht, dass das Vorrücken des c-Bauern ein Fehler sei, der nur Remis ergebe. Er führt das Spiel mit 3. ... ♔b2 (statt ... c2) 4. ♖b8+ ♔a1! 5. ♖c8 a2! 6. ♔f5 ♔b2 7. ♖b8+ ♔a3 so weiter, wie wir es in der vorigen Stellung gesehen haben.

Die Bergersche Variante von der abgebildeten Stellung aus lautet: **4. ♔f5 ♔b2 5. ♖b8+ ♔c3 6. ♖c8+ ♔b3 7. ♔e4!**. Nun aber setzt Berger mit 7. ... a2? fort: 8. ♔d3! ♔b4 (oder 8. ... a1♕ 9. ♖b8+ ♔a3 10. ♖a8+) 9. ♖b8+ ♔c5 10. ♖a8 mit Remis. Das ist jedoch fehlerhaft, weil Schwarz nach 7. ♔e4 nicht 7. ... a2?, sondern 7. ... **♔b2!!** spielt. Dann ist der Gewinn sicher, weil der schwarze König – unter dem Schutz des weißen Königs! – einen Unterschlupf auf ei findet: (7. ... ♔b2) **8. ♖b8+ ♔c3 9. ♖c8+ ♔d2 10. ♖d8+ ♔e1! 11. ♖c8 a2 12. ♖h8 c1♕**, und Schwarz gewinnt. – Wie Chéron in seinem Endspielwerk mitteilt, stammt der Nachweis des schwarzen Gewinns von Selesniew.

*

Welche erstaunlichen Feinheiten in dieser Art von Stellungen verborgen liegen, zeigt unser nächstes Beispiel.

Ganz unwahrscheinlich!
80

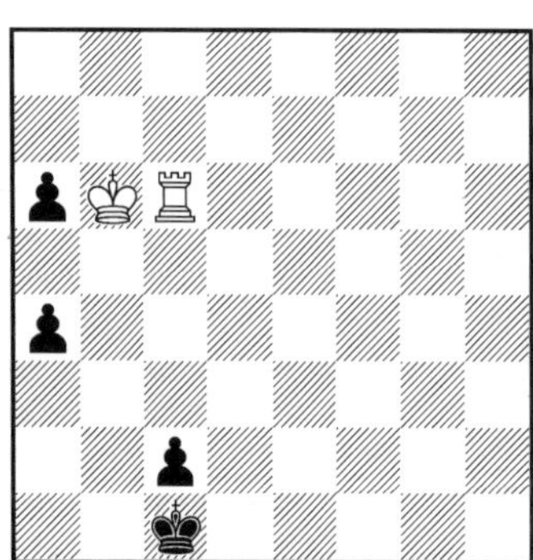

L. Prokes
„La Strategie“, 1939
Weiß hält unentschieden

Ein widersinnig scheinender, dabei aber bezwingend logischer Zug von großer Schönheit, nämlich **1. ♔b8!!** leitet das Geschehen ein. **1. ... a4!.** Nach 1. ... ♔b2 hat es Weiß leicht: 2. ♖b7+ ♔c3 3. ♖c7+ ♔d3 4. ♖d7+. Merken Sie, dass sich – anders als in der Bergerschen Stellung – der schwarze König nicht hinter seinem weißen Kollegen verstecken kann?! 4. ... ♔e4 5. ♖c7 mit Remis.

2. ♖a7: a3 3. ♖a3:. Und ist jetzt das Spiel nicht verloren, wie uns die Partiestellung und die Studie gelehrt haben?! Mitnichten; die Stellung des weißen Königs bringt ein kleines Wunder zustande: **3. ... ♔b2 4. ♖a7! c1♕ 5. ♖b7+**, und wir haben einen der seltenen Fälle vor uns, in denen der Turm gegen die Dame erfolgreich besteht. – Es leuchtet ein, dass 1. ♔a8? nicht denselben Dienst geleistet hätte, weil dann das Feld **c7** nicht gedeckt wäre.

*

Von dem bekannten russischen Meister und Studienkomponisten **W. A. Tschechower** stammt eine fast identische Studie (♔f7, ♖g7-♔f1, ♙f2, h5; „Schachmatt“ 1949; 1. ♔g8!); trotz der Einsparung eines Bauern ist ihre Existenzberechtigung natürlich problematisch. – Dagegen bringt das folgende Stück sozusagen eine Zusammenfassung aller bisherigen Erkenntnisse:

Mit „Probespiel“
81

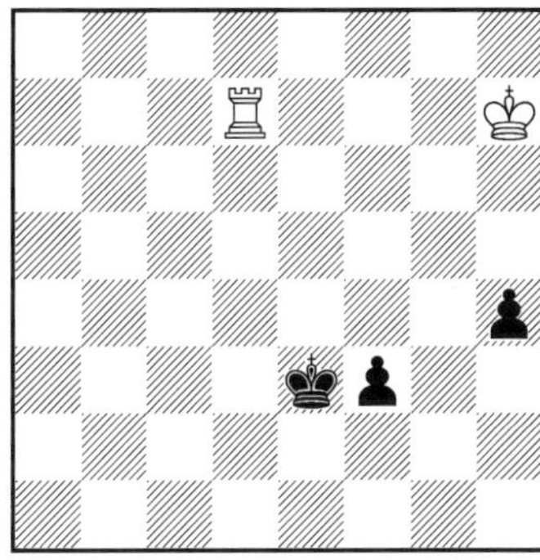

W. A. Korolkow
Bulletin zum Kandidatenturnier
Budapest 1950
Weiß hält unentschieden

Weiß würde verlieren, wenn er sein Spiel auf die Eroberung des f-Bauern und nicht des h-Bauern abstellen würde. 1. ♖e7+? ist also eine so genannte ideegemäße Verführung, wie man sie bei den Mattaufgaben der „logischen“ Kunstrichtung kennt. Es folgt 1. ... ♔f2 2. ♔g8(!) h3 3. ♖h7 ♔g2 4. ♖g7+ ♔h1! 5. ♖f7 h2! 6. ♖f3: ♔g2, und Schwarz gewinnt, weil er für seinen König freie Bahn hat. – Richtig ist **1. ♔g8! f2 2. ♖e7+ ♔f3 3. ♖f7+ ♔g3 4. ♖g7+ ♔h3 5. ♖f7 ♔g2 6. ♖g7+ ♔f1 7. ♖h7!**, und wir haben jetzt die Stellung von Prokes (nach 2. ♖a7:) erreicht. – Eine erstaunliche konstruktive Leistung!

*

Und noch einmal eine kleine Stellungsänderung: ♔a7, ♖b7 – ♔a1, ♙a5, c3 (Studie von **W. A. Korolkow** – mit vertauschten Farben – aus dem Bulletin zum Kandidatenturnier von Budapest 1950). Jetzt ist die Stellung für Schwarz (am Zug) wieder gewonnen!! Aber dazu muss Schwarz **1. ... a4!!** ziehen. Nach 1. ... c2? würden wir mit 2. ♖c7 ♔b2 3. ♖b7+ ♔c3 4. ♖c7+ ♔d2 5. ♖d7+ ♔c1 6. ♔b8! bekanntes Land betreten, das von dem Schweizer Schachmeister Fritz Gygli unübertrefflich „remismonde“ genannt wird. Mit 1. ... a4 aber gewinnt Schwarz: **2. ♔b8(!) a3 3. ♖b3 a2 4. ♖c3: ♔b2**, und Schwarz steht auf Gewinn, da Weiß den „falschen“ Bauern erobert hat.

*

Zum guten Ende schließlich ein kleines Stückchen (**A. Mandelbaum,** „Österreichische Lesehalle“, 1881; ♔b6, ♖h8 – ♔d6, ♙f4, h7; Weiß gewinnt): Die Stellung entstammt, wie Berger berichtet, einer Partie **Lehner – Baron Rothschild,** die Weiß nur zu remisieren vermochte. Weiß zog nämlich **1. ♖h7:?**, und das ist so ungefähr der einzige Zug auf dem Brett, der nicht gewinnt! Es folgte **1. ... ♔d5!** (... ♔e5? 2. ♔c5!) **2. ♖f7 ♔e4 3. ♔c5 f3** usw., und Weiß konnte den Bauern nicht aufhalten, weil sich sein König auf der, wie wir wissen, falschen Seite des Freibauern befand.

Mandelbaum gab 1. ♖f8! als Gewinnzug an, doch hat Salvioli in seinem Endspielwerk darauf hingewiesen, dass auch 7. ♖d8+ ausreicht (was übrigens auch für 1. ♔b5 gilt).

Auf 1. ♖f8 folgt **1. ... ♔e5 2. ♔c5 ♔e4** (oder 2. ... h5 3. ♖e8+ ♔f5 4. ♔d4 usw.) **3. ♔c4 ♔e3 4. ♔c3 f3.** Falls 4. ... h5, so 5. ♖e8+ ♔f2 6. ♔d2 h4 7. ♖h8 ♔g3 8. ♔e1 h3 9. ♔f1, und Weiß gewinnt. **5. ♖e8+ ♔f2 6. ♔d2 h5** (... ♔g2 7. ♔e3 f2 8. ♖g8+) **7. ♖h8 ♔g2 8. ♖h5: f2 9. ♖g5+**, und der Kampf ist entschieden.

Noch einmal davongekommen 82

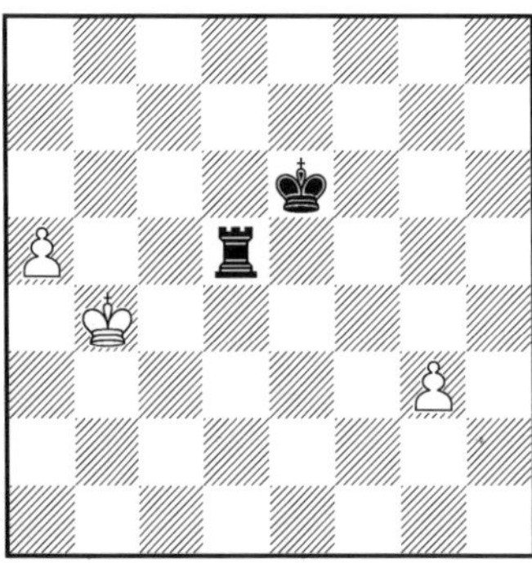

Dr. Mendes (am Zug) – Betbeder
Schacholympiade München 1936

Wie verhält man sich mit König und Turm, wenn der Gegner einen Rand-Bauern hat? Der Partieverlauf gibt uns die falsche Antwort! Es geschah **1. a6 ♖d1 2. ♔b5**, und schon strauchelte der französische Meister mit **2. ... ♔d7?**; er glaubte zu Unrecht, nach c8 streben zu müssen! **3. a7 ♖a1 4. ♔b6 ♔c8** (oder 4. ... ♖b1+ 5. ♔c5!!) **5. g4!**. Besäße Weiß diesen Bauern nicht, dann hätte das schwarze Königsmanöver ausgereicht. So aber blieb dem unglücklichen Führer der Schwarzen – angesichts des drohenden Vormarsches dieses g-Bauern – nichts, als mit **5. ... ♖b1+ 6. ♔c6!** ins Remis einzuwilligen.

Der richtige Plan bestand in dieser besonderen Lage darin, den weißen König an den Rand zu drängen und mit Mattdrohungen zu operieren. Die kleine Änderung 2. ... ♔d6! (statt ... ♔d7) hätte daher für Schwarz gewonnen: 3. a7 ♖b1+ 4. ♔a6 ♔c7!, oder 3. ♔b6 ♖b 1+ 4. ♔a7 (♔a5 ♔c6) 4. ... ♔c7 5. g4 (oder 5. ♔a8 ♔b6 6. a7 ♔a6 nebst ... ♖b7) 5. ... ♖b8 6. g5 ♖g8 7. g6 ♖g6: nebst Matt.

Wie die Katze um den heißen Brei
83

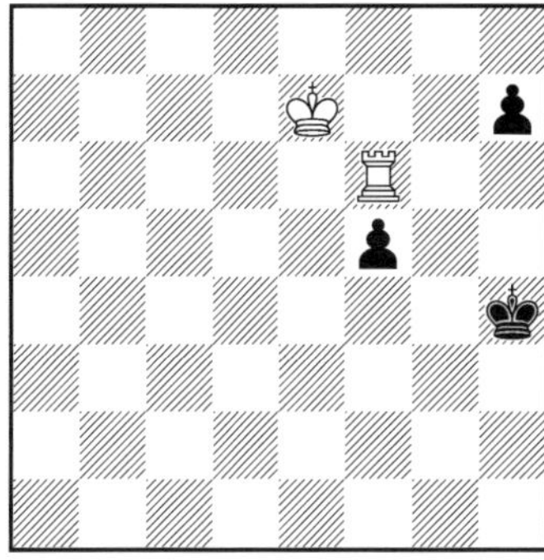

Hariel – Smiltiner (am Zug)
Tel Aviv 1963

Ein Beispiel aus der Turnierpraxis: Nach **1. ... ♔g4 2. ♔e6 h5** vermied es Weiß mit vollem Recht, den Bauern zu schlagen. 3. ♖f5:? h4! hätte ein elementares Remis ergeben, denn Weiß wäre nicht imstande gewesen, das bei einem feindlichen Turmbauern angezeigte Verfahren anzuwenden. Wie wir schon in der vorigen Stellung gesehen haben, besteht es darin, den König der Bauernpartei an den Rand zu drängen und ihn damit in Mattgefahren zu bringen. – Den Bauern zu schlagen, hätte Weiß zwei volle Tempi und den Verzicht auf alle Mattpläne gekostet. Die Tempi einzusparen, fiel aber nicht besonders schwer, weil der schwarze f-Bauer ein ganz engbrüstiger Geselle war und die schwarze Stellung keineswegs verstärkte.

Also **3. ♔e5! h4 4. ♔d4! h3.** Seine Harmlosigkeit hätte der f-Bauer jetzt mit 4. ... f4 überzeugend nachweisen können. Es folgt dann 5. ♔e4 ♔g3 (was sonst?) 6. ♖g7+ ♔f2 (oder ... ♔h2 7. ♔f3) 7. ♔f4: h3 8. ♖a7! h2 9. ♖a2+ ♔g1 10. ♔g3 h1♘+ 11. ♔f3 mit Gewinn.
Übrigens wäre auch 4. ... ♔g3 zum Scheitern verurteilt: 5. ♔e3, und nun
a) 5. ... f4+ 6. ♔e2 h3, wonach sowohl 7. ♔f1 als auch 7. ♖g7+ gewinnt, oder
b) 5. ... h3 6. ♖g7+ ♔h2 7. ♔f2 f4 8. ♖g1 f3 9. ♖g3 nebst Matt.
5. ♔e3 h2 6. ♖g7+ ♔h3 7. **♔f2 h1♘+.** Aber auch diese erzwungene „Unterverwandlung" bringt dem Patienten keine Heilung mehr. **8. ♔f3 ♔h2 9. ♖g2+ ♔g3 10. ♖g5 ♔h2 11. ♖f5:** (endlich wird er verspeist!) **11. ... ♔g1 12. ♖g5+ ♔f1 13. ♖g2.** Schwarz gab auf.

*

Meister Aloni hat das Thema dieses Endspiels mit einem anderen Motiv verknüpft und daraus eine hübsche Studie geschaffen:

Zweimal Tabu
84

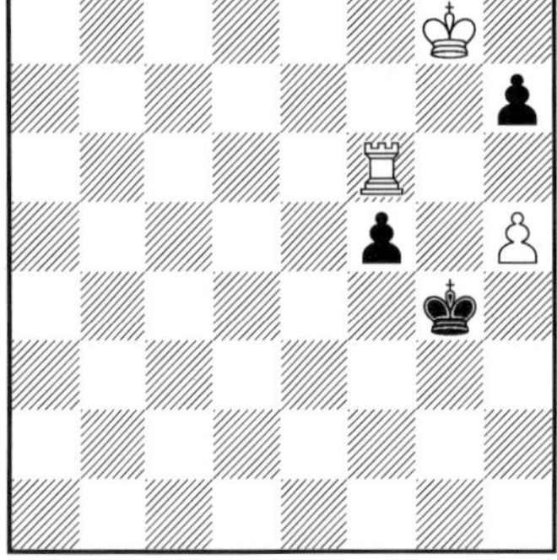

H. Aloni
„Schach von Israel", 1963
Schwarz zieht, Weiß gewinnt

Nach **1. ... ♔h5:** darf keiner der beiden Bauern geschlagen werden! Fällt der f-Bauer (2. ♖f5:+), so steht Weiß nicht besser als in der vergleichbaren Variante der Partie: 2. (♖f5:+?) ♔g4 3. ♖a5. Im Hinblick auf die weiße Königsstellung ist dies noch das Beste. 3. ... h5 4. ♔g7 h4 5. ♔g6. Weiß versucht, den schwarzen König durch seitliche Schachgebote auf die erste Reihe zu drängen: im Kampf gegen Randbauern kann dies – neben der in den beiden vorigen Stellungen erwähnten Abdrängung an den Seitenrand – empfehlenswert sein, doch kommt Weiß hier um ein Tempo zu spät. 5. ... h3 6. ♖a4+ ♔g3 7. ♔g5. Wenn Weiß jetzt noch einmal ziehen könnte, wäre die Partie für ihn gewonnen! Aber Schwarz ist am Zuge: nach 7. ... h2 8. ♖a3+ ♔g2 bleibt das Spiel remis.

Denselben Misserfolg würde Weiß haben, wenn er mit 2. ♔h7: den h-Bauern erobern würde (2. ... ♔g4 3. ♔g6 f4 usw.; der weiße König steht zu ungünstig).

Richtig ist daher **2. ♔f7!!**, und nach **2. ... ♔g4 3. ♔e6** ist die Partiestellung Hariel – Smiltiner erreicht; Weiß gewinnt.

Altes Thema, neu verbrämt
85

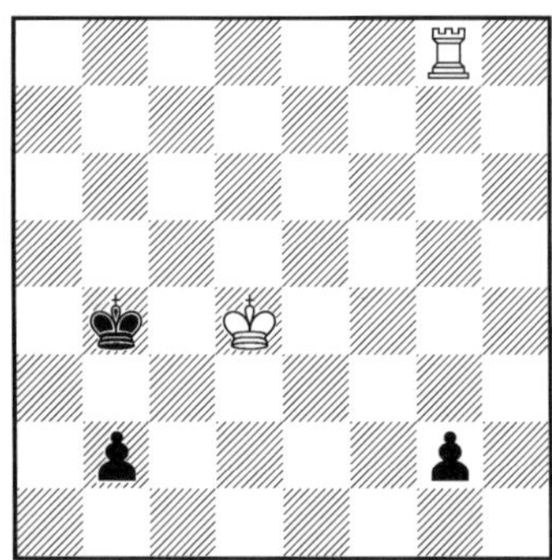

J. Peckover
„ Szachy" 1960, 2. ehr. Erw.
Weiß hält unentschieden

Hinlänglich bekannt sind diejenigen Stellungen, in denen ein Turm gegen verbundene Freibauern, die auf der siebten Reihe stehen, Remis erreichen kann, wenn der König der Bauernpartei am Rand steht und Mattgefahren ausgesetzt ist. Wir zitieren aus der Partie- und Studienliteratur den Partieschluss **Keres – Eliskases,** Noordwijk 1938 (♔b1, ♙a7, b7 – ♔c3, ♖a6), in dem Schwarz (am Zug) durch Dauer-Mattangriffe ein hübsches Remis erzielte: 1. ... ♖b6+ 2. ♔c1 ♖h6! 3. ♔d1 ♔d3 4. ♔e1 ♔e3 5. ♔f1 ♔f3 6. ♔g1 ♖g6+! 7. ♔h2 ♖h6+ 8. ♔g1 ♖g6+ 9. ♔f1 ♖h6, Remis.

Der tschechische Komponist **J. Moravec** hatte übrigens 14 Jahre vorher eine in der Stellung fast identische Studie mit derselben Lösung komponiert! Sie ist 1924 in „28 rijen" veröffentlicht worden (♔c6, ♖b1 – ♔a7, ♙g2, h2; 1. ♖a1+ usw.).

*

In der Studie von Peckover sehen wir die neueste Abwandlung des Themas; die Komposition bringt außerdem weitere Feinheiten: **1. ♔d5!! ♔b3 2. ♖g3+ ♔a4 3. ♖g4+** (♖g8? b1♕) **3. ... ♔a5 4. ♖g8 ♔b5 5. ♖g7! ♔b6 6. ♖g6+ ♔c7** 7. **♖g7+ ♔d8 8. ♔d6.** Wir sind auf bekanntem Gelände! **8. ... ♔c8.** Natürlich nicht 8. ... ♔e8? 9. ♖e7+ nebst ♖e1, wonach Weiß gewänne. Dieses Element bedeutet einen der Unterschiede zwischen Peckovers Studie und den Vorbildern. **9. ♔c6 ♔b8 10. ♖g8+ ♔a7 11. ♖g7+ ♔a6 12. ♖g8 ♔a5 13. ♔c5 ♔a4 14. ♖g4+!**, Remis!

*

Hat es der Turm gar mit drei weit vorgerückten getrennten Bauern zu tun, so wird man die Lage schon als delikat zu bezeichnen haben. In der Tat muss die Turmpartei bei ihren Maßnahmen Delikatesse zeigen, – und auch für den Betrachter sind solche Stellungen „Schachdelikatessen" im Sinne ♔urt Richters!

Da verwundert es ein wenig, wenn Weiß in der folgenden Stellung die Rettung durch den „andauernden Mattangriff" nicht findet.

85 A

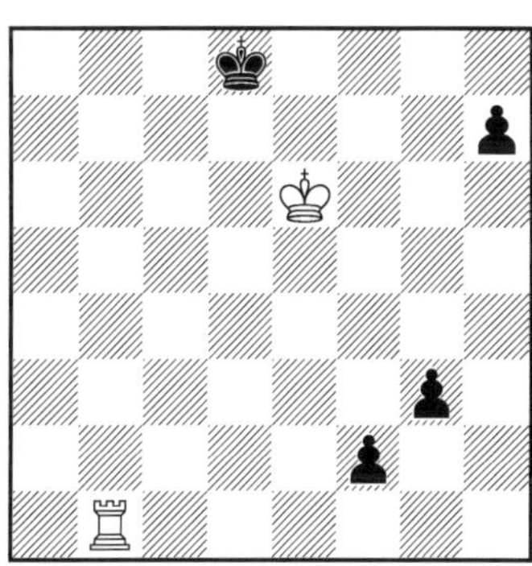

Arulaid – Gurgenidse
Lukansk 1955. Remis

Er verlor, anstatt mit 1. ♔d6 ♔c8 2. ♖c1+ ♔b7 3. ♖b1+ ♔a6 4. ♔c6 ♔a5 5. ♔c5 ♔a4 6. ♔c4 ♔a3 7. ♔c3 ♔a2 8. ♖f1! h5 9. ♔d3 h4 10. ♔e3 h3 11. ♔f3 g2 12. ♖f2:+ ♔b3 13. ♖g2: remis zu machen.

85 B

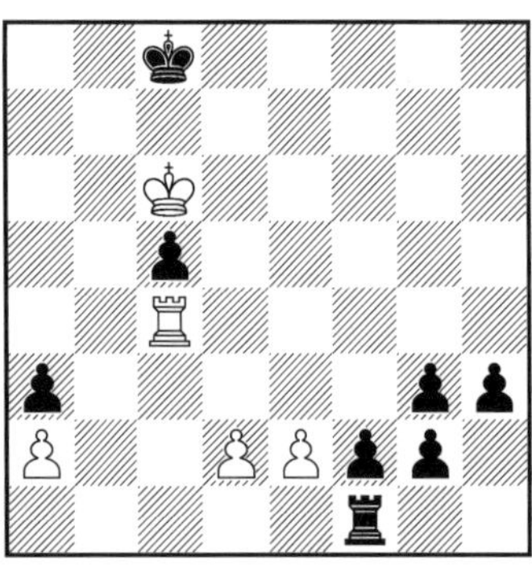

L. Logrin
Schachmati 1970, 2. Preis.
Remis

In dieser preisgekrönten Studie verläuft die Königswanderung nicht nur über den Rand, sondern auch über die 4. Reihe.

1. ♖h4 ♔d8 2. ♔d6 ♔e8 3. ♔e6 ♔f8 4. ♔f6 ♔g8 5. ♖g4+ ♔h7 6. ♖h4+ ♔g8 7. ♖g4+ ♔f8 8. ♖h4 ♔e8 9. ♔e6 ♔d8 10. ♔d6 ♔c8 11. ♔c6 ♔b8 12. ♖h8+ ♔a7 13. ♖h7+ ♔a6 14. ♖h8 ♔a5 15. ♖a8+ ♔b4 16. ♖b8+ ♔c4 17. ♖h8 ♔d4 18. ♔d6 ♔e4 19. ♔e6 ♔f4 20. ♔f6 ♔g4 21. ♖g8+ ♔h5 22. ♖h8+ ♔g4 23. ♖g8+ ♔f4 24. ♖h8. Positionelles Remis.

Von der Seite gesehen
86

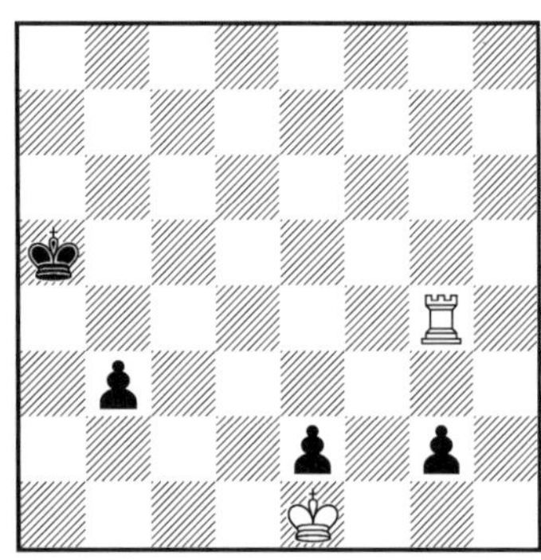

Romanowsky (am Zug) – Platz
Petersburg 1916

Eine schwierige Stellung? Gewiss, denn Meister Romanowsky zog **1. ♔e2:?** und gab nach **1. ... b2 2. ♖g8 ♔a6 3. ♖a8+ ♔b7** die Partie auf. Später stellte er aber fest, dass er das Spiel mit einer hübschen Königstreibjagd hätte retten können:
Hierbei muss man vorweg berücksichtigen, dass der weiße Turm den Bg2 unbesorgt nehmen kann, wenn der schwarze König auf der e-Linie stehen sollte; geschieht dann ... b2, so wird nämlich der Be2 mit Schach geschlagen. Es hätte daher für den schwarzen König keinen Sinn, wenn er sich nach 1. ♖g5+! dem Turm nähern würde, weil er die e-Linie nicht betreten darf. Daher wird der König am Damenflügel Schutz suchen: **1. ... ♔b4 2. ♖g4+ ♔a3.** Oder 2. ... ♔c3 3. ♖g3+, und der König muss umkehren (3. ... ♔c2 4. ♖g2:, wo-

nach wieder Schach auf e2 droht). **3. ♖g3!**. Hier verhindert der Turm den weiteren Vormarsch des b-Bauern durch Fesselung! Zieht Schwarz nun 3. … ♔a2, so folgt wie oben 4. ♖g2: b2 5. ♖e2:, und noch einmal ist der Bauer gebunden; Remis.

Weise Zurückhaltung
87

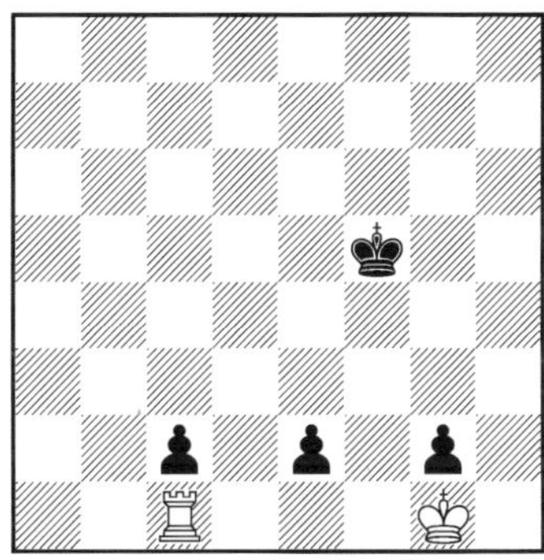

R. Réti
„Kölnische Volkszeitung", 1928
Weiß gewinnt

Die Widerlegung des scheinbar selbstverständlichen Zuges 1. ♔g2:? ist besonders schön: 3. … ♔e4 2. ♔f2 e1♕+!! (aber nicht 2. … ♔d3? wegen 3. ♔e1, und Weiß gewinnt) 3. ♔e1: (oder 3. ♖e1: ♔d3 nebst … ♔d2) 3. … ♔d3, und Weiß ist in einer Zugzwangstellung: 4. ♖a1 ♔c3. Das Spiel bleibt unentschieden.

1. ♔f2!! ♔e4(!). Leicht erledigt sich 1. … ♔f4; es folgt 2. ♔e2:! ♔g3 3. ♔e3 nebst 4. ♔f2. **2. ♔e2: ♔d4** (oder: 2. … ♔f4 3. ♔f2) **3. ♖a(g)1 ♔e4.** Falls 3. … ♔c3, so 4. ♖e1 ♔b2 5. ♔d2 ♔b3 6. ♖c1! mit Gewinn. **4. ♖e1! ♔e5** (auch auf andere Züge opponiert der weiße König) **5. ♔e3**, und Weiß gewinnt.

*

Hier ging einer der drei Bauern schnell verloren; die Schwierigkeit bestand darin, welchen von ihnen Weiß nehmen sollte. – Unser nächstes Beispiel beweist, dass es auch Stellungen gibt, in denen der Turm gegen drei völlig gesunde Bauern gewinnt!

Drei kleine Negerlein
88

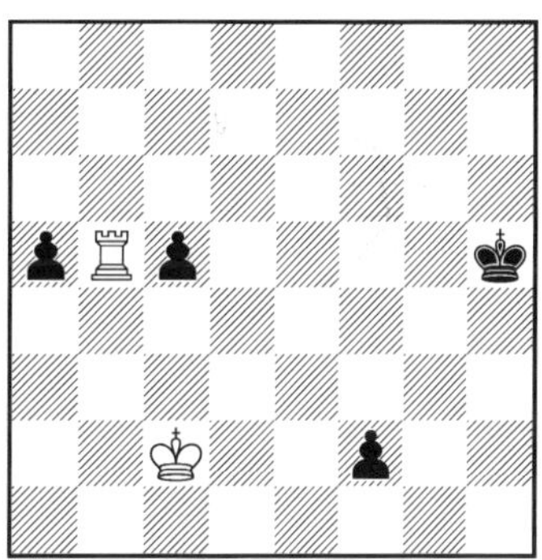

Dr. Tartakower (am Zug) – N. N.
Paris 1933

Nach **1. ♖b1 ♔g4 2. ♔d2 ♔f3** konnte Weiß nichts anderes tun als abwarten: **3. ♖a1 c4(!)**. Nicht 3. … ♔e4? 4. ♔e2 nebst ♖a5:. **4. ♖c1 a4 5. ♖a1 c3+ 6. ♔d3 c2 7. ♔d2 a3 8. ♖f1! a2.**

Nun ist eine Stellung erreicht, die der von Réti ähnlich ist, sich aber von ihr dadurch unterscheidet, dass Weiß keinen der Bauern sofort erobert. Trotzdem ist das Spiel für Weiß gewonnen! Tartakower hätte jetzt nur 9. ♔d3! zu ziehen brauchen, und Schwarz wäre in wenigen Zügen an Zugzwang zugrunde gegangen: 9. ... ♔g2 10. ♔e3 ♔g3. – Wäre jetzt Schwarz am Zuge, so würde er im nächsten Zuge den f-Bauern und die Partie verlieren. Weiß aber braucht, obwohl er ziehen muss, nur zwei Züge, um den schwarzen König in eine Zugzwangstellung zu bringen: 11. ♖a(c)1 ♔g2 12. ♖c(a)1! ♔g3 13. ♖f1!, und das Spiel ist aus.

Tartakower aber spielte **9. ♖c1?**, und jetzt hätte sich Schwarz mit 9. ... ♔e4! retten können; z. B. 10. ♔c2: ♔e3!, oder 10. ♔e2 ♔d4 (was auch auf 10. ♖f1 folgen würde) 11. ♔f2: ♔c3, wonach Schwarz seinen a-Bauern verwandelt. Doch auch Schwarz sah die große Gelegenheit nicht: nach **9. ... ♔g2? 10. ♔e2 ♔g3 11. ♖f1 ♔f4** (was sonst?) **12. ♔f2: ♔e4 13. ♔e2** gab er sich geschlagen.

*

Als Schlusspunkt noch eine hübsche Studie von **Dr. Wotawa** („Deutsche Schachzeitung" 1943; ♔b8, ♖d8 – ♔a1, ♙a2, e4, e7; Weiß hält unentschieden): 1. ♖d7!! e3. Oder 1. ... ♔b2 2. ♖b7+ ♔c3 3. ♖c7+ ♔d3 4. ♖d7+ ♔e3 5. ♖a7! mit Remis. 2. ♖b7! e6 (oder 2. ... e2 3. ♖e7:) 3. ♖b6! e5 4. ♖b5! e4 6. ♖b4! e2 6. ♖e4:; Remis.

6. KAPITEL
Die letzte Zuflucht

Ruhe nach dem Sturm
89

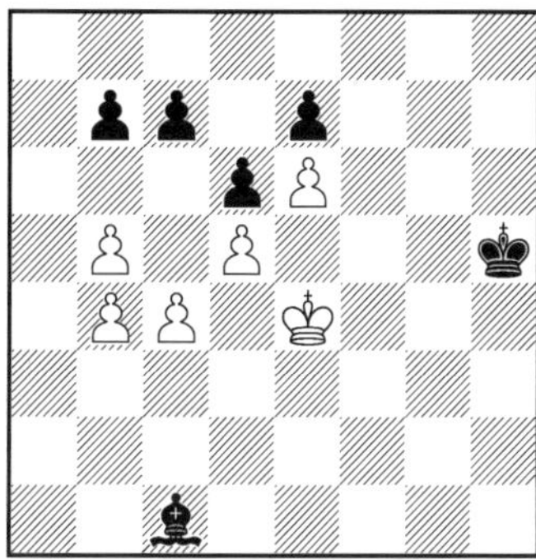

Sam Isenegger
„Schweizerische Schachzeitung"
1927
Weiß hält unentschieden

Wenn der Bb7 auf b6 stände, könnte Weiß die Segel streichen, denn die schwarze Bauernstellung wäre dann auch durch den Vorstoß c5 nicht zu erschüttern. Schwarz darf nur nicht schlagen, braucht es aber auch nicht. Weiß muss also mit **1. b6** beginnen, was nach **1. ... cb6:** (erzwungen) einen typischen Durchbruchssieg ergeben würde, wenn nicht Schwarz noch den Läufer hätte. **2. c5! bc5: 3. bc5:** **♗a3** (die Reserve greift ein) **4. c6 bc6:** **5. dc6: d5+!**. Nach 6. ♔d5: ♗d6 wäre nun Weiß klar verloren; aber **6. ♔f5!! ♗d6** (erzwungen), und Weiß ist patt! Vielleicht werden Sie sagen: „Ja, wenn der schwarze König ausgerechnet auf h5 steht!" – Richtig, der Komponist hat ihn bewusst dort aufgestellt. Aber solche „Zufälle in der Stellung" gibt es in der praktischen Partie in Hülle und Fülle, und Ihre Aufgabe ist es, sie aufzuspüren. Wer würde in der Isenegger-Studie an Patt oder in der Partie Lladó – Darga (Stellung 225) an Matt denken!

Lahmgelegter Verkehr
90

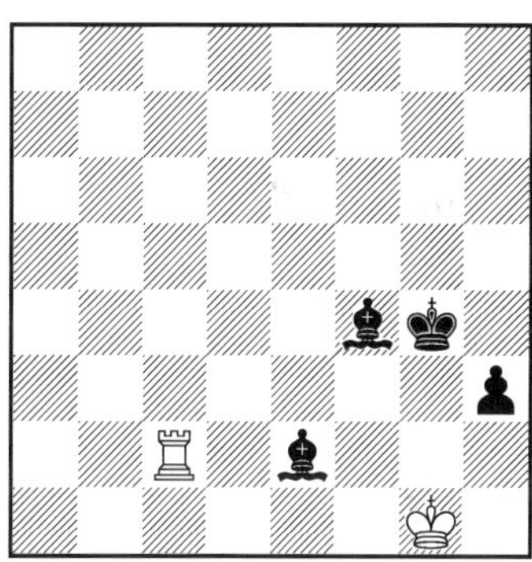

Ciocaltea – Pachman (am Zug)
Prag 1954

Nach elf Stunden Kampf schien dem Schwarzen endlich das ersehnte Matt zu winken. So zog er **1. ... h2+?? 2. ♔h1 ♗f3+.** Warum führte diese so folgerichte Überlegung nicht zum Ziel? Die Ursache liegt auf der Hand: Pachman hatte das auf der breiten

(Sieges-) Straße aufgestellte Warnschild „Achtung, Straßenbahn kreuzt“ übersehen. In der Tat konnte sich just in diesem Augenblick ein Bediensteter des genannten Unternehmens nicht enthalten, mit dem quer über die Fahrbahn rollenden Zuge ♖g2 den gesamten Verkehr lahmzulegen! Nach dem in seiner Wirkung ungemein überraschenden Kreuzschach **3. ♖g2+** musste sich der Prager Großmeister mit einem unentschiedenen Ausgang begnügen.

Es verdient bemerkt zu werden, dass die Partie auch ohne dieses Gegenschach (etwa mit dem schwarzen König auf h4) nicht mehr zu gewinnen gewesen wäre; schon nach 1. ... hat war der Sieg unwiederbringlich dahin. – Mit 1. ... ♗f3! dagegen, gefolgt von einer gemächlichen Königswanderung nach b3, hätte Pachman leicht gewonnen.

Nach altem Vorbild
91

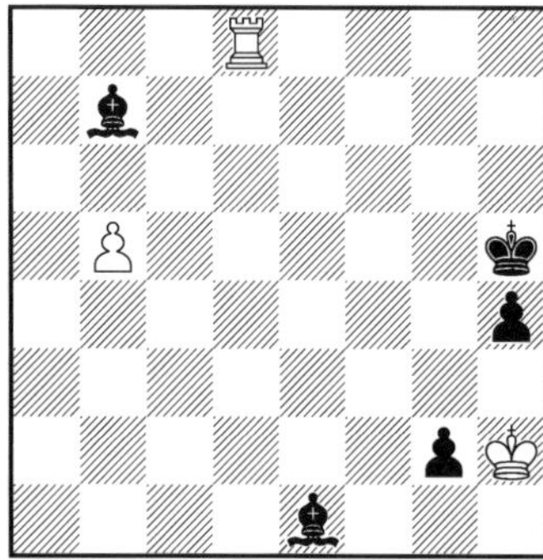

Raina (am Zug) – Lintia
Lugoj 1960

Der rumänische Meister Raina rettete sich in ein niedliches Patt: **1. ♖g8!**. Droht 2. ♖g2: ♗g2: 3. ♔g2: „mit restierendem Falschläufer“. Daher parierte Schwarz mit **1. ... ♗g3+**, doch nach **2. ♖g3:! hg3:+ 3. ♔g1!** war das Spielchen remis; auch der weißfeldrige Läufer ist ein teurer Kostgänger! **3. ... ♔h4 4. b6 ♗c8 5. b7 ♗b7:**, Patt.

Zum Ausgangspunkt zurück
92

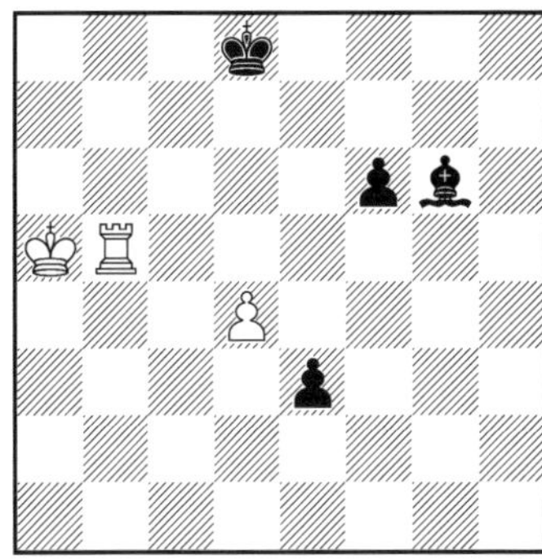

O. Duras
„Schachmatny Listok", 1926
Weiß hält unentschieden

Selbstverständlich war Rainas hübscher Partieschluss „schon lange vorweggenommen"; die Stellung von Duras ist die erste uns bekannte Darstellung in der Studienkomposition. 1. ♖b3 e2 2. ♖e3 ♗h5 3. ♔b4 f5 4. ♔c3 f4 5. ♔d2! fe3:+ 6. ♔e1. Will nun Schwarz die Pattsetzung verhindern, so verliert er beide Bauern, da der schwarze König zu weit entfernt ist, um den Bei rechtzeitig decken zu können.

Die glänzende Pointe
93

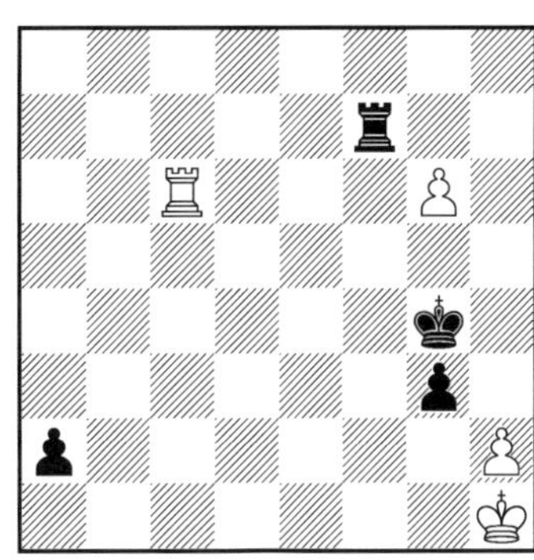

Dr. A. Wotawa
„Deutsche Schachzeitung", 1957
Weiß hält unentschieden

1. ♖c1!. Nicht 1. ♖a6? ♖f1+ 2. ♔g2 ♖f2+ 3. ♔h1 (♔g1 hg2:+) 3. ... ♔h3, und Schwarz gewinnt. **1. ... ♖b(a)7.** Oder 1. ... ♖c7 2. ♖g1! ♖a7 3. g7 ♖g7: 4. ♖g3: ♔f4 5. ♖a3!, Remis. **2. g7 ♖g7: 3. ♖a1! ♖a7 4. ♔g2!!.**
Eine glänzende Pointe; falsch wäre hingegen 4. hg3:? ♔g3:, und der schwarze König wandert unbehelligt zum Damenflügel. **4. ... gh2:.** Nach 4. ... ♔f4 5. hg3:+ ♔e3 6. g4 ♔d3 usw. erreicht Weiß noch gerade ein Endspiel mit Bauer gegen Turm, das er remisieren kann. **5. ♔h1!.**
Die Stellung ist remis, weil Schwarz das Opfer auf a2 (mit Pattsetzung des weißen Königs) nicht verhindern kann.

Kluger Läufer
94

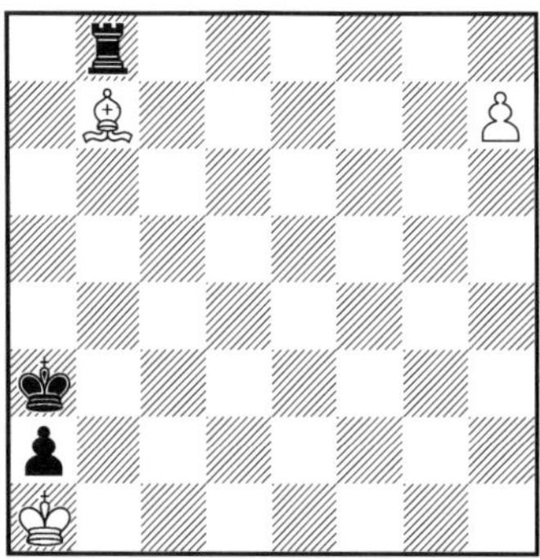

A. Mouterde
„La Stratégie", 1923
Weiß hält unentschieden

Das Endspiel zwischen dem Läufer und dem von einem Randbauern unterstützten Turm ist schwierig, obgleich die Turmpartei fast stets gewinnt. Bei der Beurteilung der beiderseitigen Aussichten ist es wichtig, ob der Läufer das Verwandlungsfeld beherrscht oder nicht. Beherrscht er es, so verliert er so gut wie regelmäßig, während in gewissen Fällen Remisaussichten bestehen, wenn sich der Läufer neben seinen in der Ecke stehenden König setzen kann. – Unsere Studie ist von anderer Art: Hier hilft dem Weißen, der unrettbar verloren scheint, eine feine Pattwendung.

1. h8♕!. Sonst käme nur noch 1. ♗e4? in Betracht, was aber nach 1. ... ♖c8 gleichbedeutend mit der Aufgabe des Spiels wäre. **1. ... ♖h8: 2. ♗d5!**. Es kommt darauf an, den Turm auf die zweite Reihe zu locken. **2. ... ♖h2 3. ♗g2!!**. Schwarz kann nicht aus der Pattfalle heraus; z. B. 3. ... ♖h5 4. ♗d5!, oder 3. ... ♔b3 4. ♗d5+ ♔a3 4. ♗g2!.

*

Interessanterweise ergab sich eine fast gleiche Stellung in Alma Ata (UdSSR) 1958 (**Gusew – Juchowitzky;** ♔a1, ♗e4 – ♔b3, ♖h2, ♙a2). Weiß zog 1. ♗g2? und war nach **1. ... ♔a3!** verloren (2. ♗f1 ♖c2!). Hätte er zuerst das Schach auf d5 gegeben, wie es die Studie zeigt, dann wäre die Sache wie das Hornberger Schießen ausgegangen!

Zu früh aufgegeben
95

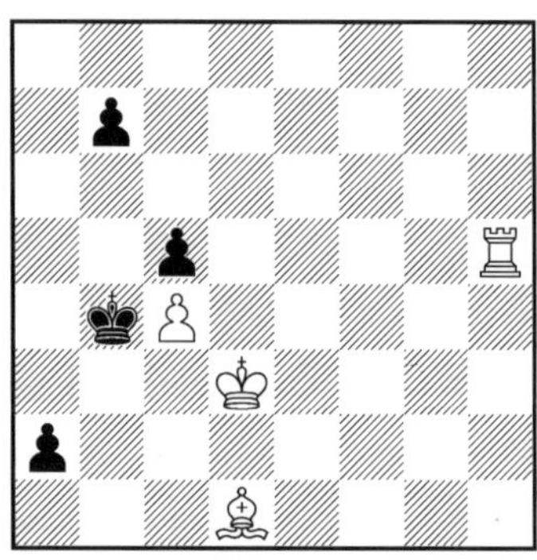

M. (am Zug) – P.
Mannheim 1914

Weiß sah die Fortsetzung 1. ♖h7! ♔a5 2. ♖b7: ♔a6! 3. ♖b8 ♔a7! und gab das Spiel auf, weil die Entstehung einer schwarzen Dame nicht zu verhindern schien. Darüber freute sich Schwarz, denn e r hatte gesehen, dass nach 1. ♖h7 ♔a5 Weiß nur 2. ♖h8! ziehen muss, um leicht zu gewinnen. B e i d e Spieler hatten nicht gesehen – und erst der ungarische Großmeister **Szabó** fand es 36 Jahre später! –, dass Schwarz nach 1. ♖h7! auf sehr hübsche Art remis machen kann: 1. ... a1♕!! 2. ♖b7:+ ♔a3 3. ♖a7+ ♔b4!, und nach 4. ♖a1: ist Schwarz patt!

Diese überraschenden Witze kennen natürlich auch die kombinationslüsternen Studienkomponisten; die Zahl solcher Studien ist Legion.

Tief verborgen
96

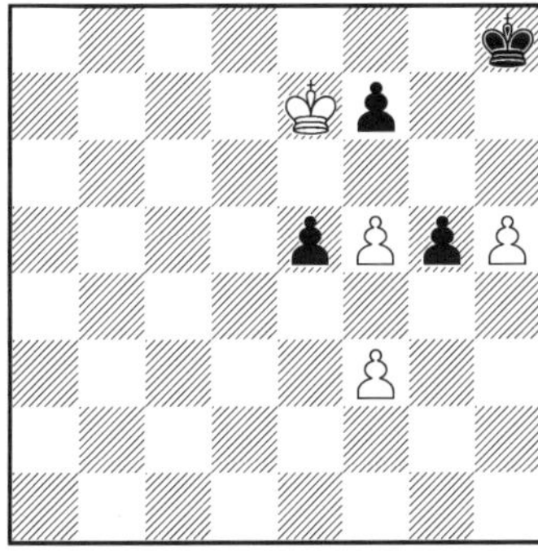

Frau Wolpert – Frl. Satulowskaja (am Zug)
Mannschaftskampf UdSSR, 1960

Es knistert förmlich vor Spannung auf dem Brett; wer kommt eher, Weiß oder Schwarz?! – Die einzige Aussicht für Schwarz liegt darin, entweder den e- oder den g-Bauern zum Freibauern zu befördern, also ... g4 oder ... e4 zu spielen. Oder besteht noch eine andere Möglichkeit?

Betrachten wir den Partieschluss: **1. ... e4 2. fe4: g4 3. ♔f7:!**. Gut, aber auch notwendig! **3. ... g3 4. f6 g2 5. ♔e8! g1♕ 6. f7**. Obgleich Schwarz noch einen Zug mit seiner neuen Dame zur Verfügung hat, ist nicht einmal einer der weißen Bauern zu erobern! Wir wissen nicht, wie die Partie weitergegangen ist; Weiß gewann sie.

Wie steht es nun mit der anderen Möglichkeit? Auch sie kann die Partie nicht retten: 1. ... g4 2. fg4: e4 (oder ... ♔g8 3. g5 nebst g6) 3. g5 e3 4. ♔f7: e2 5. g6, und Weiß gewinnt. – Also war das Spiel „in allen Varianten verloren“?

Nein, denn eine „Variante“ fehlt noch! Es ist **1. ... ♔g8!!**. Schwarz verschiebt die Entscheidung, welchen seiner Bauern er vorrücken wird, noch um einen Zug, und es stellt sich heraus, dass dies keineswegs nur einen Aufschub, also eine Art Galgenfrist bedeutet, sondern Rettung in höchster Not bringt.

Der Königszug hat zunächst den Vorteil, dass er Weiß vor die Wahl stellt, welchen Bauern er vorrücken will. In den oben gezeigten Varianten hat sich der h-Bauer nicht von der Stelle bewegt, und auch jetzt wäre 2. h6 die schwächere Fortsetzung. Schwarz antwortet 2. ... e4!. Merkwürdigerweise darf es nur dieser Bauer sein! Aber es ist klar: 2. ... g4? 3. fg4: e4 4. g5 e3 5. g6 führt zum Matt auf g7 (... fg6: 6. f6 usw.), und damit hätte sich der Zug 2. h6 als sehr nützlich erwiesen. Nach 2. h6 e4! ist dies aber nicht der Fall, weil die auf g1 entstehende Dame das Matt deckt: 3. fe4: g4 3. e5 g3 4. e6 fe6: 5. f6 g2 6. f7+ ♔h7 7. f8♕ g1♕; das Spiel ist remis.

Es liegt also auf der Hand, dass (1. ... ♔g8!) 2. f6! der stärkere Zug ist.

97

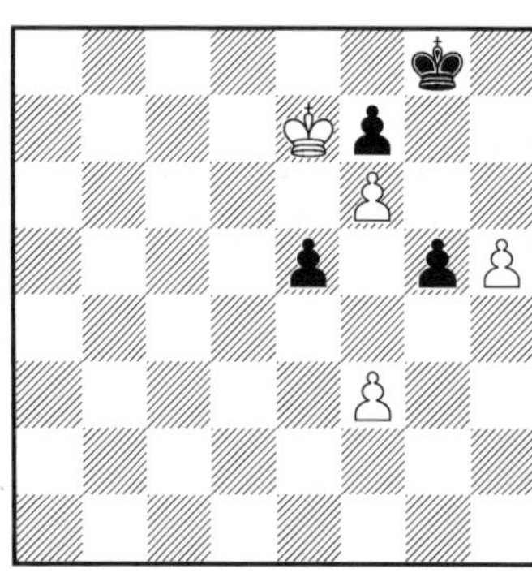

Stellung nach 2. f6
(Variante)

Und er scheint auch zu gewinnen: 2. ... e4 3. fe4: g4 4. e5 g3 5. e6 g2 6. ef7:+ ♔h7 7. f8♕ g1♕ 8. ♕f7+ ♔h8 9. ♕e8+! ♔h7 10. ♕g6+ mit Damentausch und Gewinn.

Doch dieses reichhaltige Bauernendspiel ist immer noch nicht ausgeschöpft! Wie Großmeister **Bondarewsky** in „Schachmaty" mitgeteilt hat, kann Schwarz mit (1. ... ♔g8! 2. f6!) g4!! dem scheinbar unabwendbaren Schicksal in den Arm fallen; ein Plätzchen im Hause der letzten Zuflucht ist frei! 3. fg4: e4 4. g5 e3 5. g6 e2 6. gf7:+ ♔h7 7. f8♕ e1♕+ 8. ♔f7 ♕e6+!! 9. ♔e6:, und Schwarz ist patt.

Schade, dass dies alles nur Analyse geblieben ist.

Hohe Schule der Pattkunst
98

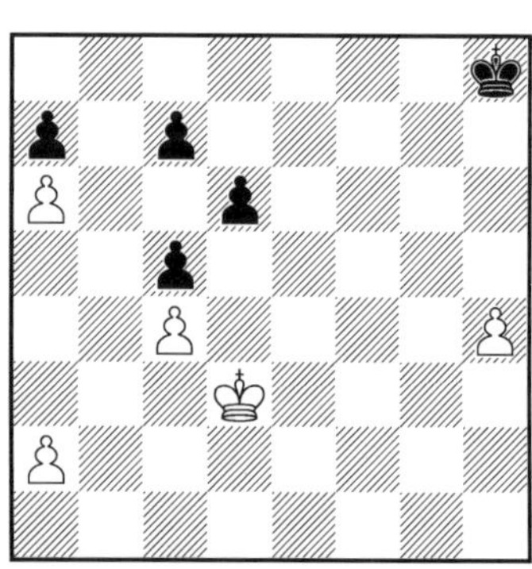

W. A. Tschechower
„Sowjetskaja Rossija", 1956
Weiß hält unentschieden

„Eine glatt verlorene Partie!", wird das so ziemlich einhellige Urteil sein, denn Weiß kann ja nicht verhindern, dass ein gedeckter oder zwei verbundene schwarze Freibauern entstehen. Und dennoch! **1. ♔e4 c6 2. ♔f5! d5 3. ♔e5! d4 4. ♔e4 ♔g7**. Es gibt

Stellungen, in denen die schwächere Partei – das ist hier der Weiße – trotz eines gedeckten Freibauern seines Gegners dessen König daran hindern kann, in die Stellung einzudringen, aber in diesem Fall geht es nicht: 5. ♔f4 ♔g6 6. ♔g4 ♔h6 7. a3 (h5 d3! führt zu demselben Ergebnis) 7. ... ♔g6 8. h5 ♔h6 9. a4 d3! 10. ♔f3 ♔h5: 11. ♔e3 ♔g4 12. ♔d3: ♔f3, und der weiße König wird bekanntermaßen von seinen Bauern abgedrängt. – Wer wird also nicht resignieren?!

5. ♔d3!! ♔g6 6. ♔c2! ♔f5. Oder 6. ... ♔h5; darüber siehe am Schluss. **7. h5!.** Nicht aber 7. ♔b3? ♔e(f)4 8. h5 d3! 9. h6 ♔e3 10. h7 d2 11. h8♕ d1♕+ 12. ♔a3 ♕d3+ mit Damentausch. 7. ... **♔g5 8. ♔b3! ♔h6!.** Alles dies wird demjenigen merkwürdig erscheinen, der noch nicht erkannt hat, dass Weiß sich auf a5 pattsetzen lassen will. Schwarz versucht also, den weißen h-Bauern solange wie möglich am Leben zu lassen. **9. a3!!.** Nicht jedoch 9. ♔a4? (♔c2 ♔h5:) 9. ... d3! 10. ♔a5 d2 11. a4 ♔g5!, wonach Weiß verloren ist.

99

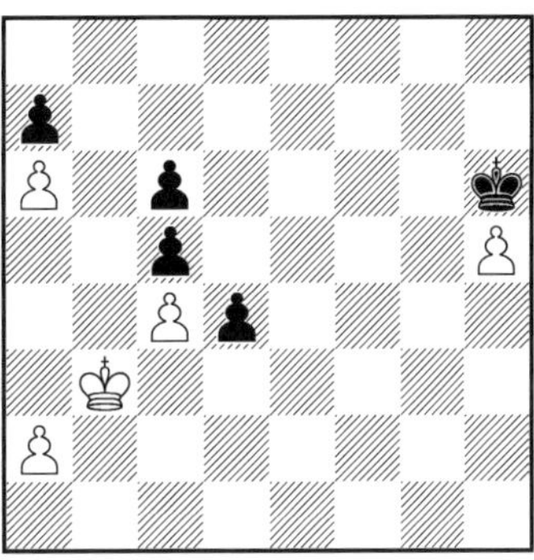

Stellung vor 9. a3

9. (a3) ♔g7! 10. ♔b(c)2!. Wieder war es kritisch: 10. ♔a4? wird durch 10. ... ♔h7!! glatt zurückgewiesen; z. B. 11. ♔a5 d3 12. a4 d2 13. h6 ♔g6! nebst Matt in zwei Zügen, oder 11. h6 d3 12. ♔b3 ♔h6:, ebenfalls mit leichtem Gewinn. Also eine Zugzwangsstellung! **10. ... ♔h7.** Zieht Schwarz 10. ... ♔f6, so darf sich Weiß auf den indirekten Tausch der Bauern einlassen, weil er mit Hilfe seines Reservezuges den feindlichen König absperren kann; es folgt dann 11. h6! ♔g6 12. h7! ♔h7: 13. ♔b3 d3! (sonst kommt Weiß mit dem Selbstpatt gerade zurecht) 14. ♔c3 ♔g6 15. ♔d3: ♔f5 16. ♔e3 ♔e5 17. a4!, und Weiß behauptet die Opposition.

11. ♔c(b)2 ♔h6 12. ♔b3!. Wieder ist die Stellung nach dem neunten Zuge von Weiß erreicht, und Schwarz hat nichts erreicht! So bleibt ihm nichts anderes als **12. ... ♔h5:;** aber nach **13. ♔a4! d3 14. ♔a5! d2 14. a4 d1♕** ist Weiß patt!

Leichter ist es für Weiß, wenn Schwarz 6. ... ♚h5 (statt ... ♚f5) zieht: 7. ♔b3! ♚h4: 8. ♔a4! d3 9. ♔a5! nebst 10. a4; Patt. Schwarz kann in dieser Variante noch versuchen, mit 7. ... ♚g4(!) im Trüben zu fischen. Die Folge ist 8. h5 ♚f3 9. h6 d3 10. ♔c3! (vermeidet ein Schachgebot!) 10. ... ♚e2 11. h7 mit Remis. Und wenn endlich Schwarz zu 7. ... d3 greift, erzwingt Weiß mit 8. ♔c3 ♚h4: 9. ♔d3: ♚g4 10. ♔e4 wieder die remisbringende Opposition.
Ein ungewöhnlich schweres, aber auch ungewöhnlich lehrreiches Endspiel.
Dass eine solche Selbsteinsperrung auch in der Meisterpraxis vorkommen kann, beweist die folgende Stellung.

99 A

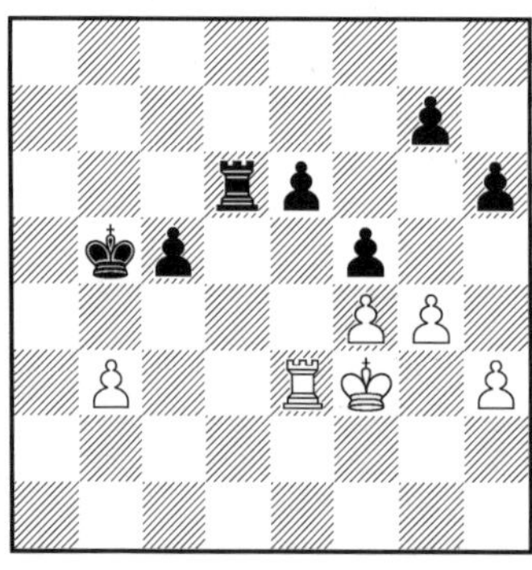

Garcia Toledo – Mecking
Zonenturnier Mar del Plata 1969
Weiß am Zug

Schwarz sollte wegen der Schwäche des weißen Bauern auf b3 gewinnen. Vor allem musste Weiß mit dem Manöver ♚b5-b4-a3 und ♖b6 rechnen. Er spielte **1. g5!**. Schwarz sollte 1. ... hg5: 2. fg5: ♚b4 3. ♔f4 ♖d4+ 4. ♔e5 ♖h4! (nach 4. ... ♖e4+ kommt es zu einem Endspiel ♕ und ♙ gegen ♕ mit vermutlichem Remis) 5. g6 ♖d4! spielen mit Zugzwang für Weiß. Unversehens aber geriet Mecking in eine Falle: **1. ... ♚b4? 2. g6! ♚a3 3. ♔g3 ♖b6 4. ♔h4! ♖b3: 5. ♖e6:!** Falsch 5. ♖b3:+ ♚b3: 6. ♔h5 c4 7. h4 e5. Der Be6 muss verschwinden. **5. ... ♖b7.** Oder 5. ... c4 6. ♖c6 ♚b4 7. ♖b6+. Weiß tauscht den Turm und führt mit ♔h5, gefolgt von h3-h4, das Patt herbei.
6. ♔h5 ♚b4 7. h4 c4 8. ♖b6+ mit Pattrettung. Von solchen Pattmustern gewarnt, braucht sich die stärkere Partei den Vorteil nicht aus der Hand winden zu lassen.

Klassiker der Pattwanderungen

100

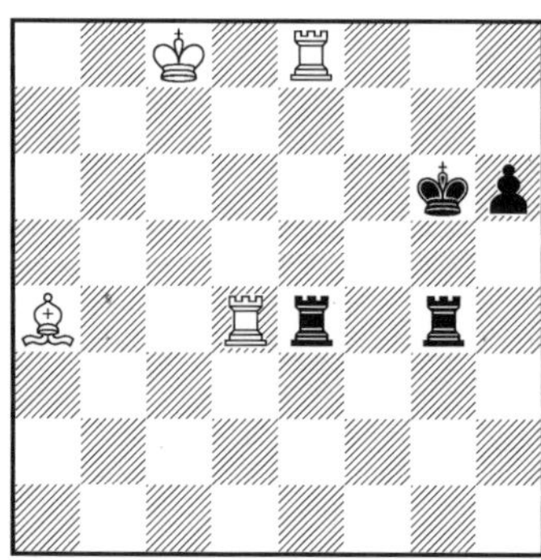

Dr. M. Henneberger
„Schach-Echo“, 1963
Weiß gewinnt

Der „erzwungenste“ aller königlichen Spaziergänge im Endspiel ist die so genannte Pattwanderung. Zu ihr kommt es, wenn der König von einer feindlichen Figur, meist einem Turm, durch besonders zudringliche Schachgebote verfolgt wird, wobei es der Turm geradezu darauf anlegt, geschlagen zu werden. Tut ihm der König den Gefallen, so sind die feindlichen Streitkräfte pattgesetzt, was ja bekanntlich im Schach nur mit einem halben Punkt belohnt wird.

Ein bekanntes Beispiel aus der Turnierpraxis ist die Partie **Schallopp – Blackburne,** Frankfurt 1887 (♔f2, ♖a6, ♖g2, ♙a2, b4, c3, h6 – ♔h8, ♖e1, ♖f5, ♙h7; Weiß am Zuge), in der Weiß trotz seiner erdrückenden Übermacht remis gab, weil er glaubte, dem Dauerschach des ♖f5 nicht entrinnen zu können. Das war aber ein Irrtum: wie Jahre später festgestellt worden ist, konnte Weiß mit 1. ♔e1: ♖f1+ 2. ♔e2 ♖e1+ 3. ♔f3 ♖e3+ 4. ♔g4 ♖e4+ 5. ♔h5! ♖h4+ 6. ♔g5 ♖h5+ 7. ♔g4! ♖h4+ 8. ♔f3 („der Weg zurück“) 8. ... ♖f4+ 9. ♔e2 ♖e4+ 10. ♔d2 ♖d4+ 11. ♔c2! gewinnen.

*

Eine andere schöne Stellung (**Keto – Aaltonen,** Finnische Meisterschaft 1960; ♔d7, ♖e7, ♙f6, h6 – ♔f8, ♖h1; Weiß am Zuge) hat sich als eine Ente erwiesen: Weiß ist durchaus nicht genötigt, wie in der Partie 1. h7(?) zu ziehen (mit hübscher späterer Wanderung aus dem Patt), sondern er kann, wie Meister **Paul Michel** vorschlägt, „weniger spannend“ 1. ♖e8+ ♔f7 2. h7! spielen, was dem Kampf sofort ein Ende bereitet.

*

Unbestrittener Klassiker auf dem Gebiet der Pattwanderungen unter den Studienkomponisten ist aber **Dr. Moriz Henneberger.** Unser Beispiel, als nachgelassenes Werk 1963 veröffentlicht, zeigt einen Spaziergang des weißen Königs von c8 nach c3 und – auf Umwegen – wieder zurück: **1. ♖g8+ ♔h5! 2. ♖gg4: ♖d8+! 3. ♔c7 ♖d7+ 4. ♔c6 ♖d6+ 5. ♔c5 ♖d5(c6)+ 6. ♔b4 ♖b5(6)+ 7. ♔c3 ♖b3+ 8. ♔d4.** Die Rückreise hat begonnen. **8. ... ♖d3+ 9. ♔e4! ♖e3+ 10. ♔d5 ♖e5+ 11. ♔c6 ♖e6+ 12. ♔e7 ♖e7+ 13. ♔c8,** und Weiß gewinnt (13. ... ♖e8+ 14. ♗e8:#). Schwarz kann verschiedentlich abweichen; z. B. 3. (♔c7) ♖c8+ 4. ♔d6 ♖d8+ 5. ♔e5 ♖d5+ 6. ♔e4 (wohl besser als der Autorzug 6. ♔f4, wonach nicht, wie vom Verfasser vorgesehen, 6. ... ♖f5+, sondern 6. ... ♖d4+ geschieht) 6. ... ♖e5+ (erzwungen) 7. ♔f4 ♖f5+ 8. ♔e3 ♖f3+ 9. ♔e4 ♖e3+ 10. ♔d5 usw. wie im Hauptspiel.

Geht Schwarz erst im vierten Zuge auf die c-Linie (3. ♔c7 ♖d7+ 4. ♔c6 ♖c7+), so folgt 5. ♔d5 ♖d7+ 6. ♔e4 ♖e7+ 7. ♔f3 ♖e3+ 8. ♔f4 ♖f3+ 9. ♔e4 ♖e3+ 10. ♔d5, und wir sind wieder beim Hauptspiel angelangt. Pattwanderungen sind eine „Wissenschaft für sich“, aber es lohnt sich, sie zu studieren! Gelingt es, einen Dreh- und Angelpunkt zu finden (wie hier das Feld c3), dann wird sich der König vor den Schachgeboten in Sicherheit bringen können.

7. KAPITEL
Positionelles Remis

Das Pattduell
101

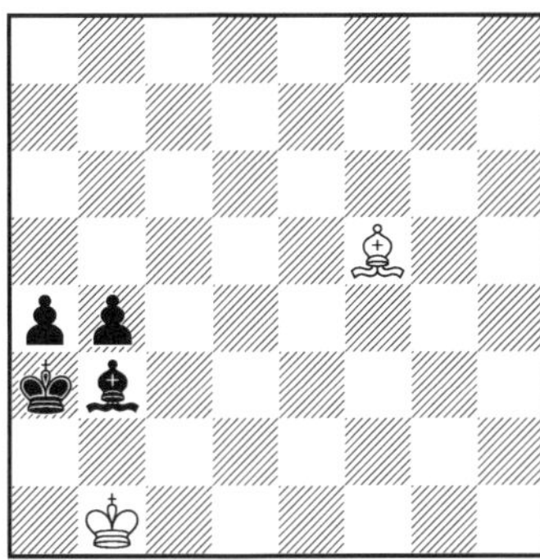

J. Moravec
„Tijdschrift“, 1929
Weiß hält unentschieden

102

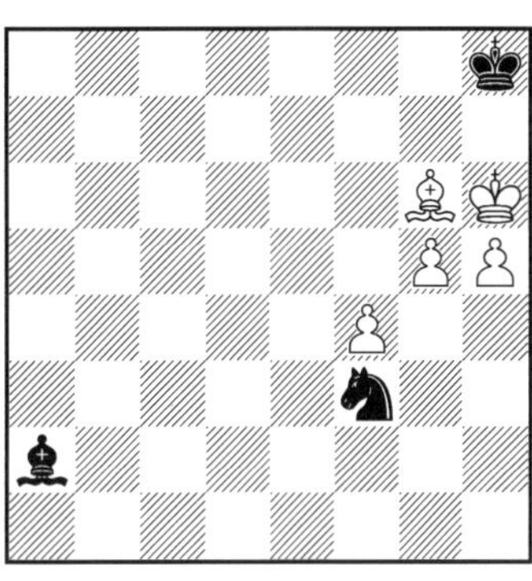

Dr. Bohosiewicz (am Zug) –
Dr. Freytag
Czernowice 1934

Nach **1. ♔a1!!** kann Schwarz nicht gewinnen! Falls 1. ... ♝c2, so 2. ♗c2: b3 3. ♗d1; auf allen anderen Feldern aber wird der schwarze Läufer vom weißen Kollegen unbarmherzig verfolgt; z. B. 1. ... ♝c4 2. ♗d3 ♝d5 (oder 2. ... ♝d3:, und Weiß wäre patt!) 3. ♗e4; oder 1. ... ♝d1 2. ♗c2! mit Remis.

Duplizität
(vgl. Stellungsbild 102)

Wie der Zufall so spielt! Er wollte es, dass nach **1. ♗e4 ♘g5:!!** (der g-Bauer drohte zu laufen) **2. fg5:** (2. ♔g5: ist wegen des „falschen Läufers“ schwächer) Schwarz mit 2. ... **♝d5!** genau so wie bei Moravec remis machte.

*

Das Urbild dieses Manövers haben wir wohl in einer kleinen Studie von **E. Plönnings** zu erblicken („Deutsche Schachzeitung“ 1908, ♔c1, ♗h8, ♘b5 – ♚d3 ♝b8, ♙c2; Weiß hält unentschieden): 1. ♘c7! ♝c7: 2. ♗e5!, wiederum mit „Dauerverfolgung“.

Ein Schritt zu weit
103

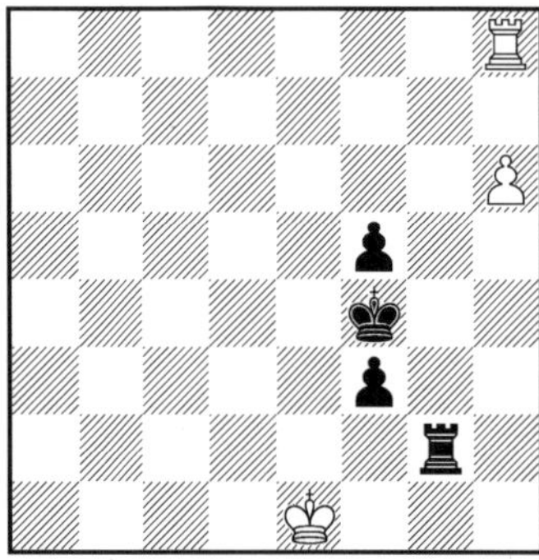

Ein zum Siege ausreichender Umstand ist es, dass sich der schwarze König so schön zwischen seinen beiden Bauern verstecken kann; – und als einen zum Remis ausreichenden Umstand betrachtete es Weiß, dass Salwe jetzt **1. ... ♖a2?** zog, anstatt den Turm schon auf b2 innehalten zu lassen! Auf den ersten Blick ist das natürlich ganz unverständlich, aber sehr bald wird der Unterschied klar: **2. h7 f2+ 3. ♔f1 ♔f3 4. ♖a8!** Hier findet sich ein Motiv, das in der praktischen Partie nicht allzu selten in Erscheinung tritt (und dessen sich natürlich auch die Studienkomponisten angenommen haben).

Nach dem hübschen Turmzug war die Partie unentschieden; z. B. 4. ... ♖b2? 5 ♖a3+ usw., oder 4. ... ♖a8: 5. h8♕! ♖h8:, und Schwarz hat den Gegner pattgesetzt. Ja, wenn in dieser letzten Variante der Turm auf b8 gestanden hätte! Dann wäre auf 5. h8♕ der Turm kurzerhand wieder umgekehrt und hätte auf b1 mattgesetzt. Steht er aber wie in der Partie auf a8, so sieht er sich durch die nach a1 zielende Dame daran gehindert.

Pattofferten
104

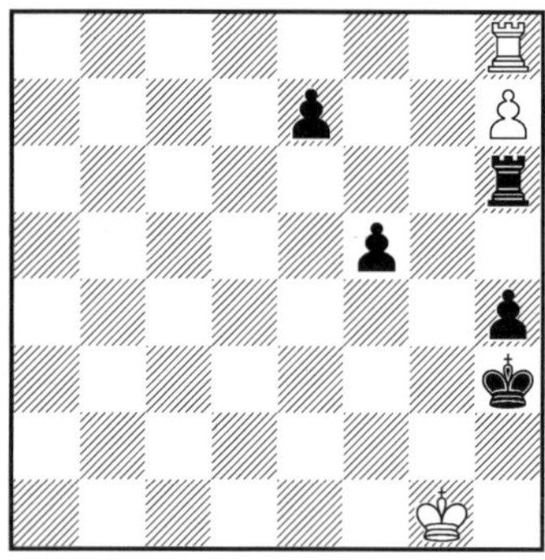

E. Drobrescu
Problemwettkampf 1951
III./IV. Preis
Weiß hält unentschieden

Hier tritt die Turm-Opposition in der Waagerechten auf: 1. **♔h1 f4 2. ♖g8 ♖h7: 3. ♖g7**. Wieder ein „passives Pattopfer" (frei nach Spielmann). **3. ... ♖h6 4. ♖g6 f3!** Schwarz erkennt, dass er ohne Turmopfer nicht weiterkommt. **5. ♖h6: f2 6. ♖f6!** (eine neue Pattofferte) **6. ... ♔g3 7. ♖f7** (♖g6+? ♔f3 mit Gewinn für Schwarz, weil die Pattstellung aufgehoben ist) 7. ... **e5 8. ♖g7+ ♔f3 9. ♖f7+ ♔e2. 10. ♔g2 h3+ 11. ♔h3: f1♕+ 12. ♖f1: ♔f1: 13. ♔g4**; Remis.

Machtlose Dame
105

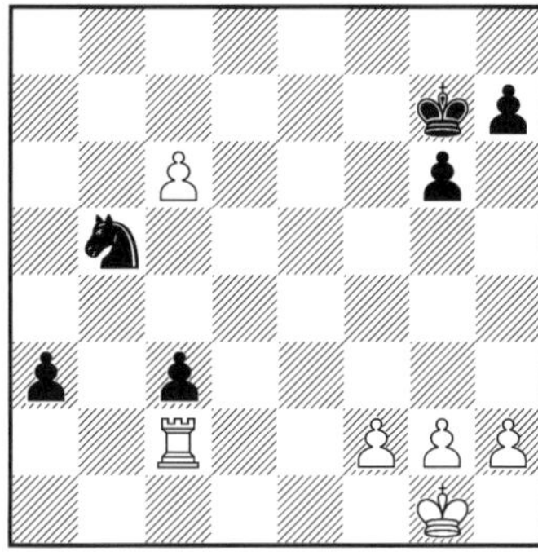

Peger – Volkmann (am Zug)
Elstal 1963

Da ein langer Endspielkampf mit ungewissem Ergebnis drohte, hielt Schwarz nach einem anderen Wege Ausschau; er fand ihn in **1. ... ♘d4!**, womit er den Gegner im wörtlichen Sinne zwang, sich eine neue Dame zu holen: **2. c7** (♖c3:? ♘e2+) **2. ... ♘c2: 3. c8♕ a2 4. ♕c3:+** (auch noch mit Schach!) **4. ... ♔h6.** Remis, denn es glückt dem Weißen nicht, den Ba2 zu erobern.

Das war ein verhältnismäßig einfaches Beispiel für das so genannte positionelle (oder „strategische") Remis. Man verwendet diesen Begriff, wenn eine materiell schwächere Partei eine Lage herbeiführen kann, die es dem Gegner nicht erlaubt, seine Streitkräfte planmäßig zusammenwirken zu lassen. Anwendungsfälle sind beispielsweise die Einsperrung des Königs oder einer Figur oder – wie in unserem Fall – eine ungeschützte, aber aus besonderen Gründen nicht zu beseitigende Figurenkonstellation; auch das Dauerschach möchten wir dazu zählen.

Höchst eigenartig
106

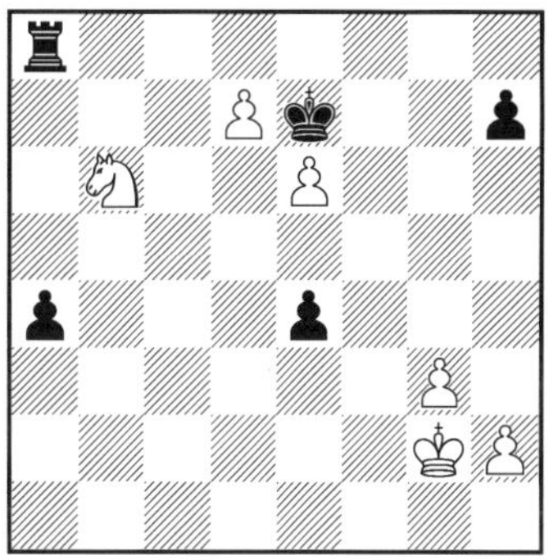

Bozik – Walther (am Zug)
Wien 1954

Schwarz am Ziel! Das brauchte er nur noch mit 1. ... ♖d8! zu besiegeln, was den Weißen sehr bald um seinen Stolz, die beiden Freibauern, gebracht hätte. Kein Mensch hätte dann über diese Partie fürderhin ein Wort verloren. Eher wäre das schon der Fall gewesen, wenn die Wahl von Schwarz auf 1. ... ♖a6? gefallen wäre: Es folgt dann recht hübsch – und typisch für die Vielseitigkeit des Springers – 2. ♘d5+! ♔d8 3. e7+ ♔d7: 4. e8♕+! ♔e8: 5. ♘c7+ mit einem für Weiß unverlierbaren Endspiel.

Die Partiefortsetzung **1. ... a3?** aber, die zu einer höchst eigenartigen positionellen Remisstellung führte, sichert diesem Partieschluss einen Platz in der Endspielliteratur! Es geschah **2. ♘a8:** (Weiß hat keine Wahl) **2. ... a2 3. ♘b6! a1♛ 4. ♘c8+! ♔d8 5. ♘d6!.**

107

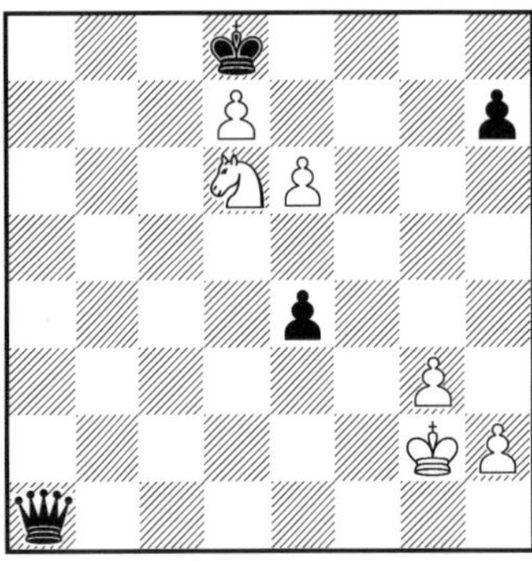

Stellung nach 5. ♘d6

Vielleicht hatte sich Schwarz auf **5. ... ♛a2+** verlassen, aber nach **6. ♔g1!** musste er davon Kenntnis nehmen, dass die Fortsetzung 6. ... ♛e6: Damenverlust zur Folge gehabt hätte: 7. ♘b7+! ♔d7: 8. ♘c5+. Versuche, durch geeignete Schachgebote den Springer zu erobern, zeitigen gleichfalls keinen Erfolg (z. B. 6. ... ♛b1+ 7. ♔g2 ♛b2+ 8. ♔h3!), und schließlich ist auch 6. ... e3 zum Scheitern verurteilt (7. ♘b7+ ♔e7 8. d8♛+ ♔e6: 9. ♛e8+ usw.). Da aber andererseits Weiß in ♘b(f)7+ über gefährliche Drohungen verfügte, sah sich Schwarz zu einem ursprünglich zweifellos nicht beabsichtigten Friedensschluss genötigt.

Die Remis-Schaukel

108

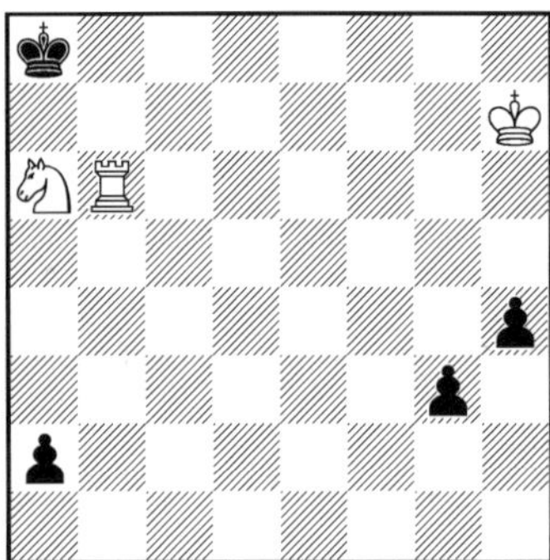

W. v. Holzhausen
„Berliner Lokalanzeiger", 1898
Weiß hält unentschieden

Jeder, der schon einmal einen Angriff mit Turm und Springer auf seinen von eigenen und fremden Bauern eingeengten König erlebt hat, weiß, wie überaus gefährlich das sein kann; Mattdrohungen sind keine Seltenheit. Bekannt ist auch die „Remis-Schaukel" von Springer und Turm, zu der keine andere Figur als der gegnerische König benötigt wird! In v. Holzhausens Studie wird sie – die im allgemeinen auf der Waagrechten vorkommt – auf der Senkrechten vorgeführt.

1. ♘b8!!. Weiß möchte nach 1. ... a1♛ gern mit 2. ♘c6! ein Matt drohen, das Schwarz nur durch die Preisgabe seiner Dame vereiteln könnte.

Aber warum darf zu diesem lobenswerten Zweck nicht auch 1. ♘b4 geschehen? Die Antwort ist einfach: Schwarz zieht 1. ... ♔a7! 2. ♖a6+ ♔b7!, und die Bauern am Königsflügel sind nicht aufzuhalten. – Doch was nützt der Springerzug nach b8, denn darauf kann ja auch **1. ... ♔a7!** geschehen? Ja, wenn Weiß nicht die Remis-Schaukel besteigen könnte, dann hätte Schwarz recht. So aber folgt **2. ♖b4!!** (dieses Feld stände dem Turm nach 1. ♘b4? nicht zu Gebote) **2. ... a1D,** und nun setzt sich mit **3. ♘c6+ ♔a6** (... ♔a8?? 4. ♖b8#) **4. ♘b8+ ♔a5 5. ♘c6+!** die Schaukel in Bewegung; die vierte Reihe ist gesperrt, weil der Springer den Turm deckt: Remis.

Eine Schaukeldrohung

109

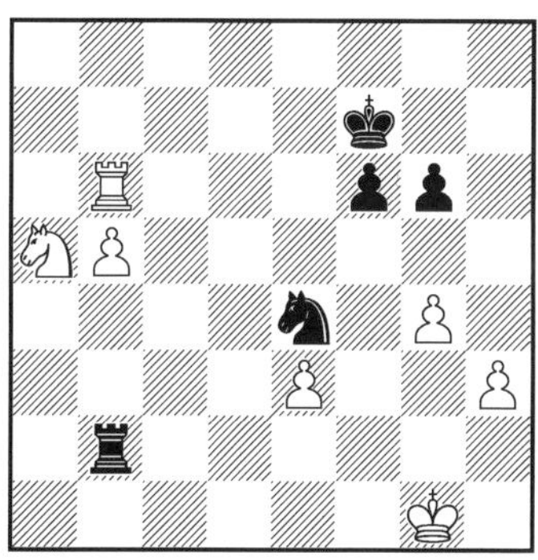

Dr. Botwinnik – Tal (am Zug)
Weltmeisterschaftskampf 1961

In gefährdeter Lage mit zwei Bauern weniger ergriff der damalige Weltmeister Tal mit **1. ... ♘d2!** „die Waffe der Remis-Schaukel“; sie hätte sich auf einen indifferenten Zug Botwinniks – sagen wir 2. ♖b8(??) – Mit 2. ... ♘f3+ 3. ♔f1 ♖d2! (entspricht dem Zuge 2. ♖b4! in der Studie v. Holzhausens) in Gang gebracht.

Natürlich ließ sich Weiß nicht auf das Unternehmen ein; er zog **2. ♘c6** (Absicht: 2. ... ♘f3+ 3. ♔f1 ♖d2 4. ♘d4!), konnte aber trotz seines materiellen Übergewichts wegen der freien Beweglichkeit der schwarzen Steine das Spiel nicht mehr gewinnen. Der – nicht zu unserem Thema gehörende – Schluss der Partie: 2. ... ♘c4 (dieses Feld hat ihm wegen der „Schaukeldrohung“ der weiße Kollege frei machen müssen!) 3. ♖b7+ ♔e6 4. h4 ♔d5 5. ♖d7+ ♔c5 6. ♖d3 ♔b5: 7. ♘d4+ ♔c5 8. ♘f3 ♖e2 9. h5 gh5: 10. gh5: ♘e3: (immer noch wirken Turm und Springer ideal zusammen) 11. h6 ♖g2+ 12. ♔h1 ♖g6!; Remis.

So bildete die Remis-Schaukel die Grundlage der Verteidigung.

Im Exil
110

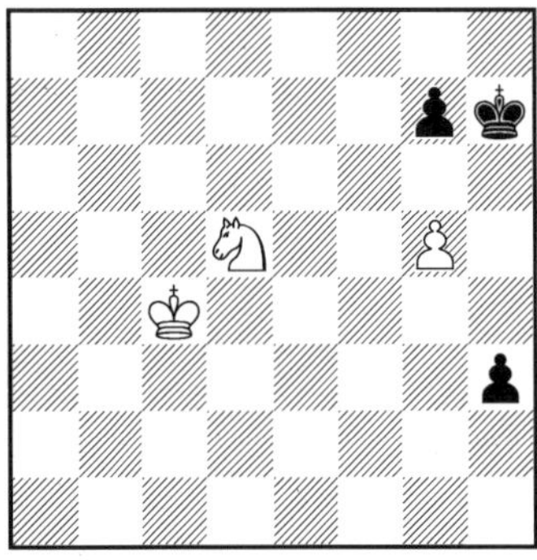

Dr. W. Leick
„Münchener Illustrierte Presse“,
1920
Weiß hält unentschieden

Der schwarze Bauer ist nicht aufzuhalten, aber es gelingt dem Weißen, ein sehenswertes „positionelles Remis“ zu erzwingen. **1. g6+! ♔h8!.** Auf alle anderen Antworten kommt der wendige Springer noch zurecht: 1. ... ♔g6: 2. ♘f4+, oder 1. ... ♔h6 2. ♘e3 ♔g6:(g5) 3. ♘f1 mit leichtem Remis, oder 1. ... ♔g8 2. ♘e7+ ♔h8 3. ♘f5. **2. ♘e7! h2 3. ♔d5 h1♕ 4. ♔e6!,** Remis, da die schwarze Dame nicht in der Lage ist, Springer und König zu trennen.

*

Eine spätere Studie gleichen Inhalts stammt von **P N. Iljin** („Schachmaty“ 1947, Sonderpreis). Sie hat eine hübschere Stellung: ♔a3, ♘c8, ♙g5 – ♔g6, ♙e3, g7 (1. ♘e7+ ♔h7! 2. g6+ ♔h8 3. ♔b4 usw. wie bei Leick). Ihr Nachteil besteht aber darin, dass es nach 1. (♘e7+) ♔g5: eine lange, weit verzweigte und schwierige Nebenvariante gibt (beginnend mit 2. ♘c6), was die Einheitlichkeit der Komposition empfindlich stört.

Daneben gelungen!
111

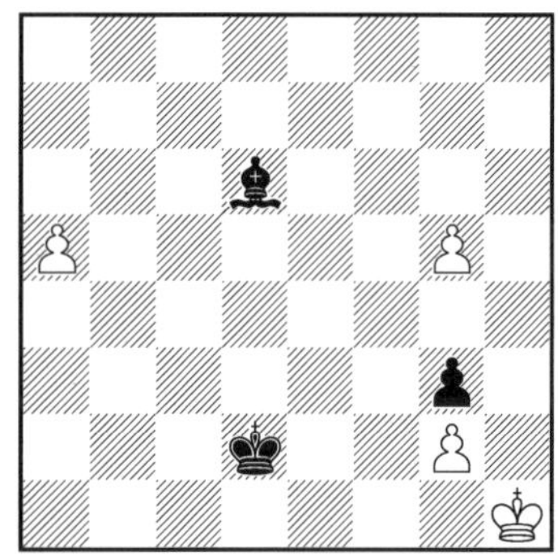

P. Joita
„Revista de Sah“ 1954
1 . Preis
Weiß gewinnt
(Stellung nach dem 2. Zuge)

In der Ausgangsstellung ♔f1, ♙a5, d6, g2, g5 – ♔d2, ♗g3, ♘h1, ♙g4 spielt Weiß 1. **♔g1!,** weil 1. d7? ♗c7 2. a6 ♘g3+! 3. ♔f2 ♘e4+ 4. ♔g1 ♘g3!! 5. a7 ♗b6+ 6. ♔h2 ♘f1+ Dauerschach ergeben würde. Nach **1. ... ♗d6: 2. ♔h1: g3!** wird es klar, dass Schwarz, der die Entstehung einer neuen Dame nicht verhindern kann,

um ein positionelles Remis kämpft. Sehen wir zu, wie die Sache ausgeht (siehe Stellungsbild):
3. g6 ♗e5 4. a6 ♗d4 5. g7 ♗g7: 6. a7 ♗d4 7. **a8♕ ♗f2!**. Der weiße König ist eingesperrt, Läufer und Bauer decken sich, und die Dame steht allein dem schwarzen König gegenüber. Ihr Bestreben muss natürlich sein, ihn pattzusetzen, um den Läufer zu einem Zuge zu nötigen. Nicht immer in solchen Fällen gelingt dies, aber hier hat die Dame Erfolg. **8. ♕a3! ♔c2.** Nach 8. … ♔e2 9. ♕c3 ♔d1 10. ♕b2 ♔e1 11. ♕c2 ♔f1 gäbe es das niedliche Matt 12. ♕d1+ ♗e1 13. ♕d3+ ♔f2 14. ♕f3# zu sehen. **9. ♕f3 ♔b2** (9. … ♔d2 10. ♕b3 usw.) **10. ♕d3 ♔c1 11. ♕e2 ♔b1 12. ♕d2 ♔a1 13. ♕c2.** Mit zwei pattgesetzten Königen ist das sicherlich eine spaßige Stellung! Jetzt geht der Läufer verloren; Weiß gewinnt. – Die Idee dieses Dame-Läufer-Duells ist allerdings alt; sie findet sich schon in dem Buch „The Chess Euclid“ von J. King, das 1848 erschienen ist.

Die Festung

Die wenig bekannte Studie von F. Lazard behandelt das Festungsthema.

111 A

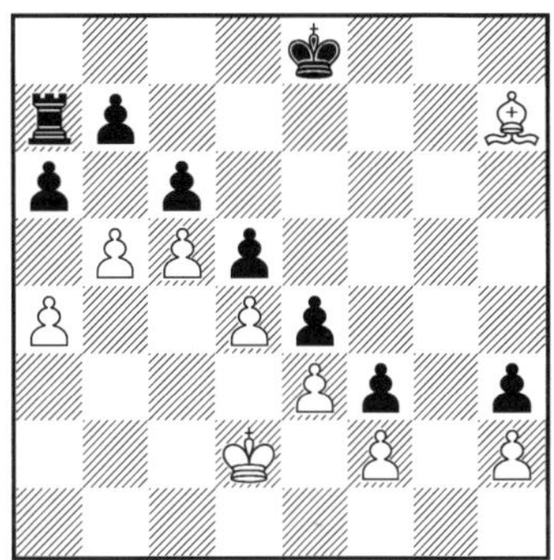

F. Lazard
„Tidskrift“, 1947
Remis

1. b6 ♖a8 2. a5 ♖d8. Auf 2. … ♔e7 folgt 3. ♔e1! ♖h8 4. ♔f1! ♖h7: 5. ♔g1! wie im ♖ext. **3. ♔e1!** Der König eilt zur Verteidigung des Bh2 herbei. **3. … ♖d7 4. ♗g6+ ♔d8 5. ♔f1 ♖g7 6. ♔g1 ♖g6:+** 7. **♔h1!** Positionelles Remis“, der Turm ist wertlos. Auch in der Praxis kommt es nicht selten vor, dass der Aufbau einer „Festung“ die Partie rettet.

111 B

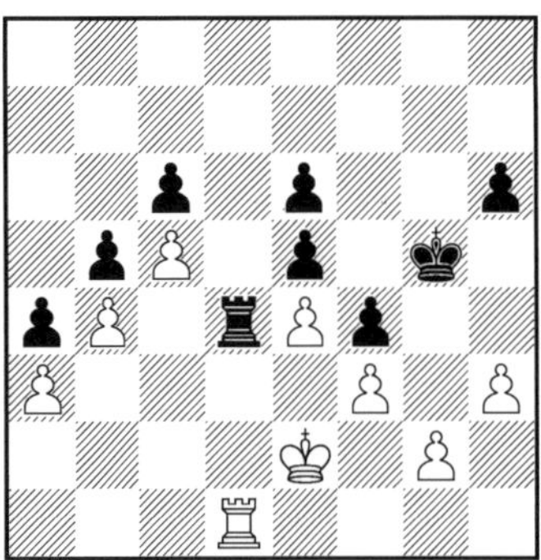

Jurawlew – Skuja
Riga 1959
Weiß am Zug

111 C

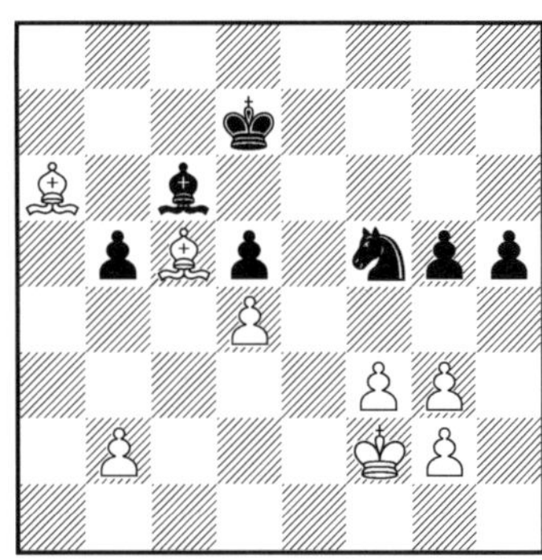

Kozma – Fuchs
Zinnowitz 1967
Weiß am Zug

Wegen des drohenden Königsmarschs nach g3 ist Weiß scheinbar verloren. Ob er sich an die Studienidee erinnert hat? **1. h4+! Kh4: 2. Th1+ Kg5** (2. ... Kg3 3. Th6:) **3. Th3 h5 4. Th1 Td7 5. Th3 h4 6. Th1 Td8 7. Th3 Kh5 8. Th2 Tg8 9. Kf2 Kg5 10. Th3 Th8 11. Kf1 Td8 12. Ke2 Td7.** Noch will Schwarz nicht einsehen, dass die Festung uneinnehmbar ist. **13. Th1 Td4 14. Th3 Tc4 15. Kd2 Td4+ 16. Ke2.** Remis.

Ähnlich war es in folgender Lage.

Weiß hat den Verlust des Läufers auf a6 infolge des Manövers Sf5-g7-e6-c7 zu fürchten. Der Läufer ist zwar nicht zu retten, doch Weiß kann es so einrichten, dass ein undurchdringliches Bauernlabyrinth entsteht.

1. g4 hg4: 2. fg4: Sg7 (Zielt nach c7.) **3. Lb4?** Er sieht die Rettung nicht. (Nach 3. ... Se6 4. Ld2 Sc7 musste er aufgeben.) In Kenntnis der Festungsidee musste Weiß 3. b4! Se6 4. Lb6! Sc7 5. Lc7: Kc7: spielen. Was soll er nun gegen Ld7 und Kb6 mit Eroberung des Läufers tun? Nichts! Er lässt den Gegner gewähren und schirmt lediglich mit dem König den Bg4 ab (6. Kf3, 7. Kg3 usw.). Der schwarze Läufer ist nutzlos, die Partie bleibt remis.

8. KAPITEL
Der Trumpf des Freibauern

Akute Turmlähmung
112

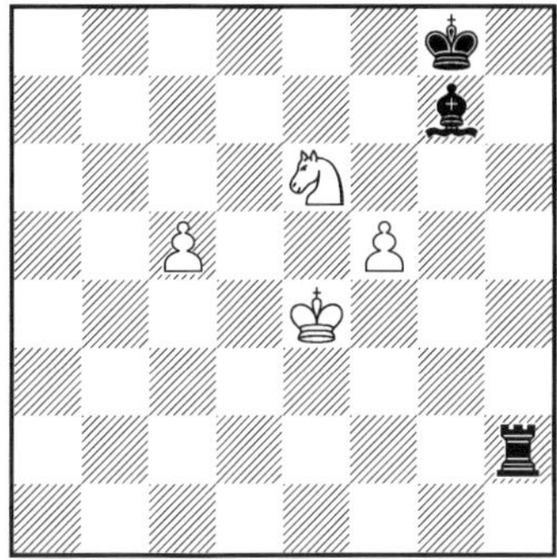

Neukirch (am Zug) – Vitzthum
Mannschaftskampf, Saalfeld
1955

In dieser scheinbar hoffnungslosen Stellung fand der damals 17jährige Führer der Weißen eine „studienhafte“ Rettung: **1. c6 ♗f6 2. c7** ♖c2 **3. ♔d5** (droht ♘c5) **3. ... ♗e7 4. f6! ♗a3.** Wenn 4. ... ♗f8, so 5. ♘f8: ♔f8: 6. ♔d6 ♔e8 7. f7+ ♔f7: 8. ♔d7; Remis.

5. ♘c5!!. Ein prächtiger Problemzug! Die Partie wurde darauf remis gegeben: 5. ... ♗c5:? 6. c8♕+, oder 5. ... ♖c5:+ 6. ♔d6 ♔f7 7. ♔d7 ♖d5+ 8. ♔c6, und die beiden schwarzen Figuren können nichts ausrichten. – Wieder einmal hat sich der Springer als ein wahres „Wunderwerk der Schöpfung“ erwiesen!

Der Elfmeter
113

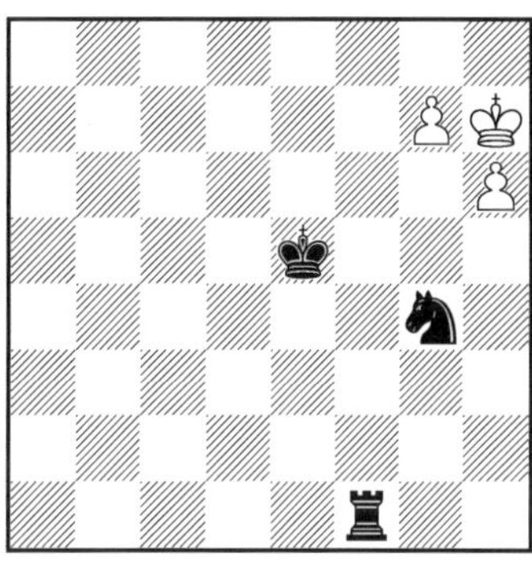

Soos – Günsberger (am Zug)
Rumänische Meisterschaft 1958

Schwarz, klar auf Gewinn stehend, zog nicht 1. ... ♖f7, was schnell entschieden hätte (2. ♔g6 ♖f6+), sondern **1. ... ♖h1.** Natürlich musste auch dies genügen. **2. g8♕ ♘f6+ 3. ♔g7 ♘g8:?? 4. h7!**, und nun war die Partie remis. So hatte sich Günsberger die „Verwendung“ seines Springers wohl kaum vorgestellt! Nach 3. ... ♖g1+ 4. ♔f7 ♖g8: 5. h7 ♖h8 wäre der Sieg immer noch auf der Seite von Schwarz gewesen.

Der Freibauer auf der siebten Reihe, der einen Springer angreift, das ist noch besser, als beim Fußball einen Elfmeter schießen zu dürfen: Soos ist nicht nur Schachmeister, sondern auch ein bekannter Fußballspieler!

Listige Strategie
114

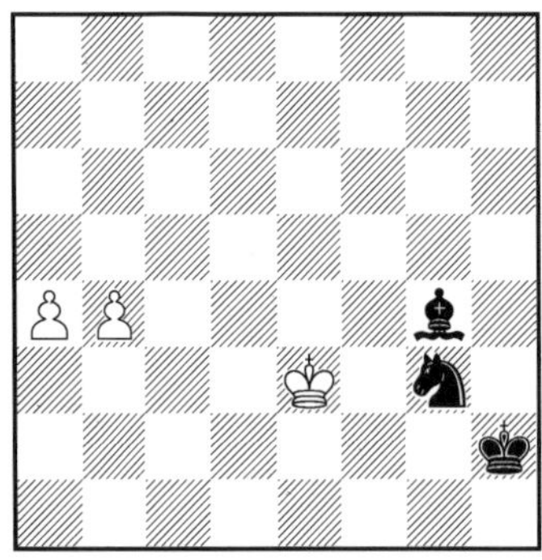

Thal – Kahn (am Zug)
Mannschaftskampf Leipzig 1962

Die Partie war nach 1. b4 (Abgabezug) abgebrochen worden; Thal hoffte auf Remis. In der Tat: Hätte Schwarz 1. ... ♗d7? gezogen, so wäre Weiß lebend davongekommen; allerdings nicht mit dem „Systemzuge“ 2. b5? (obwohl man ja gemeinhin Freibauern so vorrücken soll, dass ein feindlicher Läufer kein „Loch“ findet!), sondern mit 2. a5!.

Nach (1. ... ♗d7?) 2. b5? würde Schwarz wie folgt gewinnen: 2. ... ♘f5+ 3. ♔e4 ♘d6+ 4. ♔d5 ♘b7! (bekanntlich die wirksamste Aufstellung von Läufer und Springer) 5. ♔c4 ♔g3 6. ♔b4 ♔f4 7. a5 ♘d6 8. b6 ♗c8 9. ♔c5 ♔e5, und Schwarz gewinnt. Auch nach 8. a6 würde Schwarz den Sieg davontragen: 8. ... ♘b5: 9. ♔c5 ♔e5 10. ♔b6 ♔d6 11. a7 ♘c7 12. ♔b7 ♗c6+.

Aber mit 1. ... ♗d7 2. a5! könnte sich Weiß das Unentschieden sichern: 2. ... ♘f5+ 3. ♔e4 ♘d6+ 4. ♔d5 ♘b5 (4. ... ♘c8 ist nicht besser) 5. ♔c5 ♔g3 6. a6 ♔f4 7. ♔b6 mit Remis.

Kahn jedoch, der Gelegenheit gehabt hatte, das Endspiel mit Großmeister Uhlmann zu analysieren, zog nach der Wiederaufnahme **1. ... ♗d1! 2. a5 ♗e2 3. ♔d4 ♗f1!!**. Um auf 4. ♔d5 mit dem überraschenden Manöver 4. ... ♘e2!! aufwarten zu können; z. B. 5. a6 ♘c3+ 6. ♔d4 ♘a4! 7. a7 ♗g2 8. b5 ♔g3 9. ♔c4 ♔f4 10. ♔b4 ♘b6 11. ♔a5 ♘d7! 12. b6 ♔e5 13. ♔a6 ♘c5+ (auch 13. ... ♔d6 14. a7 ♘c5+), und Schwarz gewinnt. – Dennoch ist es erstaunlich, dass Schwarz in dieser Stellung (nach 3. ♔d4), in der alles auf Schnelligkeit anzukommen scheint, ein Tempo „drangeben“ darf! Es folgte **4. ♔c5 ♘e4+ 5. ♔b6 ♘c3 6. a6 ♘d5+** 7. **♔a5**. Der Versuch 7. ♔b7 würde nach 7. ... ♘b4: 8. a7 ♗g2+ 9. ♔b8 ♘a6+ zu einer typischen Gewinnstellung führen. **7. ... ♘c7!**. Dies wäre auch auf 7. ♔c5 gefolgt. **8. a7**. Interessant ist die Widerlegung von 8. b5; es geschieht dann 8. ... ♘b5: 9. ♔b6 ♘c3! 10. a7 (oder 10. ♔b7 ♘a4 usw.) 10. ... ♗g2 11. ♔c7 ♘a4! mit Gewinnstellung. **8. ... ♗g2 9. b5 ♔g3 10. b6 ♘e6 11. ♔a6 ♘d8 12. b7 ♗b7:+ 13. ♔b6 ♗a8! 14. ♔c7 ♘c6!**. Weiß gab auf.

115

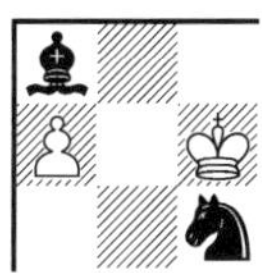

Schluss-Stellung
(schwarzer König auf g3)

Ähnliche Kampfbilder zeigt eine Studie des feinsinnigen, russischen Komponisten Ciawlowsky, der in seiner Kompositionsweise am ehesten seinem deutschen Kollegen A. Herberg vergleichbar wäre.

Der kleine David
116

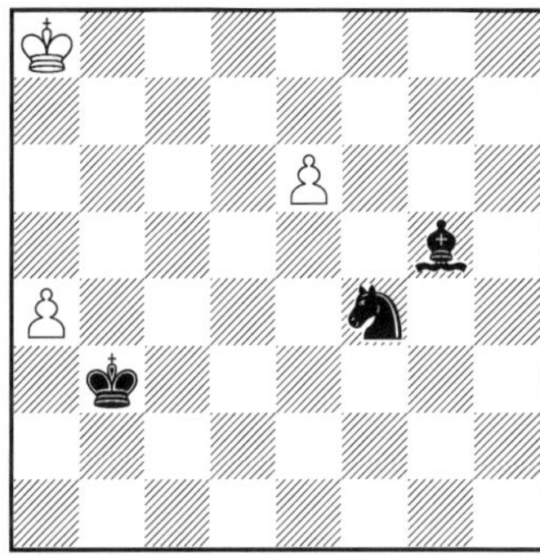

W. Ciawlowsky
„L'Italia Scacchistica", 1963
II. Preis
Weiß hält unentschieden

Nach 1. a5? ♘e6: 2. a6 kann Weiß das Spiel nicht halten: 2. ... ♗e3 3. ♔b7 (oder 3. ♔b8 ♘d4!, oder 3. a7 ♘d8!) 3. ... ♘c5+ 4. ♔b6 ♘e4+ (auch hier zeigt der Springer seine angeborene Munterkeit!) 5. ♔b7 ♘d6+ 6. ♔b8 (c6) ♘b5 (c8) mit Gewinn für Schwarz. Daher **1. e7! ♗e7: 2. a5 ♘e6 3. a6!**. Verfehlt wäre der allerdings nicht so nahe liegende Zug 3. ♔b7 (aber was ist in solchen Endspielen schon „nahe liegend"?!) wegen 3. ... ♘c5+ 4. ♔b6 ♔b4 5. a6 ♗d8+.

3. ... ♘d8 4. ♔b8! (4. a7? ♗d4 5. ♔b8 ♘c6+) **4. ... ♗c5 5. ♔c7 ♘e6+ 6. ♔b7!**. Damit ist die letzte Klippe umschifft: 6. ♔b8? führt nach 6. ... ♘d4 7. ♔c7 ♘b5+ zu einer Verluststellung. **6. ... ♘d8+** 7. **♔c7**; Remis. Es ist überaus lehrreich, zwischen diesem Kunst-Endspiel und der vorigen Partiestellung Vergleiche anzustellen: waren es dort Absperrungsmanöver, die zum Siege für Schwarz führten, so hatte sich Weiß hier mit tempogewinnenden Schachdrohungen auseinanderzusetzen. Beides ist typisch für die beiderseitige Strategie im Kampf von Läufer und Springer gegen Freibauern.

Einmal hin, einmal her
117

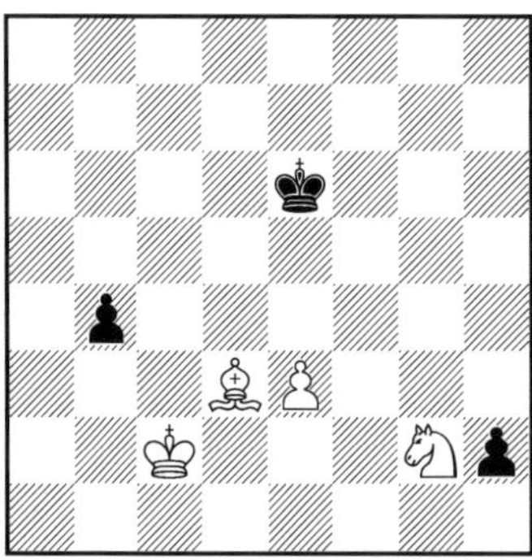

H. Mattison
„Latvija“, 1923
Weiß gewinnt

Natürliches Bestreben des Weißen ist es, seinen Läufer nach e4 zu bringen, aber mit **1. ♘f4+ ♔e5(!) 2. ♘g6+ ♔d5** (!) scheint Weiß nicht mehr beweisen zu können, als dass sein Ross ein tüchtiges Springpferd ist. Kleine „Bereichs“-Scherze wie 3. ♗f1? h1♕ 4. ♗g2+ (um eine Gabel auf f4 applizieren zu können) scheitern an 4. ... ♕g2: (mit Schach).Nun, versuchen wir weiter: 3. ♗a6!? (er möchte jetzt auf e5 „gabulieren“! (3. ... ♔c6 4. ♗e2! h1♕ 5. ♗f3+ ♕f3: 6. ♘e5+ ♔d5 7. ♘f3: ♔e4 8. ♔d2 ♔f3:, und Weiß sieht sich durch den Bb4 am Gewinn des Bauernendspiels schmerzlich gehindert. Ja, wenn man diesen Bauern erobern könnte, ohne ein Tempo zu verlieren! – Aber das ist doch für den reisefreudigen Springer eine Kleinigkeit, so gewissermaßen en passant das Bäuerlein mitzunehmen:
3. ♘e7+! ♔e5 4. ♘c6+! ♔d5 5. ♘b4:+!. Geschafft! Nun kehrt das Ross freudig wiehernd nach g6 zurück, indes der schwarze König bei seiner nützlichen Beschäftigung verharrt, das Feld e4 zu bewachen, und dann wird das oben beschriebene Manöver (9.) ♗a6 in Szene gesetzt, das diesmal nur ein Rufzeichen verdient! Schwarz, seines einzigen Besitzes entäußert, vermag das Bauernendspiel nicht zu halten.

Zwei Bauern – ein Tempo!
118

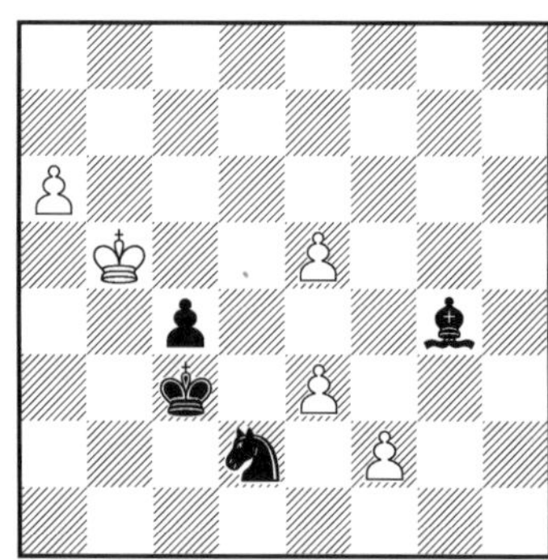

E. Hufendiek
„Schach-Echo“, 1963
(Dr. H. St. gewidmet)
Weiß gewinnt

1. a7 ♗f3 2. e4!. Nicht aber 2. e6? ♘e4 3. a8♕ ♘d6+ 4. ♔c5 ♗a8: 5. ♔d6: ♗f3. Der Vorstoß nach e4 bezweckt die Blockung des Feldes e4 für den Springer, weil 2. ... ♘e4:

wegen 3. a8♕ ♘d6+ 4. ed6: ♗a8: 5. d7 unmöglich ist. **2. ... ♗e4:** (erzwungen) **3. e6! ♗a8.** Wieder erzwungen (3. ... ♘b(f)3 4. e7 ♘d4+ 5. ♔b6). **4. f3!!.** Erneut wird der Läufer über das „kritische Feld" e4 hinaus gelenkt! **4. ... ♗f3:.** Falls 4. ... ♘f3:, so 5. e7 ♘d4+ 6. ♔b6 mit Gewinn.

5. e7 ♘e4 6. a8♕ ♘d6+ 7. ♔c5 ♗a8: 8. ♔d6:. Weiß gewinnt. Zwei Bauern für ein Tempo! Ein Vergleich mit der nach 2. e6? entstehenden Stellung erweist, dass Weiß durch die beiden konsekutiven Opfer ein einziges, aber entscheidendes Tempo gewonnen hat.

Gut gemacht, Läufer!
119

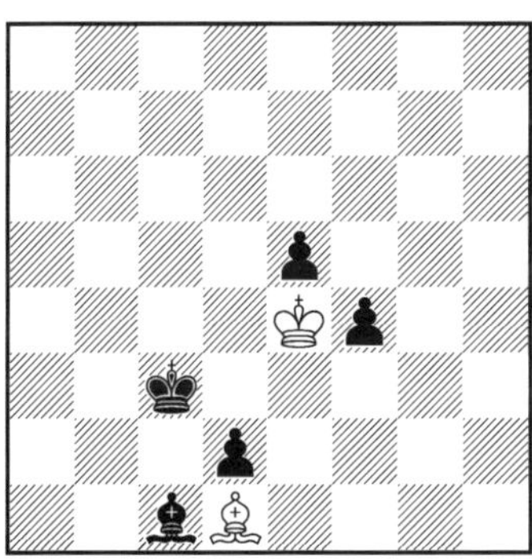

Bonet – Rico (am Zug)
Gijon, 1958

Bei ungleichen Läufern kann die schwächere Partei manchmal sogar gegen drei Bauern erfolgreichen Widerstand leisten. So scheint es auch hier, zumal einer der Bauern verloren geht. Meister Rico fand jedoch ein Manöver, mit dem er wenigstens den Bf4 rettete; seinen Läufer konnte er dabei zinsbringend investieren: **1. ... ♗a3! 2. ♔e5:** (oder 2. ♔f3 ♔d3 mit leichtem Gewinn) **♗d6+! 3. ♔d6:.** Auch nach 3. ♔e4 ♔b2 4. ♔f3 ♔c1 wäre Weiß verloren (5. ♔e2 f3+). **3. ... ♔d4!.** Weiß gab auf; mit seinem abseits stehenden König hat er gegen die beiden schwarzen Freibauern keine Aussichten (4. ... ♔e3 nebst 5. ... f3).

Doppelter Zugzwang
120

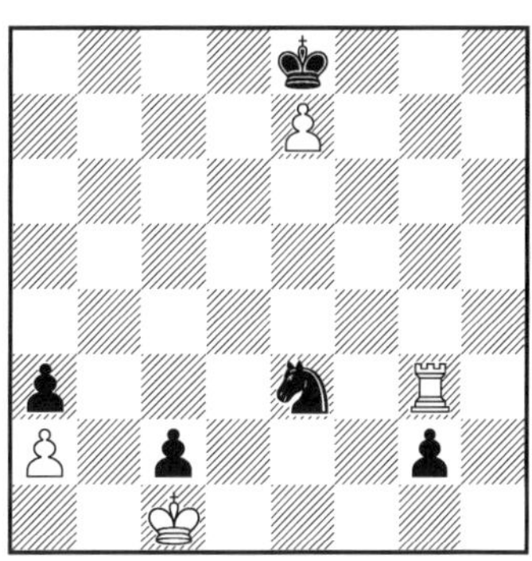

Meddeler (am Zug) – van Perlo
Fernpartie, Holland 1957
(Variante)

Eine interessante (Analysen-)Stellung! Euwe hat sie im Rahmen eines längeren Artikels 1959 im „Schach-Echo" veröffentlicht. Beide Parteien sind in Zugzwang: Schwarz am Zuge würde schnell verlieren, da nach 1.

... ♔e7: der ♘e3 (mit Schach) und nach einem Springerzug der Bg2 fällt. Andererseits hat Weiß (wenn er nicht mit 1. ♖g2: alle schwarzen Bauern verspeisen will) nur 1. ♖g7, was Schwarz nur mit 1. ... ♔d7 beantworten darf. Weiß könnte zwar den König nach d2 bringen, aber das führt zu nichts (2. ♔d2 ♔e8).
Die Position hat Anregung zu zwei Studien gegeben, die in lehrreicher Weise zeigen, wie sehr das Schicksal spannungsgeladener Situationen von der Stellung der Könige abhängen kann.

Gefährliche Freibauern
121

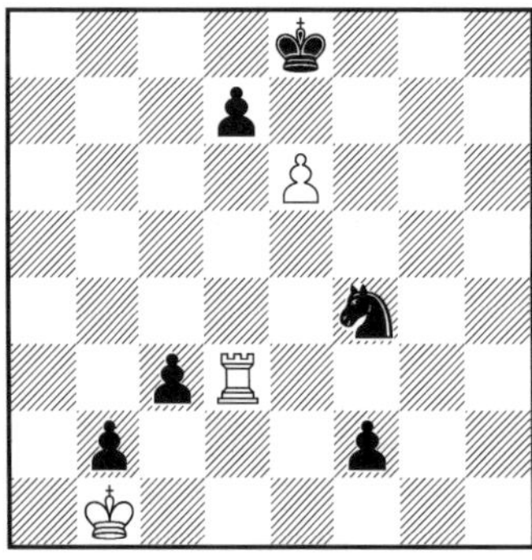

M. Milescu
„Schach-Echo", 1961
Weiß hält unentschieden

1. **ed7:!** **♔d8 2. ♖f3!**. Zu optimistisch wäre 2. ♖d1? wegen 2. ... ♘d3 (droht ... ♘e1) 3. ♖f1 ♔d7:4. ♔c2(♖h1) ♘e1(+) 5. ♔b1(♖f1) ♘f3! 6. ♖f2: (♔e2) ♘d2(+), und Schwarz gewinnt. 2. ... **♘d3 3. ♖f7! ♘e5.** Am besten. Auf 3. ... ♔c7 4. ♔c2(!) ♔d8 5. ♔b1 ♔c7 6. ♔c2 hat Schwarz nichts Besseres als Zugwiederholung, weil 6. ... ♘b4(e1)+ 7. ♔b1 oder 6. ... ♘e5 7. ♖f2: ♘c4 8. ♖f1 usw. ohne Ergebnis bleibt.
4. ♖f2: ♘c4! (droht. . . ♘a3+) **5. ♖f8+!.** Die einzige Möglichkeit für Weiß besteht darin, den Turm hinter die Bauern zu bringen. Nach 5. ♔a2? ♔d7:! (6. ♖f8 c2) wäre dies nicht zu erreichen. **5. ... ♔d7: 6. ♖b8 ♘a3+** 7. **♔a2 ♘c4 8. ♔b1! ♔c6.** Noch ein Versuch! **9. ♔c2.** Auf 9. ♔a2? gewinnt Schwarz, indem er den c-Bauern verstößt. Jetzt aber herrscht Gleichgewicht, da Schwarz die Drohung 10. ♔c3: nur durch 9. ... ♘b6 abwehren könnte. Dann folgt aber 10. ♔b1; z. B. 10. ... ♔c7 11. ♖h8 nebst ♖h1(3), oder 10. ♔c5 11. ♔c2; Remis.

Ähnlich – nicht gleich
122

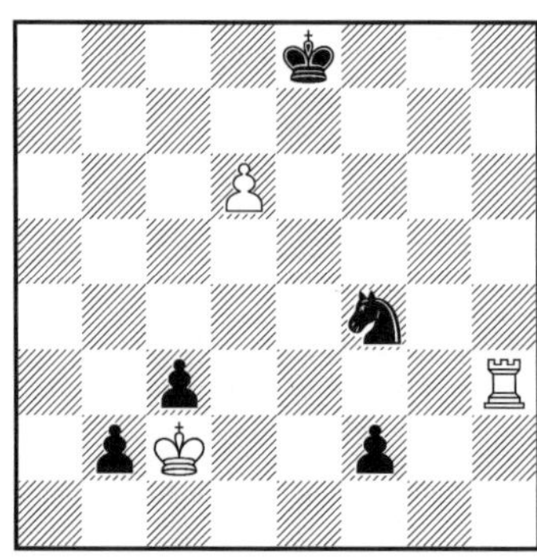

M. Milescu (mit V. Nestorescu)
„Revista de Sah", 1961
Weiß hält unentschieden

Im Gegensatz zur vorigen Studie darf Weiß hier nicht mit dem Bauernschach beginnen, weil Schwarz nach 1. d7+? ♔d7: 2. ♖f3 mit 2. ... ♘d5! eine Gewinnstellung erreicht: 3. ♖f2: (erzwungen) 3. ... ♘e3+ 4. ♔b1 ♘c4. Weiß ist nämlich jetzt nicht mehr in der Lage, seinen Turm auf die b-Linie zu bringen; Schwarz gewinnt durch Annäherung seines Königs.

Daher **1. ♖f3! ♘d3.** Nun, da Weiß noch über seinen Bauern verfügt, hat das Verfahren 1. ... ♘d5 2. ♖f2: ♘e3+ 3. ♔b1 ♘c4 keinen Erfolg: 4. ♖e2+ ♔d8 (... ♔d7 5. ♖e7+ nebst ♖b7) 5. ♖e1! (Wartezug) 5. ... ♔d7 6. ♖e7+ ♔d6: 7. ♖b7 führt, wie wir aus der ersten Studie wissen, zum Remis.

2. ♖f6!!. Ein schwieriger Positionszug. Mit 2. ♖f5? ♔d7 3. ♖f6 ♔c6! würde Weiß ebenso verlieren wie mit 2. d7+?. Es folgt dann 2. ... ♔d8 3. ♖f7! (♔b1? c2+) 3. ... ♔c7 4. ♔b1 ♘e5 5. ♖f2: ♘c4. Anders als in der vorigen Studie steht der schwarze König jetzt auf c7 (statt auf d8)! Das entscheidet für Schwarz.

2. ... ♔d8. Auf 2. ... ♔d7 wiederholt sich, nur eine Reihe tiefer, das aus der vorigen Stellung schon bekannte Königspendel. **3. ♖f7!.** Weiß muss äußerst umsichtig verfahren; z. B. 3. ♖f5(f8+)? ♔d7 4. ♖f6 ♔c6 5. ♔b1 ♘e5! mit Gewinn für Schwarz. **3. ... ♔e8 4. ♖f6 ♔d7 6. ♔b1!.** In dieser Stellung ist der Königszug gefahrlos. **5. ... ♘e5.** Oder 5. ... ♔c6 6. ♔c2 ♘e5 7. ♖f2: ♘c4 8. ♖f1, Remis. **6. ♖f2: ♘c4** 7. **♖f7+ ♔d6:** (... ♔c6 8. ♖c7+) **8. ♖b7,** und Weiß hat eine Remisposition erreicht.

Das von den beiden Studien gebildete Ganze ist ein unserer Ansicht nach auch für die praktische Partie lehrreiches Duell, bei dem Zugzwang und Drohungen einander abwechseln und es auf minutiöse Genauigkeit ankommt.

Feines Tempospiel
(des Königs ...)

123

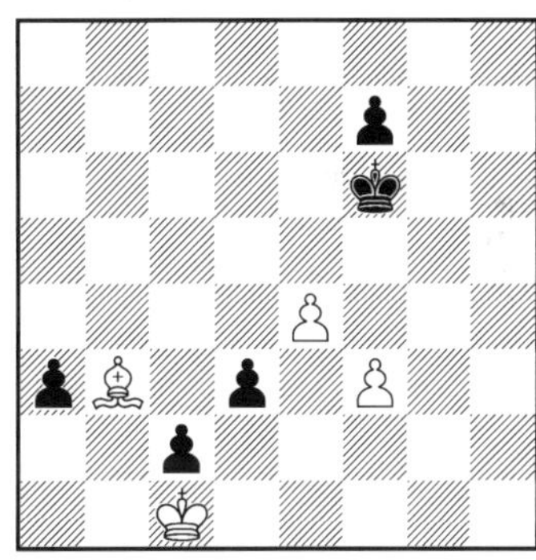

V. Bethge – F. Bethge (am Zug)
Bad Homburg 1951

Nach **1. ... ♔e5! 2. ♗f7: ♔f4 3. ♔d2 ♔f3: 4. e5 ♔f4!** (nicht 4. ... ♔e4? 5. e6 mit Schachdrohung nach e8♕) **5. ♗b3 ♔e5: 6. ♗a2 ♔d4** 7. **♗g8 ♔c5 8. ♗f7(!)** gewann der bekannte Problem- und Studienkomponist Friedrich Bethge durch ein

schönes Tempospiel: **8. ... ♔b5!.** Nach 8. ... ♔b4 9. ♗a2! wäre Schwarz in Zugzwang; er muss daher so manövrieren, dass der weiße Läufer auf a2 steht, bevor der schwarze König nach b4 geht. **9. ♗e6** (♗e8+ ♔b4 oder ♗b3 ♔a1) **9. ... ♔a4! 10. ♗a2** (jetzt erzwungen, weil 10. ... a2 11. ♗a2: ♔a3 – siehe auch Partieverlauf – drohte) **10. ... ♔b4! 11. ♗f7**, und nun folgte das entscheidende (Räumungs-) Opfer **11. ... a2! 12. ♗a2: ♔a3!.** Weiß gab auf (13. ♗e6 ♔b2).
Aber trotz dieser scheinbar zwangsläufigen Zugfolge hätte Weiß das Spiel retten können!

... und des Läufers
124

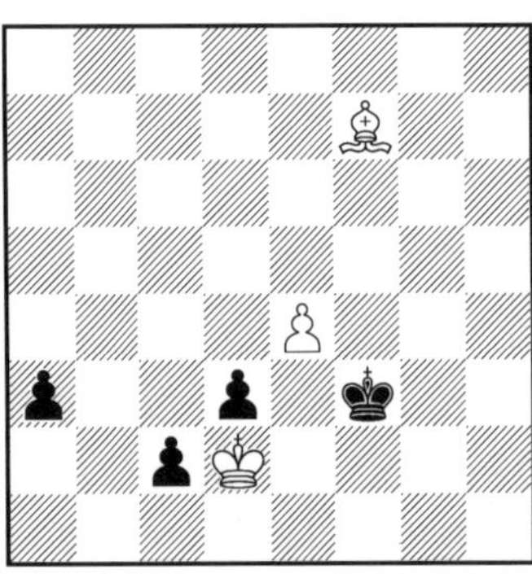

Stellung nach 3. ... ♔f3:

4. e5? war der entscheidende Fehler; mit **4. ♗c4!!** hätte Weiß dagegen den lebenswichtigen Bauern und damit das Gleichgewicht gehalten. **4. ... ♔f4** (4. ... ♔e4:? 5. ♗d3:+) **5. ♗d5! ♔e5 6. ♔c1! ♔d4 7. ♔d2 ♔c5 8. ♗a2!**, und das Spiel ist remis. – Die Spitze liegt darin, dass Weiß nicht 4. ♗d5, ziehen darf, weil er nach 4. ... ♔f4 5. ♗c4 ♔e5! in tödlichem Zugzwang wäre.

Patt statt Matt
125

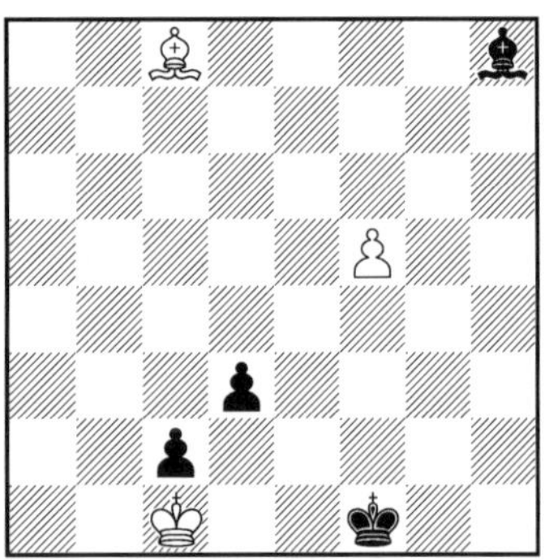

A. Herberg
„Deutsche Schachzeitung", 1955
Weiß hält unentschieden

1. ♗a6! liegt nahe, weil Weiß etwas gegen die Drohung ... ♔e1! tun muss. Aber obgleich jetzt der schwarze König nach e2 benötigt wird (1. ... ♔e2), scheint nicht viel gebessert, weil ... ♗b2+! nebst ... ♔d1 droht. **2. f6! ♔e3 3. ♗b5!.** Feines Tempospiel! Mit 3. ♗c4 hingegen würde Weiß verlieren; 3. ... ♔d4!, und nun 4. ♗a6 ♔c3, oder 4. ♗b3 ♔c3 5. ♗c2: dc2: 6. f7 ♗f6(d4), oder f7 ♗g7!.
3. ... ♗f6: (oder 3. ... ♔d4 4. ♔d2!) **♗d3:! ♔d3:.** Weiß ist patt.

Selbst gegen drei
126

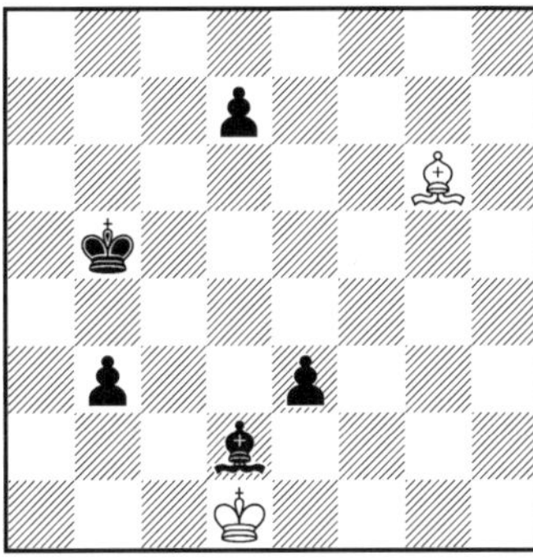

W. A. Tschechower
„Schachmaty“, 1950
Weiß hält unentschieden

Nach **1. ♗e8!** ♔b4 2. ♗d7: ♔a3 3. ♗f5 entsteht eine Stellung, zu der es in einer in Russland 1950 gespielten Partie **Berger – Kotlerman** gekommen war (in der Partie stand der Läufer auf g6). Schwarz zog 3. ... ♔b2 (oder 3. ... b2 4. ♗b1 ♔b3 5. ♔e2) 4. ♗f7! (es drohte ... ♔a1 nebst ... b2) 4. ... ♔a2 5. ♗e6 ♔a3, und nach 4. ♗f5 war die Partie remis. Vermutlich ist Tschechower durch diese Partie zu seiner Studie angeregt worden. Er hat den Gehalt der Partiestellung jedoch wesentlich vergrößert und beweist, dass Weiß selbst dann remis halten kann, wenn Schwarz noch einen dritten Bauern hat.

*

1. (♗e8) ♔c6! 2. ♔e2!. Nicht aber 2. ♗f7? d5!, worauf Schwarz seinen König nach c4 führt und partiegemäß gewinnt. **2. ... ♗c1.** Dieser merkwürdige Zug wird von der Erwägung bestimmt, dass so genannter „Gegenseitigkeitszugzwang“ auf dem Brett herrscht: Spielt Schwarz 2. ... ♔c7(d6), so kann Weiß 3. ♗f7! antworten, und der zum Gewinn nötige Vorstoß ... d5 ist verhindert. **3. ♔d1 ♗b2 4. ♔e2 ♗d4 5. ♔d1 ♔d6.** Ein Versuch, den Läufer von e8 zu vertreiben. **6. ♗f7.** Er tut es freiwillig! **6. ... b2.** Aber jetzt ist das Spiel nicht mehr zu gewinnen: **7. ♗g6 ♔c5 8. ♔e2 d5, 9. ♗f5 ♔b4 10. ♗g6 ♔a3 11. ♗b1 ♔b3 12. ♔d1 ♔c3 13. ♔e2 ♗c5 14. ♔d1 d4 15. ♔e2 ♔b3 16. ♔d3!;** Remis.

Das treue Ross
127

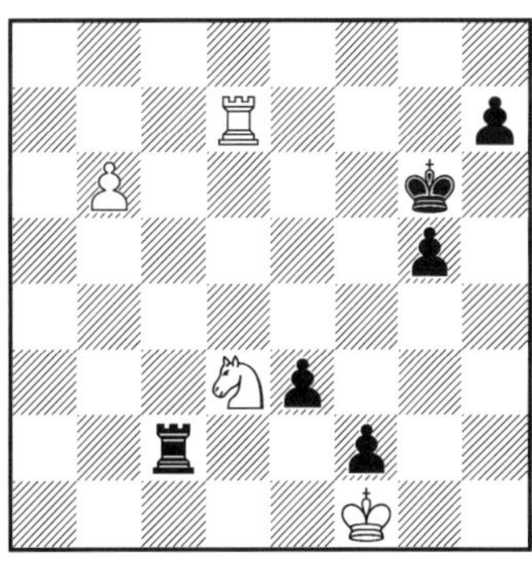

Teschner – Dr. Alster (am Zug)
Wageningen 1957

Weiß, der sich vielleicht Gewinnhoffnungen gemacht hatte, geriet nach **1. ... ♖a2!** in die peinliche Verlegenheit, der Drohung 1. ... ♖a1+ nebst ... f1♕ begegnen zu müssen; wie sollte er es bewerkstelligen? Der Ausweichversuch 2. ♔g2 hätte 2. ... ♖a1 nicht verhindert, und Weiß wäre mit 3. ♘f2: usw. in ein höchst zweifelhaftes Turmendspiel hineingeraten.
Da besann sich Teschner darauf, wie vielseitig doch ein Springer ist, wenn er nicht von feindlichen Figuren oder Bauern behindert wird. In letzter Sekunde noch fand er **2. ♘c1!**; z. B. 2. ... ♖a1 3. ♖c7, oder 2. ... ♖b2 3. b7. – Alster jedoch brachte mit **2. ... ♖d2** nochmals eine gefährliche Angriffswendung: eine Doppeldrohung auf d7 und d1, die Weiß nicht mit 3. ♖d2:?? abwehren konnte! Zum Glück für Weiß ermöglichte der treue Springer den sehr wirksamen Verteidigungszug **3. ♖d3!**, und die Gegner einigten sich auf Remis. Aufregende Augenblicke!

Entschärfte Sperrzüge
128

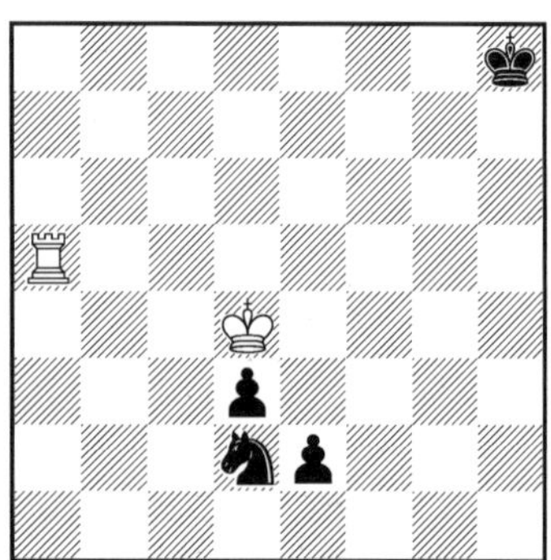

P. Heuäcker
„Deutsche Schachzeitung“, 1956
Weiß hält unentschieden

Die weiße Stellung scheint verloren, weil 1. ♖a1 an 1. ... ♘b1! (nicht aber 1. ... ♘b3+? 2. ♔d3:) und 1. ♖e5 an 1. ... ♘e4! scheitert.
Durch ein interessantes, mit **1. ♖a8+** beginnendes Lenkungsmanöver versteht es Weiß jedoch, beide Sperrzüge zu „entschärfen“ und Schwarz zu weniger wirksamen Fortsetzungen zu zwingen. **1. ... ♔g7 2. ♖a7+ ♔f6 3. ♖a6+.**
Nähert sich jetzt der schwarze König dem Turm, so wird er, wenn diesem Unternehmen Erfolg beschieden sein soll, die etwas „neuralgische“ b-Linie betreten müssen: **3. ... ♔e7 4. ♖a7+ ♔d6 5. ♖a6+ ♔c7 6. ♖a7+ ♔b6 7. ♖a1!!.** Damit ist die Sperrung ausgeschaltet (♘b1? 8. ♖b1:+!); Schwarz hat nichts Besseres, als seine beiden Bauern gegen den Turm zu geben.

Wenn sich aber der König auf der vierten Reihe in Sicherheit bringen will, so wird nach 3. ... ♔f5 4. ♖a5+ ♔f4 die Echo-Wendung 5. ♖e5!! möglich (5. ... ♘e4? 6. ♖e4:+!). Auch hier muss Schwarz mit Remis zufrieden sein.

Schnöde getäuscht

Mit 1. ... a3 (2. ba3: ba3:! 3. ♗c5+ ♔g7 4. ♗a3: ♔h6:) hätte Barcza das Remis mehr oder weniger erzwingen können. Aber in der Analyse (die Partie war abgebrochen worden) fanden die Ungarn den berühmten oder vielmehr berüchtigten „noch stärkeren Zug“:

129

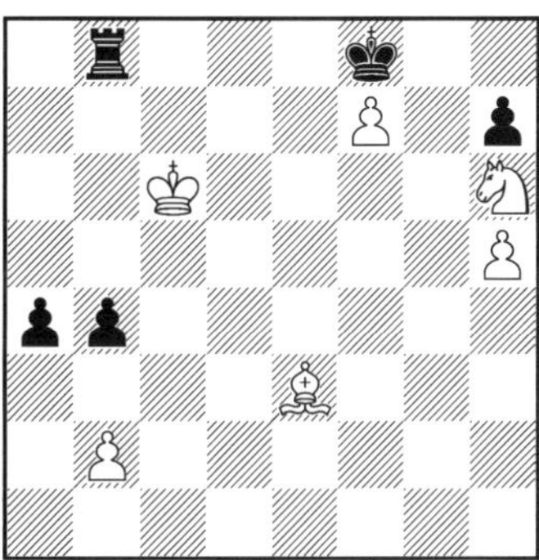

Tschelebi – Barcza (am Zug)
Schacholympiade München 1958

Es geschah **1. ... ♖c8+; 2. ♔d7 ♖c4.** ... und was kann Weiß jetzt gegen das Vorrücken des a-Bauern noch erfinden?!

Aber Tschelebi durchkreuzte die ungarische Gewinnplanung schnöde; im Gegensatz zu den ungarischen Endspielexperten hatte er erkannt, dass das Feld c4 „heiß“ war! **3. ♘f5!!**. Jetzt ist 3. ... ♔f7: wegen 4. ♘d6+ unmöglich, und außerdem droht unbarmherzig 4. ♘d6 nebst 5. ♗h6#; – ein Platzwechsel der Leichtfiguren, wie man ihn nicht alle Tage zu sehen bekommt. Schwarz hatte mit 1. ... ♖c8+ gewinnen wollen, doch nun war er plötzlich verloren! **3. ... a3 4. ♘d6 ♔g7 5. ♗h6+.** Schwarz gab auf.

Aus alt mach neu

Wer hätte gedacht, dass eine der berühmtesten Kombinationen der Schachliteratur nach mehr als 40 Jahren einen Komponisten zu einer Studie anregen würde?

129 A

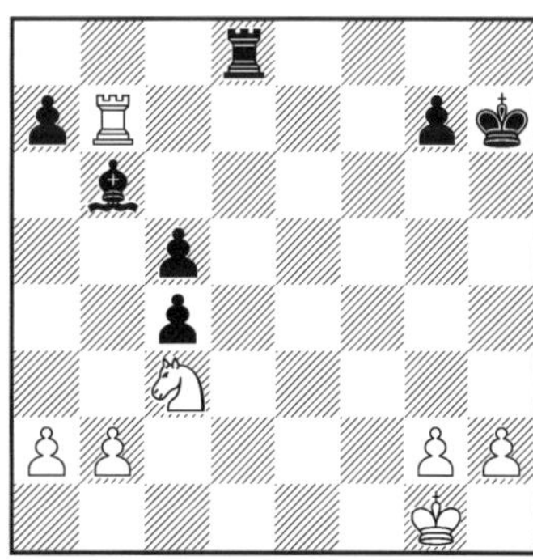

Ortueta – Sanz
Madrid 1934
Schwarz am Zug, gewinnt

1. ... ♖d2 2. ♘a4 ♖b2:!. Ein Schulbeispiel für die Unbeholfenheit des Springers im Kampf gegen Freibauern. **3. ♘b2: c3 4. ♖b6:.** (Auf 4. ♘d3 c4+ 5. ♖b6: cd3: ist Weiß ebenfalls verloren.) 4. ... **c4! 5. ♖b4** (Oder 5. ♘c4: c2.) 5. ... **a5!! 6. ♖c4: cb2:.** Der Bauer wandelt sich um. Weiß gab auf.

In der Studie nutzt Weiß auf ähnliche Art die Zugweise des Springers aus, die sich hier als schwerfällig entpuppt. Neue Nuancen kommen infolge des Mitwirkens des weißen Königs ins Spiel.

129 B

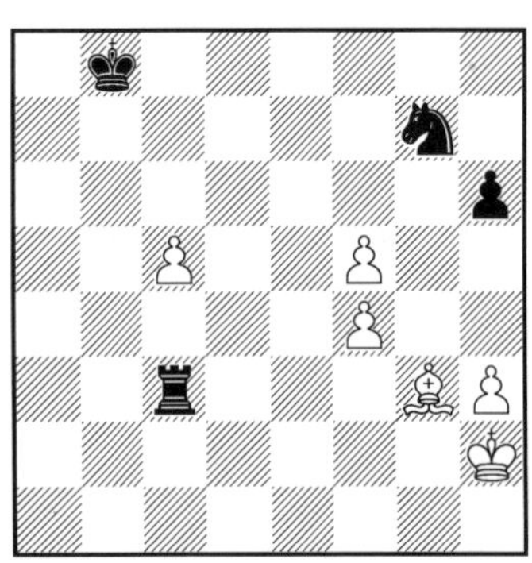

B. Beinfest
Schachmati 1976. Gewinn

1. f6 ♖g3:!. (Auf 1. ... ♘e6 gewinnt 2. f5.) 2. **f5! ♖g2+! 3. ♔h1!!** (Nicht 3. ♔g2: ♘f5: 4. f7 ♘h4+ und ♘g6.) 3. ... **♖g5 4. h4! ♖h5!** (Falls 4. ... ♘f5: 5. hg5: ♘h4 6. gh6: ♘g6 7. h7! ♘h8 8. ♔g2 ♔c7 9. ♔f3 ♔c6 10. ♔e4 ♔c5: 11. ♔e5 und gewinnt.)

5. ♔g1! Falsch wäre 5. fg7:? ♖h4+: 6. ♔g2 ♖g4+. **5. ... ♖h4: 6. f7 ♖g4+ 7. ♔h2 ♖h4+ 8. ♔g2** und gewinnt.

9. KAPITEL

Leichte Figuren in schwerem Kampf

Wie macht er das bloß?
130

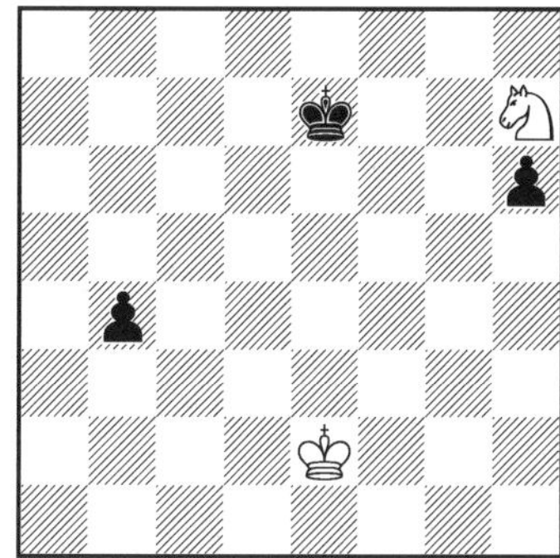

N. D. Grigoriew
„Schachmatny Listok“, 1934
Weiß hält unentschieden

Nach den Zügen **1. ♔d3 ♔f7 2. ♔c4 ♔g6** (2. ... ♔g7? 3. ♔b4: ♔h7: 4. ♔c3; Remis) sieht es ganz so aus, als ob Schwarz vor einem typischen „Theorie-Siege“ stände: 3. ♔b4:? h5! 4. ♘f8+ ♔f5! 5. ♘d7 h4 6. ♘c5 h3 7. ♘d3 h2 8. ♘f2 ♔f4 9. ♔c3 ♔f3 10. ♘h1 ♔g2 mit Eroberung des eingesperrten Springers und Gewinn für Schwarz. Aber **3. ♘f8+!! ♔f5! 4. ♘d7 h5 5. ♘c5!** (5. ♘b6? h4 6. ♘d5 ♔e4 verliert) **5. ... h4 6. ♘b3!** (ein unwahrscheinlicher Zug)! **6. ... h3 7. ♘d2 h2 8. ♘f1 h1♕ 9. ♘g3+!**; Remis.

Das ist eines der hervorragendsten Beispiele für die manchmal geradezu phantastischen Spielmöglichkeiten des Springers.

Noch einmal Schachhistorie
131

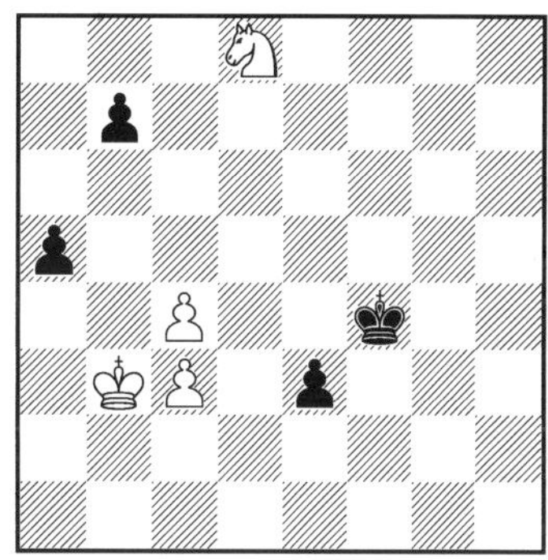

Bronstein (am Zug) -
Dr. Botwinnik
Weltmeisterschaftskampf 1951

Ein Kinderspiel, denken Sie? Mitnichten! Bronstein zog **1. ♔c2??** und gab nach **1. ... ♔g3!!** die Partie auf. „Natürlich“ hätte 1. ♘e6+ nebst 2. ♘d4 geschehen müssen.

Mit seinem Gegenzug 1. ... ♔g3 (an Stelle des erhofften ... ♔f3) machte der damalige Weltmeister die Absicht (1. ... ♔f3) 2. ♘f7 e2 3. ♘e5+ nebst ♘d3 zunichte. „Ein schachhistorischer Fehler“, schreiben die „Deutschen Schachblätter“.

Gerade noch mattgesetzt!

132

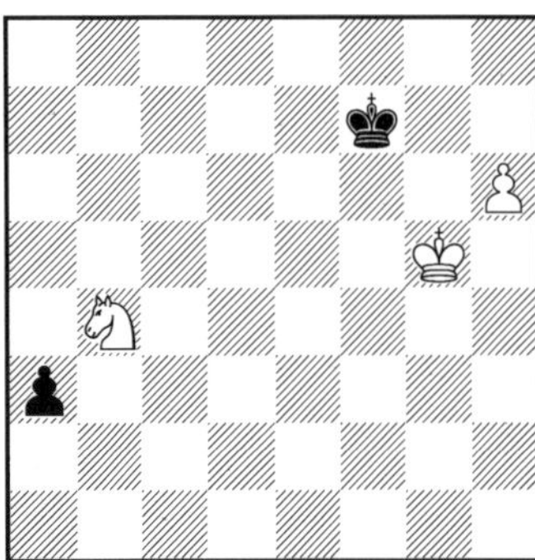

N. D. Grigoriew
„64", 1933
Weiß gewinnt

Hier geht es auch wieder einmal ganz knapp zu! Mit seinem weit vorgerückten Bauern, der den Springer bindet, hat Schwarz gute Remis-Aussichten. Diese würden sich sogar verwirklichen, wenn Schwarz am Zuge wäre: 1. ... ♔g8! 2. ♔g6 (mit 2. ♔f6 ♔h7 kommt Weiß nicht weiter) 2. ... ♔h8 3. ♘a2 ♔g8 4. h7+ ♔h8 5. ♘b4 a2; Remis. Auch 3. ♘c6 a2 4. ♘e5 a1♕ 5. ♘f7+ ♔g8 6. h7+ hilft dem Weißen nichts.

Weiß muss deshalb mit **1. ♘a2!** beginnen. Es folgt **1. ... ♔f8(!)**, worauf Weiß nicht mit 2. ♔g6? fortsetzen darf (2. ... ♔g8, und wir sind bei den Spielen der Verführungsvariante angelangt). **2. ♔f6! ♔g8 3. ♔g6 ♔h8 4. ♘b4 ♔g8 5. h7+ ♔h8 6. ♘c6! a2 7. ♘e5**, und Schwarz wird mattgesetzt – gerade noch rechtzeitig!

Die vermeintliche Bindung

133

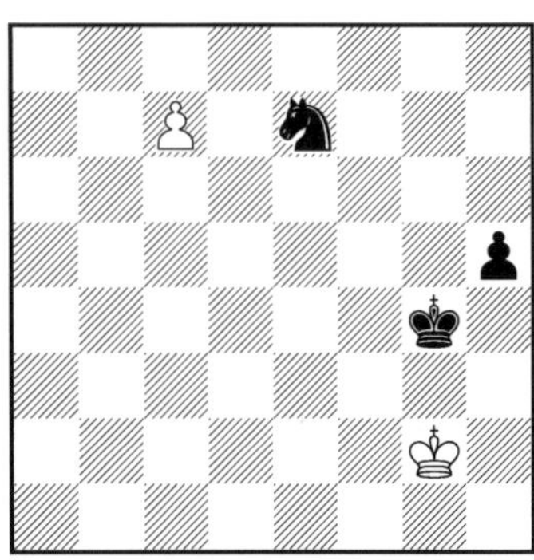

Borth – Eiber (am Zug)
Berlin 1933

Die Gegner schlossen Frieden, obgleich die Aufgabe des Schwarzen viel leichter ist als die des Weißen bei Grigoriew. Dort brauchte der Springer von b4 aus zum Mattfeld f7 drei Züge, in der Partiestellung dagegen nur zwei. Schwarz hätte wie folgt gewinnen können: **1. ... h4.** Auch wenn Weiß am Zuge wäre, würde Schwarz leicht siegen. **2. ♔h2** (oder auch ♔f2) **2. ... h3 3. ♔g1 ♔g3 4. ♔h1 ♘c8 5. ♔g1 ♘d6 6. ♔h1 ♘e4 7. c8♕ ♘f2+ 8. ♔g1 h2+ 9. ♔f1 h1♕+ 10. ♔e2 ♕d1+ 11. ♔e3 ♕d3#.**

Dieses Beispiel zeigt deutlich, wie unsicher zuweilen selbst starke Spieler in der Beurteilung einfacher Endspielstellungen sind. Es gehört nicht viel dazu, dass durch eine einzige leichte Unaufmerksamkeit im Endspiel alles das entgleitet, was in vielleicht mühevoller

Eröffnungs- und Mittelspielarbeit aufgebaut worden ist.
Studieren Sie also Endspiele! Der frühere Weltmeister Capablanca hat, bevor er die internationale Turnierarena betrat, nicht weniger als etwa 1000 Turmendspiele (!) genau untersucht. Dies ist zwar kein allgemein gültiger Maßstab, aber einen gewissen Anhaltspunkt sollte man doch daraus gewinnen.

Zwischengeschaltet

134

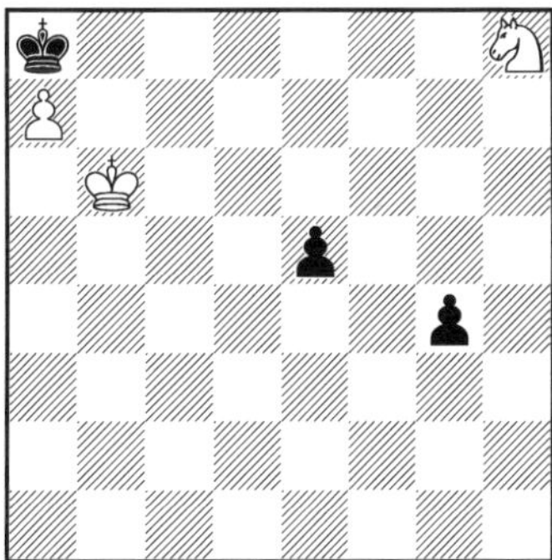

R. Voia
„Magyar Sakkvilag", 1950
Weiß gewinnt

Wieder ein anderes Motiv: Weiß steht schon „mattbereit", aber der Springer braucht vier Züge bis c7, und Schwarz droht, den g-Bauern mit Schach umzuwandeln. So ergibt sich **1. ♘g6! g3 2. ♘h4 e4(!) 3. ♘g2 e3** (die benötigte Zwischenschaltung) **4. ♘f4! g2 5. ♘d5(e6) g1♕** (ohne Schach!) **6. ♘c7#.**

Matt in der Geheimratsecke

Die Ausgangsstellung ist: ♔b8, ♘d8, ♙c6, c7, h2 – ♔b4, ♖f8, ♘a5, ♙a2. **1. ♔a7!.** Verfehlt wäre 1. c8♕? ♖d8: 2. ♕d8: ♘c6:+, wonach Weiß gerade noch zur Einsperrung auf h2 zurechtkäme; Remis. **1. ... ♖d8:.** Dies ist besser als 1. ... ♔c5, worauf Weiß mit 2. c8♕ ♖d8: 3. ♕f5+ ♖d5 (oder 3. ... ♔b4 4. c7) 4. ♕c2+ ♔d6 5. c7 gewinnt. **2. cd8:♘! ♘c6:+.** Erzwungen, da 2. ... ♘c4 mit 3. c7 ♘d6 4. ♔b8 nebst ♘b7 siegreich beantwortet werden würde. Nun ist nach **3. ♘c6:+ ♔c5(!)** die Bildstellung erreicht.

135

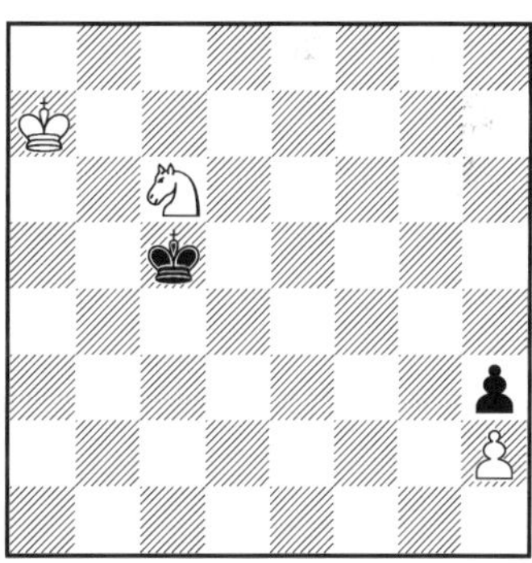

P. Heuäcker
„Deutsche Schachzeitung", 1961
Weiß gewinnt
(Stellung nach dem dritten Zuge)

Die Aufgabe von Weiß besteht darin, seine beiden Figuren so zu führen, dass der schwarze König, der ja den Bh2 erobern muss (und wird), in der Ecke eingeschlossen und mattgesetzt werden kann. Das ist durchaus nicht immer einfach, denn die Bauernpartei muss in Zugzwang gebracht werden können.

So lässt sich in der Stellung ♔e3, ♘e2 – ♚h2, ♙h3, die sich bei Chéron und Awerbach findet (im letztgenannten Werk wird sie als von Troitzky stammend angegeben), der Gewinn für Weiß nur mit 1. ♔f3!, nicht aber mit 1. ♔f2 erzwingen!

Ähnlichen Problemen sehen wir uns auch in unserer Studie gegenüber: 4. ♘e7! ♚d4 5. ♔b6 ♚d3!. Einfacher hat es Weiß, wenn der schwarze König geradewegs auf den Bh2 losgeht: 5. ... ♚e3 6. ♔c5 ♚f2 7. ♔d4 ♚g2 8. ♔e3 ♚h2: 9. ♔f2 ♚h1 10. ♘f5 ♚h2 erzwungen) 11. ♘e3 ♚h1 12. ♘f1 h2 13. ♘g3#.

6. ♔c5 ♚e3 7. ♔c4 ♚e4. Schwarz sucht, ein positionelles Remis zu erreichen. Das bleibt zwar erfolglos, aber Weiß muss aufpassen! **8. ♔c3 ♚e3 9. ♔c2 ♚e2 10. ♘f5 ♚f2 11. ♔d2 ♚g2 12. ♔e2!**. Nach 12. ♔e3? ♚h2: haben wir schon die Bescherung: Remis! **12. ... ♚h2:**. Hier kann Schwarz noch 12. ... ♚g1 versuchen; es folgt 13. ♘e3! (droht ♘g4) 13. ... ♚h2: 14. ♔f2, denn jetzt steht der Springer nicht mehr auf f5 wie eben, sondern „einen Zug näher“, und das macht den entscheidenden Unterschied.

13. ♔f1!. Dieses Zuges wegen musste der König vorher nach e2 gehen! 13. ♔f2? würde wieder zum Remis führen. Weiß könnte nämlich nur dann gewinnen, wenn es ihm gelänge, sozusagen in einem Zuge von f5 nach f1 zu springen (um ... h2 zu erzwingen); aber dazu wäre ein Tempogewinn oder Tempo-„Verlust“ erforderlich, den ein Springer bekanntlich gegen einen König nicht erzielen kann. Das Tempo muss also mit dem König gewonnen (oder „verloren“) werden, und das geschieht mit 13. Kf1. Jetzt geht alles wie am Schnürchen:

13. ... ♚h1 14. ♔f2 ♚h2 15. ♘e3 ♚h1 16. ♘f1 h2 17. ♘g3#!.

Rettung in letzter Sekunde

Die Stellung entsteht nach dem fünften Zuge folgender (irrtümlich als Partiestellung veröffentlichten) Studie: ♔c4, ♘e4, ♙b4, h2 – ♚a4, ♟a6, g4, h4. Es geschieht **1. ♘c3+ ♚a3 2. ♘e2!** (2. b5? ergibt nur Remis) **2. ... ♚a4! 3. ♘f4 ♚a3 4. b5 ab5:+ 5. ♔b5: ♚b3** (siehe Stellungsbild).

136

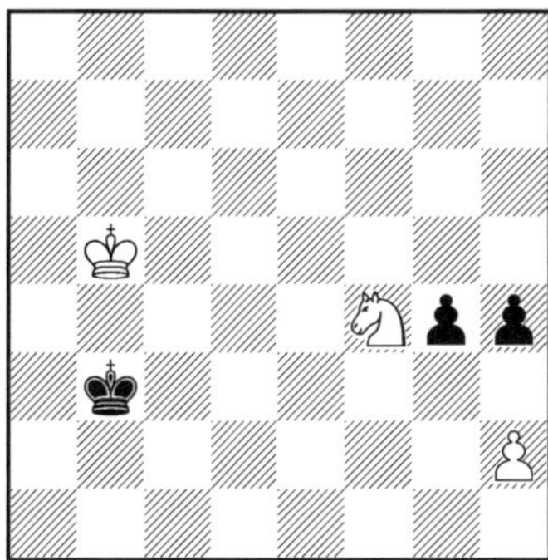

H. H. Staudte
„Deutsche Schachblätter", 1935
Weiß gewinnt

Nach **6. ♔c5** muss Schwarz zu einem geeigneten Zeitpunkt ... h3 ziehen, um den Bh2 erobern zu können. Verzichtet er darauf, so verliert er wie folgt: 6. ... ♔c3 7. ♔d5 ♔d2 8. ♔e4 ♔e1 9. ♔f5! g3 10. h3 ♔f2 11. ♔g4 g2 12. ♘g2: mit Gewinn. **6. ... ♔c3.** Oder 6. ... h3 7. ♘e2 g3 (7. ... ♔c2 8. ♔d4 ♔d2 9. ♘g3 usw.) 8. ♘g3: ♔c3 9. ♔d5 ♔d3 10. ♔e5 ♔e3 11. ♔f5 ♔f2 12. ♔g4 ♔g2 13. ♘f1! (von rückwärts!) mit Gewinn.

7. ♔d5 ♔d2. Falls 7. ... h3, so 8. ♔e4 ♔d2 (8. ... g3? 9. ♘e2+ usw.), was zum Hauptspiel führt. **8. ♔e4 h3! 9. ♘h5! ♔e2 10. ♔f4 ♔f2 11. ♘f6! g3 12. ♘g4+!.** Mit der scheinbar harmlosen Zugumstellung 12. hg3:? erreicht Weiß nach 12. ... ♔g1! 13. ♘g4 ♔g2! (Zugzwang!) nur Remis. **12. ... ♔g2** (oder 12. ... ♔g1 13. ♔g3:) **13. hg3:**, und Weiß gewinnt.

Auch dieses Beispiel veranschaulicht gut die eigenartigen Probleme, die das Endspiel von Springer gegen Bauern stellt. Hier konnte Weiß den kostbaren Bauern noch gerade retten.

Unterschätzte Gefahren

137

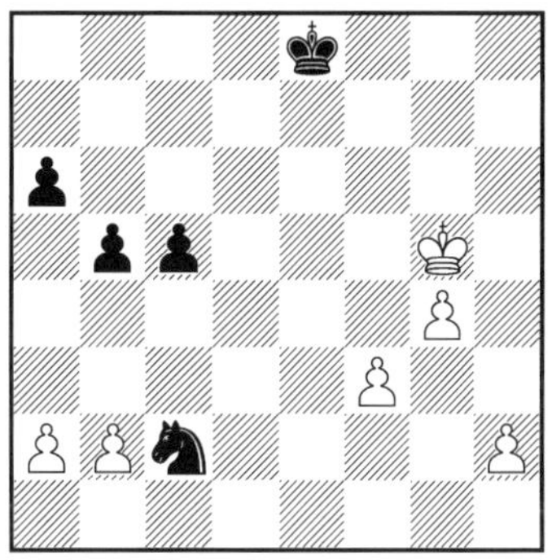

Velimirovic – Parma (am Zug)
Vrnjacka Banja 1963

Schwarz stand auf Gewinn, aber mit **1. ... ♘b4**(?) erschwerte er seine Aufgabe bedeutend (oder gab er damit schon den Sieg aus der Hand?!). Viel besser wäre 1. ... ♘e1! 2. f4 ♘d3! gewesen; der Vormarsch der weißen Freibauern hätte dann wesentlich mehr Schwierigkeiten bereitet als nach dem sorglosen Textzug; andererseits wären die schwarzen Drohungen am Damenflügel immer unangenehmer geworden!

2. ♔f6. Die erste Folge: Weiß kann den schwarzen König „gegen die Seile drängen". **2. ... ♔f8.** Das ist ohnehin unvermeidlich und nicht zu tadeln. Auf etwa 2. ... ♘d3 wäre 3. h4 mit der Drohung ♔g7 gefolgt. **3. h4 c4.** Nach Euwe hätte Schwarz hier zum letzten Male den Sieg aus dem Feuer holen können, wenn er 3. ... ♘a2: gezogen hätte; z. B. 4. h5 ♘b4 5. h6 ♘d5+ 6. ♔e5 ♘b6 7. g5 c4 8. g6 b4 mit interessanten Wendungen (9. ♔d4 c3! 10. bc3: b3 11. ♔d3 ♘c4! nebst ... ♘e3!, und Schwarz gewinnt). Das scheint richtig zu sein, zumal Schwarz auf 7. ♔f6 (statt 7. g5) sehr wirksam mit 7. ... ♘d7+! fortsetzen kann.

4. h5 ♘d3 (4. ... ♘a2:? 5. h6 ♔g8 6. g5 mit Gewinn) **5. h6 ♔g8 6. g5 b4?.** Hierbei stützt sich Schwarz auf die, wie sich herausstellt, sehr optimistische Erwägung, dass der Springer auf e5 mit einem Zwischenschach „helfend eingreifen" kann, wenn der weiße König auf f7 erscheint. Aber darin täuscht er sich.

138

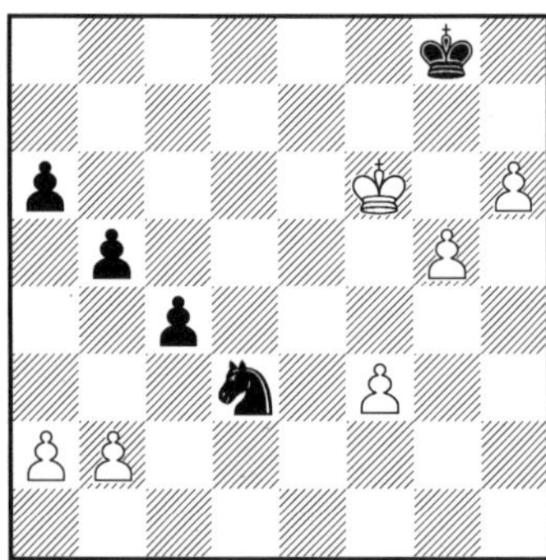

Stellung vor 6. ... b4

So schnell können sich die Verhältnisse im Endspiel ändern: Objektiv gesehen bestand die Aufgabe Parmas nicht mehr darin, „leicht zu gewinnen", wie er glaubte, sondern er konnte nur noch danach streben, das Remis aus dem Feuer zu holen! Und dazu war nur 6. ... ♔h7! geeignet: 7. g6+ ♔h6: 8. g7 ♔h7 9. ♔f7 ♘e5+ (der helfende Springer!) mit Remis. Der nun folgende Schluss erinnert an Bronsteins schachhistorischen Fehler aus der Stellung 131 und die Studie Rincks (Stellung 47): Es geschah (6. ... b4) 7. **g6 c3 8. bc3: bc3: 9. h7+ ♔h8 10. f4!!.** Jetzt ist das Zwischenschach-Feld e5 gesperrt, und Schwarz gab die Partie auf; warum, ist leicht zu sehen. Das war Velimirovics einziger Sieg in diesem Turnier; er kostete Parma die Fahrkarte zum Interzonenturnier 1964!

Abenteuerliche Königsfahrt
139

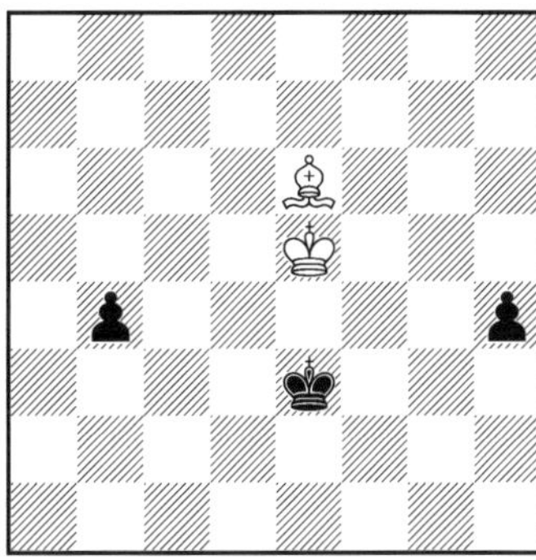

A. S. Selesniew
„Deutsche Schachzeitung", 1917
Weiß hält unentschieden
(Stellung nach 3. ... ♔e3)

Zu der abgebildeten Stellung kommt es bei Selesniew von folgender Ausgangsstellung aus: ♔e5, ♗b7, ♙e6-♔g4, ♘f4, ♙b4, h4. Zur Abwehr der Drohung ... ♘e6: (mit Durchbruch eines der beiden Freibauern) geschieht **1. ♗e4!** (droht 2. e7) **1. ... ♘e6: 2. ♗f5+!**. „Da liegt der Hund begraben", schreibt Selesniew in seiner Studiensammlung. Nun, so meinen wir, nach **2. ... ♔f3 3. ♗e6: ♔e3!** liegen in der Stellung noch eine ganze Anzahl Hunde begraben!

„Wenn jetzt 4. ♗d5, so ... h3, wenn aber 4. ♗f5, so ... b3; dasselbe folgt auch auf die Königszüge nach d5 und f5. Was soll man tun? Wie kann man sich retten? Es gibt nur eine einzige Möglichkeit" (Selesniew).

4. ♔d6!. Damit beginnt eine abenteuerliche Königskreuzfahrt, die schließlich auf – g2 endet! **4. ... ♔d4(!)**. Es drohte 5. ♔c5. Auf 4. ... ♔e4 würde Weiß nicht 5. ♔c5? antworten (wegen 5. ... ♔e5!), sondern 5. ♔d7!, worauf Schwarz nichts besseres hätte, als nun doch ... ♔d4 zu spielen; er muss ja, wenn er gewinnen will, seine Bauern unterstützen. **5. ♔c6 ♔c3** (... ♔e5 6. ♔d7!) **6. ♔d5! b3 7. ♔e4** (und er ist im Quadrat des h-Bauern!) **7. ... b2 8. ♗a2!**. Hier wird klar, warum Weiß nicht mit 4. ♔f6? beginnen durfte: in diesem Falle würde dem Läufer das Feld rechts – von h2 fehlen! **8. ... h3 9. ♔f3 h2 10. ♔g2**, – und es ist erreicht.

Die abgebildete Stellung ist übrigens als Studie von **Réti** bekannt; dieser hat die früher veröffentlichte Komposition von Selesniew offensichtlich nicht gekannt. (Natürlich hat Rétis Fassung keine Existenzberechtigung; sie findet sich folgerichtig auch nicht in den „Sämtlichen Studien von Richard Réti".)

Ein Schritt zu wenig
140

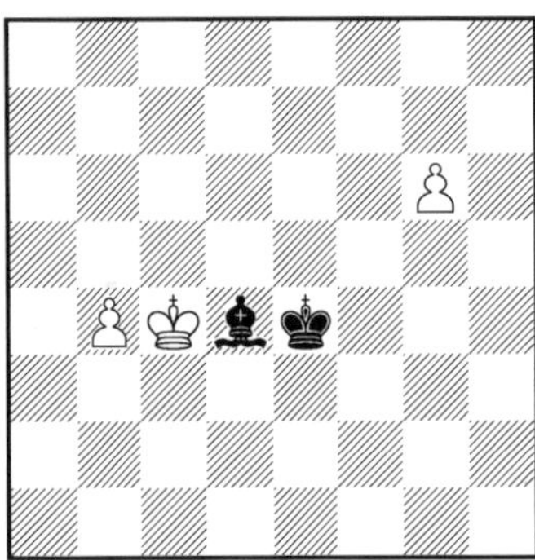

Winz – Topel (am Zug)
Berlin 1956

Weiß droht einfach, seinen b-Bauern vorzurücken; es ist daher unschwer zu erkennen, dass der Läufer ziehen muss, um dem schwarzen König Bewegungsfreiheit zu verschaffen. Schwarz bewerkstelligte das mit **1. ... ♗e5??** und machte damit den (neben ♗c3) einzigen Zug auf der langen Schräge, den er nicht tun durfte! Nun hatte Weiß leichtes Spiel: **2. b5 ♔f5** (es gibt keine Verteidigung mehr) **3. ♔d5!**, und Schwarz gab auf. Rettung hätten zwei Systeme gebracht; sowohl 1. ... ♗f6(g7, h8)! als auch 1. ... ♗b2(a1) sichert das Remis; z. B. 1. ... ♗f6! 2. b5 ♔e5! 3. b6 ♔e6!. Jetzt ist der g-Bauer eingeholt; zugleich aber hat der schwarze König noch im letzten Augenblick seinem Läufer das Feld e5 wieder freigegeben. – Schwächer, aber gleichfalls noch gerade ausreichend ist 1. ... ♗b2 2. b5 ♔f5 3. ♔d5(!) ♔g6: 4. b6 (oder 4. ♔e6 ♗d4; falls 4. ♔e4, so ... ♔f6) 4. ... ♔f5; Remis.

Eingeholt!
141

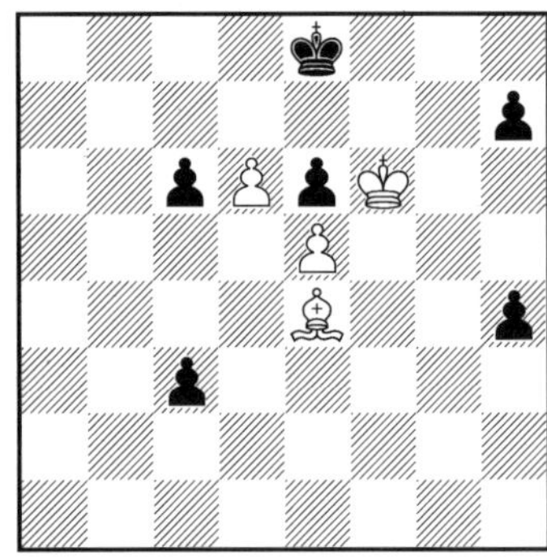

Niessl – Dickmann (am Zug)
Timisoara 1958

Wenn Schwarz Herr seiner Entschlüsse wäre, könnte er mit Gelassenheit in eine freundliche Zukunft blicken. So aber, wie die Dinge liegen, muss er mit **1. ... ♔d7** ein entscheidendes Tempo opfern (1. ... h3 2. ♔e6:, und Schwarz wird mattgesetzt). Jetzt hat es Weiß leicht: **2. ♔g5 h3 3. ♔f4 h2 ♔e3,** womit das Ziel wieder einmal erreicht wäre (Schwarz gab auf).

Nicht alltäglich
142

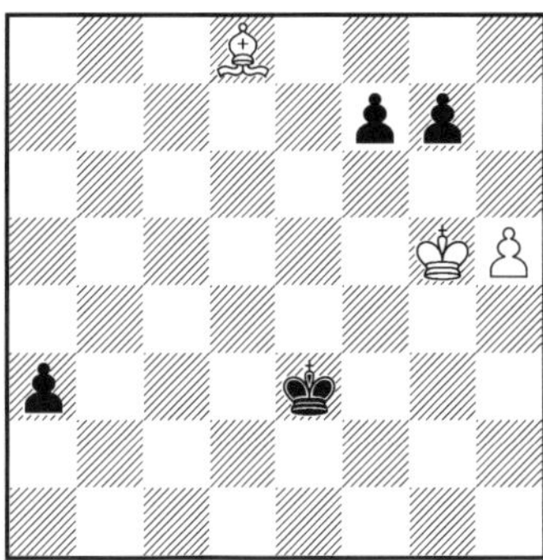

P. Farago
„Schachmaty“, 1958
Weiß hält unentschieden

Hier wird Weiß vor ganz besondere Probleme gestellt. Nach **1. h6!** (1. ♗a5? ♔d3 2. ♗c7 a2 3. ♗e5 f6+) **1. ... gh6:+** würde 2. ♔f5? (♔h6:? f5 usw.) eine merkwürdige Zugzwangsstellung ergeben: 2. ... a2 3. ♗f6 ♔f3!. Weiß muss nach etwa 4. ♗b2 h5 5. ♔g5 f5! 6. ♔h5: f4 die schwarzen Bauern ziehen lassen. **2. ♔g4!!**. Danach kann Schwarz die erwähnte Zugzwangsstellung nicht mehr erreichen; aber in 2. ... a2 3. ♗f6 ♔e4 4. ♔h5 ♔f5 steht ihm ein anderes Manöver dieser Art zu Gebote. Es scheitert daran, dass Schwarz mit 4. ... ♔f5 seinem f-Bauern den Weg verstellt hat. Daher kann sich Weiß mit 5. ♗a1 ♔e4, 6. ♗f6! retten! Aussichtsreicher ist deshalb **2. ... h5+**, aber Weiß führt mit **3. ♔f5! ♔f3 4. ♗f6 ♔g3** (oder 4. ... a2 5. ♔g5) **5. ♗e5+! ♔h3 6. ♔f4 ♔g2** 7. **♗f6!** eine Stellung herbei, die Schwarz nicht gewinnen kann.

Tempo, Tempo!
143

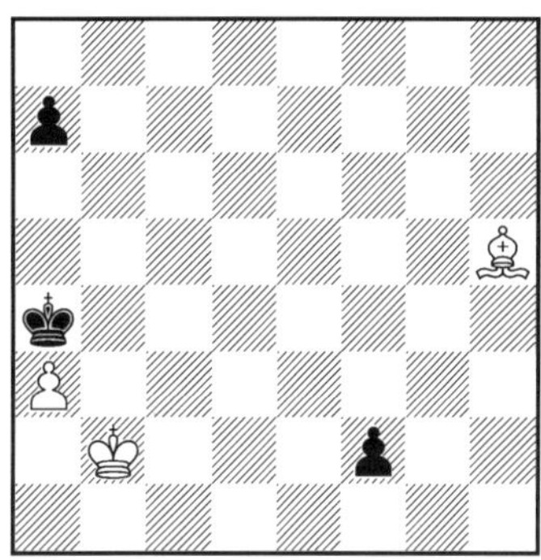

A. Herberg
„Deutsche Schachzeitung“, 1939
Weiß gewinnt

Mit 1. ♗e2? würde Weiß der „Pattlage“ nicht Rechnung tragen: 1. ... a5!, und das Spiel ist remis. Daher **1. ♗d1+!**. Ein tempogewinnendes Schachgebot.
1. ... ♔a5 2. ♗e2! ♔a4. Bei unveränderter schwarzer Stellung hat der Läufer jetzt das Feld e2 gewonnen; aber noch fehlt ein Tempo: **3. ♗a6!** (aber nicht 3. ♗f1? a5!) **3. ... ♔a5 4. ♗f1! ♔a4 5. ♗g2(h3)**. Endlich, – jedoch nur deshalb, weil 5. ... a5 ein bildhübsches Matt zur Folge hätte! Schwarz ist also zu 5. ... ♔b5 genötigt, was Weiß mit 6. ♔b3 beantwortet. Mit Hilfe von Tempozügen des Läufers wird der schwarz König in

dem nun folgenden „technischen“ Teil immer weiter zurückgedrängt, bis der a-Bauer fällt. Weiß braucht sich also gar nicht um den schwarzen f-Bauern zu kümmern; er würde damit nur seinen eigenen Bauern in Gefahr bringen.

Der falsche Läufer
144

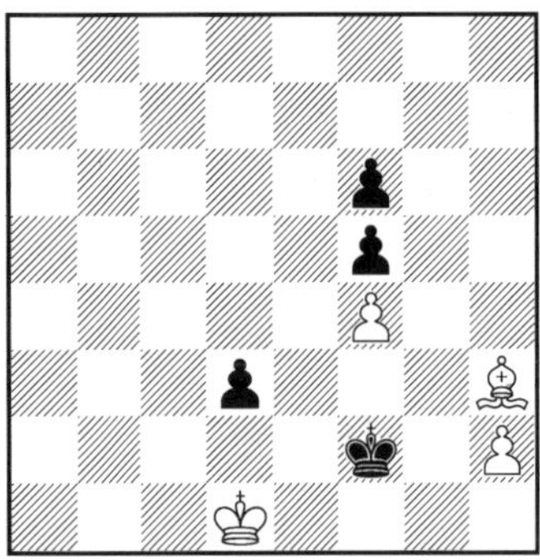

O. Duras
„Casopis ceskych sachistu“, 1923
Weiß gewinnt

Verfügt eine der Parteien über einen Randbauern und einen Läufer, der das Umwandlungsfeld dieses Bauern nicht beherrscht, dann spricht man im Schachjargon vom „falschen Läufer“. Wenn nämlich der gegnerische König dieses Feld erreicht, können Läufer und Bauer auch mit Unterstützung durch ihren König nicht gewinnen. Die Aufgabe der Läuferpartei besteht also in erster Linie darin, dem feindlichen König den Weg zur „rettenden Ecke“ abzuschneiden, und das ist manchmal nur mit schwierigen und geistreichen Manövern möglich.

Die grundlegende Forschungsarbeit auf diesem Gebiet ist vor mehr als hundert Jahren von Horwitz und Kling geleistet worden; in neuerer Zeit haben sich vor allem Duras und der russische Meister Rauser um die Vervollständigung der Ergebnisse verdient gemacht.

1. ♗g2! ♔e3. Schwarz muss sehen, wie er den drohenden h-Bauern, der ja vom falschen Läufer nicht hinreichend unterstützt werden kann, noch gerade aufhält. „Der schnellste Umweg“ über e5 und e6 ist ja bekanntlich ebenso schnell wie der direkte Weg über g3! Aber Weiß macht diese Absicht durch wiederholte „Offerten“ zunichte: **2. h4 ♔f4: 3. ♗f3! ♔e5 4. h5 ♔e6 5. ♗d5+! ♔e7 6. h6 ♔f8 7. ♔d2**, und Weiß gewinnt. – Dreimal Läuferopfer!

Einmal hatte er’s gesehen
145

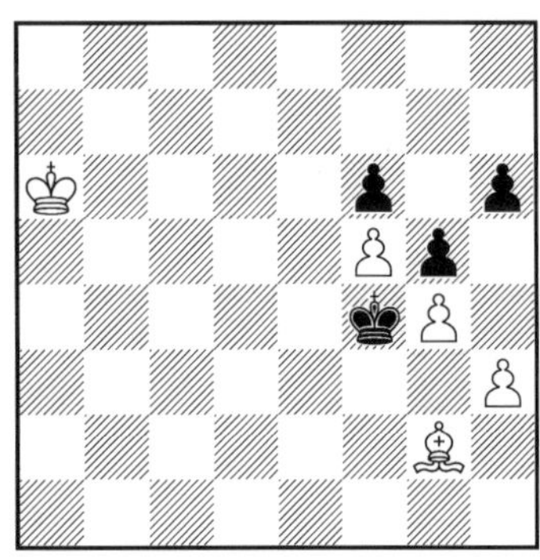

Sporis – Schurawlew (am Zug)
Liepaja (Lettland, UdSSR), 1962

Nach ziemlich buntem Parteiverlauf und 86 (!) Zügen war es zu unserer Stellung gekommen, die für Weiß ziemlich gewonnen aussieht; z. B. 1. ... ♔g3 2. ♗f1 ♔f2 3. ♗c4! ♔g3 4. ♗f7 nebst 5. ♗h5. Weiß kann dann in aller Gemütsruhe seinen König heranführen und die schwarzen Bauern einen nach dem andern verspeisen.

Diese Aussichten gefielen dem Schwarzen ganz und gar nicht! Er machte daher mit **1. ... h5!** den Versuch, die weiße Bauernkette zu sprengen, den Bf5 zu erobern und das Weitere dem falschen Läufer zu überlassen. **2. gh5:**. Wesentlich schwächer wäre 2. ♗f3?, was dem Gegner nach 2. ... h4 noch beträchtliche Aussichten auf Remis einräumen würde. Doch ist es nach dem Partiezug nicht ebenso?

2. ... ♔f5: 3. ♗e4+. Ein Läuferopfer à la Duras; schneller entschied allerdings 3. ♗d5!. **3. ... ♔e6 4. h6??.** Offensichtlich hatte der Führer der Weißen eine Scheu vor dem Felde d5! Sonst hätte er mit 4. ♗d5+! das zweite „Duras" Opfer gebracht, und ein schöner Sieg wäre ihm zugefallen: 4. ... ♔e7 5. h6 ♔f8 6. ♔b6(5)!. Der weiße König kommt noch gerade zurecht, um den nach 6. ... f5 7. ♔c4 g4 8. hg4: fg4: entstehenden Freibauern aufzuhalten (9. ♔d4). Geht der schwarze König aber auf 4. ♗d5+ nach f5, so folgt (4. ... ♔f5) 5. ♗f7!, und der h-Bauer ist nicht aufzuhalten; – der schwarze Bf6 übt eine unheilvolle Wirkung aus.

Übrigens hätte 4. ♗g6? nicht denselben Dienst geleistet wie 4. ♗d5+. Schwarz würde dann 4. (♗g6) ♔e7 5. h6 ♔f8 6. ♗h7 (erzwungener Tempoverlust!) 6. ... f5! usw. mit Remis gezogen haben, denn jetzt muss sich an Stelle zu weit entfernten Königs der L ä u f e r um die schwarzen Bauern kümmern. Nach **4. h6? ♔f7 5. ♗f5 ♔g8** aber wurde die Partie remis, denn obgleich Schwarz bewegliche Bauern hat, lässt sich bei Pattstellung des schwarzen Königs der weiße h-Bauer nicht zum g-Bauern befördern, ohne dass Schwarz „endgültig" patt wird.

Wieder eine verpasste Gelegenheit.

Auch ohne Zuhilfenahme eines Läufers lässt sich der König mittels Zugzwangs aus der Ecke drängen, wie die beiden nächsten Beispiele, eine Studie und eine Partiestellung, zeigen.

145A

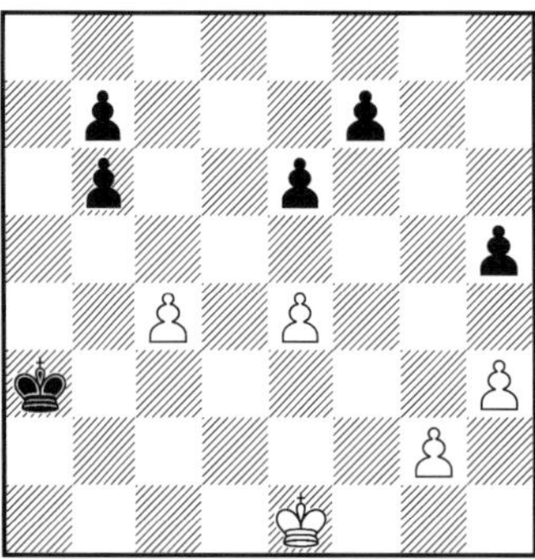

N. D. Grigoriew
„Grigoriews Schachwerk", 1952
(Seite 276, Nr. 59)
Weiß gewinnt

Weiß legt zuerst die Bauern f7 und e6 lahm. Dann verschafft er sich einen Doppelbauern auf der h-Linie, der sich selbst gegen den feindlichen König abschirmt: **1. e5! ♔b4 2. h4! ♔c4: 3. g4 ♔d5 4. gh5: ♔e5: 5. h6 ♔f6 6. h5**. Nun befindet sich Schwarz, dessen König die Bauern bewachen muss, im Zugzwang. **6. ... b5 7. ♔d2 b4 8. ♔c2 e5 9. ♔b3 e4 10. ♔b4: b5 11. ♔c3** und gewinnt.

145B

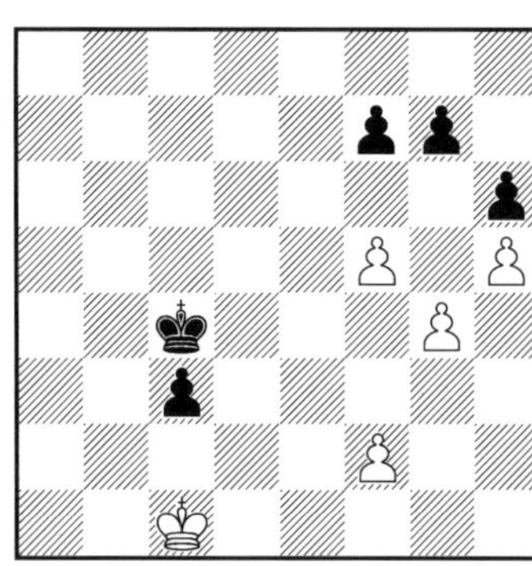

Ed. Lasker (am Zug) – Moll
Berliner Meisterschaft 1904

Weiß fand nicht den richtigen Weg und verlor nach 1. f4? f6 2. g5 ♔d4. Die Bauern sind blockiert, der Doppel-Bauer ist wertlos. Wie Dr. Ed. Lasker in seinem Buch „Moderne Schachstrategie" zeigt, konnte Weiß mit der aus 145A ersichtlichen Idee mit **1. f6! gf6: 2. f4! ♔d5 3. g5 fg5: 4. fg5: ♔e5 5. gh6: ♔f6 6. ♔c2** gewinnen.

„Schwarz ist verloren, weil sein eigener Bauer das Feld f7 verstellt, und der König muss das Feld g7 freigeben, wonach sich der weiße Bauer umwandelt". Eine verpasste Gelegenheit – genau wie in Nr. 145!

Tempoverlust wird Tempogewinn
146

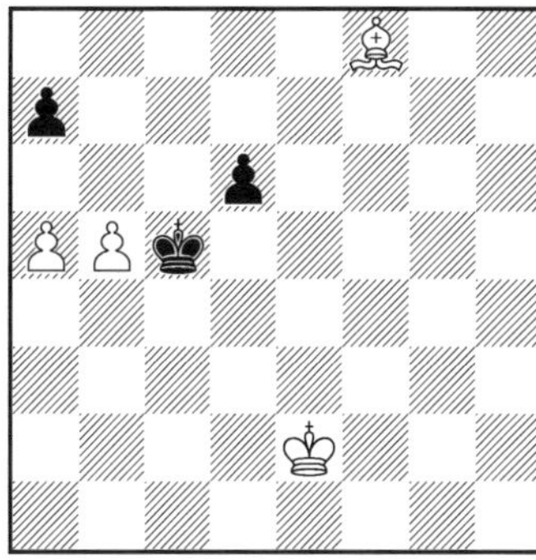

A. O. Herbstman
„L'Echiquier", 1928
Weiß gewinnt

In dieser Studie wird das Thema des falschen Läufers in künstlerisch vollkommener Form dargestellt; bei höchster Partiewahrscheinlichkeit gewinnt Weiß mittels eines Tempoverlustes, der dazu bestimmt ist, ein Tempo zu gewinnen!!

1. b6 ab6: Hätten wir eine Partie vor uns, und würde Schwarz in diesem Falle 1. ... ♔c6 spielen, so bliebe die schöne Gewinnführung in den Anmerkungen stecken; der Königszug ermöglicht mit (1. ... ♔c6) 2. ♗e7! ab6: (oder 2. ... ♔b7 3. ♗d8!) 3. a6 b5 4. ♗d8 b4 5. ♔d3 d5 6. ♔d4 einen leichten Sieg, da die Bauern infolge der Unbeweglichkeit des schwarzen Königs ohne Verzug verloren gehen.

2. a6 ♔c6 3. ♗e7!!. Dies ist der „tempogewinnende Tempoverlust"! Mit 3. ♗d6:? wäre alles vergeben, denn darauf könnte Schwarz den Läufer nach a7 zwingen und den Ba6 von rückwärts angreifen: 3. (♗d6:) b5! 4. ♗c5 ♔c7 5. ♗a7 b4 6. ♔d3 ♔c6 7. ♔c4 b3! nebst ♔b5; Remis. **3. ... ♔c7.** Oder 3. ... b5 4. ♗d8! d5 5. ♔d3, und die Bauern werden aufgehalten. **4. ♗d6:+! ♔c6.** Ein Tempo gewonnen, zwei Tempi verloren, das ist die Bilanz für Schwarz! **5. ♔d3 b5.** „Um einen Posttag zu spät", würde Aljechin sagen. **6. ♗c5 ♔c7 7. ♗a7 ♔c6 8. ♔c3**, und Weiß gewinnt.

Schach ist kein Zählspiel!
147

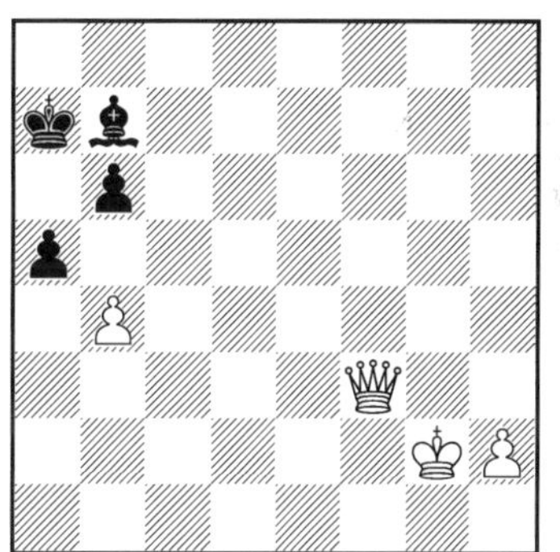

J. Fischer (am Zug) – Chitescu
Bukarest 1961

Fischer, ein junger rumänischer Spieler, verzweifelte an seiner Partie, denn er hatte genau abgezählt, dass sich der schwarze a-Bauer früher umwandeln würde als der weiße h-Bauer und dass auch sein König zu spät kommen

würde; z. B. 1. ba5: ba5: 2. ♔f2 ♗f3: 3. ♔f3: a4, und der König erreicht das Quadrat nicht mehr.
Hätte er aber gesehen, dass nach 1. ba5: ba5: 2. ♔f2 ♗f3: der Läufer nichts anderes gewesen wäre als ein „Temposchlucker" nach Nimzowitsch, im übrigen aber keinerlei Flurschaden anrichten könnte, dann würde er die Partie gewiss nicht aufgegeben haben, was er leider tat! Nach dem Damenverlust straft der weiße König den Läufer mit Verachtung und betritt, statt ihn zu schlagen, mit 3. ♔e3! das so ersehnte „quadratische" Gelände; der Läufer bleibt müßiger Zuschauer; Remis.

147 A

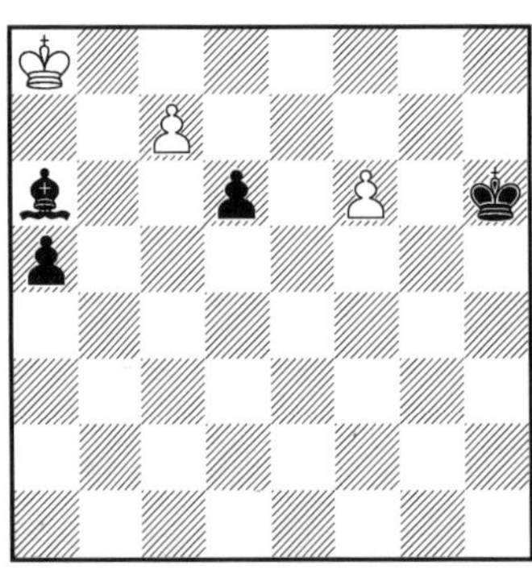

W. Pomogalow
„Schachmati", 1973. Remis

Ob der Verfasser der Studie 147 A von dem eben gezeigten Endspiel inspiriert worden ist, wissen wir natürlich nicht genau; aber die Vermutung liegt nahe. **1. ♔a7 ♗c8 2. ♔b8 ♗e6 3. c8♕ ♗c8: 4. ♔c7!.** Der eigentliche Witz. Der Läufer ist hier unwichtig. Zum Verlust führt 4. ♔c8: ♔g6 5. ♔d7 ♔f6: 6. ♔d6: a4 und so fort. **4. ... ♔g6.** Wenn 4. ... a4 5. ♔d6: a3 6. f7. Anklänge an ein berühmtes Bauernendspiel Rétis sind spürbar. **5. ♔d6:.** Die Drohung 6. ♔e7 erobert das notwendige Tempo. **5. ... ♔f6: 6. ♔c5 ♗d7 7. ♔c4.** Remis.

„Der hübsche Reinfall"
148

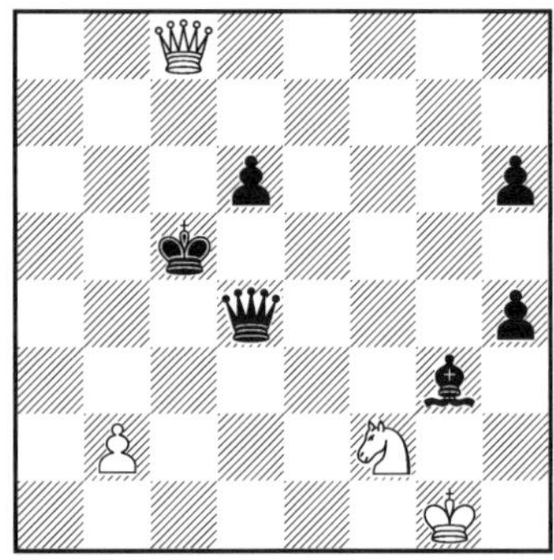

G. A. Thomas – Wolf (am Zug)
Karlsbad 1923

Nur noch „Sache der Technik" konnte hier der Gewinn für Schwarz sein. Wolf machte aber mit **1. ... ♔b4** einen Zug, den Meister Teichmann im Turnierbuch mit zwei Fragezeichen und der lakonischen Feststellung „ein hübscher Reinfall" versieht.
So sehr Sir G. A. Thomas auf dem internationalen Parkett zu den „Kavalieren am Schachbrett" gehörte: die Gelegenheit zu **2. ♕c3+!** konnte er

nicht ungenutzt lassen! Es folgte **2. ... ♕c3: 3. bc3:+ ♔c4.** Oder 3. ... ♔c3: 4. ♘e4+ nebst ♘d6: **4. ♘e4! d5 5. ♘f6 ♗e5.** Ob Meister Wolf immer noch nicht gesehen hatte, dass er im Besitz des falschen Läufers war?! **6. ♘d5:**, Remis.

Angebundener Springer
149

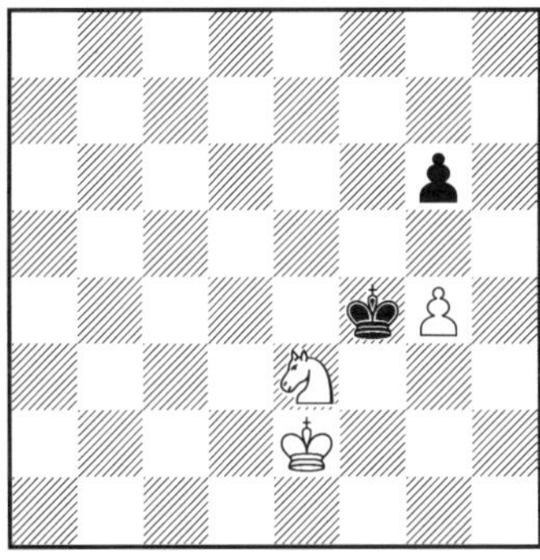

Blackburne – Zukertort (am Zug)
Wettkampfpartie, London 1881

Ein schwieriges Thema! Hier kommt es meist auf minutiöse Feinheiten an, und man wird sich nicht wundern dürfen, dass selbst große Meister fehlgreifen.

Wir haben eine „kritische Stellung" vor uns: Wäre Weiß am Zuge, so würde er gewinnen: 1. ♔f2! g5 (1. ... ♔e4? 2. ♘g2! mit Absperrung des schwarzen Königs und leichtem Gewinn) 2. ♔e2 ♔c4 3. ♔d2 ♔f4 (3. ... ♔d4 4. ♘g2) 4. ♔d3 ♔f3 5. ♔d4 ♔f4 6. ♔d5! (jetzt kann er den Springer preisgeben) 6. ... ♔e3: 7. ♔e5 und gewinnt.

In der Partie aber war Schwarz am Zuge; Zukertort spielte **1. ... ♔g3!** (1. ... g5? 2. ♔f2 ♔e4 3. ♘f5! nebst ♘h6 usw.) und hielt damit die Stellung: Nach **2. ♔d1 ♔f3!** (2. ... ♔f2? 3. ♔d2 ♔f3 4. ♔d3 ♔f4 5. ♔d4 ♔f3 6. ♔e5! ♔e3: 7. g5; Weiß gewinnt) **3. ♔d2 ♔f2** besteht der Unterschied zu der Stellung, wie sie sich (wenn Weiß in der Bildstellung am Zuge wäre) nach 1. ♔f2 ergeben würde, nur darin, dass der schwarze g-Bauer noch auf g6 steht. Wir sehen, wie vorsichtig man in solchen Stellungen mit einer Veränderung der Bauernstellung sein muss! **4. ♔d3 ♔f3 5. ♔d4 ♔f4;** Remis. Mit 6. ♔d5(?) würde Weiß höchstens noch seine eigene Partie gefährden: 6. ... ♔e3: 7. ♔e5 ♔f3 8. ♔f6 (nach 8. g5?? verliert Weiß) mit Remis.

Zerbrochene Ketten
150

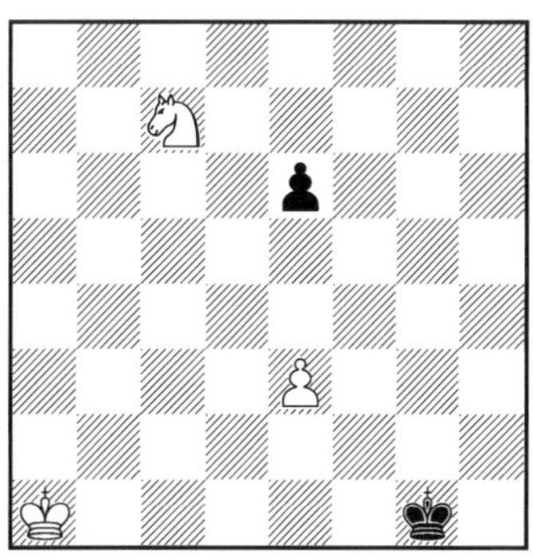

L. Prokes
„Le Monde des Echecs", 1940
Weiß gewinnt

Auf den ersten Blick sieht es so aus, als ob diese Studie, abgesehen vom Material, gar keine Ähnlichkeit mit der Partiestellung Blackburne – Zukertort hätte. Zieht Weiß aber nach **1. e4! ♔f2** nicht **2. ♘d5!!**, sondern 2. ♘b5?, so sind wir, wenn auch um zwei Reihen nach links gerückt, nach 2. ... ♔e3 3. ♘c3 ♔d3! 4. ♔b2 ♔d2! schon in einer Remisvariante gelandet, die wir aus der Partiestellung kennen.

Das Geschehen ist also von den Bemühungen des Weißen bestimmt, diese Remisstellung zu vermeiden. **2. ... ♔f3.** Oder 2. ... ♔e2(?) 3. e5! ♔d3 4. ♘f6! ♔d4 5. ♘d7 ♔d5 6. ♔b2 ♔c6 7. ♘f6! (aber nicht 7. ♘f8 ♔d5 8. ♘g6? ♔e4 mit Remis) 7. ... ♔c5 8. ♔c3, und Weiß gewinnt. **3. ♘c3 ♔e3 4. ♔a2** (wir wissen jetzt, warum nicht 4. ♔b2? geschehen darf!) **4. ... ♔d3.** Wenn 4. ... ♔d2, so natürlich 5. ♔b2!. Falls sich aber mit 4. ... e5 der e-Bauer dem Kampfplatz nähert (das sollte er möglichst vermeiden!), so kommt es, wie uns die Partie Blackburne-Zukertort gelehrt hat, nicht mehr auf die Opposition der Könige an; Weiß würde also nicht nur mit 5. ♔a3(!), sondern auch mit 5. ♔b2(3) gewinnen. **5. ♔b3! ♔d4 6. ♔b4 ♔d3** (oder 6. ... e5 7. ♔b5 usw.) **7. ♔c5 ♔c3: 8. e5,** und das Spiel ist aus.

Es war nicht so einfach ...
(... wie es aussah)
151

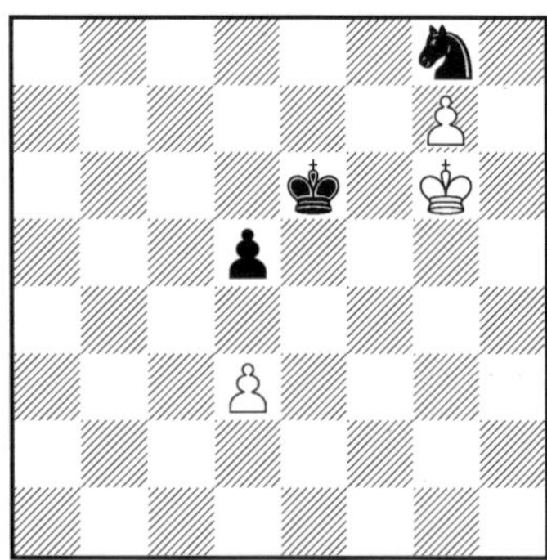

Richter (am Zug) – Stoltz
Zoppot 1935

Weiß erkannte, dass er nach 1. ♔h7 ♔f7 2. ♔h8 ♘f6! schnell verlieren würde (3. d4 ♔g6 usw.); er zog daher **1. ♔g5,** was Schwarz zu der recht sorglosen Antwort **1. ... ♔f7?** veranlasste. Es folgte **2. ♔f5 ♔g7:(?) 3. ♔e6 ♘f6 4. ♔e7!.** Wieder war die bekannte Remisstellung erreicht, und die Gegner trennten sich mit einem Unentschieden.

Trotz dieses scheinbar logischen Ausgangs wäre jedoch der Gewinn für Stoltz nicht allzu schwer gewesen, wenn er 1. ... ♘e7! gespielt hätte. Es kommt dann zu einer – in der Literatur anscheinend bisher nicht untersuchten – Stellung, in der der Springer den Bauern nicht von der Seite, sondern von rückwärts deckt. Die beste Fortsetzung für Weiß wäre dann 2. ♔g4!, worauf Schwarz 2. ... ♔f7! Spielen muss.

Merkwürdigerweise wäre die Partie nach 2. ... ♔f6? remis, weil Weiß den Gegner mit 3. ♔f4! ♔g7: (andere Züge ergeben nichts) 4. ♔e5 ♔f7 5. d4! in eine interessante Zugzwangstellung bringen kann: Auf 5. ... ♔f8 geschieht nun 6. ♔f6!, und weder mit 6. ... ♔e8 7. ♔e6! usw. noch mit 6. ... ♘c6 7. ♔e6 ♘b4 8. ♔d6 kann Schwarz etwas erreichen.

Nach (1. ♔g5 ♘e7! 2. ♔g4) ♔f7! aber steht Weiß auf verlorenem Posten: 3. ♔f4 (es gibt nichts Besseres) 3. ... ♔f6! 4. d4 (Königszüge würden nach 4. ... ♔g7: schnellen Verlust bringen) 4. ... ♔g7: 5. ♔e5 (erzwungen) 5. ... ♔f7!. Jetzt ist wieder die Stellung mit den beiden Königen auf e5 und f7 erreicht, aber diesmal ist Weiß am Zuge! Schwarz steht auf Gewinn: 6. ♔d6 ♔f6 7. ♔d7 ♔f5! 8. ♔e7: ♔e4, und Schwarz gewinnt. Auch hier ist das aus den beiden vorigen Stellungen bekannte Springeropfer möglich.

*

Nicht nur Stoltz' erster Zug war ein Fehler; er hätte nach 1. ♔g5 ♔f7 2. ♔f5 immerhin noch 2. ... ♘e7+ (statt 2. ... ♔g7:?) versuchen können. Die sich nach 3. ♔e5 ♔g7: 4. ♔e6 ♔f8 ergebende Stellung ist recht lehrreich; wir wollen sie deshalb näher untersuchen:

152

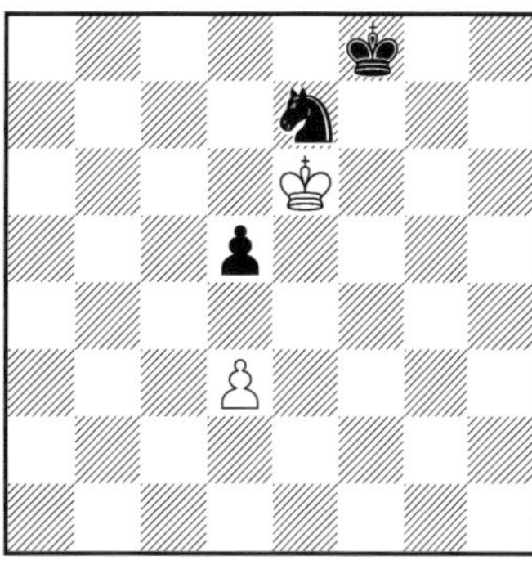

Stellung nach 4 ... ♔f8
(Variante)

Ein kritischer Augenblick; Weiß muss sich vor zwei Fehlern hüten:

a) 5. ♔f6? ♘c6! 6. ♔e6 ♘b4! 7. ♔d6 (♔e5 ♔e7) 7. ... d4! 8. ♔c5 ♘c2, und Weiß ist ohne Rettung.

b) 5. ♔d7? ♔f7 6. ♔d6 ♔f6 7. ♔d7 d4! (nicht aber 7. ... ♔f5? 8. ♔e7:!) mit Gewinn für Schwarz.

Das einfachste Verfahren für Weiß ist hier 5. ♔e5 ♔f7 (oder 5. ... ♔e8 6. ♔e6) 6. d4!; diese Remisstellung kennen wir schon. Weiß kann sie auch mit 5. d4 erreichen, da Schwarz keine bessere Fortsetzung hat als 5. ... ♔e8 6. ♔d6 ♔f7 (7. ♔e5!, nicht aber 7. ♔d7? ♔f6 8. ♔d6 ♔f5!). Zum Remis reicht aber gleichfalls. 5. ♔d6! aus: 5. ... ♔e8 (oder 5. ... ♔f7 6. ♔e5, Remis) 6. ♔e6 mit den beiden Möglichkeiten.

a) 6. ... ♔d8 7. ♔d6 d4 (noch ein Versuch) 8. ♔c5!, oder

b) 6. ... d4 7. ♔d6!, und nun entwe-

der 7. ... ♔d8 8. ♔c5! oder 7. ... ♔f7 8. ♔e5! mit Remis.
Man sieht, wie viele Schwierigkeiten in so einfach aussehenden Endspielen stecken!

10. KAPITEL

Zugzwang, Duelle und allerhand Begleiterscheinungen

Nicht Opposition – sonst Zugzwang!
153

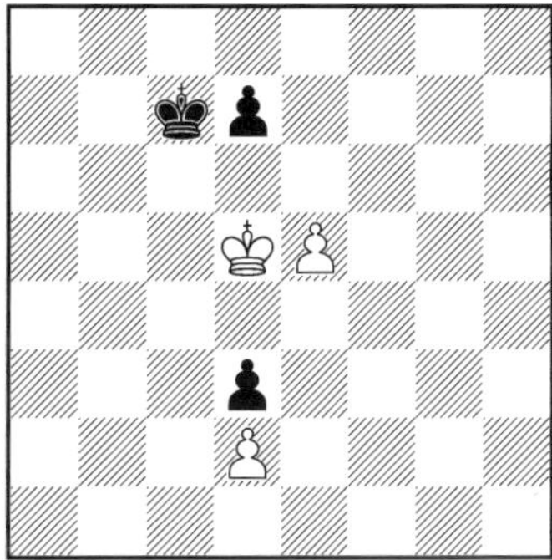

A. Herberg
„Deutsche Schachzeitung“, 1936
Weiß gewinnt

Sozusagen zur Vorbereitung auf die schwierigeren Aufgaben, die uns die nächsten Beispiele stellen werden, zeigen wir eine einfache (?!) Position aus dem Schaffen eines der hervorragendsten deutschen Studienkomponisten.

Es leuchtet ein, dass der weiße König nicht nach c4 (d4, e4) gehen darf, weil Schwarz dann mit 1. (♔c4?) d6! entweder den Doppelbauern auflösen würde (2. ed6:+ ♔d6: 3. ♔d3: ♔d5, Remis) oder – nach 2. e6 – mit 2. ... ♔d8! Ausgleich erzielen könnte. – Weiß beginnt daher mit **1. ♔c5** und setzt auf **1. ... ♔b7** mit **2. ♔c4!** fort, – und das, obgleich Schwarz jetzt mit **2. ... ♔c6** die berühmte Opposition erreichen kann!

Wir stoßen hier zum ersten Mal auf einen Fall, in dem es nicht auf die Opposition ankommt (im Gegensatz zu der oben angeführten Variante 1. ♔c4? d6 2. ed6:+, wo der schwarze König nach 3. ♔d3: ♔d5 remisbringend „opponiert“), sondern auf bestimmte „kritische“ Positionen, die vom Zug zwang regiert werden.

Wir sehen, dass Schwarz nach **2. ... ♔c6 3. ♔d4!** wegen der Drohung ♔d3: die Schwebestellung aufgeben muss: 3. ... ♔c7 4. ♔d3: oder **3. ... d6 4. e6 d5 5. ♔e5**, und Weiß gewinnt.

Mit 2. ♔d4? ♔c6 3. ♔c4 hätte Weiß (trotz der Opposition) nur Remis erreicht: 3. ... d6! 4. e6 d5+; Weiß kann nicht gewinnen.

Das feine Gegenspiel
154

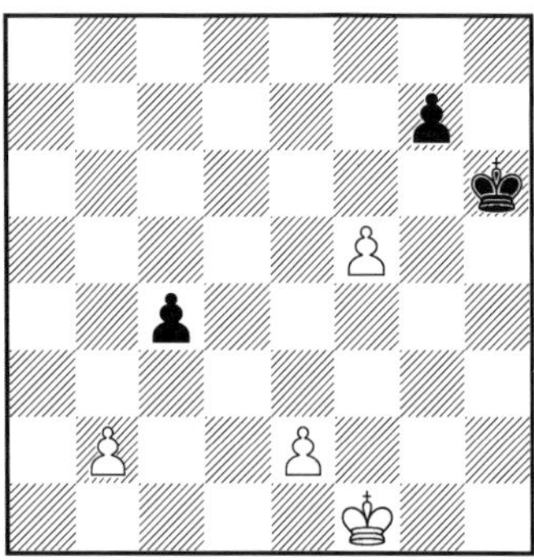

A. Herberg
„Deutsche Schachzeitung“, 1956
Weiß gewinnt

Auch diese Stellung ist vom Zugzwang beherrscht! – Weiß muss sich zu dem Bauernopfer **1. f6!** verstehen (1. e4?? ♔g5), und Schwarz muss es annehmen (1. ... g5? 2. e4 usw.). Nach **1. ... gf6: 2. ♔f2 ♔g5 3. ♔e3 f5** (3. ... ♔g4 4. ♔d4) bringt Weiß den Gegner mit **4. ♔f3!** in Zugzwang; 4. ♔d4? ♔f4 würde dagegen eine Zugzwangslage für Weiß schaffen.

4. ... ♔g6(!!). Eine ganz raffinierte Verteidigung: Weiß würde sich jetzt mit 5. e4? um die Früchte seiner Bemühungen bringen, denn nach 5. ... ♔f6! (5. ... fe4:+? 6. ♔e4: oder 5. ... ♔g5? 6. e5 ist falsch) 6. ♔f4 fe4:! 7. ♔e4: c3!! 8. bc3: ♔e6 haben wir ein „oppositionelles Remis“!

5. ♔f4! ♔f6 6. e3!! (e4? fe4: nebst ... c3). Wieder ist Schwarz in Zugzwang. **6. ... ♔e6 7. e4! fe4: 8. ♔e4:**, und Weiß gewinnt, weil 8. ... c3 9. bc3: Weiß im Besitz der Opposition sehen würde.

Klassische Umgehung
155

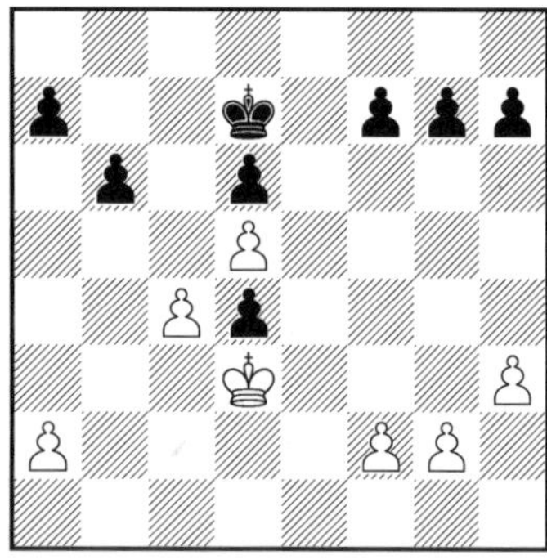

Pahl – Rellstab (am Zug)
Berlin 1930

Schwarz überraschte seinen Gegner durch den glänzenden Überfall **1. ... b5!!**. Weiß, knapp an Zeit, wagte nicht, einen der beiden Bauern zu schlagen, und zog **2. a3?** Es folgte **2. ... ♔c7! 3. ♔d4: ♔b6 4. cb5: ♔b5:**, und Weiß gab auf.

Durfte Weiß tatsächlich weder 2. ♔d4: noch 2. cb5: ziehen?! Sehen wir uns zunächst die Stellung nach 2. cb5:(?) ♔c7 3. ♔d4: ♔b6 4. ♔c4 ♔a5! an: Weiß hat zwar einen Bauern mehr, wird aber langsam „ausgehungert“, weil der weiße König, wenn seine Bauernzüge am Königsflügel erschöpft sind, die Deckung des Bb5 aufgeben muss. Er verliert dann auch noch den d-Bauern. – Ein klassisches Umgehungsmanöver!

Dagegen wäre das Spiel nach 2. ♔d4:! remis geworden: Den weiteren Vormarsch des b-Bauern hätte Weiß keineswegs zu fürchten gehabt (2. ... b4? 3. c5!, und Weiß gewinnt). Am einfachsten – und besten – wäre für Schwarz 2. ... bc4: 3. ♔c4: ♔c7 usw. mit Ausgleich. – Auch 2. ... ♔c7 ginge, doch müsste Schwarz nach 3. c5! (cb5:? ♔b6) mit 3. ... a5! fortsetzen; nach 3. ... dc5:+? 4. ♔c5: hingegen würde er noch verlieren! Es geschieht dann 4. ... a6 5. d6+ ♔d7 6. f4! (nicht aber 6. ♔b6? ♔d6: 7. ♔a6: ♔c5). Weiß wird dann die Bauern am Königsflügel festlegen und – vermöge seines Reservezuges mit dem a-Bauern – den schwarzen König zum Ziehen zwingen. Geht der König nach e6, so gewinnt Weiß sofort mit Kc6; geschieht aber ... ♔d8, so erobert Weiß die beiden Bauern am Damenflügel.

Auch dieses Bauernendspiel ist ein gutes Beispiel dafür, wie nahe hier Gewinn, Remis und Verlust beieinander liegen.

*

Mit einem ganz ähnlichen Umgehungsmanöver entschied Nimzowitsch einmal eine Simultanpartie **Hansen – Nimzowitsch** in Randers, vor 1925; ♔d3, ♙a2, c2, d4, g4 – ♔d6, ♙b4, c6, d5, g5. Schwarz ist am Zuge.

Die Stellung macht eher den Eindruck, als ob Schwarz in ernsten Verlustgefahren schwebe, denn Weiß droht ja, mit c3! einen entfernten Freibauern zu schaffen. In Wahrheit ist aber Weiß klar verloren! Es geschah **1. ... ♔c7 2. c3 ♔b6!! 3. cb4: ♔b5 4. ♔c3 ♔a4.** Weiß gab auf.

Auch mit 2. c4 hätte Weiß den Tag nicht gerettet; 2. ... ♔b6! 3. cd5: erzwungen 3. ... cd5: 4. ♔c2 ♔a5!, und wieder ist Weiß in Zugzwang (5. ♔b3 ♔b5 oder 5. ♔b2 ♔a4).

Vom Remis zum Verlust

156

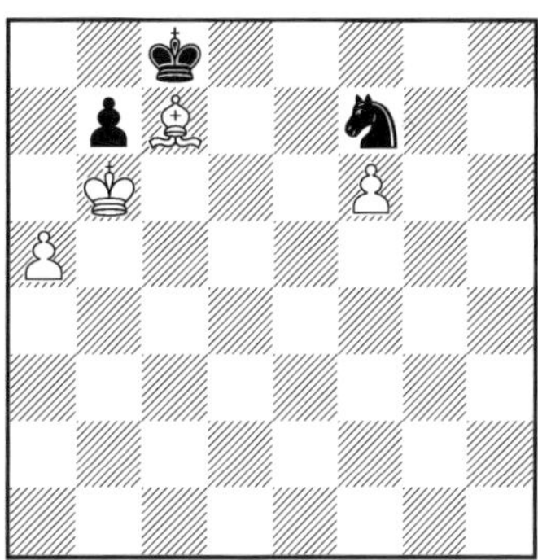

Richter (am Zug) – Rellstab
Berlin 1932

Das Endspiel ist remis, denn wenn sich der weiße König nach dem Wegzug des Läufers zum Königsflügel begibt, so folgt der schwarze König auf dem Wege über d7 und steht auf e8, wenn sein Gegenspieler das Feld g6 betritt.

Mit **1. a6 ba6: 2. ♔c6** machte Weiß noch einen letzten Gewinnversuch. Es folgte **2. ... ♘h6.** Zwar gefährdet dieser Zug das Remis noch nicht, aber genauer war 2. ... ♘g5!, was den weißen König am Betreten des Feldes d6 gehindert hätte; das Remis wäre dann klar gewesen. **3. ♔d6 ♘f5+?.** Das verliert, was allerdings keineswegs offenkundig war. Rettung hätte der Rückzug 3. ... ♘f7+! gebracht; z. B. 4. ♔e7 ♘h6! oder 4. ♔e6 ♘g5+! (am einfachsten) 5. ♔f5 ♘h7, in beiden Fällen mit unverkennbarer Remisstellung. – Nach dem schwächeren Springerschach ergeben sich höchst interessante und lehrreiche Wendungen:
4. ♔e6 (nicht aber ♔e5? ♘h6! mit Remis) **4. ... ♘d4+.** Denn 4. ... ♘h6 ist wegen 5. ♗f4 unzulässig. **5. ♔e5 ♘f3+** (... ♘c6+ 6. ♔d6) **6. ♔f4 ♘d4.** Auf 6. ... ♔c7: würde Weiß mit 7. f7! ♘d4 (oder 7. ... ♘h4 8. ♔g5 ♘f3+ 9. ♔f6!) 8. ♔e5 ♘c6(f3)+ 9. ♔e4(d5)! gewinnen. **7. f7! ♘e6+.** Die Folgen von ... ♔c7: haben wir in der vorigen Anmerkung betrachtet. Wenn Schwarz jedoch 7. ... ♔d7 gezogen hätte, so wäre 8. ♗d6! gefolgt (nicht 8. ♔e5? ♔e7 mit Remis), wonach Schwarz in Zugzwang gerät (7. ... ♔d7 8. ♗d6 ♘e6+ 9. ♔e5 usw.). **8. ♔e5 ♘f8 (... ♔d7 9. ♗d6) 9. ♗d6 ♘d7+.** Auf 9. ... ♘h7 würde es nach 10. ♔f5 ♔d7 11. ♔g6 ♔e6 2. ♗a3 wieder zu einer Zugzwangstellung kommen. **10. ♔e6 ♔d8 11. ♔d5 a5.** Die Fortsetzung 11. ... ♔c8 12. ♔c6 (12. ... ♔d8 13. ♔b7 oder 12. ... a5 13. ♔d5!) hätte zu ähnlichen Spielen geführt. **12. ♔e6** (♔c6[4]? ♘e5+!) **12. ... a4 13. ♗b4.**

157

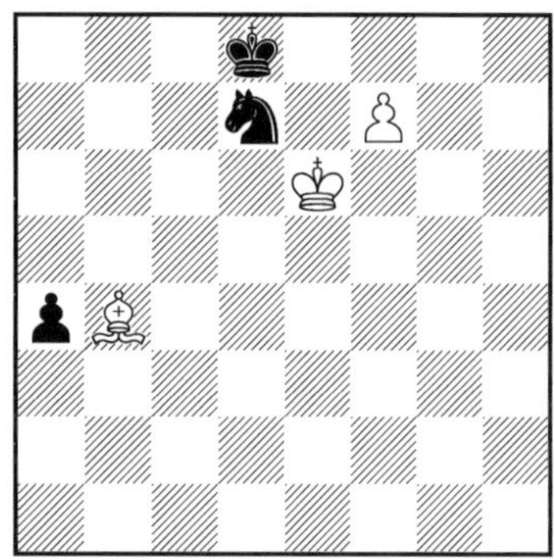

Stellung nach 13. ♗b4

13. ... ♔c7. Der Versuch 13. ... ♔c8 nützt nichts, weil Weiß 14. ♔e7 ♔c7 15. ♗a3! (15. ... ♘e5 16. ♗d6+) antworten kann. **14. ♗a3.** Auch 14. ♔e7 hätte schnell entschieden: ♔c6 (oder ... ♔c8 15. ♗d6) 15. ♔d8! und Weiß gewinnt. **14 ... ♔c6.** Oder 14. ... ♔c8 15. ♔e7 ♔c7 16. ♗b4 (Tempozug) 16. ... ♔c6(8) 17. ♔d8(♗d6) mit Gewinn. **15. ♗d6.** Schwarz gab auf.

Erzwungene Feldräumung
158

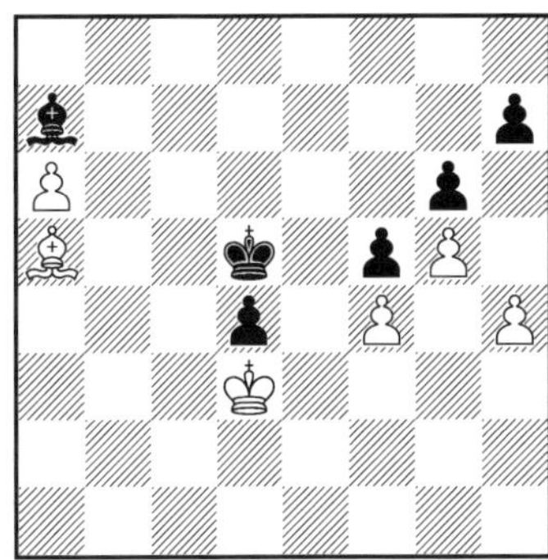

Holaszek (am Zug) – O. Jakobsen
Jugendweltmeisterschaft
Den Haag 1961

Stünde der weiße Läufer – mit Schwarz am Zuge – auf e5, dann wäre das Ende der Partie abzusehen. Der österreichische Jugendmeister brachte das auf die einfachste Art zuwege, indem er **1. ♗d8 ♔c6 2. ♗f6 ♔d5 3. ♗e5** zog. Nun musste Schwarz dem Gesetz des Zugzwangs folgen und – das kleinste, aber „ausreichende" Übel – den Punkt b8 freigeben. **3. ... ♗c5 4. ♗b8 ♔c6** (es drohte a7) **5. ♔c4 ♗b6 6. ♗e5!.** Der Höhepunkt. **6. ... d3.** Noch ein Versuch; aber es zeigte sich, dass der schwarze Läufer den auf schwarzen Feldern festgelegten weißen Bauern kaum etwas anhaben kann. 7. **♔d3: ♗f2 8. ♔c4 ♗e3.** Schwarz muss auf den Bh4 verzichten: 8. ... ♗h4: 9. a7 ♔b7 10. ♗b8 nebst ♔d5. Aber es ist ohnehin aus: **9. ♗b8 ♗f2 10. a7 ♔b7 11. ♔d5.** Schwarz gab auf, da er infolge der Bindung seines Königs seine weißfeldrigen Bauern nicht verteidigen konnte.

Langsam, aber sicher
159

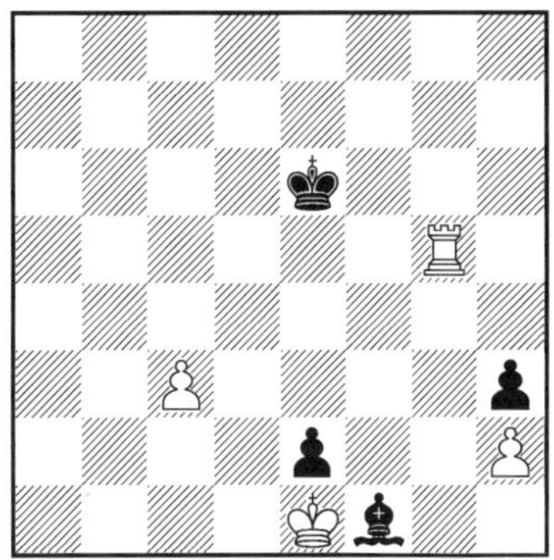

Awerbach (am Zug) – Larsen
Moskau 1962

Wie gewinnt man diese „gewonnene Partie"? Indem man mit Turm und Bauer den schwarzen König in Zugzwang bringt! Aber wie und mit welchen Folgen? Es geschah **1. c4 ♔d6 2. ♖g3! ♔c5 3. ♖c3! ♔b4 4. ♖c1 ♔c5 5. ♖c2! ♔c6 6. c5 ♔c7 7. ♖c1!.** Noch nicht 7. c6?; zunächst muss der Turm „bestmöglich", nämlich auf c3 aufgestellt werden, von wo er den Bh3 angreift. **7. ... ♔c6 8. ♖c3 ♔c7 9. c6!.** Es ist so weit. **9. ... ♗g2.** Zugzwang! Solche Stellungen können auch in Turmendspielen entstehen, wenn der schwarze Turm etwa an die Deckung eines schwachen Bauernkomplexes gebunden ist. Er muss dann – wie hier der Läufer – weichen, und auf Kosten des „Winkelriedbauern“ werden die weißen Streitkräfte die gegnerische Stellung aufrollen. **10. ♔e2: ♗c6: 11. ♖h3: ♔d6 12. ♖e3!.** Es gibt eine ganze Anzahl von Stellungen, in denen ein Läufer gegen Turm und Randbauer remis macht; Weiß muss daher den schwarzen König vom Königsflügel absperren. **12. ... ♗d5 13. ♔d3 ♗e6 14. ♔d4 ♔e7 15. ♔e5 ♗g4 16. ♖g3.** Schwarz gab auf.

Ein Zugzwangsopfer

(vgl. das Stellungsbild rechts oben)

Im Juli 1914 spielten Lasker und Capablanca im Berliner Cafe Kerkau einen improvisierten Wettkampf über zehn Blitzpartien. Der Kubaner gewann ihn mit 61/2:31/2, weil sich sein Spiel, wie Lasker selbst bemerkt, vor dem seines Partners durch „Mangel an Fehlern“ auszeichnete. In einer der Begegnungen glückte dem jungen Meister trotz einer Bedenkzeit von nur fünf Sekunden für jeden Zug ein bestechend schönes Zugzwangsmanöver.

160

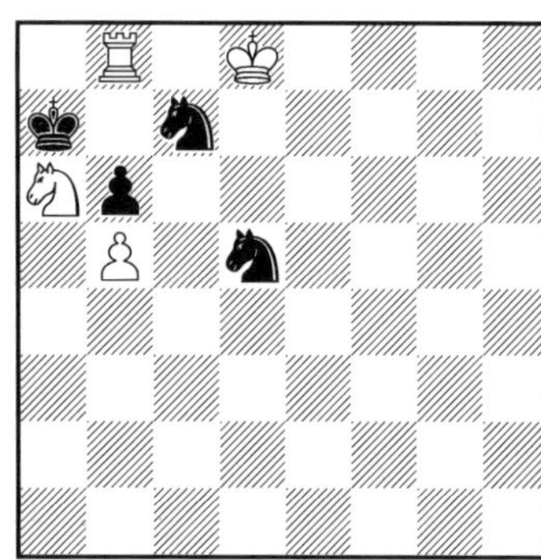

Capablanca (am Zug) – Dr. Lasker
Berlin 1914
(Schnellpartie)

Das Stellungsbild ist eine von den Gegnern nachträglich „stilisierte“, d. h. studiengerecht vereinfachte Fassung der in ihren Einzelheiten nicht überlieferten Partiestellung.

Es geschah **1. ♘c7: ♘c7: 2. ♖a8+!! ♘a8:** Oder 2. ... ♔a8: 3. ♔c7: ♔a7 4. ♔c6 mit Gewinn. **3. ♔c8!** (Zugzwang!) **3. ... ♘c7 4. ♔c7:**, und Weiß gewann.

... und vom Künstler gestaltet

161

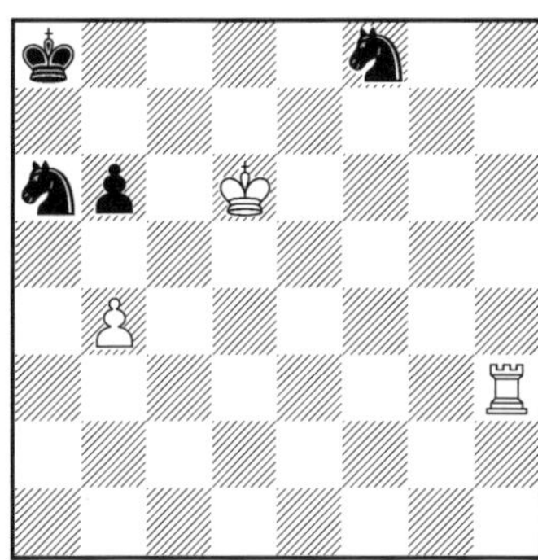

M. S. Liburkin
„Schachmaty“ 1934, 1. ehr. Erw.
Weiß gewinnt

1. b5 ♘b8. Oder 1. ... ♔b7 2. ba6:+ ♔a6: 3. ♖h6 b5 (wenn 3. ... ♔a5, so 4. ♖f6 ♘h7 5. ♖f7 ♘g5 6. ♖f5+ mit Springergewinn) 4. ♔c6! ♔a5 (erzwungen) 5. ♖f6 ♘h7 6. ♖f5 ♔a4 7. ♖b5: ♘f8 8. ♖f5 ♘g6 9. ♖g5 ♘e7+ 10. ♔d7, und Weiß gewinnt.

2. ♖h8 ♘fd7! 3. ♔c7 ♔a7 4. ♖e8!. Nicht jedoch 4. ♖d8? ♘c5! 5. ♖b8: ♘e6+, und auch nicht 4. ♖h1? ♘c5 5. ♖a1+ ♘ca6+! 6. ba6: b5!, Remis! **4. ... ♘f6!.** Nach 4. ... ♘c5 5. ♖e7! ♘d3 (a4) 6. ♔c8+ ♔a8 7. ♖b7 ist Schwarz in Zugzwang. **5. ♖b8: ♘e8+.** Um auf 6. ♔c8 mit 6. ... ♘d6! fortzusetzen. **6. ♔d7!! ♘c7** (Schwarz spielt auf Patt) **7. ♖a8+!** Weiß gewinnt wie in der Partie.

Verlagerte Deckung

162

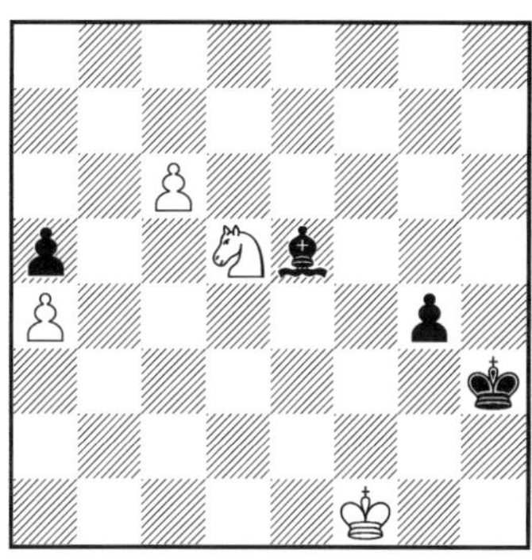

Thal (am Zug) – Brüntrup
Berlin 1962

Weiß lehnte ein Remisangebot ab und zog **1. c7 ♗c7: 2. ♘c7:.** Aber hatte nicht sein Gegner nach **2. ... ♔h2 3. ♘e6 g3 4. ♘f4 ♔h1** recht behalten? Weiß war anderer Ansicht: Mit **5. ♘g2** leitete er ein bemerkenswertes Zugzwangmanöver ein. **5. ... ♔h2 6. ♘h4! ♔h1.** „Länger“, aber ganz aussichtslos war 6. ... ♔h3 7. ♘f3 ♔g4 8. ♘d4 ♔f4 9. ♘b3 ♔e4 10. ♘a5 : nebst 11. ♘b3 (bekanntlich muss man in solchen Fällen den Freibauern von rückwärts decken!); Weiß gewinnt leicht. **7. ♘f3!.** Schwarz streckte die Waffen (7. ... g2+ 8. ♔f2 g1♕+ 9. ♘g1: mit Aufhebung der Pattstellung).

Der Sieg in diesem Endspiel beruhte nicht etwa darauf, dass Weiß, dessen Springer zunächst nur „pendeln“ konnte, in einer ungeraden Zahl von Zügen (5. ♘g2, 6. ♘h4 und 7. ♘f3) die Zugpflicht auf den Gegner abgewälzt hat, dessen König kein Dreieck beschreiben konnte, Sinn des Manövers war es vielmehr, den schwarzen König „auf einen Zug zu beschränken“, d. h. ihn pattzusetzen! Dies ließ sich hier durch eine Art „Umschaltung“ der Verteidigung des Punktes g2 auf die Deckung des Feldes g1 verhältnismäßig einfach bewerkstelligen.

Weiß hätte aber auch dann gewonnen, wenn nicht Schwarz, sondern er selbst in der Stellung nach 7. ♘f3 am Zuge gewesen wäre: ein einfacher Dreiecksmarsch des weißen Königs bringt dann Schwarz in Zugzwang: (8.) ♔e1! ♔g2 (... g2 9. ♔f2) 9. ♔e2 ♔h1 10. ♔f1, und das Ziel ist erreicht.

Auf engem Raum
163

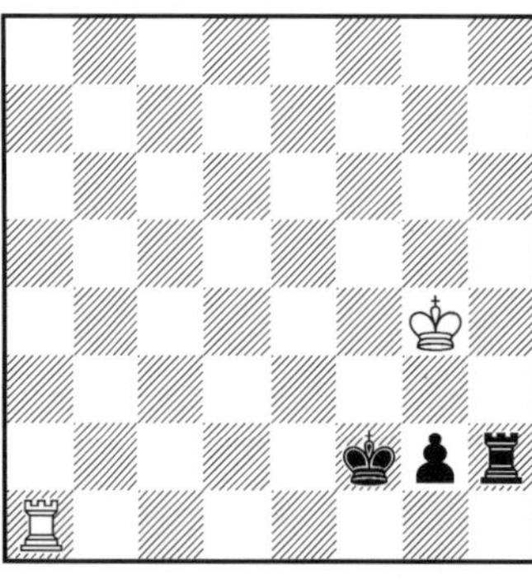

N. N. (am Zug) – Rabinowitsch
München 1930

Wie wir wissen, ist die Königsopposition ein Anwendungsfall des Zugzwangs. Ähnliche Oppositionsbilder, wie sie in dieser Partiestellung vorkommen, haben wir schon in der Stellung von Chéron (Nr. 56) kennengelernt.

Hier erzwingt Schwarz nach **1. ♖a2+** durch feines Dreiecksspiel die Seitenopposition: **1. ... ♔e3 2. ♖a3+ ♔d4! 3. ♖g3.** Weiß muss mit den Schachgeboten aufhören (3. ♖a4+ ♔c5! 4. ♖a5+ ♔b4(6) 5. ♖a1 ♖h1), wird aber jetzt durch **3. ... ♔e4!** ein Opfer des Zugzwangs; z. B. **4. ♔g5 ♖h8! 5. ♔f6** erzwungen **5. ... ♖f8+ 6. ♔e6** (e7, g7) **♖f2!**, und Schwarz gewinnt leicht.

Zweimal Platzwechsel
164

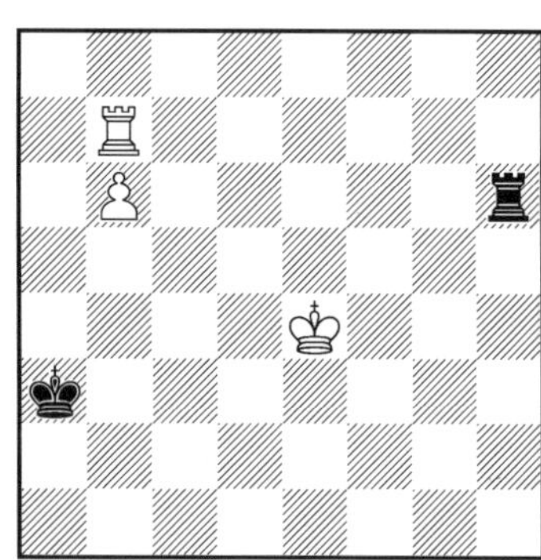

N. D. Grigoriew
„Schachmaty“, 1938. 1. Preis
Weiß gewinnt

Der Lösungsverlauf wird von denselben Elementen bestimmt wie die Partiestellung von Rabinowitsch: **1. ♖a7+ ♔b4 2. b7 ♖b6 3. ♔d4!**. Nach

3. ♔d5? hätten wir spiegelbildlich und mit vertauschten Farben die Remis-Stellung erreicht, zu der es in der Partie gekommen wäre, wenn nicht Schwarz „dreieckig“ gespielt hätte. So also auch hier! **3. …** ♖d6+. Aber Schwarz wehrt sich (3. … ♔b5? 4. ♔d5!). **4. ♔e5 ♖b6.** Hat Weiß nun etwas erreicht? **5. ♖a1!.** Wie bei Rabinowitsch macht der Turm den Platzwechsel von a7 nach c7. **5. … ♔c3 6. ♖c1+ ♔b2** 7. **♖c7.** Fast dieselbe Position wie in der Partie; nur stand dort der König der stärkeren Partei um ein Feld näher am Kampfplatz. So hat hier Schwarz noch eine kleine Atempause: 7. … **♔b3 8. ♔d5 ♔b4**(!) **9. ♖c1!.** Amüsant, wie der weiße Turm zum zweiten Mal seinen Standort wechselt! **9. … ♔a3 10. ♖a1+ ♔b2 11. ♖a7!.** Weiß gewinnt.

Auf dem Wege zur Quelle
165

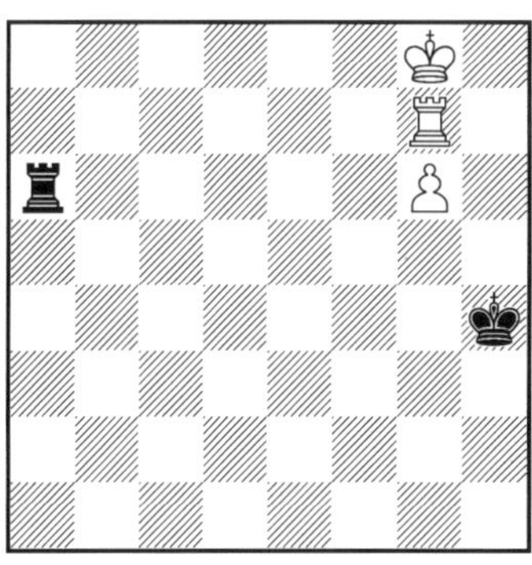

F. Dedrle
„Casopis ceskych sachistu“, 1917
Weiß gewinnt

Nach **1. ♖h7+ ♔g5 2. g7 ♖a8+** (2. … ♔g6? 3. ♔h8!) **3. ♔f7 ♖a7+ 4. ♔e6! ♖a6+ 5. ♔d5!** sind wir auf sehr vertrautem Gelände! **5. … ♖g6.** Oder 5. … ♖a5+ 6. ♔c4. **6. ♔e5!** usw. wie in der Partie N. N. – Rabinowitsch; Weiß gewinnt.

*

Ursprung aller dieser Stellungen ist die in Bergers Endspielwerk angegebene Position aus **„Chess Player's Chronicle“** 1878: ♔d6, ♖h7, ♙g7-♔g5, ♖a7, in der Weiß auch dann gewinnt, wenn Schwarz am Zuge ist: 1. … ♖a6+ 2. ♔d5! ♖g6 3. ♔e5! usw. Grigoriew hat der Idee ihre ideale Fassung gegeben.

Parallelogramm der Kräfte
166

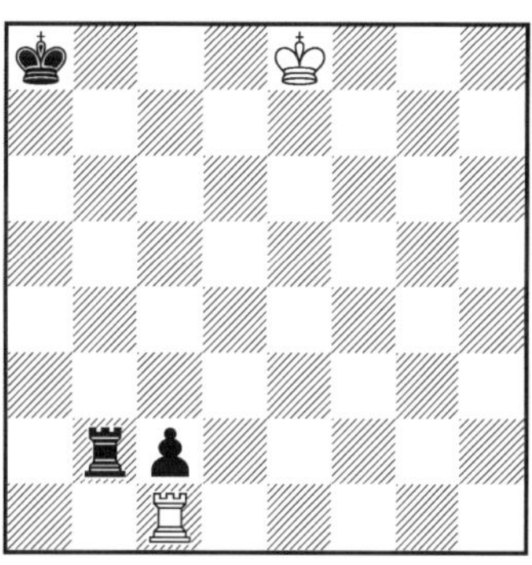

J. Vancura
„28 Rijen“, 1926
Weiß hält unentschieden

Hier hält Weiß durch königliche Opposition das Remis. Der Vorgang ist allerdings etwas komplizierter: Da sich ja die beiden Könige dem Kampfgeschehen am weißen Damenflügel nähern müssen, kommt es nicht darauf an, dass im Augenblick der schwarze König die (Fern-)Opposition hat; es ist vielmehr entscheidend, wer am Zuge ist, wenn die beiden Könige auf e3 und b3 stehen. Mit Weiß am Zuge kommt es zu dieser kritischen Stellung, wenn sich Weiß unkritisch mit 1. ♔d7? auf die Nah-Opposition einlässt: 1. ... ♔b7! 2. ♔d6 ♔b6 3. ♔d5 ♔b5 4. ♔d4 ♔b4 5. ♔d3 ♔b3. Weiß ist nun verloren: 6. ♔d2 ♖a2! 7. ♔d3 (oder 7. ♖el ♖a8 8. ♖e7 ♖d8+ 9. ♔c1 ♖d1#) 7. ... ♖a8 8. ♖c2: ♖d8+, und Schwarz gewinnt den Turm.

Der Schlüsselzug **1. ♔e7!** beruht auf dem Umstand, dass der schwarze König dem weißen nicht folgen kann, wenn dieser auf dem Felde d2 zur Nah-Opposition übergeht: das entsprechende Feld b2 ist vom schwarzen Turm besetzt! Es entwickelt sich also das folgende logisch begründete Spiel: **1. ... ♔a7.** Nicht aber darf der schwarze König jetzt und später die b-Linie betreten (1. ... ♔b7 2. ♔d7! usw.). **2. ♔e6 ♔a6 3. ♔e5 ♔a5 4. ♔e4 ♔a4 5. ♔e3 ♔a3 6. ♔d2!** (die Pointe) **6. ... ♔b3 7. ♔d3!**.

167

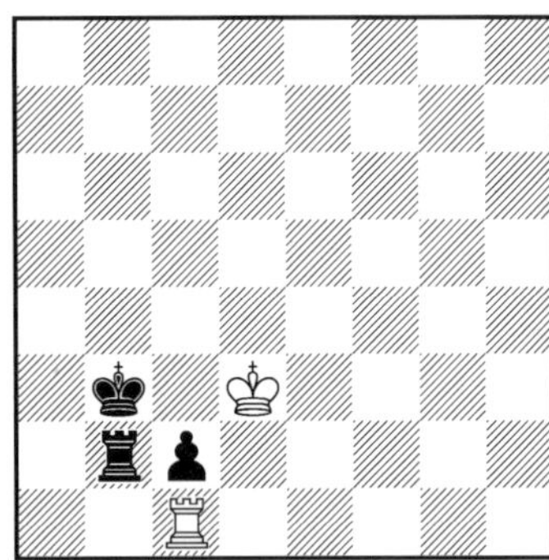

Stellung nach 7. ♔d3

Jetzt ist nicht Weiß, sondern Schwarz in Zugzwang: 7. ... ♖a2 8. ♔d2!; und falls nun 8. ... ♖a8 geschieht, kann Weiß unbesorgt den Bauern schlagen, da ihm zu seinem Heil das Ausweichfeld c1 zur Verfügung steht.

Ein eleganter Läufer

168

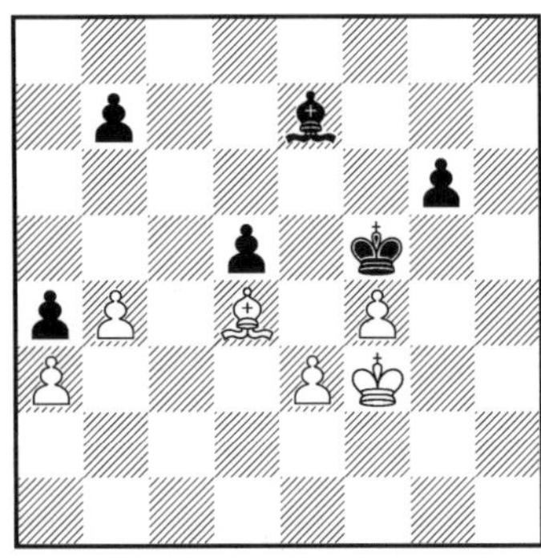

Dr. v. d. Berg (am Zug) – Keres
Beverwijk 1964

Mit **1. ♔e2?** beging Weiß einen lehrreichen Fehler; der Zug ermöglichte es dem schwarzen König, eine beherrschende Zentralstellung einzunehmen und – das Wichtigste- den Be3 anzugreifen. Dies wiederum machte auch noch den Bf4 – und das Feld d4 – zu einer Schwäche, was daraus hervorgeht, dass bei Stellung des schwarzen Läufers auf d6 das Feld d4 für den weißen Läufer wegen der Möglichkeit ... ♗f4: unbetretbar geworden war. Keres wies durch feines Spiel in wenigen Zügen die Unhaltbarkeit der weißen Stellung nach: **1. ... ♔e4 2. ♔d2.** Erzwungen, da 2. ♗b2 ♗d6 3. ♗c3 (♗d4 ♗f4:) 3. ... ♗c7! 4. ♗b2 ♗b6! sofort für Schwarz entschieden hätte; z. B. 5. ♗c1 d4. **2. ... ♗h4 3. ♔c3 ♗e7 4. ♔d2 ♗d6! 5. ♔c3 ♗f8! 6. ♔d2** (Weiß muss abwarten) **6. ... ♗h6! 7. ♔c3.** Auf 7. ♗f6 hätte 7. ... d4! schnell für Schwarz gewonnen. **7. ... b5!!.**

169

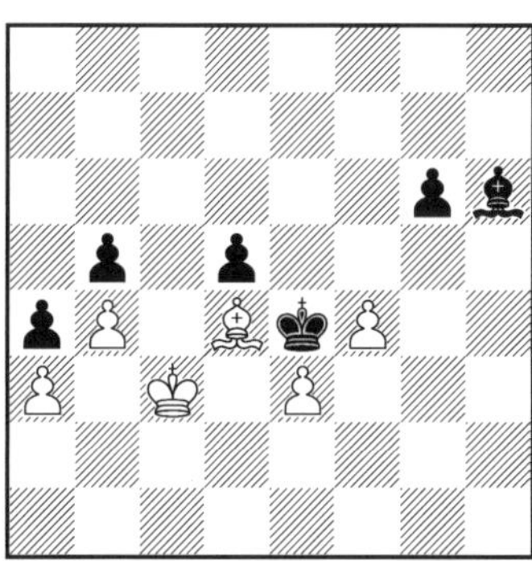

Stellung nach 7. ... b5

Damit ist Weiß in entscheidenden Zugzwang geraten: 8. ♔d2 wird durch ... ♗f4: widerlegt, und auf den Partiezug **8. ♗c5** folgte **8. ... ♗g7+ 9. ♔c2 d4!**, worauf Weiß die Partie mit Recht aufgab.

Und doch ...

Dennoch hätte Weiß, worauf Euwe aufmerksam macht, vom Stellungsbild 168 aus die Partie noch halten können! Richtig wäre der abwartende Zug **1. ♗b2!** gewesen. Darauf hätte Schwarz, wenn er die feindliche Stellung aufrollen wollte, zu **1. ... g5** greifen müssen, denn das nach 1. ... ♗f6(?) 2. ♗f6:! ♔f6: entstehende Bauernendspiel wäre remis: 3. ♔e2! ♔f5 4. ♔d3 usw. oder auch 3. e4, und auch 3. ♔g4 ist möglich (3. ... b5 4. ♔g3 ♔f5 5. ♔f3 g5 6. fg5: ♔g5: 7. e4! d4 8. ♔g3!, remis). Nach **2. fg5: ♗g5: 3. ♗d4 ♗e7 4. ♗b2 ♗d6 5. ♗d4 ♗e5** kommt es zu der kritischen Stellung:

170

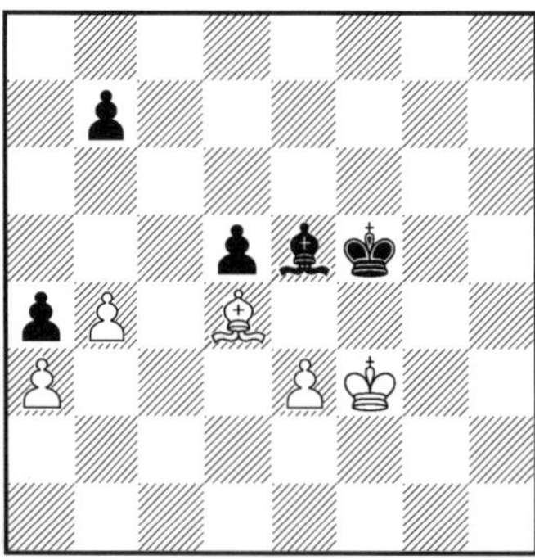

Stellung nach 5. ...♗e5
(Variante)

Das Bauernendspiel nach 6. ♗e5:? würde Weiß „leicht verlieren“, aber in 6. ♗c5!! steht ihm eine ausreichende Verteidigung zu Gebote (6. ... ♗b2 7. b5, oder 6. ... b5 7. ♗d4!). – Weiß kann danach die lange Schräge ausreichend verteidigen, und anderswo kann der schwarze Läufer nicht eindringen.

Entgegen der Regel
171

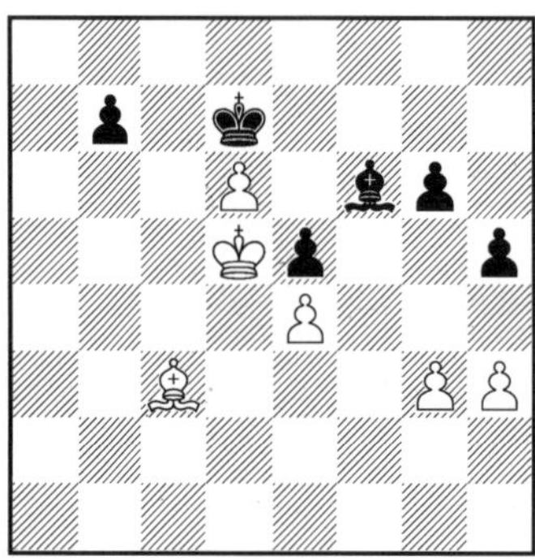

Fuchs (am Zug) – Csulits
Gera 1962

Nach 1. ♗e5: ♗e5: 2. ♔e5: b5! 3. ♔f6 usw. würde – bei Gewinnaussichten für Weiß – auch Schwarz eine neue Dame erhalten. Das erschien Meister Fuchs nicht so erstrebenswert, als dass er nicht auf Fahndung nach Besserem ausgegangen wäre. Er fand **1. g4! hg4: 2. hg4: ♗g7 3. g5!**. Ein Zug „gegen die Regel“! Aber der schwarze Läufer ist ein auf kleinsten Raum beschränkter Statist; den Bg5 kann er nicht angreifen. Weiß hat also Manövrierfreiheit, und dabei spielt das Feld c5 die Hauptrolle. **3. ... ♗h8 4. ♗b2! ♗g7 5. ♗a3 b6.**
Die entscheidende Schwächung. Aber Schwarz war in größter Verlegenheit, weil 6. ♔c5 drohte; z. B. 5. ... ♗h8 6. ♔c5 ♗g7 7. ♔b6 ♗f8 (oder 7. ... ♔c8 8. d7+ ♔d7: 9. ♔b7: usw.) 8. ♔b7: ♗d6: 9. ♗d6: ♔d6: 10. ♔b6 mit gewonnenem Bauernendspiel. Aus dieser Variante ersehen wir auch den Grund, weshalb Weiß den Läufer nicht schon im vierten Zuge auf die Schräge a3/f8 gebracht hat: der schwarze Läufer wäre dann „einen Zug zu früh“ auf f8 erschienen, und der weiße König hätte nicht nach b6 gehen dürfen. Also war auch 4. ♗b2 eine kleine Endspielfeinheit!
6. ♗b4 ♗h8 (oder 6. ... b5 7. ♔c5 usw.) **7. ♗e1.** Weiß will den Bb6 in einem Augenblick angreifen, in dem der Läufer auf h8 steht! **7. ... ♗g7 8. ♗g3(!) ♗f8.** Auf 8. ... ♗h8 wäre 9. ♗f2 b5 10. ♗c5 ♗g7 11. ♗b4 nebst

♔c5 gefolgt. **9. ♗e5: b5 10. ♗f4 b4 11. e5 b3 12. e6+ ♔e8 13. ♗e5** (13. d7+ ♔d8 14. ♔c6 war direkter). Schwarz gab auf.

Ausmanövriert!
172

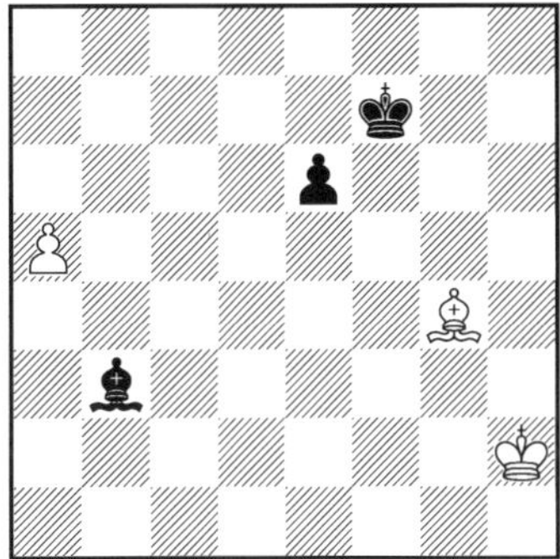

S. Isenegger
„Schweizerische Schachzeitung“
1940
Weiß gewinnt

Es grenzt ans Unglaubliche, dass Weiß bei seiner schlechten Königsstellung eine Gewinnmöglichkeit haben soll. Und doch: nach acht Zügen ist der Kampf entschieden! **1. a6 ♗d5 2. ♔g3** (droht ♗f3) **2. ... e5 3. ♗c8! ♗c4! 4. a7 ♗d5 5. ♗h3! ♔e7 6. ♗g2 e4 7. ♔f4 e3! 8. ♗f3!**. Eine klassische Miniatur strategischen Gepräges, jedoch mit einem hocheleganten, taktisch betonten Lösungsverlauf.

Kleines Zugzwangduell
173

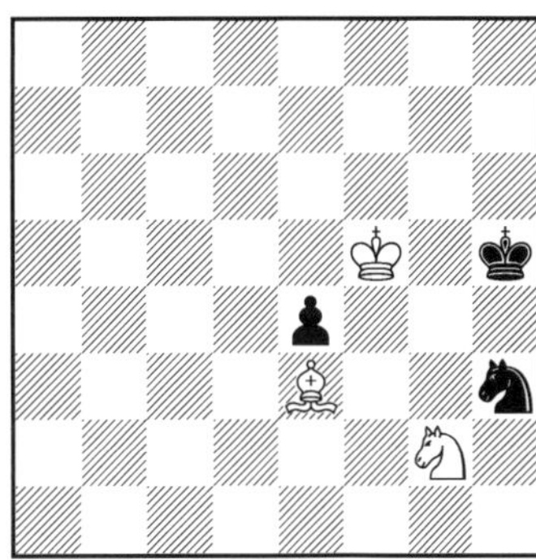

Dr. W. Speckmann
„Springaren“, 1955
Weiß gewinnt

Weiß ist in Zugnot; sein Bestreben muss es daher sein, den Springer, wie man so schön sagt, „auszutempieren“. Dieses (in unserem Beispiel nicht schwer zu ergründende) Tempoduell geht wie folgt vor sich: **1. ♗d2!**. Er muss nach d2 gehen, weil er das Feld es braucht, um mattzusetzen! Wieder ein interessanter Fall, wo in einer ganz einfachen Stellung ein Mattangriff geführt wird. **1. ... ♘f2!**.
Nach 1. ... ♘g1 sehen wir schon, worauf es ankommt: 2. ♘f4+, und nach 2. ... ♔h4 3. ♗e1 wäre das Matt eine vollzogene Tatsache! Geht der König aber nach h6, so setzt er sich einem Abzugsschach aus, mit dein Weiß den Springer gewinnt.
2. ♗g5 (droht wieder Matt) **2. ... ♘d3.** Auf 2. ... ♘h3 3. ♗e3! hätte Weiß das Ziel seines Zugzwangma-

növers erreicht, weil die Ausgangsstellung mit Schwarz am Zuge erreicht ist; aber auf d3 steht der schwarze Springer kaum besser: **3. ♗e3 ♘~ 4. ♘f4+**, wieder mit Matt oder Eroberung des Springers.

Von Dr. Speckmann, einem der bedeutendsten deutschen Problemkomponisten, gibt es eine kleine Anzahl von Studien; sie zeigen meist ausgesprochene Problemideen, wie es sie ja gelegentlich auch in der praktischen Partie gibt.

Gegenseitiger Zugzwang
173 A

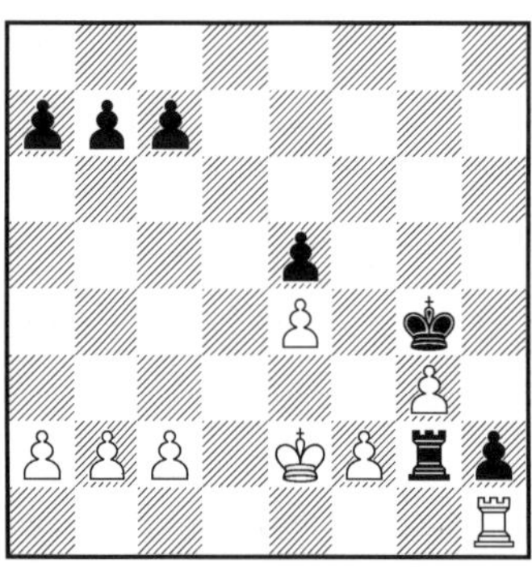

Buschniak – Nikolic
Jugolsawische Meisterschaft 1973
Wer zieht, verliert

Weiß gewinnt, wenn er auf 1. ... ♔h3 mit 2. ♔f1 antworten, und umgekehrt siegt Schwarz, wenn er 1. ♔f1 mit 1. ... ♔h3 begegnen kann. Ein Beispiel: 1. ... ♔h3 2. ♔f1 c5 3. c4 a6 4. a3 b6 5. a4 und so fort, ebenso würde auf 1. ... c5 2. c4 geschehen. Nun ist aber Weiß am Zug, und wegen des gegenseitigen Zugzwangs verliert er: **1. ♔f1 ♔h3 2. c4 c5 3. a3 a6 4. b4 b6 5. b5 ab5: 6. cb5: c4** und gewinnt.

Auch in Studien taucht das Thema auf; hier ein Beispiel.

173 B

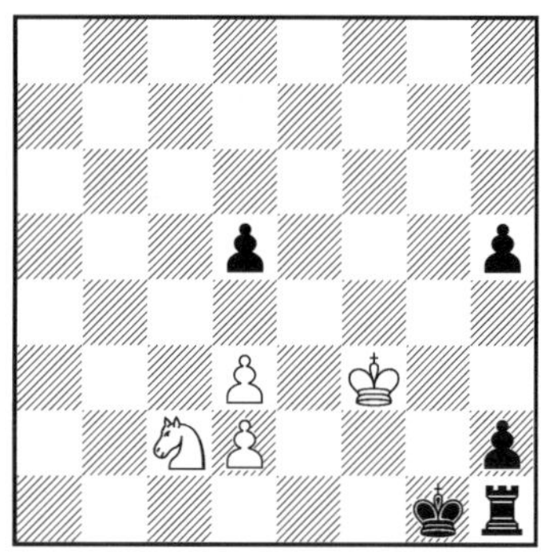

A. Kasanzew
„64“ 1933. Remis

1. ♘e3 d4 2. ♘f5 h4 3. ♘g3 hg3: 4. ♔e2, und jetzt

a) 4. ... **♔g2**, und Weiß ist patt

b) 4. ... g2 5. ♔e1 und Schwarz ist patt.

Der vergessene Freibauer
174

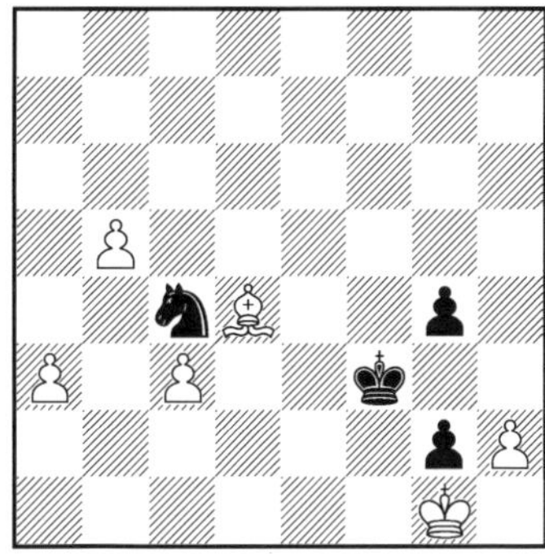

Bildhauer – Dima (am Zug)
Arad 1940

„Duelle“ zwischen einander feindlich gesinnten Figuren lassen sich in der Problem- und Studienkomposition an zahllosen Beispielen vorführen (vgl. z. B. die Stellung 173). Dramatische Formen nehmen sie meist dann an, wenn es ums Mattsetzen geht! Wie wir an unserer Stellung sehen, kann es dazu auch in der praktischen Partie kommen: Schwarz möchte natürlich Matt geben, wobei es ihm ganz gleichgültig ist, ob dieses Ereignis auf e2 oder h3 stattfindet.

Hier waren Bemühungen des Läufers, den Springer an seinem schadenstiftenden Tun zu hindern, von vornherein zum Scheitern verurteilt: Wir sehen, dass der Punkt f4 das Idealfeld für den Springer ist, denn von dort aus droht er doppelt, nämlich auf e2 und h3. Schwarz sah, dass ihn der Läufer nicht stören konnte; z. B. 1. ... ♘b2 2. ♗c5 ♘d3 3. ♗d6 ♘f2! mit undeckbarem Matt. Er zog also siegesbewusst **1. ... ♘b2?? 2. b6! ♘d3 3. ♗e3!!**. Dass so ein Zug möglich war, kam dem im „Systemdenken“ befangenen Führer der Schwarzen wie ein Donnerschlag! In der Tat: Man neigt dazu, mit dem Schicksal zu hadern, wenn eine so eindeutige Siegesplanung durch einen Zufall in der Stellung (hier den Bb6) zerstört wird. Wir sind allerdings der Meinung, dass es solche „Zufälle“ nicht gibt, sondern dass es unsere unzulängliche Schulweisheit ist, die Tadel verdient. Der Verlust eines einzigen Tempos genügte hier zum Gewinn für Weiß: **3. ... ♔e3: 4. b7! ♔f3 5. b8♕ ♘f4 6. ♕f8!**, und Schwarz musste die Waffen strecken.

Nichtsdestoweniger war die Partie für Schwarz zu gewinnen. Um das zu ergründen, müssen wir „einen Schritt zurück“ tun: Der Punkt f4 war das – in der Partie nicht erreichbare – Idealfeld für den Springer; aber das Feld e4 ist auch nicht zu verachten! Von hier aus droht der Springer nach g5 und nach c3 zu gelangen (jeweils mit Mattdrohung); der Läufer könnte beides nur verhindern, wenn er auf f6 steht. Hier würde er aber einfach geschlagen werden, und außerdem steht dem Springer, wie schon gesehen, auch f2 zur Verfügung. Der Läufer kann gegen die Absicht, den Springer nach e4 zu führen, nichts ausrichten, und für Schwarz kommt es nur darauf an zu prüfen, ob ihm nicht der b-Bauer einen Strich durch die Rechnung machen wird: 1. ... ♘d6(2)! 2. b6 (oder 2. ♗e3 ♘e4! mit der nicht angemessen parierbaren Drohung ... ♘c3:) 2. ... ♘e4 3. b7 (am besten) 3. ... ♘g5 4. h4(!). Die letzte Ausflucht, weil Schwarz jetzt nicht ... g3 antworten kann. 4. ... ♘h3+ 5. ♔h2 ♘f4! (sperrt die Schräge nach g3!) nebst 6. ... g3+ und 7. ... ♘e2#.

Wir erkennen, dass es bei diesen Figurenduellen genauso wie im Bauernendspiel „Gegenfelder“ gibt. Berücksichtigt sie die Partei, die in der Verteidigung ist, so kann sie manchmal erfolgreichen Widerstand leisten. In unserem Beispiel ist aber alles Bemühen umsonst, weil kein Feld vorhanden ist, von dem aus bei gegnerischer Springerstellung auf e4 der Läufer die Punkte g5, c3 und f2 gleichzeitig decken kann.

*

Die so genannte „Beherrschung, wie sie in der folgenden Studie gezeigt wird, ist eine Form des Duells zwischen zwei Figuren, bei dein die feindliche Figur entweder – im Remis-Sinne – ständig angegriffen und beschäftigt oder – im Gewinn-Sinne – so in die Enge getrieben wird, dass sie schließlich erobert werden kann.

Herrscher über zwei Figuren

175

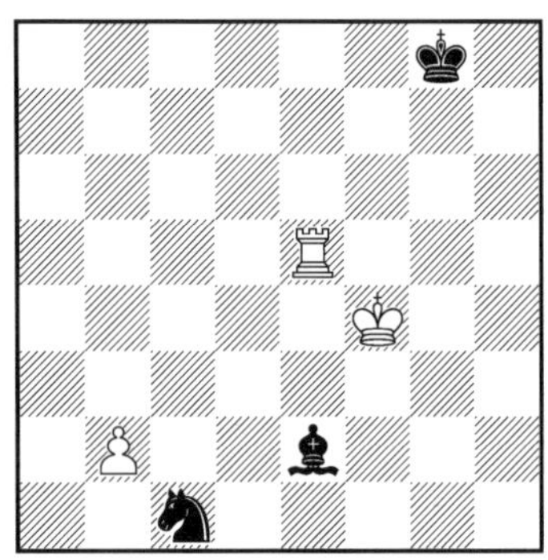

H. Rinck
1. Preis im Thematurnier der „Sydsvenska Dagbladet Snällposten“, 1925
Weiß gewinnt

1. ♔e3! ♗a6!. Nach 1. ... ♗f1 gewinnt Weiß mit 2. ♖g5+ ♔h7 3. ♖g1 ♘d3 4. ♖f1: ♘b2: 5. ♖f4 den Springer, und 1. ... ♘d3 wird mit 2. ♖g5+ ♔f7 3. ♔e2: ♘b2: 4. ♖g4 siegreich beantwortet. Auf 1. ... ♔f7 schließlich folgt 2. ♔d2 ♔f6 3. ♖e3 mit Gewinn.

2. ♖a5! ♗b7! (2. ... ♘d3 3. ♖a6: ♘b2: 4. ♔d4 usw.) **3. ♖b5! ♗a6! 4. ♖b6! ♗f1.** Es ist erreicht: **5. ♖g6+ ♔f7 6. ♖g1,** und Weiß gewinnt.

Und nun ein Beispiel aus der praktischen Partie:

Verfolgt, gejagt, erobert
176

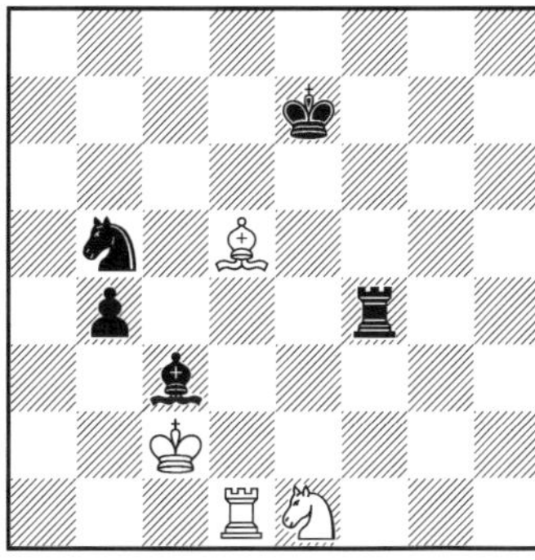

Mendelssohn – Herland (am Zug)
Bukarest 1927

Angesichts der ungleichen Läufer war die Aufgabe von Schwarz nicht so einfach, aber es glückte ihm, nach **1. ... ♘d4+ 2. ♔c1** (♔d3? ♖f1), den b-Bauern zu forcieren. Das Mittel: Eine Verfolgungsjagd auf den weißen Läufer!

2. ... ♖f5! 3. ♗g8! ♖g5 4. ♗a2(!). Nach 4. ♗e4 ♖c5 verliert Weiß durch Abzugsschach den Springer, und auch mit 4. ♗h7 ♖g1! 5. ♘d2 ♘e2+ 6. ♔c2 b3+ kommt Weiß nicht lebend davon. **4. ... ♖a5! 5. ♗b1.** Erzwungen, denn nach einem anderen Läuferzug wäre Weiß ganz schlicht mattgesetzt worden. Auf 5. ♔b1 aber wäre 5. ... b3 gefolgt. **5. ... b3!** Hier hätte Schwarz mit 5. ... ♖a1? im letzten Augenblick noch straucheln können; es folgt dann 6. ♖d4:! ♗d4: 7. ♘c2; und da unglücklicherweise auch der Läufer angegriffen ist, muss Schwarz auf den hübschen Zug 7. ... b3 (8. ♘a1:? b2+!) verzichten und ins Remis willigen. – Nach dem Bauernzug ist eine sehenswerte Belagerungsstellung mit Mattdrohungen auf b2 und e2 entstanden. Weiß zog noch **6. ♖d3** und gab nach **6. ... b2+ 7. ♔d1 ♖a1** die Partie auf.

Der Dauerangriff
176 A

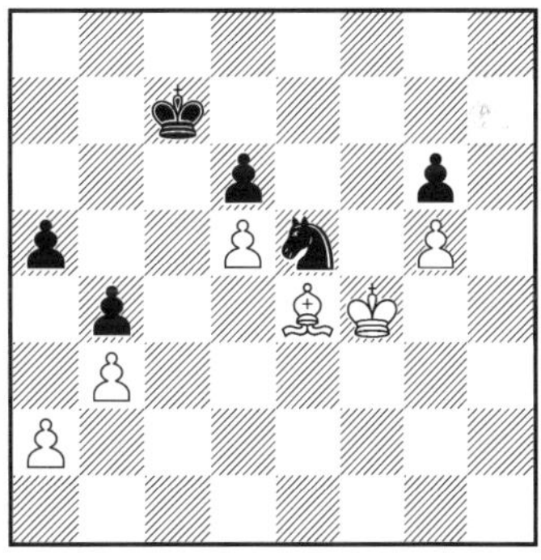

Czerniak – Udovcic
Zagreb 1969. Weiß am Zug

Der israelische Meister hielt die Partie unentschieden, indem er seinen Läufer opferte und dann den Springer dauernd verfolgte: **1. ♗g6:!** Der Zug verdient ein Rufzeichen, weil Schwarz noch straucheln und verlieren kann. **1. ... ♘g6: 2. ♔f5 ♘h4+** (Die Züge des Springers nach e5, f8 oder h8 führen zur Niederlage wegen 3. g6 ♘g6: 4. ♔g6: ♔b6 5. ♔f6 ♔b5 6. ♔e7! ♔c5 7. ♔e6!. – Schwarz erreicht mit 2. ... ♘e7+ 3. ♔e6 nichts, denn der Springer müsste wieder nach g6 zurück, weil bei 3. ... ♔d8 4. ♔d6: auch die Bauern a5 und b4 nicht mehr lange am Leben bleiben.) **3. ♔g4 ♘g2 4. ♔f3!** Aber nicht 4. g6?, weil der Springer über e3 und d5 nach e7 käme. Weiß setzt den amüsanten Dauerangriff auf den Springer fort. **4. ... ♘e1+ 5. ♔e2** (5. ♔e4? ♔d7!) **5. ... ♘c2 6. ♔d3 ♘e1+** (6. ... ♘a3? 7. g6) **7. ♔e2 ♘g2 8. ♔f3 ♘h4+ 9. ♔g4 ♘g6 10. ♔f5** Remis. Sehen wir dazu die Studie, die Czerniak inspirierte.

176 B

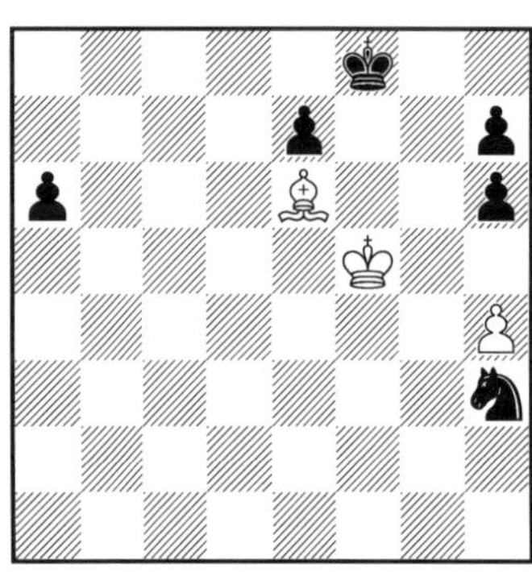

H. Rinck
1. Preis „Eco degli Scacchi" 1917
Remis

1. ♔e4! ♘f2+ ♔e3 ♘d1+ 3. ♔d2 ♘b2 4. ♔c3 ♘a4+ 5. ♔b4 ♘b6 6. ♔c5 ♘a4+ (6. ... ♘a8 7. ♔c6 ♔g7 8. ♔b7 ♔f6 9. ♗c4 a5 10. ♔a8:, remis) **7. ♔b4 ♘b2 8. ♔c3 ♘d1+ 9. ♔d2 ♘f2 10. ♔e3.** Remis.

Es handelt sich um ein altes Studienthema, das auch von Troitzky, Kasparjan, Gorgijew, Liburkin dargestellt wurde.

Geplagter Läufer
177

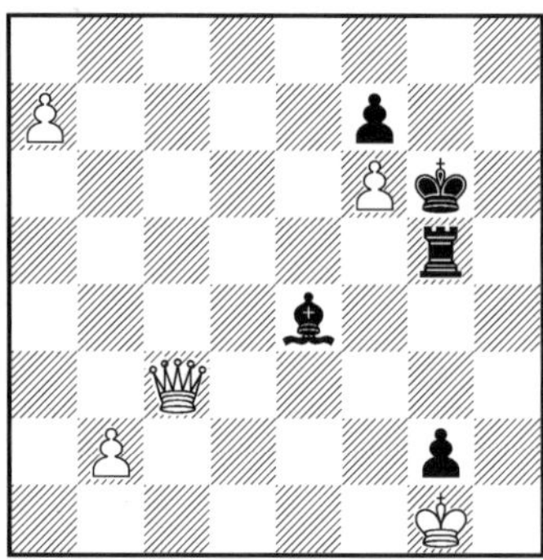

Gumprich (am Zug) – Darga
Bad Neumahr 1957

Schwarz droht ... ♖h5 nebst Schach auf h1. gewiss kann Weiß dies durch Angriffe auf den Läufer abwehren; – aber gewinnen?! Gumprich, gestützt auf die ungünstige, Schachgeboten ausgesetzte schwarze Königsstellung, bewies es: **1. ♕c4! ♗b7** (**...** ♗f3? 2. ♕d3+, oder ... ♗a8 2. ♕c8!) **2. ♕b3! ♗e4** (**...** ♗c6 3. ♕c2+) **3. ♕a4!.** Entscheidend. Weil jetzt 4. a8♕ drohte, hätte Darga 3. ... ♗a8 spielen müssen, worauf 4. ♕e8! ♗d5 5. a8♕ sofortigen Untergang bedeutet. Schwarz gab daher die Partie auf.

Schönheit der Logik
178

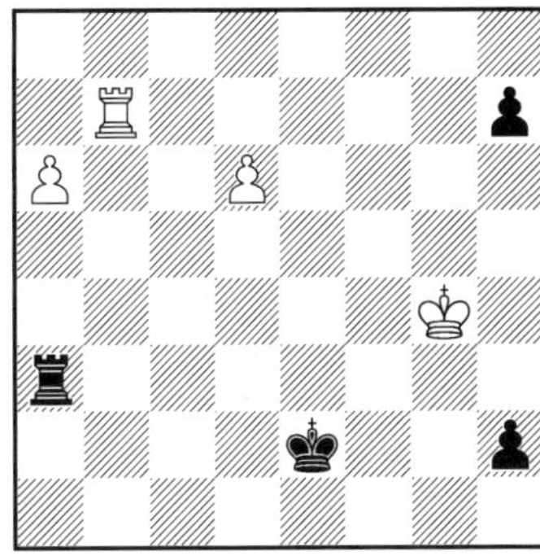

A. Herberg
„Schach-Echo"-Turnier 1961
1. Preis
Weiß gewinnt

Dass der Bh7, problemtheoretisch gesprochen, die Funktion eines „Fernblocks" zu übernehmen hat und daher nicht beseitigt werden darf, ist eine der glänzenden Pointen dieser hervorragenden Studie. Schwarz hält auf 1. ♖h7:? wie folgt unentschieden: 1. ... ♖a6: 2. ♖h2:+ ♔e3! (aber nicht 2. ... ♔d3? 3. ♖h1 ♔e2 4. ♖h6 ♖a5 5. ♔f4 ♔d3 6. ♖h1 mit Gewinn) 3. ♖h6(!) ♖a5 4. ♖h5 (♖e6+ ♔d3! Remis) 4. ... ♖a4+ 5. ♔f5 ♖a5+ 6. ♔g6 ♖a6 7. ♖d5 ♔e4, und Schwarz erobert wegen der unglücklichen Stellung des weißen Königs den Bauern. **1. ♖b2+!! ♔e3 2. ♖h2: ♖a6:** (oder 2. ... h5+ 3. ♖h5: ♖a4+ 4. ♔f5 ♖a5+ 5. ♔e6! mit Gewinn) **3. ♖h6.** Nun ist dieselbe Stellung wie in der „ideegemäßen Verführung" 1. ♖h7: erreicht, jedoch mit dem entscheidenden Unterschied, dass Schwarz noch den Bh7 hat! **3. ... ♖a5!**. Pariert die beiden Drohungen d7 und ♔f5. **4. ♖h5!**. Die einzige Möglichkeit, da 4. ♖e6+ ♔d3! oder 4. ♖h3+ ♔e4 5. ♖h1 ♖a8 oder 4. ♖h1 ♖d5 nur Remis ergibt. **4. ... ♖a4+.** Auf 4. ... ♖a8 folgt 5. ♔f5, während 4. ... ♖a6 mit 5. ♖d5 ♖a8 6. d7 usw. siegreich beantwortet wird; der h-Bauer kommt zu spät. **5. ♔f5!** (5. ♔g5? ♖d4 6. ♖h6 ♖d5+, Remis) **5. ... ♖a5+ 6. ♔e6!**. Die erste – und entscheidende – Abweichung vom Probespiel! **6. ... ♖h5: 7. d7**; Weiß gewinnt. – Und das ist das „langweilige" Turmendspiel!

Freie Bahn dem Turm!
179

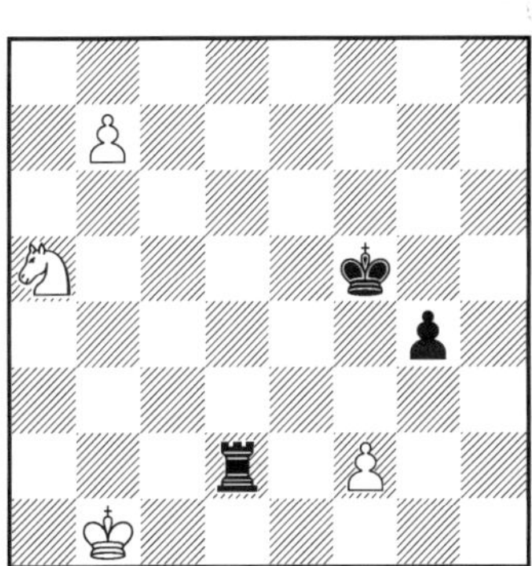

Werner – Bethge (am Zug)
Berlin 1928

Die Aufgabe, in dieser scheinbar verlorenen Stellung (z. B. 1. ... ♖d8 2. ♘c6 ♖e8 3. ♘e7+ nebst ♘c8) noch einen halben Punkt zu retten, löste Schwarz wie folgt: **1. ... ♖d1+!** **2. ♔c2 ♖d8 3. ♘c6 ♖f8!! 4. ♘e7+ ♔g5! 5. ♘c8 ♖f2:+!** mit Dauerschach (der weiße König darf die Beobachtung der b-Linie nicht aufgeben).

In die künstlerische Form einer Studie gegossen sieht der Partieschluss so aus:

Das große Duell
180

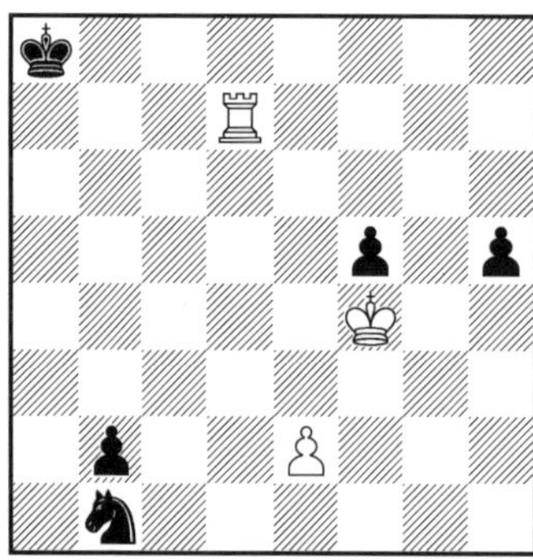

F. Bethge „Der Tag", 1929
Weiß hält unentschieden

1. ♖d8+! (1. ♖d1? ♘c3 2. ♖e1 ♘e2:+ 3. ♔f5: ♘c1 4. ♖d8+, und der schwarze König gelangt schließlich nach d2) **1. ... ♔a7!** (sonst 2. ♖d4 nebst ♖b4+) **2. ♖d7+ ♔b6**(!) **3. ♖d4!**. Nicht 3. ♖d8 (6+)? ♔c7! 4. ♖d1 ♘c3 5. ♖e1 ♘e2:+ 6. ♔e3 ♘c1 7. ♔d2 b1♕ mit gewonnenem Bauernendspiel. **3. ... ♔c5 4. ♖d1 ♘c3 5. ♖f1!**. Auf 5. ... ♘e2:+ folgt nun 6. ♔g5! ♘c1 7. ♖f5:+ ♔c4 8. ♖f4+ ♔c3 9. ♖f3+ ♔d2 10. ♖f2+ ♘e2 11. ♖f1!; Remis.

5. ... h4 (noch ein Versuch) **6. ♔f5:! h3 7. ♔g4 h2 8. ♔h3!** (♔g3 h1♕! verliert!) **8. ... ♘e2: 9. ♔h2: ♘c1 10. ♖f5+** mit Dauerschach. – Der Be2 ist nachträglich eingefügt. Problemterminologisch kann man hier von einer „Magnetkombination" (Lenkung des schwarzen Königs auf die fünfte Reihe) und von einer „Entsperrung" (6. ♔g5) sprechen.

Unvergängliche Fesselungskombination
181

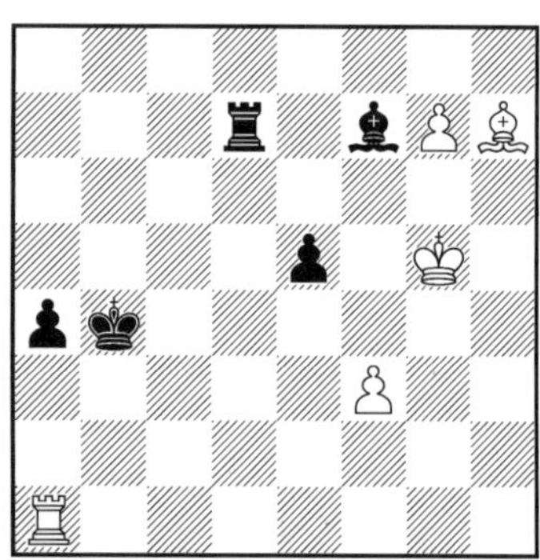

Boekdrukker (am Zug) – Lewander
Fernpartie, Holland 1936

Die unsterbliche Fesselungskombination! Es geschah **1. ♖a4:+!!** Ungläubig schüttelt man den Kopf, – aber es ist wahr: das Opfer gewinnt zwangsläufig die Partie! **1. ... ♔a4: 2. ♗g6!!**. Danach muss Schwarz die Partie aufgeben, denn er kann die

Drohung ♗f7: weder durch 2. ... ♗g6: (3. g8♕) noch durch einen Zug des Läufers angemessen abwehren: 2. ... ♗g8 3. ♗e8!. Weiß gewinnt den gefesselten Turm und damit die Partie.

Übers Kreuz
182

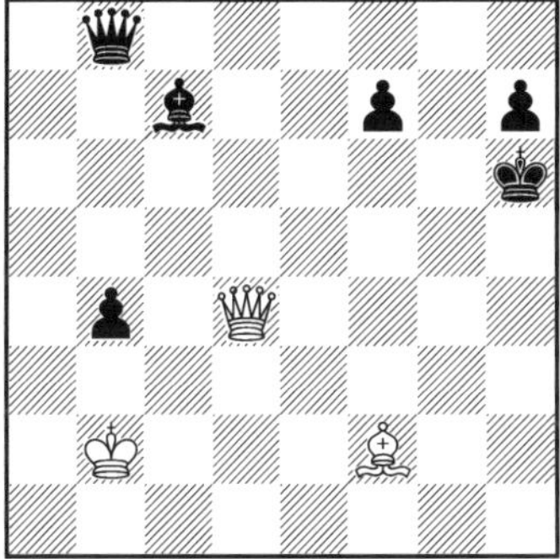

A. A. Troitzky
„L'Echiquier", 1930
Weiß gewinnt

Die so genannte „Kreuzfesselung" bietet stets ein hübsches Bild. Nach **1. ♕f6+ ♔h5 2. ♕f5+ ♔h6 3. ♗e3+ ♔g7 4. ♕g5+ ♔f8 5. ♗c5+ ♗d6 6. ♕e5!** haben wir den ersten Streich. **6. ... ♔g8** 7. ♗d6: **♕d8(!) 8. ♕g3+ ♔h8 9. ♗e5+f6 10. ♕g5!.** Der zweite – und letzte – Streich gewinnt.

Zum Abschluss der kleinen Übersicht zeigen wir einen höchst lehrreichen und außerdem sehr interessanten Partieschluss, in dem das Fesselungsmotiv in mehrfacher Gestalt auftaucht:

Kurz vor dem Ziel ...
183

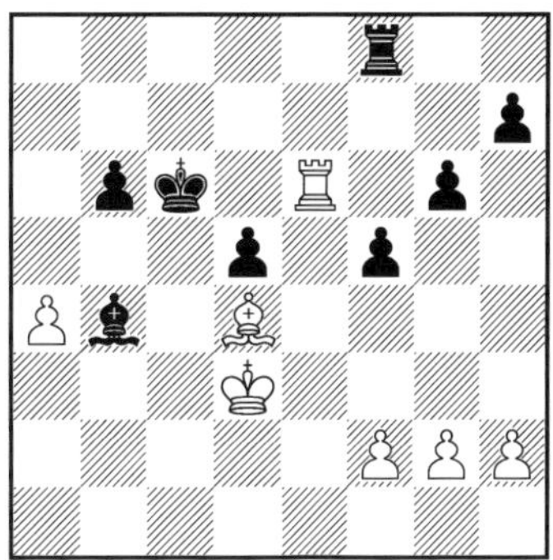

Kortschnoj – Barcza (am Zug)
Budapest 1961

Um nicht den augenblicklichen Mehrbesitz eines Bauern bei zweifelhafter Lage einzubüßen, begab sich Barcza mit **1. ... ♗d6?** in eine höchst unbequeme Fesselstellung, aus der er nicht mit heiler Haut hätte herauskommen sollen. Es folgte **2. ♗e5 ♖d8 3. ♔d4!**, und jetzt war Schwarz zur Untätigkeit verurteilt. Vermutlich hatte er beabsichtigt, sich mit 3. ... ♔c7? der Umklammerung zu entziehen, aber dann gesehen, dass dies mit 4. ♖d6:! ♖d6: 5. a5! fürchterlich bestraft worden wäre.

So blieb nur **3. ... ♖d7**, und Weiß begann in aller Ruhe, seinen Königsflügel in Bewegung zu setzen, um dort unter den schwarzen Bauern Unordnung zu stiften. **4. f4 ♖d8 5. h3 ♖d7 6. g4 ♖d8.** Schlagen verbot sich, weil ein weißer Freibauer auf der f-Linie entstanden wäre; z. B. 6. ...

fg4: 7. hg4: ♖d8 (... h5 8. ♖g6:) 8. f5 gf5: 9. gf5:, und Weiß steht auf Gewinn. **7. g5 ♖d7 8. h4 ♖d8 9. h5 gh5: 10. ♖h6 ♖d7**. Mit dem Unfrieden am Königsflügel hat Weiß keinen Erfolg erzielt! Es folgte noch **11. ♔d3 ♔c5 12. ♗d6:+ ♖d6:**. Die Gegner einigten sich auf Remis, was für Kortschnoj sicherlich eine Enttäuschung war, dafür aber Barcza mit Genugtuung erfüllt haben muss Kortschnoj hatte nämlich einen prächtigen Gewinn versäumt. An Stelle von 8. h4 wäre 8. ♖f6!! die richtige Fortsetzung gewesen. Sie hätte nach 8. ... ♖d8 9. ♗d6:! ♖d6: 10. ♔e5! urplötzlich einem weißen Freibauern auf der f-Linie zum Leben verholfen (in 10. ... ♖f6: 11. gf6:), und Schwarz hätte sofort aufgeben müssen. Barcza muss während der Partie Todesängste ausgestanden haben.

11. KAPITEL
Das schwierige Bauernendspiel

Um ein Haar
184

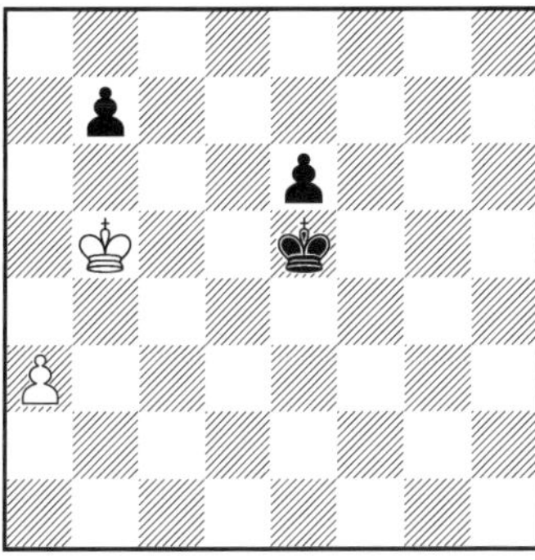

S. Isenegger
„Basler Nachrichten", 1941
Weiß hält unentschieden

„Eine klare Sache!" meint unser Schachfreund, der das Schach-1 x 1 beherrscht: Weiß braucht sieben Züge und Schwarz sechs, um den a- bzw. den e-Bauern zu verwandeln; Weiß wird also, da er am Zuge ist, unmittelbar nach dem Gegner eine neue Dame erhalten, und das Spiel ist remis.

Richtig und – falsch! 1. ♔b6? ♔d6! 2. a4 e5 3. a5 e4 4. ♔b7: e3 5. a6 e2 6. a7 e1♕ 7. a8♕. Über dem Weißen schwebt an einem brüchigen Haar das Damoklesschwert des nach dem italienischen Theoretiker **Polerio** (16. Jahrhundert!) benannten Matts; eigentlich ist es die Gewinnstellung seines Landsmannes **Lolli,** der 180 Jahre später gewirkt hat. Schwarz erzwingt in unserer Stellung mit 7. ... ♕b4+ oder 7. ... ♕b1+ (nicht aber mit 7. ... ♕e7+) den Gewinn; z. B. 7. ... ♕b4+ 8. ♔a6. Oder 8. ♔a7? ♔c7!, oder 8. ♔c8 ♕c4+ 9. ♔b7(!) ♕b5+ usw. wie im Text. 8. ... ♕a4+ 9. ♔b7 ♕b5+, und Weiß wird mattgesetzt, gleichgültig, ob er nach c8 oder nach a7 geht.

Die Gewinnzone für den schwarzen König wird durch ein Rechteck von drei mal vier Feldern bestimmt; aber Achtung: Nicht immer gewinnt Schwarz, wenn sein König in der Gewinnzone steht! Es gibt Ausnahmefälle, über die wir uns indessen hier nicht ausführlicher äußern können.

Wie kann nun Weiß in unserer Studie das Spiel halten? **1. ♔c5!! ♔f5.** Es gibt nichts Besseres. **2. a4 e5 3. a5 e4 4. ♔b6 e3 5. ♔b7: e2 6. a6 e1♕ 7. a7,** und jetzt kann der Schwarze – infolge der Selbstbescheidung des Gegners – nicht mehr gewinnen. Sein König steht außerhalb der hier maßgeblichen Gewinnzone. – Ja, Schach ist eben kein Abzählspiel!

Der große Bogen
185

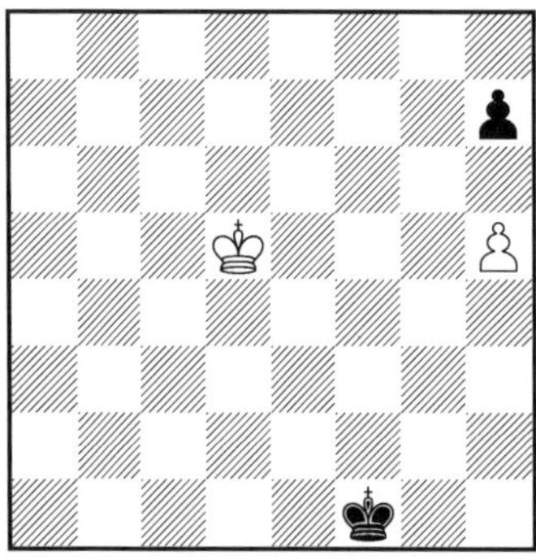

St. Szabó – Alexandrescu (am Zug)
Rumänische Meisterschaft 1952

Die Stellung ist als klassisches Beispiel weltbekannt, aber nicht alle Schachfreunde, die sie schon gesehen haben, werden wissen, dass der schwarze König sein Ziel, nämlich die Einsperrung des weißen Königs auf der h-Linie, nur auf dem Wege über c4(!!) erreichen kann. Alexandrescu zog **1. ... ♔f2?** und musste nach 2. ♔e5 ♔f3 (hier würde auch 2. ... ♔e3 nicht mehr helfen) 3. h6 ♔g4 4. ♔f6 die Waffen strecken.
Richtig war statt dessen **1. ... ♔e2! 2. h6.** Verzichtet Weiß auf diesen Vorstoß und geht er sofort auf den Bh7 los, so erreicht Schwarz nach 2. ♔e5 ♔d3! 3. ♔f6 ♔e4 4. ♔g7 ♔e5 5. ♔h7: (h6 ♔e6) 5. ... ♔f6 eine bekannte Remisstellung. **2. ... ♔d3! 3. ♔e5 ♔c4! 4. ♔f6 ♔d5 5. ♔g7 ♔e6 6. ♔h7: ♔f7**; Remis.

*

Schon 1926 hatte **Grigoriew** eine Partiestellung (mit vertauschten Farben) untersucht, die sich von Nr. 185 nur dadurch unterschied, dass der weiße König auf d6 stand. Auch hier zog Schwarz **1. ... ♔f2?**; Weiß jedoch vergab den Gewinn, indem er mit **2. ♔e6?** (richtig ♔e5!) fortsetzte. Nun hätte Schwarz noch einmal Gelegenheit gehabt, zum rechten (Um) Wege zurückzukehren, aber er verschmähte 2. ...♔e3 (hier wäre sogar ... ♔f3 noch möglich gewesen!), zog **2. ... ♔g3** und verlor.

*

Auch der bedeutende deutsche Studienkomponist **F. Sackmann** hatte 1924 schon die Problematik erkannt (♔g8, ♙a2 – ♔g6, ♙a3; Weiß hält remis); ein Jahr später veröffentlichte **Grigoriew** dieselbe Stellung: Nur mit **1. ♔h8!!** (♔f8? ♔f6 verliert) **1. ... ♔f6 2. ♔h7!** kommt der weiße König gerade noch rechtzeitig zur Einschließungszeremonie nach c2.
Ist es nicht gut, wenn man Studien kennt?!

Zu menschenfreundlich
186

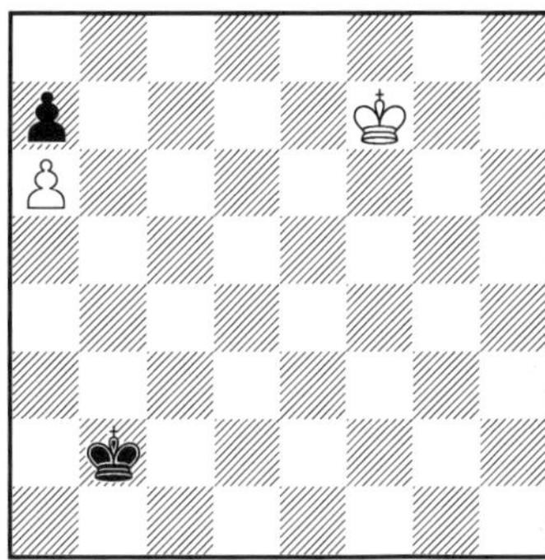

Schlage (am Zug) – Ahues
Berlin 1921

Weiß muss bestrebt sein, den Gegner vom Felde c7 fernzuhalten, und das gelingt sehr schön – ganz ohne Tempoverlust, denn wir wissen ja: der König zieht allen physikalischen Gesetzen zum Trotze schräg genau so schnell wie gerade! – mit **1. ♔e6 ♔c3(!).** Meister Ahues als gerissener Taktiker resignierte natürlich nicht mit 1. ... ♔b3?, wonach Weiß leicht mit 2. ♔d6 usw. gewonnen hätte. Nach 1. ... ♔c3 aber war die „kritische Stellung" erreicht: Meister Schlage, den wir als eine menschenfreundliche Persönlichkeit gekannt haben, vergab die große Gelegenheit 2. ♔d5(!!), wonach Ahues vermutlich aufgegeben haben würde, und ließ den hocherfreuten Gegner mit **2. ♔d6?? ♔d4** (natürlich!) **3. ♔c6 ♔e5 4. ♔b7 ♔d6 5. ♔a7: ♔c7** entschlüpfen; Remis!

Quo vadis?
187

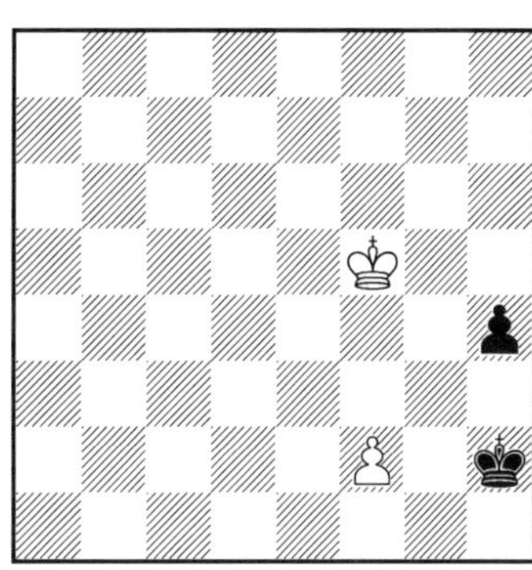

S. Isenegger
„Schweizerische Schachzeitung"
1951
Weiß hält unentschieden

Einigermaßen leicht ist zu erkennen, dass Weiß mit 1. ♔g4? bei ungünstiger eigener Königsstellung seinen Freibauern nur bis f7 bringt. Also wird es der Leser mit 1. ♔g6 oder 1. f4 versuchen, während er wohl ungläubig den Kopf schütteln würde, wenn man ihm sagt, dass nur **1. ♔e6!!** das Remis sichert!

Bekanntlich ist es, wie wir es auch schon in Stellung 53 gesehen haben, für die schwächere Partei, die über einen c- oder f-Bauern auf der siebten Reihe verfügt, am günstigsten, wenn ihr König in der „kurzen Ecke" steht. Hier aber lässt sich dieser Plan nicht durchführen, wie die Zugfolge 1. ♔g6? h3 2. f4 ♔g3 3. f5 h2 4. f6 h1♕ 5. f7 ♕h8 klar erweist. Ebenso schlecht fährt Weiß mit 1. f4? ♔g3!

2. ♔e(g)5 h3 3. f5 h2 4. f6 h1♕ 5. f7 ♕h8(+).

Nach **1. ♔e6! h3 2. f4 ♔g3 3. f5 h2 4. f6 h1♕ 5. f7** steht zwar der weiße König nicht so günstig wie etwa auf g7; aber auch sein schwarzer Gegenspieler ist auf g3 zu weit vom Kampfplatz entfernt, als dass er in die Auseinandersetzung eingreifen könnte. Die Dame allein aber kann nichts ausrichten, also: Remis!

Er verteidigt sich selbst
188

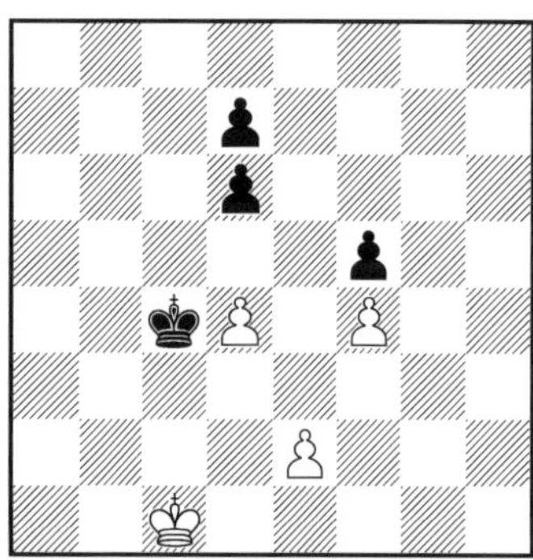

Horwitz und Kling
„Chess Studies", 1851
Weiß gewinnt

In diesem klassischen Beispiel aus dem gemeinsamen Schaffen zweier Altmeister der Studienkunst gewinnt Weiß mit **1. e4! ♔d4:**. Wenn 1. ... fe4:, so 2. f5 ♔d5 3. ♔d2; Schwarz ist verloren, da er nach 3. ... e3+ 4. ♔e3: in tödlichem Zugzwang wäre und dem Bf5 den Weg nach f8 freimachen müsste. Hier sehen wir das bekannte Strategem, dass sich zwei Bauern, die durch eine Linie getrennt, im Springerabstand voneinander stehen, vom gegnerischen König auch dann nicht erobert werden können, wenn dieser beweglich ist. Anders ist es mit dem Doppelbauern; Hier muss der feindliche König durch bestimmte Umstände, in unserer Studie – nach **1. ... ♔d4: 2. ef5: ♔d5** – wegen des Bd6, am Eingreifen gehindert sein. Weiß gewinnt leicht mit einem Tempozug des Königs, wonach Schwarz wie in der anderen Variante weichen muss.

Autarkie des Doppelbauern
189

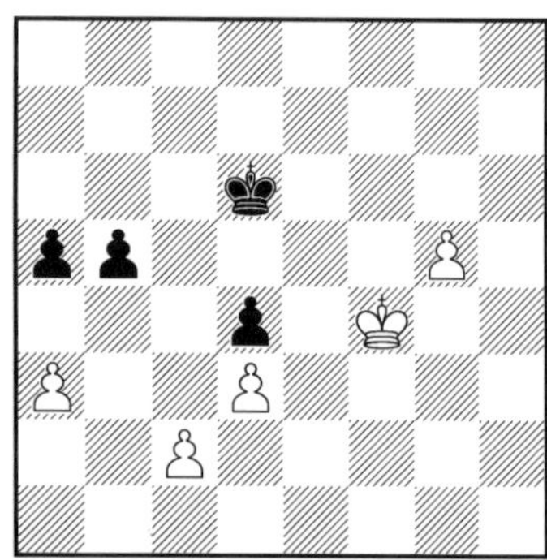

Ermolajew – Karpitzky (am Zug)
UdSSR 1950

Für den „autarken Doppelbauern" greifen wir eine einfache Stellung aus der praktischen Partie heraus: Mit **1. ... a4** gewann Schwarz ähnlich wie Weiß in der vorigen Stellung. Es folgte **2. ♔e4 b4! 3. ♔d4:** (denn 3. ab4:

scheitert daran, dass der weiße König nicht im Quadrat des a-Bauern steht) **3. ... ♙a3: 4. ♔c3.** Jetzt steht der schwarze König zwei Freibauern gegenüber, die durch z w e i Linien voneinander getrennt sind. Solche Bauern können ungemein gefährlich sein (vgl. Stellung 192). Hier sind sie es aber nicht, weil der d-Bauer noch zurückgeblieben ist; Schwarz würde sogar dann gewinnen, wenn jetzt Weiß am Zuge wäre. Es geschah **4. ... ♔e6 5. d4 ♔f5 6. d5 ♔g5: 7. d6 ♔f6.** Schwarz eroberte den Bauern und gewann durch Zugzwang.

*

Zu derselben Stellung mit derselben Fortsetzung ist es in der russischen Damenmeisterschaft 1963 zwischen Frau **Borissenko** und Frau **Sworykina** gekommen! Ein Spiel des Zufalls.

Der übersehene Zugzwang
190

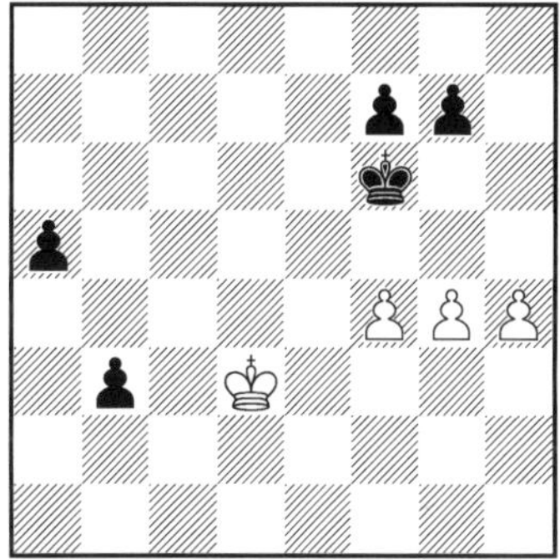

Goldberg (am Zug) – Juk
UdSSR 1933

Die weiße Stellung sieht gefährdet aus; genauer gesagt: sie ist verloren. Wie kann es zugehen, dass Weiß die Partie gewann?!

Meister Goldberg zog **1. h5;** die Antwort war **1. ... a4,** was zwar schon ungenau war (besser 1. ... ♔e7), aber noch nichts verdarb. **2. g5+ ♔f5?.** Der erste Fehler; er gibt den Gewinn aus der Hand. Richtig war es, mit dem König über e7 und g8 nach h7 zu gehen und dann ... f6 zu spielen; z. B. 2. ... ♔e7 3. ♔c3.

Wenn Weiß 3. h6 zieht, geht der Bauer nach ... gh6: nebst ... ♔f8! usw.

verloren. Rückt aber Weiß mit dem f- und dem g-Bauern vor (3. f5 ♔f8 4. g6), so wird der g-Bauer geschlagen, und der schwarze König kehrt über e7 zurück; Weiß verliert sämtliche Bauern.
3. ... ♔f8 4. ♔b2 ♔g8 5. ♔c3 ♔h7 6. ♔b2 f6 7. ♔c3 (g6+ ♔h6) 7. ... fg5: 8. fg5: ♔g8 mit siegreichem Rückmarsch des Königs.
Nach dem Textzug 2. ... ♔f5 ist der Weg zum Feld h7 endgültig versperrt. **3. ♔c3 ♔e6?.** Nun verliert Schwarz sogar! Mit 3. ... f6! 4. g6! ♔e6 war noch Remis zu haben. **4. h6! gh6: 5. gh6: ♔f6 6. f5!**, und Weiß gewinnt wie bei Horwitz und Kling (Nr. 188).

Bauern gewinnen „von selbst“
191

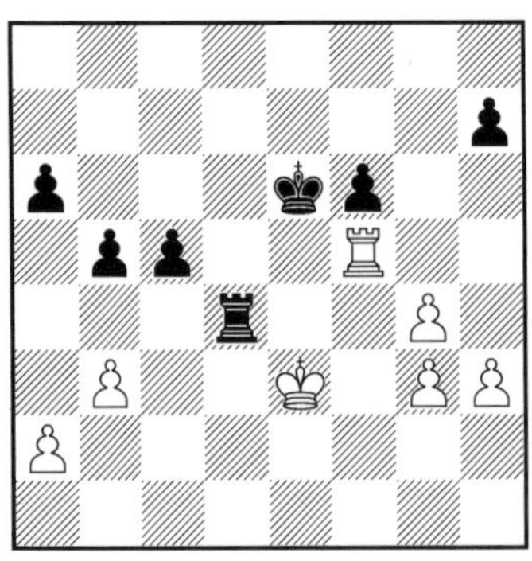

Kopetzky – Michel (am Zug)
Wien 1951

Schwarz zog **1. ... ♖d5**, was Meister Kopetzky erstaunlicherweise mit **2. ♔e4??** beantwortete. Obwohl dies der erste Zug nach der Wiederaufnahme der Partie war (Kopetzky hatte ♖f2-f5 abgegeben), ließ sich Weiß mit dem Turmtausch (richtig 2. ♖f2!) einen schweren Fehler zuschulden kommen; er hatte den Übergang ins Bauernendspiel falsch berechnet! Paul Michel erwiderte 2. ... ♖e5+(!), und nach **3. ♖e5:+ fe5:** war ein für Schwarz auf Gewinn stehendes Bauernendspiel entstanden.
Dasselbe wäre der Fall gewesen, wenn Weiß 3. ♔f4 (statt ♖e5:+) gespielt hätte. Es folgt dann 3. ... ♖f5:+ 4. gf5:+ ♔d5 (dieses Feld freizumachen, war der Zweck von 2. ... ♖e5+) 5. g4 h6!. Verfrüht wäre 5. ... c4 6. bc4: bc4: 7. ♔e3; Schwarz muss zunächst den weißen Königsflügel schwächen (oder das Feld es gewinnen, ohne schon mit ... c4 losgeschlagen zu haben). Auf (5. ... h6) 6. ♔e3 gewinnt Schwarz leicht mit 6. ... ♔e5, während nach 6. h4 nun unbesorgt 6. ... c4 usw. folgen kann. Aber auch der Tausch auf e5 rettete Weiß nicht: **4. g5 a5 5. h4 c4.**

192

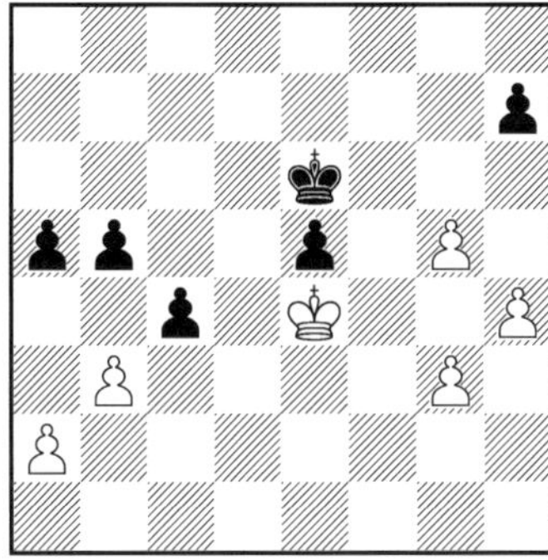

Stellung nach 5. ... c4

6. bc4: (oder 6. h5 cb3: 7. ab3: a4 usw.) **6. ... b4!.** Das ist die Spitze der schwarzen Manöver! Weiß geht daran zugrunde, dass er Bauern gegenübersteht, die durch zwei Linien voneinander getrennt sind. Im Gegensatz zu Stellung 189 sind sie hier aber „gefährlich", und nicht nur das! **7. h5.** Oder 7. ♔d3 a4 8. ♔c2 (falls 8. h5, so 8. ... b3 9. ab3: a3 10. ♔c2 e4 usw.) 8. ... e4 9. h5 e3 nebst ... b3; Schwarz gewinnt. **7. ... a4 8. g6 hg6: 9. h6 ♔f6 10. h7.** Ein typisches Manöver: Weiß sucht den schwarzen König auf die achte Reihe zu lenken (was ihn ja kein Tempo kostet), um seinen anderen Bauern mit Schach verwandeln zu können. Aber hier kommt er um einen Zug zu spät. **10. ... ♔g7 11. h8♕+ ♔h8: 12. c5 b3 13. ab3: ab3:!.** Aber nicht 13. ... a3(??), was zwar in ähnlichen Fällen empfehlenswert sein kann, hier aber wegen des Schachs auf c8 einen halben Punkt kosten würde. Weiß gab auf (14. c6 b2 – mit Schachdrohung! – oder 14. ♔d3 e4+ 15. ♔c3 e3 16. c6 e2 – wieder mit Schachdrohung! – 17. ♔d2 e1♕+ 18. ♔e1: b2, und Schwarz gewinnt). Ein Tempo hat den Kampf entschieden, und die Bauern haben „von selbst" gewonnen!

Klassischer Durchbruch

193

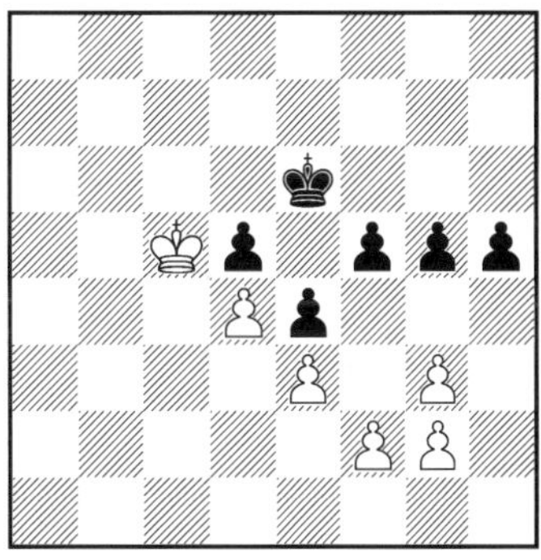

Svacina (am Zug) – H. Müller
Wien 1941

Ursprünglich standen die beiden Könige auf d1 und d3(!). Warum hatte Meister Hans Müller durch „scheinbar klägliche Defensivzüge" (K. Richter in den unübertrefflichen „Kurzgeschichten um Schachfiguren") den weißen König nach vorn gelockt? Der Verlauf zeigt es:

1. ♔c6?. Der Verlustzug! Reumütig hätte der weiße König umkehren müssen (1. ♔b4 usw.). **1. ... g4!** (letzte Vorbereitung ...) **2. ♔c5 f4!! 3. ef4:** (gf4: h4 usw.) **3. ... h4!.** Stünde

der Bg3 noch auf h2, so hätte das ganze Unternehmen keinen Sinn gehabt. Wir sehen hier, dass trotz gleicher Bauernzahl der Doppelbauer eine entscheidende Schwäche in der weißen Stellung bedeutet. **4. gh4: g3! 5. fg3: e3**, und Schwarz gewann.
Das ist einer der schönsten – und zugleich lehrreichsten – Bauerndurchbrüche, die wir kennen.

Warum so pessimistisch?
194

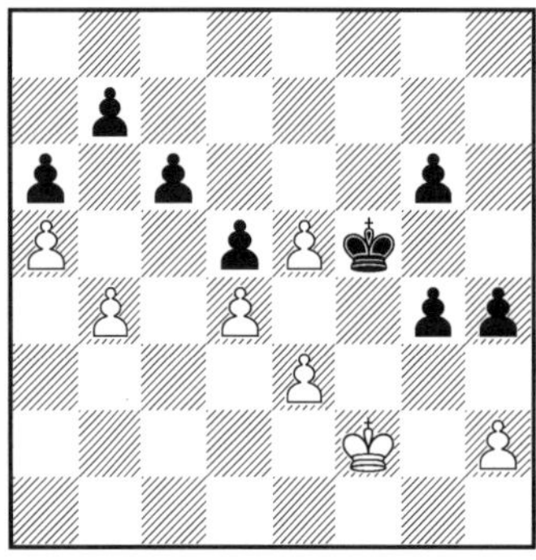

Dr. Trojanescu (am Zug) – Ichim Jasy
1948

Die Partie wurde remis gegeben, da Schwarz glaubte, sein Bauernübergewicht wegen des gedeckten Freibauern auf e5 nicht verwerten zu können. In der Analyse wurde aber ein lehrreicher Gewinn entdeckt:
1. ♔g2. Nach 1. e4+? de4: 2. ♔e3 g3 3. hg3: h3! (4. ♔f2 e3+) hätten wir wieder einen Fall à la Kopetzky – Michel. **1. ... ♔e6! 2. ♔f2.** Interessant wäre der Versuch 2. h3; Schwarz würde dann sowohl mit 2. ... g3 als auch mit 2. ... gh3:+ gewinnen (vgl. unten). **2. ... ♔d7 3. ♔g2 ♔c7! 4. ♔f2 b6! 5. ab6:+.** Auf 5. ♔g2 würde 5. ... ba5: 6. ba5: ♔d7 7. ♔f2 ♔e6! 7. ♔g2 c5! folgen, wonach Schwarz leicht gewinnt. **5. ... ♔b6: 6. ♔g2 ♔c7 7. ♔f2 ♔d7 8. ♔g2 ♔e6 9. ♔f2 c5!!** Selbst hier ist dieser Aufrollungs- und Durchbruchszug möglich. **10. bc5:.** Erzwungen, denn nach 10. dc5: würde sich der schwarze König, nachdem er Be5 beseitigt hat, in aller Gemütsruhe nach c6 begeben und dann mit ... a5 endgültig aufrollen (und aufräumen). **10. ... ♔d7!.**
Immer noch muss er vorsichtig sein! Nach 10. ... a5? würde 11. c6 geschehen, und im nächsten Zuge würde Weiß seinerseits mit 12. e4! das kleine schwarze Zentrum aufrollen. Ergebnis: Mindestens Remis für Weiß.
11. e4. Aber jetzt ist dieser (erzwungene) Versuch ohne Erfolg. **11. ... de4: 12. d5.** Nun kann Schwarz auf mehrere Arten gewinnen: Altbekannt ist bei dieser Bauernfront das Manöver 12. ... ♔d8!, womit der König die Bauern aufhält (13. c6 ♔c7!, 13. d6 ♔d7! und 13. e6 ♔e7!).
Eine Studie von **J. Bething** (1929) veranschaulicht den Zugzwangscharakter solcher Stellungen eindringlich: ♔g2, ♙a5, b7, c6 – ♔b8, ♙f4, g4, h4; Weiß gewinnt. 1. ♔g1! (1.

a6? g3!, oder 1. ♔f(h)1? h(f)3! mit Gewinn für Schwarz!) 1. ... ♔a(c)7 2. b8♕+! ♔b8: 3. a6!, und Weiß siegt durch Zugzwang.

In unserem Partie-Beispiel gewinnt Schwarz aber an Stelle von 12. ... ♔d8 auch mit 12. ... g3+ ohne Mühe; z. B. 13. hg3: h3 14. e6+ ♔e7 (auch ... ♔d8 würde ausreichen) 15. c6 ♔d6.

Wir müssen jetzt noch die Folgen von (1. ♔g2 ♔e6 **2. h3** betrachten. Antwortet Schwarz darauf mit 2. ... g3, so kann er nach 3. ♔f3 den gleichen Weg einschlagen wie oben dargestellt (3. ... ♔d7 usw.). Möglich ist aber auch ein Durchbruch am Königsflügel, wobei er bei bestem weißen Spiel ein gewonnenes Damenendspiel erhält. Man sehe: 3. ... ♔f5 4. ♔g2 g5 5. ♔f3 g4+ 6. hg4:+ ♔g5 7. ♔e2! (7. ♔g2? ♔g4:! führt zum „Mattangriff“ 8. e6 h3+ 9. ♔g1 ♔f3 10. e7 h2+ 11. ♔h1 ♔f2) 7. ... ♔g4: 8. e6 g2 9. ♔f2 ♔h3 10. e7 (10. ♔g1? ♔g3) 10. ... ♔h2 11. e8♕ g1♕+ 12. ♔f3 ♕g2+ 13. ♔f4 ♕e4+ und gewinnt.

Nach 1. ♔g2 ♔e6 2. h3 gewinnt Schwarz aber nicht nur mit 2. ... g3, sondern auch mit 2. ... gh3:+ 3. ♔h3: g5. Auf 4. ♔g4 bringt Schwarz den weißen König durch einen Dreiecksmarsch in Zugzwang; Weiß kann ihn nicht nachmachen: 4. ... ♔e7 5. ♔f(h)3 ♔f7! 6. ♔g4 ♔e6. Muss aber der weiße König seinem Kollegen den Weg nach f5 freimachen, so ist der Gewinn leicht: 7. ♔f3 ♔f5 8. ♔g2 g4 9. ♔h2 g3+ 10. ♔h3 ♔g5 11. ♔g2 ♔g4 usw.

Ein reichhaltiges Bauernendspiel, das wir vor allem für die in dieser Endspielgattung weniger erfahrenen Schachfreunde so ausführlich untersucht haben.

Raffiniertes Tempospiel

195

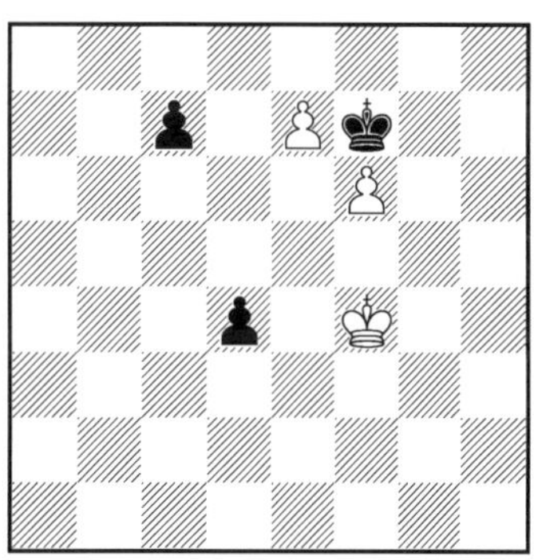

J. Behting
„Rigaer Tageblatt“, 1894
Weiß gewinnt

Wenn der schwarze König auf e8 stünde, würde Weiß durch 1. Ke5 mit der Doppeldrohung ♔d4: und ♔e6 nebst f7# sofort gewinnen. Wir kennen dieses Bauernmatt schon aus der vorigen Stellung (Dr. Trojanescu – Ichim); bei Behting kann es aber nur mit einem tiefdurchdachten Tempomanöver verwirklicht (oder als gewinnbringende Drohung verwandt) werden.

1. ♔f3!!. Nicht aber sofort 1. ♔e4? c5! 2. ♔d3 ♔e8 (oder 2. ♔f4 d3), und Weiß kann das benötigte Tempo nicht mehr gewinnen. Nach 1. ♔f3 hat Schwarz verschiedene Möglichkeiten: 1. … d3? 2. ♔e3, oder 1. … ♔e8 2. ♔e4! c5 3. ♔d5! usw. wie im Hauptspiel, oder 1. … c5 2. ♔e4 ♔e8 3. ♔d5. Den stärksten Widerstand (der das Spiel um einen Zug verlängert) leistet **1. … c6!**, was mit **2. ♔f4!** beantwortet werden muss. **2. … c5** (2. … ♔e8 3. ♔e5) **3. ♔e4 ♔e8** (jetzt erzwungen) **4. ♔d5! ♔d7!**. Am besten. Auf 4. … ♔f7 (Schwarz muss ja etwas gegen die Drohung ♔e6 tun) folgt 5. ♔d6 d3 6. ♔d7 d2 7. e8♕+ mit Gewinn. **5. ♔c4 ♔e8 6. ♔c5:!**. Darauf kam es an! 6. … d3 7. ♔d6, und Weiß gewinnt.

Erstaunlich, welche Überraschungen der alte Ben Akiba zuweilen beschert: So, wie „alles schon dagewesen ist", kann man auch sagen: „Alles kommt wieder"! In unserer Stellung steht Weiß etwas besser als in Behtings Studie, weil sich, wenn Weiß den Gegner mit 1. ♔f4? d5 2. ♔g5 umgehen will, der e-Bauer nicht mit Schach verwandelt. Aber dieser Umstand hilft dem Weißen nicht: 2. (♔g5) e3 3. ♔h6 e2 4. ♔h7 e1♕ 5. g8♕+ ♔f6: 6. ♕g6+ ♔e7!. Auch mit 2. ♔e3 hat Weiß wie bei Behting wegen 2. … ♔g8 keinen Erfolg. Also **1. ♔g3! d6(!) 2. ♔g4! d5 3. ♔f4 ♔e8 4. ♔g5! ♔h7** (4. … ♔f7 5. ♔h6 usw.) **5. ♔f5 e3 6. ♔e6 ♔g8** (oder 6. … e2 7. ♔f7) 7. ♔e7, und Schwarz gab auf.

Weiß fand den Weg
196

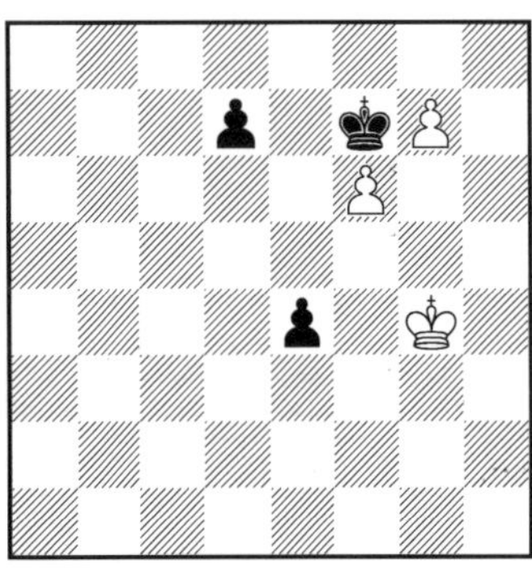

Sunyer (am Zug) – Castilla
Barcelona 1932

Kaum zu glauben!
197

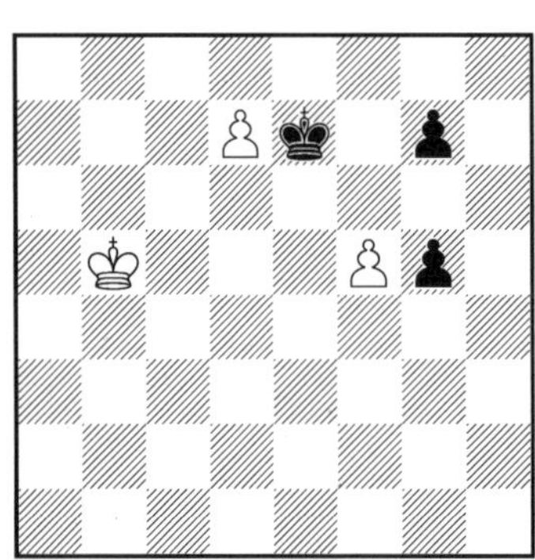

A. S. Selesniew
„Deutsche Schachzeitung", 1918
Weiß hält unentschieden

„Studientechnisch" gesehen ist der Bd7 nur sozusagen vorgebaut (um eine lange Königswanderung darzustellen): es ist offensichtlich, dass Weiß ihn sogleich verlieren wird. **1. ♔c6 ♔d8 2. ♔d5** (erzwungen) **2. … ♔d7:**. Jetzt beginnt die eigentliche Studie.

3. ♔e4!. Nach 3. ♔e5? ♔e7 4. ♔d4(!) ♔f6 wäre Weiß verloren, weil 5. ♔e4 mit 5. … g4! beantwortet würde: 6. ♔f4 g3 7. ♔g3: ♔f5: 8. ♔f3 g6! (oder 8. … ♔g5 9. ♔g3 g6) führt zu einer Stellung, in der Schwarz auf Gewinn steht, weil er die Opposition hat.

3. … ♔d6 4. ♔f3. Was hat Weiß noch zu hoffen?! 4. … **♔e5 5. ♔g4 ♔f6 6. ♔h5!! ♔f5:**, und Weiß ist patt! – Von einem König und einem Doppelbauern seitlich pattgesetzt zu werden: wirklich kaum zu glauben.

Ein kritisches Feld

(aber wo?!)

198

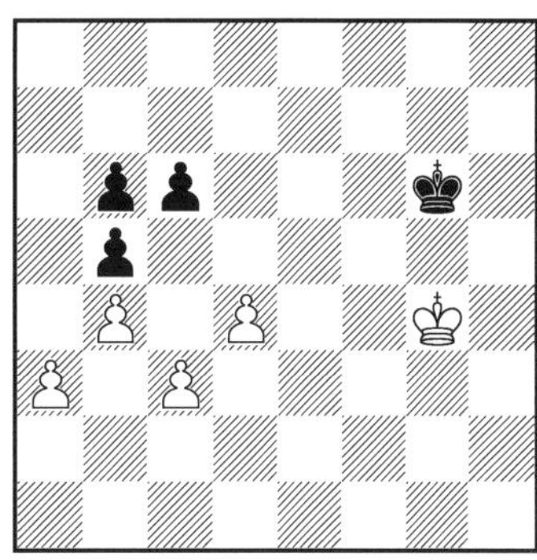

V. Halberstadt
„Journal de Rouen", 1930
Weiß gewinnt

Der Gewinnplan ist klar vorgezeichnet: Weiß möchte mit dem c-Bauern durchbrechen, d. h. ihn opfern, um freie Bahn für seinen a-Bauern zu erhalten. Zunächst muss sich also der weiße König „ins Quadrat" begeben. Natürlich versuchen wir es – der „Raumbeherrschung" halber – mit 1. ♔f4, und schon sind wir ein für allemal in eine tiefe Falle gestürzt! 1. … ♔f6 2. c4. Nach 2. ♔e4 ♔e6 kann Weiß bei seiner löchrigen Bauernstellung (Punkt c4!) nicht mehr gewinnen. 2. … bc4: 3. a4 ♔e6 4. a5 ba5: 5. ba5: ♔d6 6. ♔e3.

199

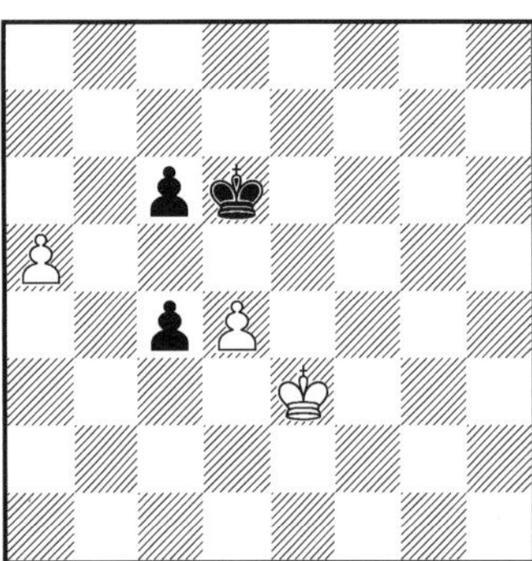

Stellung nach 6. ♔e3 (Variante)

Ein Remis à la Halberstadt
200

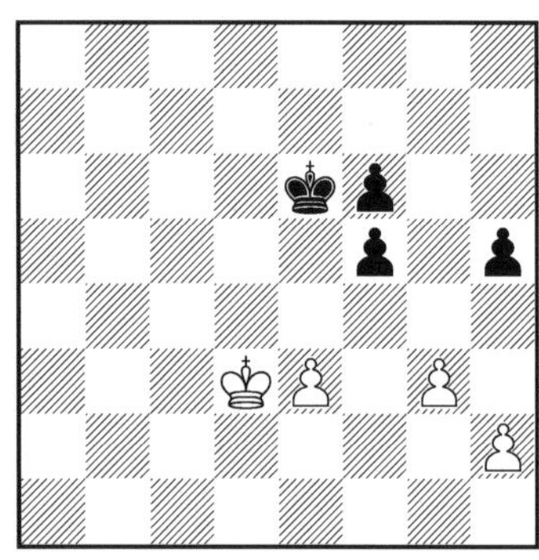

Flohr – Capablanca (am Zug)
Moskau 1935

Das kritische Feld! 6. ... c5!! 7. a6 cd4:+!, und das Spiel ist remis.
Mit dieser nützlichen Erkenntnis fällt es nicht mehr schwer, die Ausführung des gut gedachten Plans durch **1. ♔f3!** zu verbessern. Das Geschehen wickelt sich zunächst genau so ab wie in der Fallenoder Verführungsvariante: **1. ... ♔f5(6) 2. c4 bc4: 3. a4 ♔e6 4. a5 ba5: 5. ba5: ♔d6.** Erst jetzt scheiden sich die Wege: „Der König ist darauf bedacht, das gefährliche Feld e3 zu meiden" (Halberstadt in seinen „Curiosités Tactiques des Finales"). Es geschieht also **6. ♔e2!**, was den Schwarzen der Möglichkeit 6. ... c5 beraubt (7. a6 ♔c6 8. d5+ mit Gewinn). **6. ... ♔c7 7. ♔d2 ♔b7 8. ♔c3 ♔a6 9. ♔c4:**, und es ist geschafft (9. ... ♔a5: 10. ♔c5)!

Wir wissen nicht, ob Capablanca die Studie von Halberstadt gekannt hat; er hat es jedenfalls verstanden, seine wegen des Doppelbauern höchst gefährdete Stellung durch dasselbe Strategem remis zu halten, das Weiß in der Studie durch den raffinierten Einleitungszug 1. ♔f3! ausschalten konnte: Auch in der Partiestellung gibt es ein „kritisches Feld" oder eigentlich sogar zwei; es sind die Punkte d2 und f2, und zwar aus genau demselben Grunde wie bei Halberstadt! Das klingt unwahrscheinlich, doch der Partieverlauf beweist es.
Capablanca zog **1. ... ♔e5!.** Wenn man sich ein wenig in die Stellung vertieft, wird man bald sehen, dass Schwarz sofort verloren wäre, wenn der weiße König auf f4 stünde. Um den Zugang zu diesem Felde geht es also. Gelingt es Weiß, mit Hilfe des

ersten seiner beiden Reservetempi (h3 und h4) nach f4 zu gelangen, so kann er nach ... ♔e6 seinen zweiten Reservezug (h3-h4) tun und damit den Gegner erneut in Zugzwang bringen. – Schwarz verfügt aber über ein wirksames Gegenmittel: Wenn der weiße König auf dem Wege nach f4 das Feld e2 besetzt hat, wird Schwarz ... ♔e4! ziehen und den Weißen – falls dieser nicht einen seiner Reservezüge opfern will – veranlassen, ♔d2 oder ♔f2 zu spielen. Dann aber folgt der Clou: ... h4!!, gh4: f4!. Dieses Manöver hat nur deshalb Erfolg, weil das Vorrücken des freien h-Bauern nach h5 durch ... fe3: mit Schach beantwortet werden kann! Eine großartige Finesse, der es keinen Abbruch tun würde, wenn Capablanca sie während einer Partie-Unterbrechung durch eine Analyse gefunden haben sollte.

Nun wird auch verständlich, dass an Stelle des Partiezuges 1. ... ♔e5 Schwarz mit 1. ... ♔d5? verloren hätte: 2. ♔d2!! ♔e5.

Oder 2. ... ♔e4 3. ♔e2! ♔d5 (in der Erkenntnis, dass 3. ... h4 nach 4. gh4: f4 5. h5! ♔f5 – wegen des fehlenden Schachs auf e3 jetzt erzwungen-6. ef4: nicht ausreicht) 4. ♔f3 ♔e5 5. h3! ♔d5 6. ♔f4 ♔e6, wonach Weiß mit seinem zweiten Reservezug (7. h4!) gewinnt.

3. ♔e1 (lauter feine Königszüge) 3. ... ♔d5 4. ♔f2! ♔e4 5. ♔e2 (usw. wie im vorigen Absatz); Weiß gewinnt.

Auf 1. ... ♔e5 spielte Flohr **2. ♔e2.** Oder 2. ♔d2 h4! 3. gh4: f4 4. h5 (was sonst?) 4. ... fe3:+ (wieder mit Schach!), und das Remis ist klar. **2. ... ♔e4! 3. h3.** Erster Reservezug! Falls 3. ♔f2, so wieder 3. ... h4! mit der Schachmöglichkeit auf e3. **3. ... ♔d5!.** Remis, denn nach 4. ♔f3 ♔e5 müsste Weiß, um nach f4 zu kommen, mit 5. h4 seinen letzten Reservezug in die Waagschale werfen. Nach 5. ... ♔d5 6. ♔f4 ♔e6 wäre aber das Remis eine vollzogene Tatsache; z. B. 7. e4 fe4: 8. ♔e4: f5+ mit völligem Ausgleich.

Diese und viele andere Dinge kann man kennen lernen, wenn man sich gelegentlich mit der Studienliteratur beschäftigt. Also, lieber Schachfreund und Turnierspieler: Studiere Studien, und du hast mehr vom Schach!

Der Schritt vom Wege
201

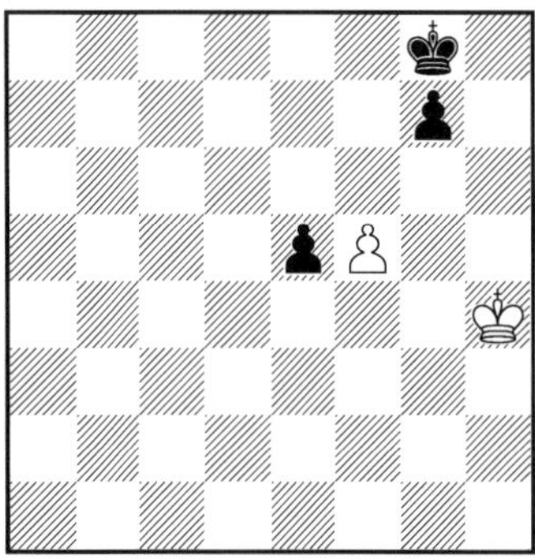

Beni (am Zug) – Pilnik
Prag 1959

Weiß war, um im besten (allerbesten!) Schachjargon zu sprechen, „im Mehrbesitz eines Minusbauern“. Doch Meister Beni gab den Kampf beileibe nicht verloren (das tut er nie!), sondern rückte dem Gegner mit **1. ♔h5?** auf den Leib. Dies war gradlinig gedacht und gespielt, aber Weiß trug damit den Absonderlichkeiten mancher Bauernendspiele – und auch dieses Endspiels – nicht Rechnung.
Pilnik antwortete **1. ... ♔f8** und verstand es, den Gegner nach **2. ♔g4** (♔g5 ♔f7 usw.) **2. ... ♔e7 3. ♔f3 ♔d7!** siegreich zu umgehen; Weiß war verloren, wie leicht zu erkennen ist. Mit 1. ♔g4!! aber hätte Weiß das schon fast verlorene Spiel noch retten können:
1. ... ♔f8 2. ♔h5 ♔f7 3. ♔g5! ♔e7 4. ♔g6 ♔f8 5. ♔h5!.

Warum verlor Beni? Weil er die „Gegenfelder“ nicht gewürdigt hatte! Darüber und über die Begründung für die seltsamen weißen Züge vergleichen Sie bitte die nächste Stellung (nach 4. ... ♔g8).

Was sind das: „Gegenfelder“?
(ein wenig Theorie,
aber interessant!)
202

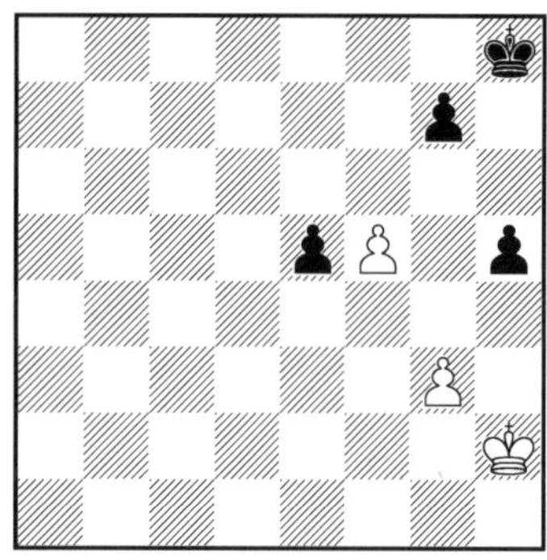

V. Halberstadt
„Thèmes 64“, 1957
Weiß hält unentschieden

Nur mit **1. g4** kann Weiß etwas erreichen; nach etwa 1. ♔g2? ♔h7 2. ♔f3 (oder gar 2. ♔h3? ♔h6 3. ♔h4 e4! oder 3. g4 ♔g5!) 2. ... ♔h6 3. ♔e4 ♔g5 5. ♔e5: ♔g4 6. ♔e6 ♔g3: 7. ♔f7 ♔g(f)4! würde er ruhmlos untergehen. **1. ... hg4:.** Ebenfalls das Einzige, denn 1. ... ♔h7 2. g5! ♔g8; oder 2. ... e4 3. ♔g3, oder 2. ... h4 3. ♔h3; der König hält die beiden Freibauern sicher, denn hier sind sie wieder einmal ungefährlich! 3. ♔g3 ♔f7 4. ♔f3, und die Stellung ist im Gleichgewicht; Schwarz hat wegen der drohend stehenden weißen Bauern keine Möglichkeit, seinen eigenen Bauern zur Hilfe zu kommen.

2. ♔g3 ♔h7 3. ♔h4!. Die erste Pointe! Nach 3. ♔g4:? ♔h6 4. ♔h4 e4 5. ♔g4 e3 würde Schwarz den Bf5 erobern und leicht gewinnen. **3. ... ♔h8** (3. ... ♔h6? 4. ♔g4: usw.) **4. ♔g4: ♔g8.** Jetzt ist – mit dem hier unwesentlichen Unterschied, dass der weiße König nicht auf g4, sondern auf 114 steht – die Stellung aus unserem vorigen Partiebeispiel erreicht!

5. ♔h4!!. Nur mit diesem überraschenden Zuge (dem in der Stellung Beni – Pilnik 1. ♔g4! entspricht) kann Weiß das Spiel halten. Verlieren würden:

a) 5. ♔f3 ♔f7 6. ♔e3 ♔e7 7. ♔f(d)3 ♔d7 8. ♔e3 ♔c6 9. ♔e4 ♔d6;

b) 5. ♔h5 ♔f8! 6. ♔g5 ♔f7! nebst ... ♔f6.

Wenn man die Stellung näher studiert, erkennt man, dass Schwarz über drei Drohungen verfügt: er kann versuchen, über h7, über f7 oder über e7 und den Damenflügel in die weiße Verteidigungsstellung einzudringen. Gegen diese Mehrzahl von Plänen muss (und kann) sich Weiß folgendermaßen verteidigen. Geht der schwarze König nach h7, so genügt es für Weiß, wenn sein König in diesem Augenblick die Felder g5 oder h5 betreten kann. Spielt Schwarz aber ... ♔e7, so muss Weiß ♔g5! ziehen können, um dem schwarzen König den Weg nach f6 zu verlegen. Und wenn Schwarz endlich den König nach d7 bringt, muss ♔g6 geschehen können.

Damit haben wir die für dieses Endspiel wichtigen „Gegenfelder“ (auch „zugeordnete“ oder „korrespondierende“ oder „kritische“ Felder genannt) aufgezählt. Sie werden in folgender Tabelle veranschaulicht:

Schwarzer ♔: g8 f7 e7 f8 h7

Weißer ♔: h4(g4) g5 g6 h5 g5(h5)

Wir empfehlen, bei der Analyse von Endspielen, in denen es auf solche zugeordneten Felder ankommt, und das ist nicht selten, ähnliche Tafeln anzufertigen. Das erleichtert die Übersicht und das Verständnis ungemein! – In der Studie von Halberstadt ist es nun leicht, auf die schwarzen Züge die geeigneten Gegenzüge zu finden:

5. ... ♔f8 6. ♔h5 ♔f7 7. ♔g5! ♔e7 8. ♔g6! ♔f8 9. ♔h5!. Schwarz muss sich mit Remis begnügen, zumal auch das Vorrücken seines Freibauern nichts weiter als dessen Verlust einbringen würde.

Das schwebende Gleichgewicht
203

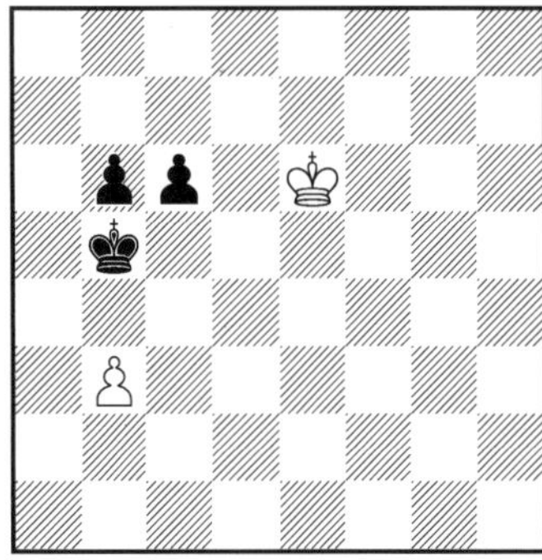

L. Prokes
„Sachove studie"
Weiß hält unentschieden

Schwarz am Zuge würde mit 1. ... ♔b4 (2. ♔d6 c5) leicht gewinnen. Deshalb muss Weiß den c-Bauern angreifen; doch a5 darf er nicht mit 1. ♔d7? tun: 1. ... ♔c5! 2. ♔c7 b5 3. ♔b7 b4, und Schwarz erobert den Bb3.
Aber **1. ♔d6!** sichert ein überraschendes Unentschieden! **1. ... c5 2. ♔c7 ♔a6!** Objektiv macht es keinen großen Unterschied, ob Schwarz hier 2. ... ♔a5 spielt; es folgt dann 3. ♔c6!, was auf 3. ...♔a6 4. ♔d6 ♔b7 (oder 4. ...♔b5 5. ♔c7) zum Hauptspiel führt. **3. ♔d6!** Nicht jedoch 3. ♔c6?, denn dann könnte Schwarz mit 3. ... ♔a5! eine Zugzwangsstellung herbeiführen, aus der es kein Entrinnen mehr gäbe (4. ♔c7 b5 oder 4. ♔d5(6) ♔b4).

Nun aber hat Schwarz nichts Besseres mehr, als es mit **3. ... ♔b7** zu versuchen (3. ... ♔b5 4. ♔c7, oder 3. ... ♔a5 4. ♔c6). Dies jedoch gibt Weiß die erwünschte Gelegenheit zum Bauerntausch: **4. ♔d5 ♔c7** (auf 4. ... ♔a6 könnte wieder 5. ♔d6 folgen) **5. b4! cb4: 6. ♔c4** mit Remisschluss.

*

Zu einem Bauernendspiel mit ganz ähnlichen Stellungselementen kam es vor einigen Jahren in einer wichtigen Turnierpartie:

Aber hier entschwebt es ...
204

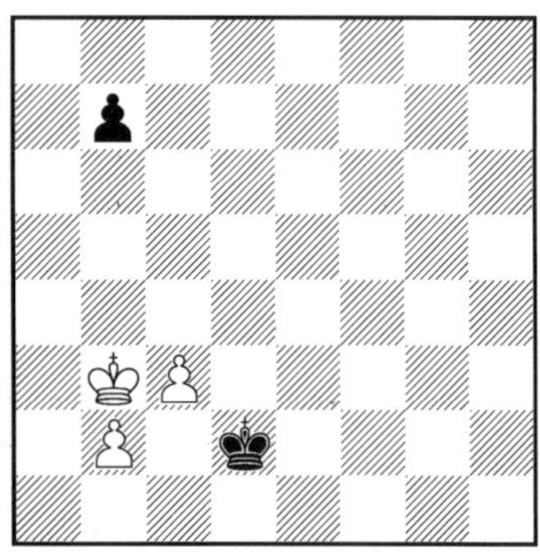

Fischer – Bisguier (am Zug)
Meisterschaft der USA 1960

Bisguier fand **1. ... ♔d3! 2. c4 ♔d2!!**, denn er erkannte, dass 2. ... ♔d4 wegen 3. ♔b4! ♔d3 4. ♔c5! (und Weiß gewinnt) verfehlt wäre. **H. Illgen**, Bielefeld, hat entgegen früheren Analysen den Nachweis erbracht, dass in diesem Fall statt 4. ♔c5 auch 4. c5! zum Siege genügt, weil nach 4. ... ♔c2 5. ♔b5 ♔b3 nicht 6. ♔b6? geschieht (darauf ist es tatsächlich remis: 6. ... ♔c4! 7. b3+ ♔b4), sondern 6. ♔a5!; z. B. 6. ... ♔c4 7. b4, und Schwarz ist verloren.

3. ♔a4 ♔c2! (... ♔d3? 4. ♔b5!) **4. ♔a3.**

Hätte Fischer hier 4. b3 gezogen, so würden wir uns (mit vertauschten Farben natürlich) der Prokes-Stellung nähern; nur steht in der Partie der schwarze b-Bauer noch nicht auf b6. Schwarz müsste dann 4. (b3) ♔c3! 5. ♔a3 ♔d3! ziehen, wonach auf 6. ♔b2 ♔d4 7. ♔c2 b5! die Schluss-Stellung von Prokes erreicht wäre. Versucht es Weiß aber mit (4. ... ♔c3) 5. c5, so folgt 5. ... ♔d3! (nicht aber 5. ... ♔d4? 6. b4! ♔c4 7. ♔a5 mit Gewinn) 6. b4 (auch andere Züge nützen nichts) 6. ... ♔d4! 7. ♔a(b)5 ♔c4(3)! mit Remis.

4. ... ♔d3 5. ♔b3 b6?. Ein bedauerlicher Fehler, dessen Folgen allerdings keineswegs leicht zu berechnen waren. Schwarz hätte seinen b-Bauern erst dann vorrücken dürfen, wenn der weiße Gegenspieler schon auf b3 stand. Notwendig wäre daher das „Verharren“ 5. ... ♔d2!! gewesen; 6. c5 ♔d3 7. ♔b4 ♔c2 8. b3 ♔d3 9. ♔b5 ♔c3 10. b4 ♔b3 oder 10. ♔a4 ♔d3 11. b4 ♔d4! wie bei Prokes. Spielt Weiß aber 6. ♔b4, so folgt 6. ... ♔c2 7. b3 b6!, und wieder ist eine Remisstellung erreicht.

Nach dem unglücklichen Bauernzug verlor Schwarz klar: (5. ... b6) **6. ♔b4! ♔c2.** Der einzige Versuch. **7. ♔a3! ♔d3** (oder 7. ... ♔d2 8. b4) **8. ♔b3! ♔d2** (8. ... ♔d4 9. ♔b4) **9. ♔a4 ♔c2 10. b4.** Schwarz gab auf.

So einfach – und so schwierig.!

12. KAPITEL

Der „Mehrbauer“

Felder gleicher Farbe ...

205

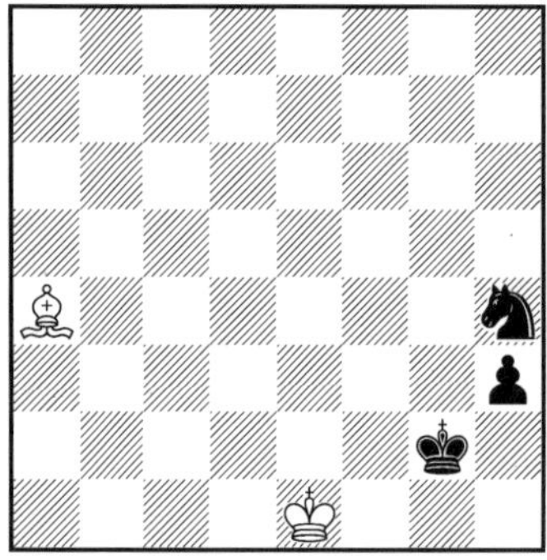

S. Loyd
„Chess Monthly“, 1860
Weiß hält unentschieden

Ein bekanntes Thema: 1. ♗d7! (es ist wichtig, den Bauern nach h2 zu treiben!) **1. ... h2 2. ♗c6+ ♔g1.** (Oder 2. ... ♘f3+ 3. ♔e2 h1♕ 4. ♗f3:+) **3. ♗h1! ♔h1: 4. ♔f2;** Remis. Mit 4. ♔f1? würde Weiß verlieren (4. ... ♘f5 5. ♔f2 ♘e3). Weiß muss sich so einrichten, dass er bei der Wahl zwischen f1 und f2 das Feld betritt, das dieselbe Farbe hat wie dasjenige, auf dem sich der Springer gerade befindet.
Schwarz kann natürlich auf das Schlagen des Läufers verzichten und etwa 3. ... ♘g2+ ziehen. Dann folgt 4. ♔e2 ♘f4+ (oder 4. ... ♔h1: 5. ♔f1!) 5. ♔e1 ♘h5 6. ♗a8 (nach 6. ♔e2? würde ... ♘g3+ nebst ... ♘h1: folgen) 6. ... ♘f4 7. ♗h1!; Remis.

*

Ein Beispiel aus der Partiepraxis: **Adcock – Chambere,** Glasgow 1911 (♔e1, ♗c8 – ♔g2, ♘e1, ♙h2) mit Weiß am Zuge. **1. ♗b7+ ♔g1 2. ♗h1! ♔h1: 3. ♔f2!** mit Remisschluss.
Auch die Loyd-Studie soll übrigens einer Partie Loyds (gegen S. Rosenthal) entstammen.
Ein neueres Beispiel zeigt Diagramm 205 A.

205 A

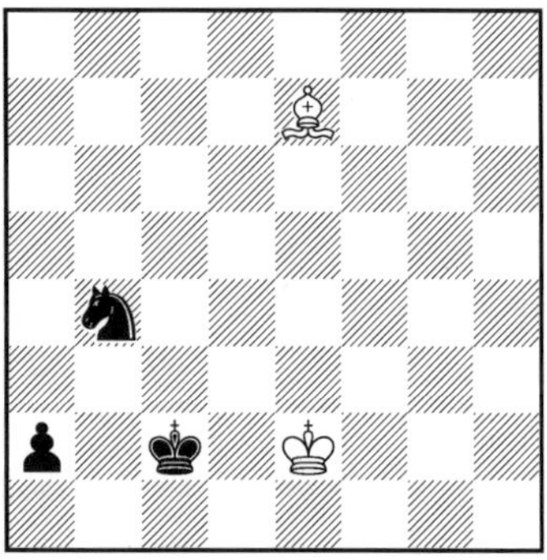

Stein – Dorfman
UdSSR 1970. Weiß am Zug

Weiß rettete sich mit **1. ♗f6 ♘d3 2. ♗a1! ♘b2 3. ♔e1 ♔b1 4. ♔d2**

♔a1: 5. ♔c1! ♘c4 6. ♔c2. Ein theoretisches Remis, weil der schwarze König sich aus seinem Gefängnis nicht befreien kann. Nützlich dürfte auch das Studium der folgenden Studie sein.

205 B

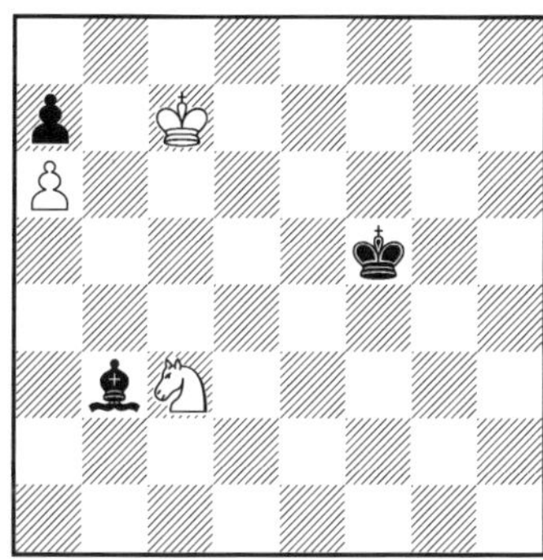

C. J. de Feyter
„Tijdschrift“, 1936. Gewinn

Auf feine Weise gelingt es Weiß, seinen Bauern zu halten, den feindlichen zu erobern und im richtigen Moment das entscheidende Tempo zu gewinnen: **1. ♘b5! ♔f6!** (1. ... ♗c4? 2. ♘d6+) **2. ♘a7: ♗c4 3. ♘b5! ♔e7! 4. a7 ♗d5 5. ♘d6 ♗a8!** Ein lehrreicher Augenblick. Weiß erobert jetzt durch richtiges Tempieren den schwarzen Läufer und hindert zugleich den schwarzen König, den Rettungsposten zu beziehen. **6. ♘c4! ♗d5 7. ♔c8 ♗e4 8. ♘a5 ♗a8.** Erzwungen, weil ♘b7 drohte. **9. ♘b7 ♔e8 10. ♘d6+ ♔e7 11. ♔c7 ♔e6 12. ♘c4 ♔e7.** Die Stellung wie beim 6. Zug ist entstanden, aber mit Weiß am Zug. **13. ♔b8 ♔d8.** Um Remis zu erzielen, müsste der schwarze König nach d7 gehen; doch auf ♔d7 folgt 14. ♘b6+ und der Läufer fällt. **14. ♘a5 ♔d7 15. ♘b7 ♔c6 16. ♔a8: ♔c7 17. ♘d6** und gewinnt.

Warum so eilig?
206

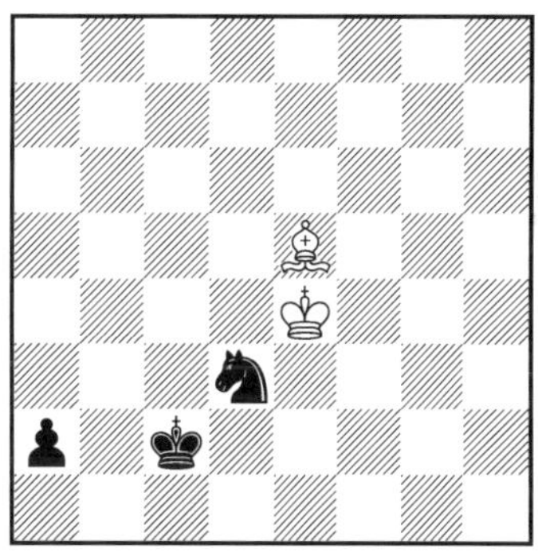

Dr. Lehmann (am Zug) – Stephan
Berlin 1953

Nach **1. ♗a1 ♘b2 2. ♔e3 ♔b1 3. ♔d2 ♔a1: 4. ♔c1!** endete die Partie zu Lehmanns hoher Befriedigung remis. Schwarz hätte aber mit 1. ... ♘c5+! (statt 1. ... ♘b2?) gewinnen können; z. B. 2. ♔e3 ♔b1! 3. ♗h8 (3. ♔d2 ♘b3+) 3. ... ♘a4! 4. ♗a1 ♔a1:, und Schwarz gewinnt.
Die Partie wäre selbst dann gewonnen gewesen, wenn der weiße König – günstiger – auf e2 gestanden hätte; dies weist Chéron in seinem Endspielwerk (Band II, Seite 278) für eine Stellung nach, die – auf unsere

Partie übertragen – nach 1. ♗a1 ♘c5 entsteht. Man vergleiche dazu die Studie 205 B nach **6. ♘c4.**

Auch der Turm opfert sich

Für die Einsperrungsidee ist nicht nur der Läufer brauchbar. Im folgenden Beispiel wird der Zugzwang für den Spieler mit dem eingesperrten König tödlich.

206 A

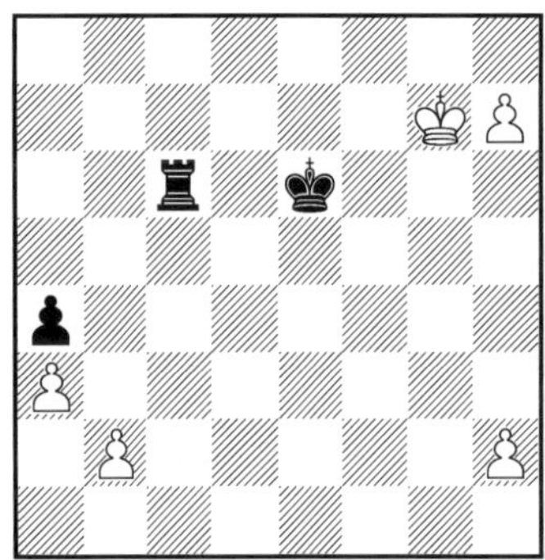

Welling – Pachman (am Zug)
Simultanspiel England 1973

Ob Pachman bei seiner Gewinnführung an die anschließend gezeigte Studie von Polerio dachte?
1. ... ♖c7+ 2. ♔g8 ♖c8+ 3. ♔g7 ♖h8! 4. ♔h8:. Weiß kann das Schlagen des Turms hinauszögern, aber nicht vermeiden, zum Beispiel 4. h3 ♔e7 5. h4 ♔e8 6. h5 ♔e7 7. h6 ♔e8 8. ♔f6 ♖h7: 9. ♔g6 ♖h8 10. ♔g7 ♖f8 11. h7 ♖h8!. **4. ... ♔f7 6. b4 ab3:** e. p. und Schwarz gewinnt.

206 B

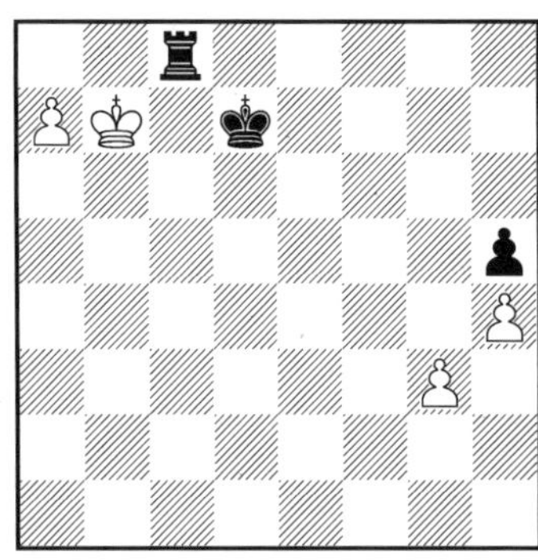

Polerio
1585
Schwarz am Zug, gewinnt

1. ... ♖a6 2. ♔a8: ♔c7 3. g3 hg4: 4. h5 g3 5. h6 g2 6. h7 g1♕ 7. **h8♕ ♕g2** matt.

Er glaubte es nicht
207

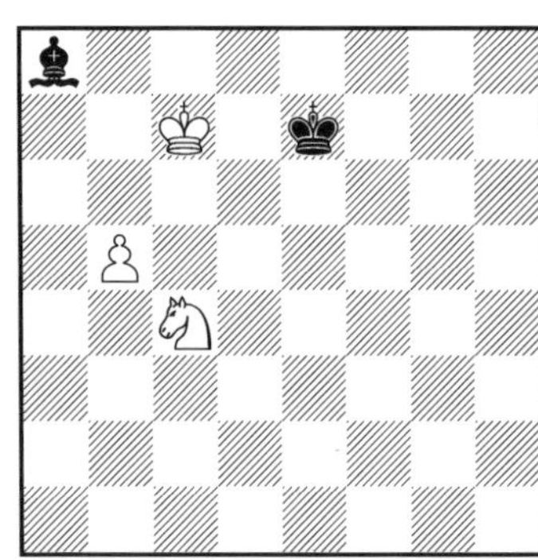

Staudte (am Zug) – N. N.
Handicapvorstellung, Kohlscheid
1949

Weiß glaubte zu Unrecht nicht an Gewinn und zog **1. ♘b6?**, was nach

1. ... ♗g2 2. ♘c8+ ♔e8? doch noch zum Siege führte. Mit 2. ... ♔e6! hätte Schwarz dagegen remis erzielen können; z. B. 3. ♘a7 ♔d5 4. ♘c6 ♔c5, oder 3. b6 ♗a8 4. ♘d6 ♔d5 5. ♘b7 ♔c4 6. ♔b8 ♔b5 7. ♔a7 ♔c6 8. ♘d8+ ♔b5! (... ♔c5? verliert nach 9. ♘e6+ ♔c6 10. ♘c7 ♗b7 11. ♘d5!), und das Spiel bleibt unentschieden.

Nun aber folgte **3. b6 ♗a8.** Oder 3. ... ♗f3 4. ♘a7 ♗a8 5. ♘c6 ♔f8 6. ♘d8 ♔e7 7. ♘b7 ♔e6 8. ♔b8, und Schwarz kommt um ein Tempo zu spät. **4. ♘d6+ ♔e7 5. ♘b7,** und Schwarz gab auf.

Auf der Suche nach einem „rechtmäßigen“ Gewinn fand Weiß nachträglich 1. ♘a5! ♔e6 2. ♘b7 ♔d5 3. ♔b8 ♔c4 4. ♘d6+! (diese Wendung hatte Weiß beim Spiel nicht berücksichtigt), und Weiß gewinnt.

*

Der Zufall wollte es, dass sich kurze Zeit vorher in der Partie **H. Herrmann – Rautenberg** (Pyrmont 1949) genau derselbe Partieschluss ereignet hatte! Aber hier verfehlte (in der Stellung ♔c4, ♗h1 – ♔e3, ♘h4, ♙g4) Rautenberg den Gewinnweg nicht: 1. ... ♔f2 2. ♔d4 ♘g2! 3. ♔e4 ♔g1 4. ♔f5 ♘e3+!, und Weiß gab auf.

*

Wie solche Endspiele mit dem Springerbauern geführt werden müssen, hat übrigens schon vor vielen Jahren der tschechoslowakische Studienkomponist **V. Kosek** untersucht. Eine seiner Studien (aus dem Jahre 1910) hat die Stellung ♔c5, ♘d4, ♙b5 – ♔f2, ♗g2. Weiß, beginnt mit 1. ♘c6!. Verfehlt wäre 1. b6? wegen 1. ... ♗a8. Auch 1. ♔d6? würde zum Gewinn nicht ausreichen: 1. ... ♗a8 2. ♘c6 ♔e3 3. ♔c7 ♔d3 4. ♔b8 ♔c4 5. ♘a7 ♗f3 6. b6 ♔c5 7. ♔c7 ♗g2 mit Remis. Man sieht also auch hier, dass Schwarz den Verlust vermeiden kann, wenn es ihm gelingt, rechtzeitig das Feld c5 zu erreichen, d. h. also den Bauern von rückwärts anzugreifen.

Nach 1. ♘c6 jedoch kommt Weiß ihm zuvor: 1. ... ♗f1 (oder 1. ... ♗h3, was keinen Unterschied macht) 2. b6 ♗a6 3. ♔d6 ♗b7 (sonst wird der Läufer durch ♔c7 und ♘b4 abgedrängt) 4. ♔c7 ♗a8 5. ♘a5(d8) ♔e3 6. ♘b7 ♔d4 7. ♔b8, und Schwarz verliert, weil ihm das Feld c5 nicht zugänglich ist.

Auf halbem Wege stehen geblieben
208

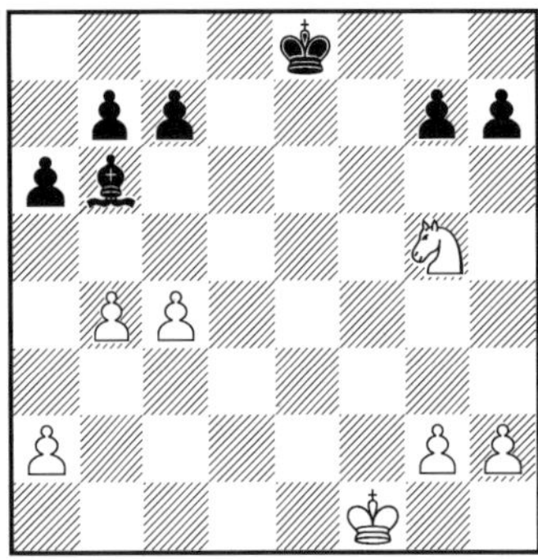

L. Schmid – Fairhurst (am Zug)
Dublin 1957

In diesem für die Spielmöglichkeiten von Läufer und Springer typischen Endspiel steht Weiß etwas besser; aber in Verlustgefahr schwebt der Gegner keineswegs. Wenn Fairhurst jetzt nach dem Vorschlage Euwes, von dessen ausführlichen Erläuterungen im „Schach-Echo“ wir dankbar Gebrauch machen, 1. ... c5! gezogen hätte, wäre ein baldiger Friedensschluss wahrscheinlich gewesen: 2. bc5: (am besten) 2. ... ♗c5: 3. ♘e6 (nicht aber 3. ♘h7:? ♗e7 4. g3 g5!) 3. ♗f8 (3. ... ♗d6? 4. ♘g7:+ ♔f7 5. ♘h5 ♗h2:(?) 6. g3), und es herrscht völliger Ausgleich.

Fairhurst jedoch entschloss sich zu dem Bauernopfer **1. ... ♗d4!?** womit er zwar den Bh7 preisgab, aber dafür Angriffsmöglichkeiten am Damenflügel eintauschte. **2. ♘h7: b5!.** Ein guter Zug, durch den der Bb4 festgelegt wird. **3. cb5: ab5: 4. ♘g5 ♔e7?.** Schade! Schwarz hätte sofort 4. ... ♗c3! ziehen sollen. Zwar kann darauf Weiß den Bauern mit dem Springer decken (5. ♘e6 ♔d7 6. ♘c5+ nebst ♘d3), aber dann dringt der schwarze König ein, und das materielle Übergewicht von Weiß genügt wahrscheinlich nicht zum Siege.

5. ♘e4 ♗b2. Ein trauriger Umweg! **6. ♘c5! ♗c3 7. ♘a6!.** Hier steht der Springer bemerkenswert gut; vor allen Dingen hindert er nicht – wie es auf d3 der Fall wäre – das Eingreifen des weißen Königs. – Weiß hat nun einen völlig gesunden Mehrbauern und steht auch positionell nicht schlechter; man wird daher die schwarze Stellung von 4. ... ♔e7 ab als verloren einzuschätzen haben. Vor allem erweist sich von jetzt ab der Springer dem Läufer als deutlich überlegen; der Läufer hat eben nicht mehr viel zu laufen, der Springer aber noch sehr viel zu springen! Die Art, wie Schmid seinen materiellen Vorteil in rund zwanzig Zügen in Gewinn umwertet, ist lehrreich.

7. ... ♔d6 8. ♔e2 ♔c6 9. ♔d3 ♗e5. Eine andere Möglichkeit bestand in 9. ... ♗e1; aber nach 10. a3 ♗f2 11. ♔e4 ♔d6 kann Weiß u. E. mit 12. g4 c6 13. h3! eine Zugzwangstellung herbeiführen: Schwarz muss dann entweder dem Springer das Feld c5 freigeben oder den weiteren Vormarsch der Bauern am Königsflügel zulassen. **10. h4 g6.** Etwas besser war wohl ... ♗d6. **11. g4 ♔d5 12. ♔e3 c6 13. h5 gh5: 14. gh5: ♗g7.**

209

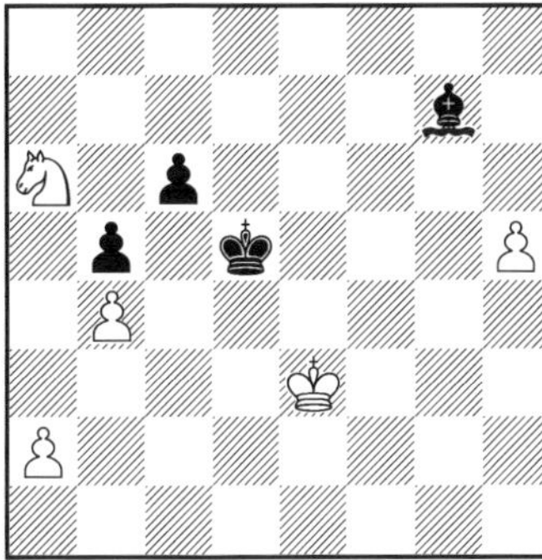

Stellung nach 14. ... ♗g7

15. ♔f4. Hierzu stellt Euwe trocken fest, dass Weiß, nun er den schönen h-Bauern habe, „seinen Damenflügel ruhig im Stich lassen (könne)". Ja, möchten wir hinzufügen, bei dem Springer! Dieser braucht nur drei simple Galoppsprünge zu absolvieren, um von seinem derzeitigen idealen Standort auf ein anderes Idealfeld zu gelangen; es ist – für solche Endspiele bezeichnend – das Feld g7. **15. ♔c4.** Es bleibt ihm keine Wahl. **16. ♔f5 ♔c3 17. ♔g6 ♗e5 18. h6 ♔b2 19. ♘c5!.** Erst jetzt fühlt er sich frei! **19. ... ♔a2: 20. ♘e6 ♗h8.** Die Partie ist entschieden; Schwarz hätte getrost aufgeben können. **21. ♔f7 c5** (Verzweiflung) **22. bc5: b4 23. c6 b3 24. c7 b2 25. c8♕.** Schwarz streckte die Waffen, da Weiß Damentausch erzwingen kann.

Dreimal innerhalb eines Jahres!

210

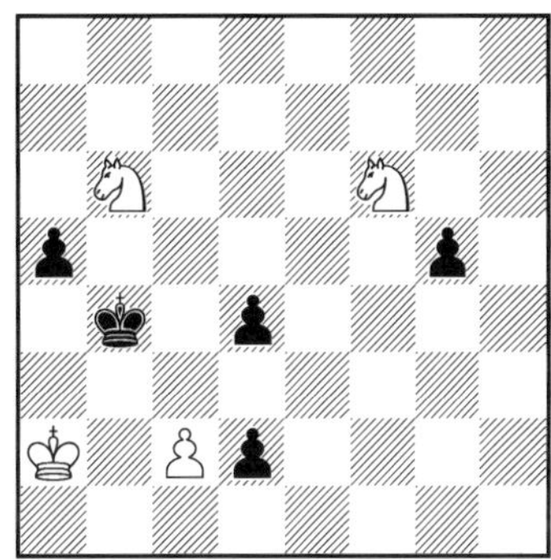

J. Berger
„Tidskrift för Schack", 1910
II. Preis
Weiß hält unentschieden

1. ♘a4! ♔a4:. Oder 1. ... d1♕ 2. ♘d5+!. **2. ♘e4 d1♗!.** Wenn 2. ... d1♕, so 3. ♘c3+! mit Patt, und wenn 2. ... d1♘, so 3. ♘g5: ♘e3 4. ♘e6! ♘c2: 5. ♔b2, Remis. **3. ♘g5: ♗c2: 4. ♘f3 ♗b3+ 5. ♔b2 d3.** Obwohl Schwarz den falschen Läufer hat, sieht es nicht so aus, als ob Weiß das Spiel noch halten könne! **6. ♘d2 ♗d5** 7. **♔c3 ♔a3 8. ♔d3: ♔b2 9. ♔d4 ♗e6 10. ♘e4 a4 11. ♘c3 a3 12. ♔d3 ♗f5+ 13. ♔d2 ♗c2 14. ♘a2!.**

211

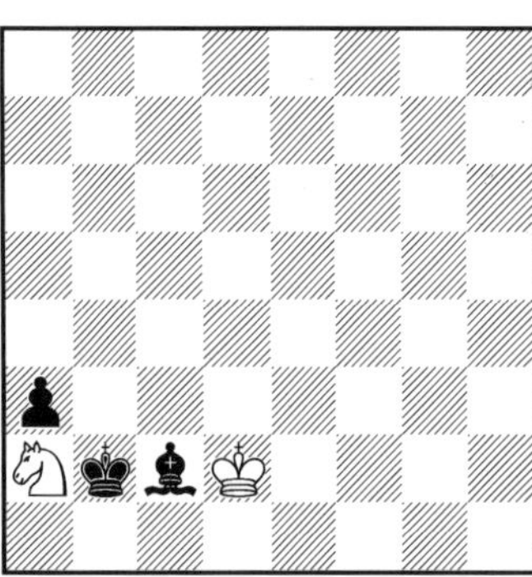

Stellung nach 14. ♘a2

Zu weit links zum Gewinn

212

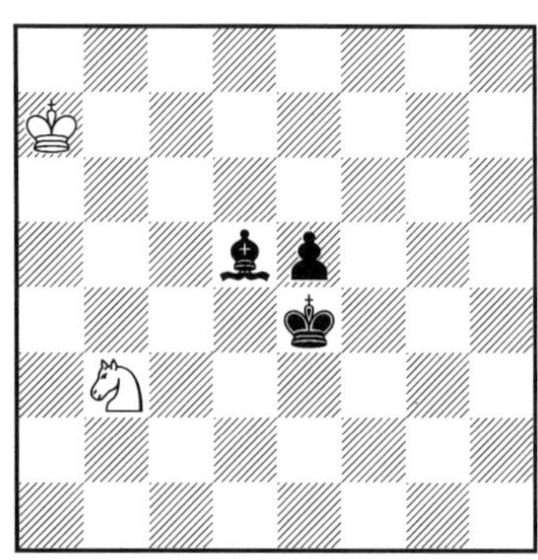

G. M. Kasparjan
„Schachmaty", 1952
Weiß hält unentschieden

Es ist gewiss ein merkwürdiger Zufall, dass ein Jahr später dieselbe Stellung (spiegelbildlich) zweimal vorgekommen ist, und zwar erstens in einer Remis-Studie von **Schindlbeck** (1911, Näheres unbekannt) und in einer Partie **Freund – Ziolo,** Krakau 1911; in beiden Fällen steht der Springer auf f1 und geht im 1. Zuge nach h2.

14. ... ♗f5! 15. ♘c3!. In der Partie zog Freund, auf die spiegelbildliche Stellung übertragen, 15. ♘c1?, worauf er nach 15. ... ♗e4! 16. ♔d1 ♗f3+ 17. ♔d2 ♗e2!! aufgeben musste; er ist in Zugzwang!

15. ... ♔b3 (... ♗g4 ist Zugumstellung) **16. ♘e2! ♗g4 17. ♘c3 ♗h5 18. ♔c1! ♗g6 19. ♔d2 ♗c2 20. ♔c1!**; Remis. – Ein knapper, scharf pointierter Ausgang!

Weiß steht vor einer schwierigen Entscheidung. Er hat fünf Springerzüge zur Auswahl, von denen allerdings die nach a1 und a5 von vornherein ausscheiden. Auch 1. ♘d2? kommt eigentlich nicht ernsthaft in Betracht, weil dort der Springer zu anfällig steht: 1. (♘d2) ♔e3 2. ♘f1+ (oder ♘b1 ♔d3!) 2. ... ♔f2 3. ♘d2 (♘h2 ♗e6!) 3. ... ♔e2 4. ♘b 1 ♔d3 mit Gewinn.

Dagegen verlangt der Versuch 1. ♘c5+? von Schwarz feines Spiel: 1. (♘c5+) ♔d4 2. ♔b6 ♔c4! (absolut nötig!) 3. ♘d7 e4 4. ♘e5+ ♔d4 5. ♘g4 ♗e6 6. ♘h2 ♗h3 7. ♔c6 (letzter Versuch) 7. ... ♔e3! 8. ♔d5 ♔f4 9. ♔d4 ♗g2, und Schwarz gewinnt. Durch **1. ♘c1!** wird eine Stellung angestrebt, deren Grundzüge schon im „Chess Player's Chronicle" 1856 erläutert worden sind. Diese Stellung ist remis, während sie- alle Steine um eine Reihe nach rechts verschoben – für Schwarz gewonnen wäre! **1. ♔e3 2. ♔b6 ♔d2 3. ♔c5 ♗g8 4. ♔d6 e4 5. ♔e5 e3 6. ♔e4!.** Die „alte" Pointe. Nach 6. ♔d(f)4? ♗d5! müsste der weiße König den Bauern „entlassen" und seinerseits auch abdanken. So aber kann Weiß das Spiel halten: **6. ... ♗f7** 7. **♔f3!** Weiß hat das Dreieck e4/f3/f4 zur Verfügung, so dass der Läufer auf der Schrägen a2/g8 kein Tempo gewinnen kann. 7. ... **♗d5+ 8. ♔f4 ♗e6.**

213

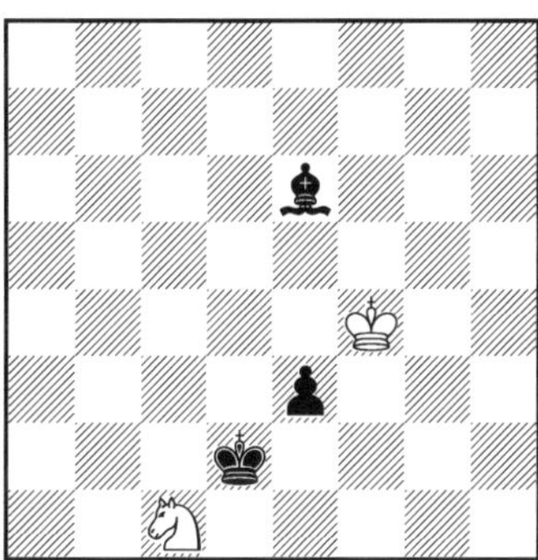

Stellung nach 8. ... ♗e6

Schwarz muss jetzt versuchen, etwas Neues zu erfinden.

9. ♔f3 ♗f7 10. ♔e4! ♗g6+ 11. ♔f4!. Um zu erkennen, dass hier der scheinbar gleichwertige Zug 11. ♔f3? verlieren würde, muss man die Bedeutung der drohenden Schwenkung des Läufers auf die lange Schräge a8/h1 voll erfassen: 11. ♔f3 ♗c2!! 12. ♔f4 ♗a4! 13. ♔e4(f3) ♗c6+! 14. ♔f4 ♗d5!, und Weiß hat sich glücklich in Zugzwang gebracht!

11. ... ♗c2 12. ♔f3 ♗a4 (oder – raffiniert – 12. ... ♗d1+, was nur mit 13. ♔e4! beantwortet werden darf!) **13. ♔f4!.**

Hätte nun Schwarz einen Wartezug auf der Schrägen d1/a4, dann wäre Weiß wieder verloren. – So aber bleiben ihm nur Versuche wie 13. ... ♗c6 oder ... ♗d7, doch dann erfreut sich plötzlich der weiße Springer einer Freizügigkeit, von der er remisbringend durch ständige Schachgebote Gebrauch macht.

*

Versetzen wir die nach 8. ... ♗e3 entstandene Position um eine Reihe nach rechts, so erhalten wir eine Partiestellung **Arzruni – Sarkisjan** aus der Meisterschaft von Armenien (UdSSR) 1951. Hier steht dem Schwarzen der Wartezug zur Verfügung, dessen Fehlen er in der Studie beklagen musste:

Nach **1. ♔f4 ♗d4 2. ♔g3 ♗f6 3. ♔f4 ♗g5+ 4. ♔g4(!) ♗d2!** gab Weiß die Partie auf. Es wäre gefolgt 5. ♔g3 ♗b4! 6. ♔g4 ♗a5! (das ist der Wartezug!) 7. ♔f4(g3) ♗c7+ nebst ... ♗e5. Dies war wieder ein Beispiel dafür, dass Partien Anregungen zur Komposition geben können.

Schon vor 75 Jahren ...
214

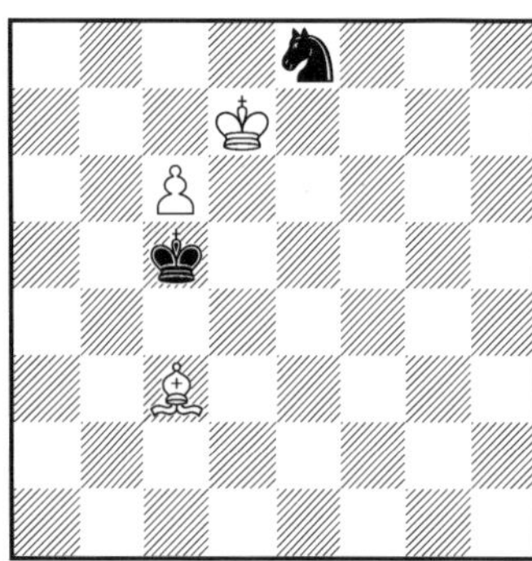

Spieler unbekannt (Weiß am Zuge)
Bad Ems 1932

In diesem von **J. Vitense** beobachteten Schlussspiel, zu dem es in einem der Nebenturniere kam, einigten sich die Gegner nach **1. ♗d4+ ♔b5** auf Remis. Wer aber die vorige Stellung studiert hat, wird sofort erkennen, dass wir – mit vertauschten Farben – die Partie Arzruni – Sarkisjan vor uns haben: Weiß hätte also „nur" so zu spielen brauchen, wie neunzehn Jahre später Sarkisjan in Armenien oder wie 75 Jahre früher der Verfasser des Artikels in „Chess Player's Chronicle"!

Zunächst musste Weiß also mit 2. ♗c3 ♔c5 wieder die Bildstellung herbeiführen und dann 3. ♗b4+! ziehen. Nach 3. ... ♔b5(!) folgt 4. ♗e7! ♔b6 5. ♗g5(h4)! ♔b5(!) 6. ♗h4(g5)!. Wieder der berühmte Wartezug! 6. ... ♔c5(b6) 7. ♗f2(e3)+ ♔b(d)5 8. ♗d4!, und Schwarz ist verloren.

So wär's gegangen
215

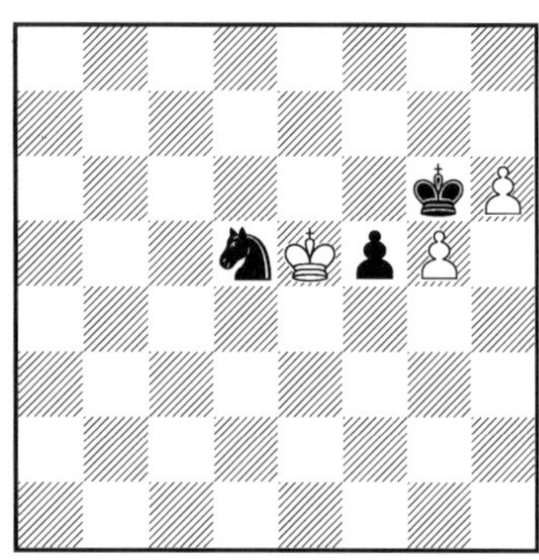

Bisguier – Yepez (am Zug)
Schacholympiade Leipzig 1960

Schwarz zog **1. ... ♘e7(?)**, was dem amerikanischen Großmeister Gelegenheit gab, dreimalige Stellungswiederholung zu reklamieren (Remis). – Hätte Schwarz mit dem unmittelbar nach Partieschluss von R. Fischer vorgeschlagenen Manöver 1. ... ♔g5: 2. h7 ♘e7, 3. h8♘! ♘c6+ 4. ♔d6 ♔f6 gewinnen können?

Die Antwort: Nach 4. ♔d6 ist Weiß verloren, weil sein Springer so ungünstig und der schwarze König so günstig wie möglich stehen. Trotzdem ist die Partie remis, wenn Weiß nicht 4. ♔d6(??), sondern 4. ♔c6! zieht. Bialas und Darga haben bei einer häuslichen Untersuchung dieser interessanten Stellung festgestellt, dass darauf weder 4. ... ♘d8+ noch 4. ... f4 dem Schwarzen ein den Gewinn sicherndes Übergewicht verschafft: 4. ... ♘d8+ 5. ♔e5! (er lässt den schwarzen König nicht nach f6) 5. ... f4 6. ♔e4 ♔g4 7. ♘g6, oder 4. ... f4 5. ♘f7+ ♔g4 6. ♘d6. Schließlich reicht auch 4. ... ♘d4+ 5. ♔d5! (5. ♔e5 ♘f3+ 6. ♔e6 f4 usw. ist schwächer) nicht aus.

*

Von besonderer Schwierigkeit ist die Aufgabe der Verteidigung, wenn ein Springer einem Randbauern gegenübersteht, der von einem Springer unterstützt wird. Dies wollen wir an einigen Stellungen aus Partie und Komposition erläutern:

Umweg führt ins Verderben
216

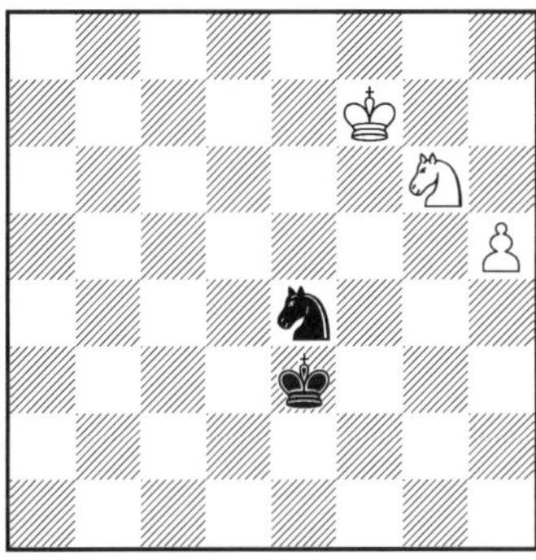

Reschewsky – Rossolimo (am Zug)
Amsterdam 1950

Rossolimo zog in dieser Stellung, die noch im Turnierbuch als für Schwarz verloren bezeichnet wurde, **1. ... ♘g5+** und verlor nach weiteren zehn Zügen: **2. ♔g7 ♔e4 3. h6 ♔f5.** Er strebt nach h5, aber Reschewsky weiß ihn durch feines Tempospiel daran zu hindern. **4. ♘f8! ♔g4 5. ♔g6! ♔h4 6. ♘d7.** Nun braucht Weiß nur noch den ♘g5 zu „befragen". **6. ... ♔g4 7. ♘e5+ ♔f4 8. ♘f7! ♘e6 9. ♔f6! ♘f8 10. ♔g7 ♘e6+ 11. ♔g8,** und Schwarz gab auf.

Der Gedanke, den König nach h5 zu führen, war richtig, aber die Ausführung war falsch. Rossolimo hätte, wie spätere Untersuchungen gezeigt haben, **1. ... ♔f3!!** ziehen müssen; das hätte ein überraschendes Remis ergeben. Interessant ist diese Tatsache vor allem deshalb, weil das Ganze von Réti vorweggenommen war und sich Weiß nur an dieses „hochbewährte Muster" zu halten hatte! – Doch sehen wir uns zunächst die ersten Züge an. **2. h6 ♔g4 3. ♔g7** (der h-Bauer kann in diesem Augenblick noch nicht vorrücken) 3. ... **♘g5.** Jetzt ist ♔g6, was Reschewsky in der Partie zum Siege verhalf, nicht möglich, weil der weiße König von seinem eigenen Springer behindert wird. **4. ♘e5+ ♔h5 5. ♘f7 ♘e6+ 6. ♔f6** (6. ♔g8 ♘g5) **♘f8** (oder 6. ... ♘g5) **7. ♔g7 ♘e6 8. ♔h7.** Damit ist sozusagen „wortwörtlich" (wenn auch mit vertauschten Farben) eine Stellung erreicht, die sich in einer berühmten Studie Rétis ergibt! Man braucht daher die Lösung der Studie nur auf unsere Partiestellung zu übertragen:

Das unbekannte Vorbild
217

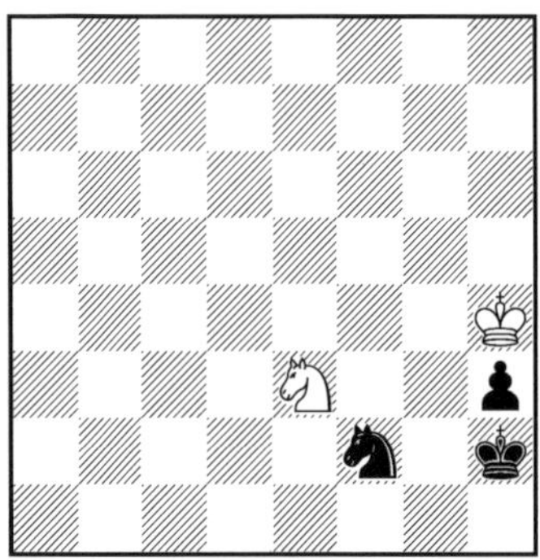

R. Réti
„Schachmaty“, 1929
(Dr. S. Tarrasch gewidmet)
Weiß hält unentschieden
(Stellung nach dem dritten Zuge)

Die Ausgangsstellung unterscheidet sich von der des Stellungsbildes nur dadurch, dass der weiße König auf g5 steht.

Weiß beginnt mit **1. ♔h4,** und nach **1. ... ♔g1 2. ♘g4 ♔g2 3. ♘e3+ ♔h2** haben wir die oben abgebildete Position erreicht. Sie ist identisch mit der Stellung, die Rossolimo hätte erzwingen können, wenn er seinen König unverzüglich über f3 nach h5 geführt hätte (Stellung nach 8. ♔h7).

Réti fährt mit **4. ♘c2!!** fort; von hier aus droht der Springer, sich auf seinem „Idealfeld“ e1 festzusetzen. Alle anderen Züge wären verfehlt; z. B. 4. ♘d5? ♔g1, oder 4. ♘f5? ♔g1 5. ♘g3 h2 6. ♔h5 ♘e4, oder schließlich auch 4. ♘f1+? ♔g1! 5. ♘g3 ♔g2! 6. ♘f5 h2 7. ♘g3 ♘e4.

4. ... ♘d3! 5. ♔g4!. Der Fehler 5. ♘e3? würde nach 5. ... ♘f4! zu einer anderen Studie Rétis führen, in der die Bauernpartei zur Abwechslung gewinnt: 6. ♘f1+! ♔g1 7. ♘g3 h2 8. ♔g4 ♘d3 9. ♔h3 ♘f2+ 10. ♔h4 ♘e4!, und Weiß ist verloren. – Auf f4 steht der schwarze Springer grundsätzlich viel besser als auf f2. Aber in unserer Studie kommt er nicht auf dieses gute Feld.

5. ... ♘e5+ 6. ♔h4 ♘f3+ 7. ♔g4 ♘g5!. Eine kleine Feinheit, denn Weiß darf diesen kühnen Springer nicht schlagen (8. ♔g5:? ♔g1 9. ♘e1 ♔f2 10. ♘d3+ ♔f1 und gewinnt).

8. ♘e1! ♔g1 9. ♘f3+ ♔g2 10. ♘h4+! ♔f2 11. ♘f3!, und Schwarz muss sich mit Remis begnügen.

Bei solch subtilen Zügen und Manövern kann man schon straucheln, und man tröstet sich, dass es die Meister und Großmeister auch tun!

In Sicherheit gewiegt

218

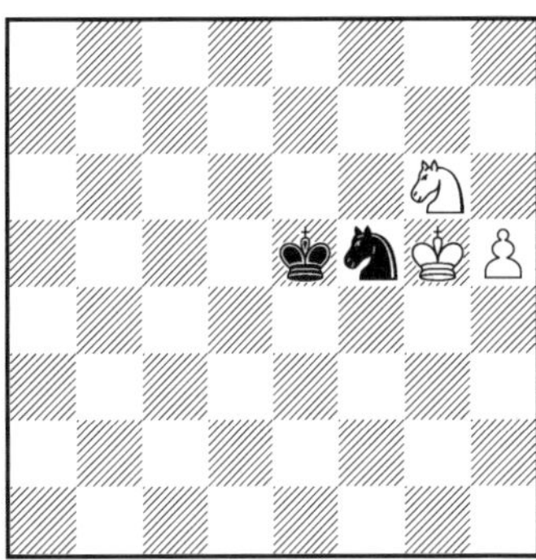

Barcza – Hecht (am Zug)
Schacholympiade Warna 1962

219

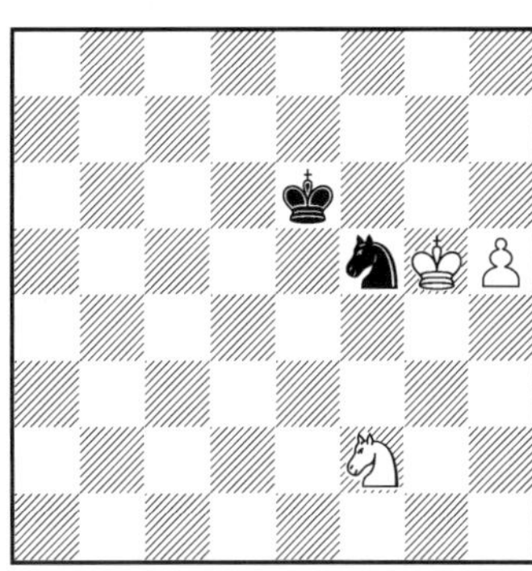

Stellung nach 4. ♘f2

Die Probleme, die dieses Endspiel stellt, sind von ganz anderer Art als in der Partie Reschewsky – Rossolimo, denn der schwarze König steht jetzt nicht hinter dem Freibauern, sondern auf gleicher Höhe. Trotzdem muss Schwarz wieder mit äußerster Vorsicht verfahren; die Verlustgefahr ist auch in so genannten Remisstellungen – und diese hier ist eine – sehr groß.
Schwarz spielte **1. ... ♔e6!**, womit er die erste Klippe umschiffte: Nach 1. ... ♔e4? 2. ♘e7! wäre er in eine üble Lage geraten, weil der Springer nicht genommen werden darf. Die Partie hätte sich dann ähnlich entwickelt wie die von Reschesky nach dem Fehler seines Gegners. Es folgte **2. ♘f4+ ♔e5 3. ♘d3+ ♔e6 4. ♘f2(!!).**

Eine teuflische Falle! Barcza war einer der größten Endspielkünstler unter der Meistergeneration seiner Zeit. **4. ... ♔e5?.** Und Hecht fällt hinein. Wie Barcza selbst vorschlägt, hätte er 4. ... ♘e7! nebst ... ♔f7! spielen können und müssen; Weiß wäre dann nicht weitergekommen. Schwarz wird sich über diese für ihn erfreulichen und auch ziemlich leicht übersehbaren Konsequenzen keine Rechenschaft gegeben haben, weil er den Springerzug vermutlich nur für ein Zeitgewinnmanöver gehalten hat. Aber es geschah **5. ♘g4+! ♔e6** (... ♔e4? 6. ♘e3! mit Gewinn) **6. ♔g6.** Schwarz ist verloren! Es folgte **6. ... ♘h4+** 7. **♔g7 ♘f5+ 8. ♔f8!** Damit wird „der Zugzwang deklariert" (Nimzowitschs Ausdruck). **8. ... ♔d6 9. ♔f7 ♔d7 10. ♔f6! ♘e7 11. ♘e3!.** Droht vernichtend ♔f7.

11. ... ♔d6 12. ♔f7! ♘c6 13. ♘c4+ ♔d7 14. h6 ♘d8+ 15. ♔f6. Schwarz gab auf (15. ... ♔e8 16. ♘d6+ nebst h7).

Hohe Schule der Dressurpferde und – der Endspielkunst!

13. KAPITEL
Das Endspielmatt

Matt in drei Zügen!
220

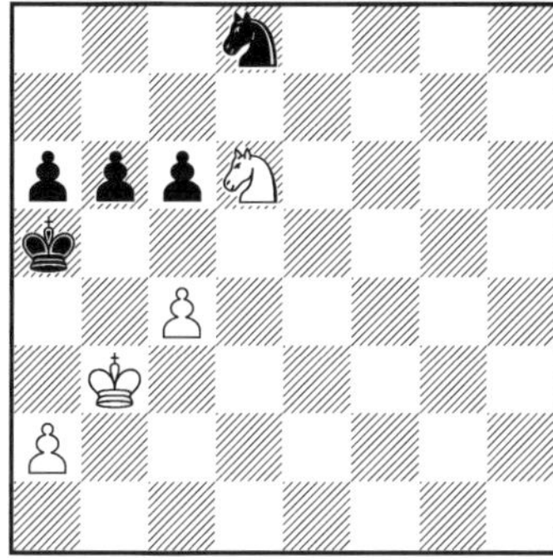

Dr. Bernstein (am Zug) – N. N.
Gespielt etwa 1909

1. c5! Matt in drei Zügen! Schwarz gab auf. In der Tat: 1. ... b5 2. a3 (Zugzwang!) nebst 3. ♘b7 (oder ab4:)# oder 1. ... bc5: 2. ♘c4+! ♔b5 3. a4#, oder 1. ... ♘e6 2. ♘b7+ ♔b5 3. a4# – Eine prachtvolle, problemhafte Mattführung mit überraschendem „Schlüsselzug". Sie zeigt, wie gefährlich der Springer sein kann, wenn er einmal richtig steht!

*

Aber auch im Damenendspiel kommt es manchmal zu seltsamen Verluststellungen, wenn einer der Könige an den Rand gedrängt ist oder sich – was auch vorkommt – freiwillig an den Rand (des Abgrunds!) begeben hat.

Ein bekanntes Beispiel ist folgendes von dem holländischen Meister **E. Cortlever** beobachtetes Partie-Endspiel aus dem Jahre 1941: ♔h2, ♕h7-♔h4, ♕g4, ♙g6, h5; Weiß am Zuge gewinnt! 1. ♕e7+ ♕g5 (erzwungen) 2. ♕e4+ ♕g4 3. ♕e3!! mit Matt oder Damenverlust.

Zugzwang der Dame
221

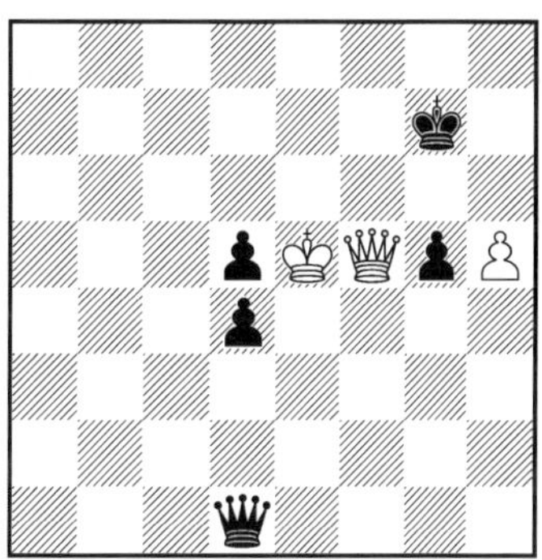

A. Havasi
„Deutsche Schachzeitung", 1914
Weiß gewinnt

Der ungarische Meister Havasi hat das Thema in etwas anderer Form dargestellt: **1. h6+! ♔h6:** (erzwungen) **2. ♔f6 ♕h5 3. ♕d3! ♕e8.** Den Zug ... g4 vermeidet Schwarz so lange wie möglich: 3. ... g4 4.

♕d2+ ♔h7 5. ♕c2+ ♔h6 6. ♕c1+ ♔h7 7. ♕c7+ nebst Matt. Aber es nützt nichts: im 14. Zuge wird er den Bauern vorrücken müssen! **4. ♕h3+ ♕h5 5. ♕f5.** Das ist also der „Zugzwangsapparat' ; die schwarze Dame darf nicht ziehen, und so bleibt nur **5. ... d3 6. ♕d3: ♕e8 7. ♕h3+ ♕h5 8. ♕f5 d4 9. ♕d3 ♕e8 10. ♕h3+ ♕h5 11. ♕f5 d3 12. ♕d3: ♕e8 13. ♕h3+ ♕h5 14. ♕f5.** Nun aber ist 14. ... g4 erzwungen; im 18. Zuge wird Schwarz mattgesetzt. Zum Vergleich betrachten Sie bitte folgende Partiestellung.

221 A

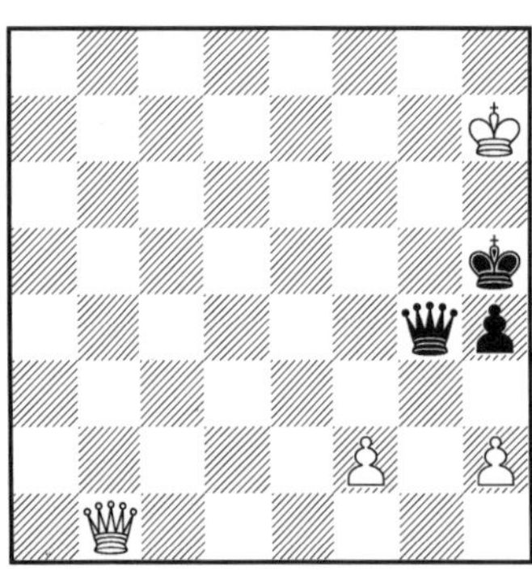

Tschigogidse – Kawataradse
Tiflis 1977
Weiß zieht und gewinnt

Mit dem „Treppen"-Motiv nähert sich die Dame dem feindlichen König so weit wie möglich. Den Schlusspunkt setzt der Bauer f2, **1. ♕b5+ ♕g5 2. ♕e2+ ♕g4 3. ♕e5+ ♕g5 4. ♕e6! ♕g2 5. ♕f5+ ♕g5 6. ♕f3+ ♕g4 7. ♕f7+ ♔g5 8. f4+ ♕f4: 9. ♕g6** matt.

Ins Mattnetz gegangen

222

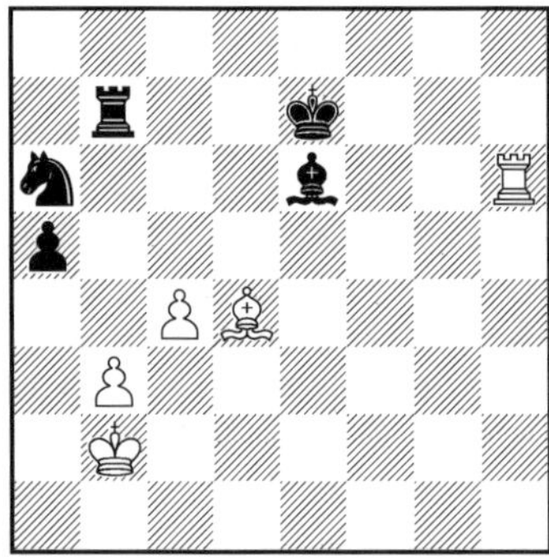

Blau (am Zug) – Unzicker
Luzern 1949

Weiß stand vor der Frage, ob er mit den Bauern (auch seinen eigenen!) aufräumen oder, beginnend etwa mit 1. ♔a3, den Ba5 aufs Korn nehmen sollte. Er entschied sich für das „tabula-rasa-Verfahren" **1. ♖h5,** was nach **1. ... ♗c4: 2. ♖a5: ♖b3:+ 3. ♔c1** zu einem nicht alltäglichen bauernlosen Endspiel von Turm und Läufer gegen Turm, Läufer und Springer führte. Während man im allgemeinen unterstellen kann, dass solche Positionen remis werden müssen, gab Blau die Partie in acht Zügen auf! Man wird deshalb dem risikofreien und – im Remissinne – durchaus nicht ungiftigen Manöver 1. ♔a3 (nebst evtl. ♗c3 und ♖h5) rückschauend den Vorzug zu geben ha-

ben; Schwarz hätte dann eine Aufgabe zu lösen gehabt, die wahrscheinlich unlösbar geblieben wäre. Der Ba5 ist zu anfällig.
Die nach 4. ♔c1 entstandene Stellung hat das Wesensmerkmal, dass der schwarzfeldrige weiße Läufer so gut wie überhaupt nichts zur Verteidigung seines Königs beitragen kann; dieser findet sich sehr schnell in ein unzerreißbares Mattnetz verstrickt! **3. ... ♔e6 5. ♖g5**. Auch 4. ♖e5+ nebst ♖e3 würde auf die Dauer nicht geholfen haben. **4. ... ♖h3 5. ♗g7**. Man hat den Eindruck, dass sich Weiß des Ernstes der Lage noch nicht klar bewusst ist. **5. ... ♘b4 6. ♔b2 ♘d5** 7. **♗e5 ♖e3 8. ♗d4 ♖e2+ 9. ♔c1. ♘b4**. Schon sehen wir Mattbilder auftauchen, etwa mit dem König auf d1, dem Springer auf d1 und dem Läufer auf b3! **10. ♗g7 ♖c2+ 11. ♔d1** (oder 11. ♔b1 ♗d3) **11. ... ♗e2+**. Weiß gab auf. – Ein bemerkenswerter Partieschluss.

Das ganze Endspielrepertoire! 223

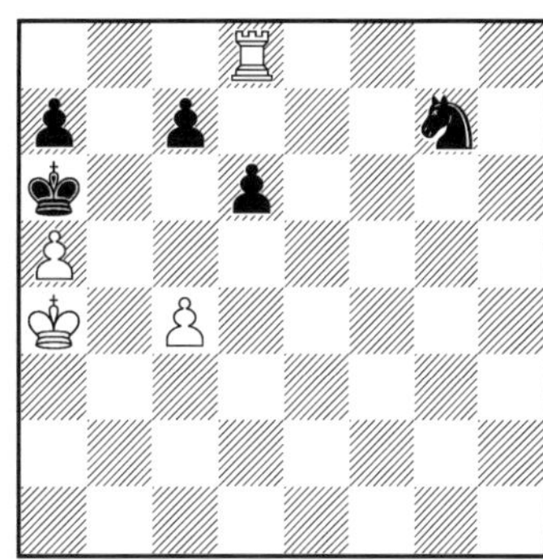

A. S. Selesniew
„Deutsche Schachzeitung“, 1920
Weiß gewinnt

In einer ungemein partiewahrscheinlichen Stellung, die einen baldigen Friedensschluss unvermeidlich erscheinen lässt, erfindet Selesniew ein entzückendes Endspielmatt.
1. c5! ♘e6. Nach 1. ... dc5: 2. ♖d7 würde der weiße Turm in Kürze alle schwarzen Bauern erobern. **2. cd6:**. Dem Bauernopfer folgt ein Turmopfer. **2. ... ♘d8: 3. dc7:**. Ist es aus? Keineswegs! **3. ... ♘b7!**. Nach 4. c8♕? wäre Schwarz patt! **4. c8♖! ♘a5: 5. ♖c5!! ♘b7 6. ♖c6#!**.

224

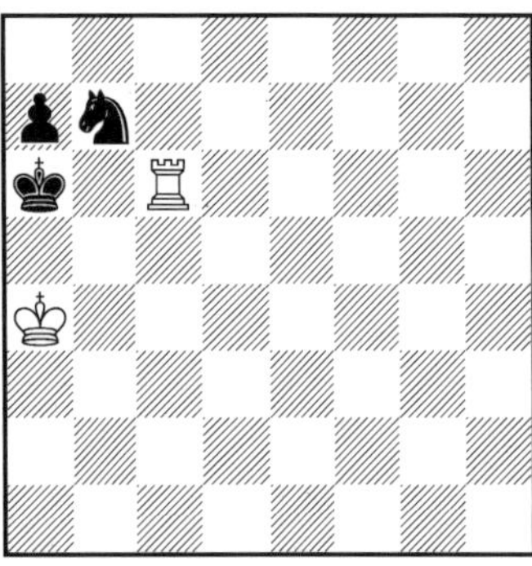

Schluss-Stellung

Und zum Schluss ein reines, ökonomisches Matt, an dem alle Figuren mitwirken („Idealmatt“). – Ein Meisterwerk höchsten Ranges!

Mattwitz hilft siegen
225

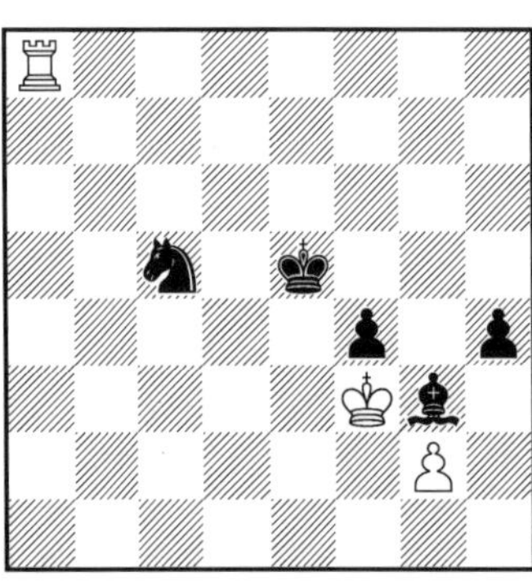

Lladó (am Zug) – Darga
Clare-Benedict-Turnier, Luzern
1963

Nach der dritten (!) Sitzung war die Partie in der abgebildeten Stellung erneut abgebrochen worden. Bei einer flüchtigen Untersuchung konnte die deutsche Mannschaft keine Klarheit darüber gewinnen, wie die Stellung zu beurteilen war. Darga nahm sich also für die nächste Runde „frei“, um sich eingehend mit dem Endspiel zu beschäftigen.

Anfänglich neigte er zu der Ansicht, dass er mit König und Springer den Bg2 angreifen müsse, aber eine gründliche Prüfung überzeugte ihn davon, dass der Turm von der a-Linie aus zuviel Möglichkeiten haben würde, diese Pläne zu stören. Es blieb daher nichts anderes übrig, als zu versuchen, den weißen König von dem Blockadefeld f3 zu verdrängen, um dann vielleicht mit ... h3 einen Bauern zu opfern und so den f-Bauern vorzubringen. Plausibel erschien dabei etwa folgende Fortsetzung: 1. ♖e8+ ♘e6 3. ♖e7 ♔d6 3. ♖e8 ♔d5 4. ♖e7 ♘c5 5. ♖e8 ♘d3! (droht ... ♘e1+ mit Gewinn des Bauern). Wie aber sollte Schwarz weiterkommen, wenn Weiß nun einfach mit 6. ♔g4 fortsetzt?! Nach etwa 6. ... ♔d4 7. ♖e7 ♘e1 spielt Weiß einfach 8. ♔h3!, und es ist kein erfolgversprechender Plan zu sehen. „Fast hatte ich mich schon damit abgefunden, dass die Partie nicht zu gewinnen war, als mir plötzlich doch eine Idee kam ...“, so schreibt Darga, der das bisher nicht bekannte Endspiel für unser Buch geschildert hat.

226

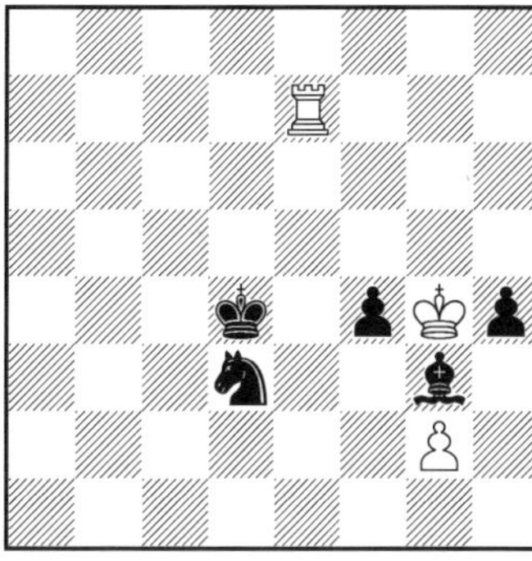

Stellung nach 7. ♖e7
(Variante)

In dieser Stellung gibt es nach Dargas Untersuchung einen interessanten Gewinnweg, zu dem es aber leider in der Partie nicht gekommen ist. 7. ... h3!!. Dieser überraschende Vorstoß wird durch die ebenso überraschende Mattwendung 8. ♔h3:? ♘f2#! gerechtfertigt. Weiß ist also gezwungen, den Bauern mit dem g-Bauern zu schlagen, aber dann erreicht Schwarz mit 8. (gh3:) ♘e5+! 9. ♔f5 f3! Gewinnstellung. Es könnte folgen 10. ♖a7 f2 11. ♖a1 ♔e3 12. h4 (einziger Versuch), worauf Schwarz mit 12. ... ♔e2 13. h5 f1♕ ein gewonnenes Endspiel mit zwei leichten Figuren gegen den h-Bauern herbeiführen kann: 14. ♖f1: ♔f1: 15. ♔f6 (h6 ♘f7 usw.) 15. ... ♔g2 16. h6 ♘g4+ 17. ♔g6 ♗e5 18. h7 ♗h8 (auch ... ♔f3) 19. ♔f7 ♘f6!, wonach spiegelbildlich dieselbe Endstellung entstanden ist wie in der Partie Thal – Kahn (vgl. Stellung 114)!

In der Position nach 12. h4 wäre übrigens sogar 12. ... ♘f3 möglich, wodurch der Bh4 fällt; doch Weiß kann den Vormarsch dieses Bauern erzwingen, wenn er 7. ♖a8 (statt 7. ♖e7) zieht: 7. ...h3 8. gh3: ♘e5+ 9. ♔f5 f3 10. ♖a4+ ♔e3 11. ♖f3+ nebst h4.

Nun aber zur Partiefortsetzung! Darga hatte das Vergnügen, die in der häuslichen Analyse gefundene Gewinnstellung in aller Muße anstreben zu können, da der Gegner ja nichts unternehmen konnte. **1. ♖e8+ ♘e6 2. ♖e7 ♔d6 3. ♖e8 ♔d5 4. ♔e2** (hier weicht er schon ab) **4. ... ♘g5 5. ♖g8 ♘f7 6. ♖e8 ♘e5 7. ♖a8 ♘c6 8. ♖h8 ♔d4 9. ♖a8 ♘e5 10. ♖a4+ ♘c4 11. ♖a8 ♘e3 12. ♖d8+ ♔e4 13. ♖e8+ ♔f5 14. ♖f8+.** Mit 14. ♖e3:? fe3: 15. ♔e3: wäre nichts zu erreichen: 15. ... ♔g4! 16. ♔e2 ♗c7! 17. ♔f1 ♗b6!, und der König wird abgedrängt. **14. ... ♔g5 15. ♖g8+ ♔f6 16. ♔f3 ♔e5! 17. ♖e8+ ♔d4 18. ♖d8+ ♔c3 19. ♖d7 ♘c2.** Endlich! Auf 20. ♔g4 folgt nun 20. ... ♘e1 21. ♔h3 ♘d3! (vgl. das Varianten-Stellungsbild). **20. ♔e2.** Schade, dass sich Weiß für eine andere Fortsetzung entscheidet! **20. ... ♘d4+ 21. ♔f1 ♔d3 22. ♖f7 h3! 23. ♔g1.**

Weiß möchte seinen König in eine Pattstellung bringen. Nach 23. gh3: würde nicht 23. ... f3? folgen (24. ♖f3:!), sondern 23. ... ♘c2!; z. B. 24.

♖d7+ ♔e4 25. ♔e2 ♘d4+ 26. ♔d2 f3 27. ♖e7+ ♗e5 28. ♔e1 ♘f5 29. ♖e8 ♔f4 30. ♖f8 ♗d4 31. ♔f1 ♗c5! 32. ♖f7(6) ♔g5, und Schwarz gewinnt.

23. ... ♘c2! 24. ♖d7+ ♔e2 25. ♖b7 ♗f2+ 26. ♔h2 hg2: 27. ♔g2: ♗d4. Weiß gab auf.

Ein hochinteressantes Endspiel! Ohne den Mattwitz hätte Schwarz nach Dargas Auffassung die Blockade seiner Bauern durch den weißen König nicht abschütteln können.

14. KAPITEL
Nachlese

Von Georg Kieninger stammt der als Bonmot gedachte, aber in Wahrheit tiefsinnige Ausspruch: „Kombinieren können die meisten, schieben nur wenige." Wir wollen uns hier nicht über das Verhältnis zwischen Strategie und Taktik im Schach verbreiten, obgleich sich diese Frage nicht nur im Mittelspiel, sondern auch im Endspiel stellt; aber eines soll doch gesagt werden: Die Taktik, deren Mittel die Kombination ist, hat im Schachspiel nicht die Bedeutung eines Prinzips an sich, sondern sie ist demselben Zweck unterworfen wie die Strategie, deren Mittel die weit ausgreifenden positionellen Planungen sind. Dieser Zweck ist der Sieg. Wie er errungen werden kann, steht nie von vornherein fest. Kann im einen Fall die gegnerische Stellung nur mit sorgfältig überlegten positionellen Maßnahmen langsam und geduldig immer mehr geschwächt werden, so erfordern andere Stellungstypen kräftiges Zugreifen, vielleicht sogar eine Opferkombination, die auch für den Angreifer mit Gefahren verbunden ist. – Wieder ein anderer Fall: Schwarz möchte gern seinen Springer auf das beherrschende Feld d4 bringen, aber mit „normalen" Mitteln ist dies nicht zu erzwingen. So entschließt sich Schwarz zu einer Kombination, deren einziger Zweck es ist, das Feld d4 für den Springer freizumachen. lässt sich der Gegner auf die Kombination ein, so setzt er sich einem gefährlichen Angriff aus; lehnt er dankend ab, so ist er genötigt, das umkämpfte Feld zu räumen. Ein typischer Fall für eine „Kombination mit positionellem Ziel" ist Stellung 247.

Und noch eine andere Möglichkeit: Weiß kann bei den Eigenarten der einmal erreichten Stellung seine Ziele sowohl mit kombinatorischen als auch mit positionellen Mitteln verfolgen. Hier wird die Veranlagung des Spielers, der „Geschmack" den Ausschlag geben.

Der positionelle Weg

227

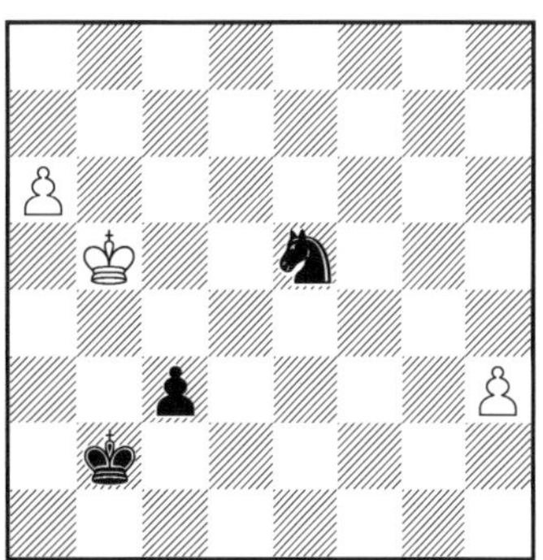

O'Kelly – G. Kieninger (am Zug)
Oldenburg 1949

Schwarz zog **1. ... ♘c6!** und wählte damit den „positionellen Weg“, – der hier auch vorzuziehen war. Der andere hätte darin bestanden, dass beide Parteien eine Dame erhalten und Schwarz danach trachtet, entweder mattzusetzen oder die feindliche Dame zu gewinnen, – eine Verpflichtung, die niemand ohne Not übernehmen würde!

Es folgte **2. ♔c6: c2 3. a7 c1♕+** (dieses Schachgebots halber hatte Schwarz seinen Springer gegeben) **4. ♔b7 ♕h1+!**, und Weiß gab auf. Weil er noch den h-Bauern hatte, ist die Dame in der Lage, den König auf a8 patt- und im nächsten Zuge mattzusetzen, wie wir es in künstlerischer Form bei Farago gesehen haben (Stellung 51).

Der andere Weg (ihn hat der deutsche Studienkomponist **Paul Heuäcker** entdeckt): 1. ... c2! 2. a7 c1♕ 3. a8♕ ♕c4+ 4. ♔b6 (erzwungen) 4. ... ♘d7+ 5. ♔a7(!) ♕a2(c5)+ 6. ♔b7 ♕d5+ 7. ♔a7 ♕a5+ 8. ♔b7 ♘c5+ 9. ♔b8 ♕d8+ 10. ♔a7 ♕c7+; Matt im nächsten Zuge. Hierbei hatte sich Heuäcker an eine alte Studie von Rinck erinnert (siehe unten).

In die Enge getrieben

Kompositionen, die den Kampf von Dame und Leichtfigur gegen Dame zeigen, verzeichnet die Literatur in Hülle und Fülle, denn es gibt in dieser Endspielgattung unzählige kombinatorische Wendungen. Wir denken beispielsweise an eine Gewinnstudie des spanischen Meisters **J. Diez del Corral,** in der der weiße Springer ausgerechnet auf a8(!) seine größtmögliche Wirkungskraft entfaltet (Schach-Echo-Turnier 1955, III. Preis.).

228

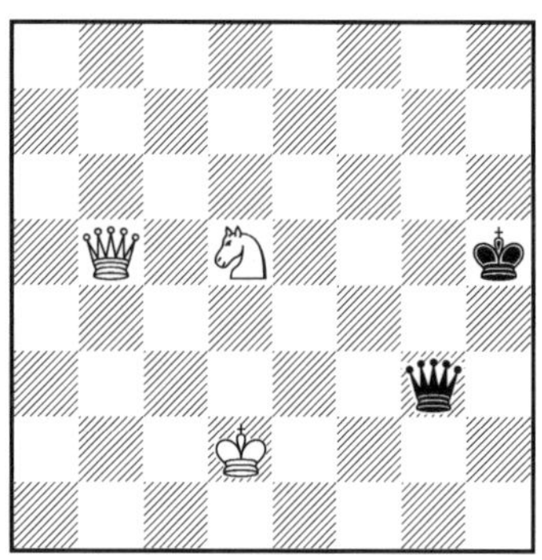

H. Rinck
„Deutsche Schachzeitung“, 1911
Weiß gewinnt

1. ♕e8+ ♔g5. Oder 1. ... ♔g4 (... ♔h4 oder ... ♔h6 2. ♕h8+ usw.) 2. ♘e3+ ♔g5 (... ♔h3 3. ♕e6+) 3. ♕g8+ ♔f4 4. ♕f7+ ♔g5(!) 5. ♕g7+ ♔f4 6. ♕f6+ ♔e4 7. ♕f5+ ♔d4 8. ♕d5#. **2. ♕g8+ ♔h4 3. ♕h7+ ♔g5! 4. ♕g7+ ♔h4 5. ♕h6+ ♔g4 6. ♘e3+ ♔f3** 7. **♕h5+ ♔f2 8. ♕e2+ ♔g1 9. ♕d1+** mit Matt oder Damengewinn im nächsten Zuge.

*

Aber dass man auch mit der bloßen Dame gegen eine „vollintakte" – also keine in der Ecke stehende, mit einem Polerio-Matt behaftete – Dame gewinnen kann, das halten Sie sicher für unmöglich:

Intakte Dame, aber ...
229

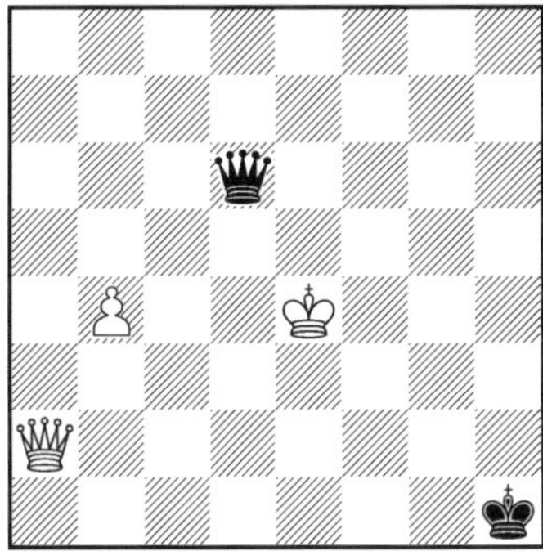

Neumann (am Zug) – N. N.
Wien 1887

Hier hat Weiß einen Bauern; der schwarze König, der das präsumtive Umwandlungsfeld nicht beherrscht, steht, auf den Bauern und die Gefahr des Damentausches bezogen, relativ günstig. Aber der starke Meister Neumann bewies, dass er den Bauern gar nicht nötig hatte:
Er zog **1. ♕d5!! ♕b4:+ 2. ♔f3!**, und Schwarz gab auf! Schwarz kann die überraschende Mattdrohung nicht abwehren; z. B. 2. ... ♕e1 3. ♕h5+ ♔g1 4. ♕g5+, oder 2. ... ♔h2 3. ♕h5+ ♔g1 4. ♕g5+ ♔f1 5. ♕g2+. Interessant ist, dass Schwarz auch dann die Partie nicht hätte retten können, wenn er mit der Dame auf andere Felder gegangen wäre: z. B. 1. ... ♕g3 2. ♕d1+ nebst Damentausch, oder 1. ... ♕f6(8) 2. ♕h5+ nebst 3. ♕g4+, oder 1. ... ♕c7(b8, b6, a6, e7+) 2. ♔f3! mit Matt oder Damentausch.
Am besten ist 1. ... ♕g6+, was Weiß mit 2. ♔f4+ ♔h2 3. ♕e5! beantwortet (droht 4. ♔f3+! nebst ♕e4). 3. ... ♕d3! (3. ... ♕g3+ 4. ♔e4! ♔h1! 5. ♕h5+ ♔g1 6. ♕d1+ ♔g2 7. ♕e2+ ♔g1 8. ♕e3+ ♔h1 9. ♕f3+! und gewinnt) 4. b5 ♕g6(!) 5. b6! ♕d3 (auf 5. ... ♕b6: wird Schwarz durch 6. ♔f3+ usw. mattgesetzt) 6. b7, und Weiß gewinnt.

*

Eine hübsche Studie von **I. A. Kantorowitsch** (Lob in einem russischen Studienturnier 1952) beschäftigt sich mit demselben Thema (♔f3, ♖a6, ♙a7 – ♔h2, ♕c4; Weiß gewinnt). 1. ♖h6+!. Nach 1. a8♕? hat Schwarz mit 1. . ♕f1+ usw. Dauerschach. 1. ... ♔g1 2. ♖h1+!
Wieder nicht 2. a8♕? wegen ♕e2+! 3. ♔g3 ♕e3+! 4. ♕f3 ♕f4+, Patt. 2. ... ♔h1: 3. a8♕, und Weiß gewinnt ähnlich wie in der Partie.

Vorpläne
230

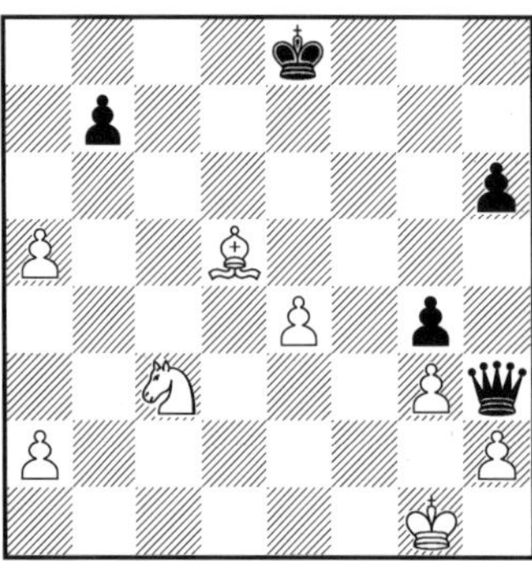

Dr. A. Wotawa
„Schach-Echo“, 1962
Weiß gewinnt

Es sieht in dieser Studie zwanglos „nach Partie“ aus; Weiß scheint gute Remisaussichten zu haben. In fünf Zügen steht jedoch der Springer auf f4, und die Dame ist gefangen;
1. a6! ba6: (erzwungen) **2. ♗c6+ ♔f7** (oder beliebig) **3. ♗e8+!** (verhindert für einen Augenblick ... ♕h5) **3. ... ♔e8: 4. ♘d5!** (nun würde sich die Dame auf h5 in einen Springerbereich begeben) **4. ... ~ 5. ♘f4,** und Weiß gewinnt. Das Ganze ist eine „logische Kombination“ im problemtheoretischen Sinn: Der Springerzug nach d5 muss durch mehrere „Vorpläne“, die „gestaffelt“ sind, vorbereitet werden. Es würde nicht allzu schwer fallen, auch in den Partien der Meister auf solche Kombinationen zu stoßen.

Einfach, doch lehrreich
231

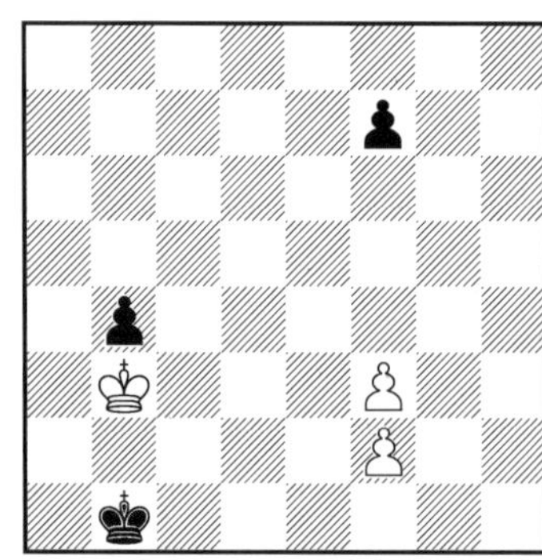

H. H. Staudte
„Deutsche Schachblätter“,1935
Weiß gewinnt
(Stellung nach dem 15. Zuge)

Die Stellung entsteht am Schluss folgender Studie: ♔h4, ♗b6, ♘c6, ♙b2, f2, f3, g5 – ♔f5, ♙a5, b3, b4, c3, f4, f7. Die Hauptvariante ist 1. g6! fg6:2. ♗d4!! (2. ♘d4+ macht nur remis) 2. ... c2 3. ♗h8! ♔e6 (eine Hinlenkung wie bei Gligoric – Liberson im Vorwort) 4. ♘d4+ nebst 5. ♘b3: mit Gewinn. Schwarz kann aber auch 1. ... ♔g6: ziehen, worauf sich die Lösung „positionell“ abspielt: 2. ♘e5+ ♔f5 3. ♘d3 a4 (droht Durchbruch mit ... a3) 4. ♗d4! c2! 5. ♘c1! ♔e6 6. ♔g4! ♔d5 7. ♗f6 ♔c4 8. ♔f4: a3! 9. ♔e3! a2 10. ♘a2: ba2: 11. b3+ ♔b3: 12. ♔d2 a1♕! 13. ♗a1: ♔a2 14. ♔c2: ♔a1: 15. ♔b3 ♔b1 (siehe Stellungsbild).
Weiß muss jetzt **16. f4!** ziehen; mit 16. ♔b4:? dagegen würde er nur Re-

mis erzielen, da Schwarz zu schnell das „kritische Feld“ d3 erreicht: 16. ♔b4:? ♔c2 17. ♔c5 ♔d3! 18. ♔d5 (oder 18. ♔d6 ♔d4! 19. ♔e7 ♔e5) 18. ... ♔e2 usw. mit Remis. Auch 17. ♔c4 ♔d2 führt nicht zum Erfolg.

Mit 16. f4 erobert Weiß das entscheidende Tempo: **16. ... ♔c1 17. ♔b4: ♔d2 18. ♔c5 ♔d3** (oder 18. ... ♔e2 19. ♔d6 usw.) **19. ♔d5.** Jetzt haben wir die Position der Verführungsvariante erreicht, jedoch mit dem bedeutsamen Unterschied, dass der Bf3 schon auf f4 steht. **20. ... ♔e2 21. ♔d6** (nicht ♔e5?) **21. ... ♔f2:** (oder ... ♔f3 22. f5) **22. ♔e7,** und Weiß gewinnt. – Das war ein ziemlich einfacher Fall.

In Remisgefahr

232

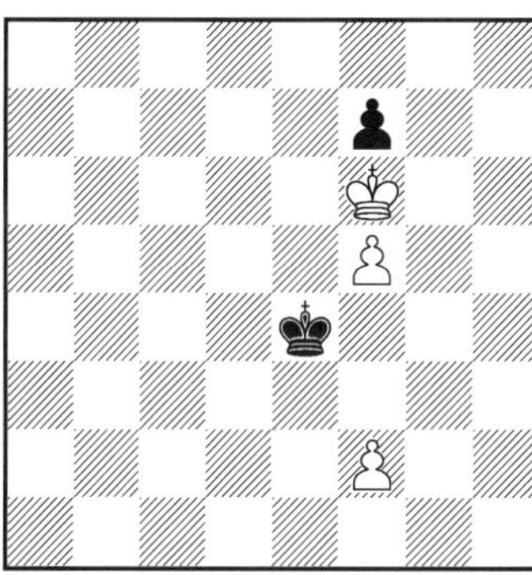

N. D. Grigoriew
Quelle unbekannt (1935)
Weiß gewinnt

Hier liegen die Dinge schwieriger für Weiß, wie denn überhaupt in Stellungen dieser Art die schwächere Partei versuchen muss, den Doppelbauern von rückwärts anzugreifen. Weiß kann aber die Gefahr noch meistern: **1. ♔g5! ♔d5** (oder ... ♔f3 2. f6 nebst ♔h6) **2. f6! ♔e5 3. f3! ♔e6 4. f4!** mit Gewinn.

Verschiebt man aber die Ausgangsstellung um eine Reihe nach rechts, so ist das Spiel remis, weil dem Weißen die Umgehungsmöglichkeit nach rechts fehlt: 1. g3+ ♔g4, oder 1. ♔h5 ♔g3! 2. g6 ♔f4 3. g4 ♔e5; Remis.

Wo der König steht ...

233

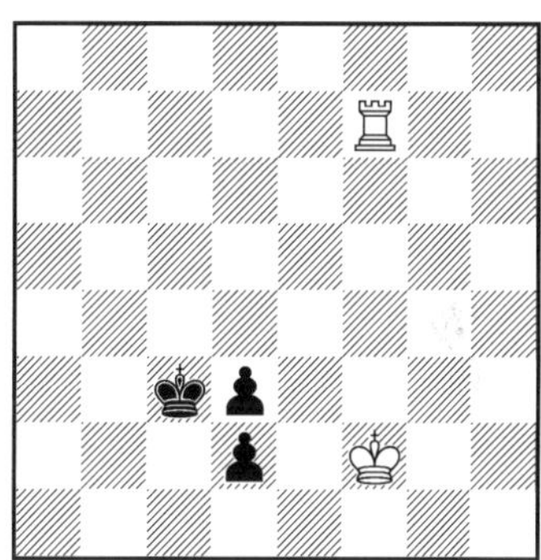

Horwitz und Kling
„Chess Studies and Endings of games“, 1851
Weiß hält unentschieden

Der weit vorgerückte Doppelbauer im Kampf gegen einen Turm gibt ganz eigenartige Probleme auf, und zwar ebenso, wenn er allein gegen einen Turm anzukämpfen hat oder wenn er von einem eigenen Turm unterstützt wird. Das klassische Beispiel von Horwitz und Kling zeigt eine überraschende Verteidigungsmöglichkeit des Turms: **1. ♖c7+ ♔d4(!) 2. ♖d7+ ♔e4 3. ♖e7+ ♔f5** (oder 3. ... ♔f4 4. ♖f7+) **4. ♖e1!**; Remis.

Dr. Tarrasch hat darauf hingewiesen, dass Weiß auch dann das Unentschieden erzwingen kann, wenn der weiße König auf h2 steht: **1. ♖c7+ ♔b4 2. ♖b7+ ♔e5 3. ♖b1 ♔d4 4. ♔g2 ♔c3** (oder 4. ... ♔e3 5. ♔f1) **5. ♔f2! ♔c2 6. ♔e3!**, Remis. **Chéron** steuert die Remisführung nach 1. ... ♔d4 bei: 2. ♖d7+ ♔e4 3. ♖e7+ ♔f5 4. ♖f7+ ♔e5! 5. ♖f1 ♔d4 6. ♔g3 ♔e3 7. ♔g2 ♔e2 8. ♖f2+ ♔d1(!) 9. ♖f8!, ebenfalls mit Remis. – Wie sehr es auf die weiße Königsstellung ankommt, zeigt die Tatsache, dass Weiß verliert, wenn der König auf h3 steht. In diesem Fall geht der schwarze König nach h1 (!), wo er vor Schachgeboten sicher ist.

Verloren ist Weiß auch dann, wenn sich sein König auf f1 statt auf f2 befindet (oder auch, wenn der Turm auf der sechsten statt auf der siebten Reihe steht)! Im letzten Fall kommt der Turm nicht zu dem lebensnotwendigen Schach auf der e-Linie; und über die ungünstige Stellung auf f1 (f8) gibt unsere nächste Stellung Aufschluss.

In acht Zügen!
234

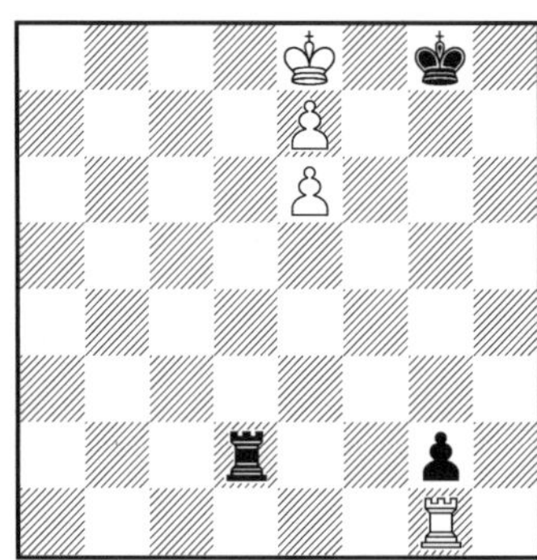

Kieninger (am Zug) –
Dr. Schultheiß
Köln, um 1930

Warum ist nach **1. ♖g2:+ ♖g2: 2. ♔d7** Schwarz verloren, wo doch die Stellung fast (sie!) genauso ist wie bei Horwitz und Kling? Antwort: Weil der schwarze König seinem Turm im Wege steht! Frage: Wieso? Der Turm geht ja doch nach f8 (entsprechend dem Zuge ♖e1 in der Studie), und da ist doch von Wegsperre gar keine Rede! Antwort: Bitte überzeugen Sie sich!

2. ... ♖d2+ 3. ♔c6 ♖c2+ 4. ♔d6 ♖d2+ (... ♖c8 5. ♔d7) **5. ♔e5 ♖e2+ 6. ♔f5 ♖f2+** 7. **♔g5!** (♔g4? ♖f8!, Remis) **7. ... ♖g2+.**

Es scheitert 7. ... ♖f8 an 8. ef8:♕+ ♔f8: 9. ♔f6!, wonach Weiß die Königsopposition hat. **8. ♔h4!**. Jetzt wird es klar: Mit diesem Ausweichen auf die Reihe rechts vom schwarzen König (was bei Horwitz und Kling

sinnlos gewesen wäre) gewinnt Weiß, weil 8. ... ♖h2+ 9. ♔g3 ♖h8 ein Schlag in die Luft wäre.
Ja, die Königsstellungen! Man liest gelegentlich in den Anmerkungen zu einer Partie – etwa bei 17. ♔h2 – einen lichtvollen Satz wie den folgenden: „Der entscheidende Fehler! Weiß musste den König nach h1 ziehen (vgl. die Anmerkung zum 35. Zuge).“ Nun, so etwas ist natürlich barer Unsinn; aber eines sollte sich der Schachfreund doch merken: Wenn er in ein so genanntes „theoretisches Endspiel“ übergehen will, kann er unter Umständen – etwa durch ein einfaches Zwischenschach – die Stellung seines Turms so verbessern (oder die des feindlichen Königs so verschlechtern), dass in diesem Endspiel statt eines halben Punktes ein ganzer herausspringt!

Geistreich und brillant

Die Ausgangsstellung, in der der weiße Turm auf h2, der schwarze auf e2 steht und in der Weiß einen Läufer auf h6 und Schwarz einen Bauern auf g2 hat, bringt das kurze Einleitungsspiel **1. ♗e3! ♖e3: 2. ♖g2: ♖a3**, womit die abgebildete Stellung erreicht ist.

235

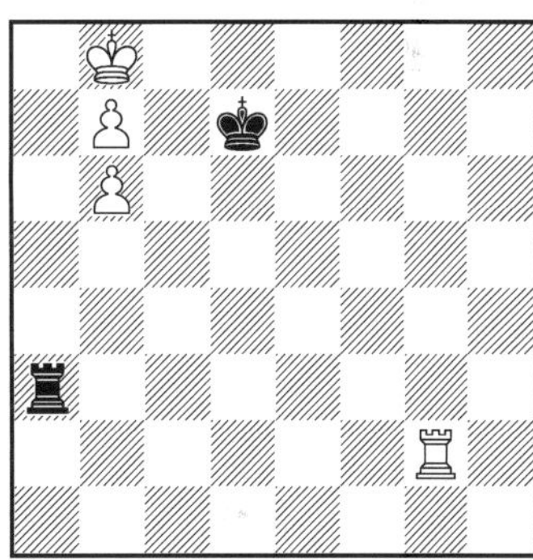

O. Duras
Sachove Listy“, 1902
Weiß gewinnt
(Stellung nach dem zweiten Zug)

Nun setzt Weiß mit **3. ♖d2+** fort. Auf **3. ... ♔e7** folgt **4. ♖d6!!**. Weiß macht von seinem Turm – im Kampf um die Befreiung seines Königs – in schönster kombinatorischer Weise Gebrauch: 4. ... ♔d6: 5. ♔c8! ♖c3+ 6. ♔d8 mit Gewinn. Aber Schwarz hat noch einen Pfeil im Köcher: **4. ... ♖c3.** Danach muss Weiß anscheinend seine Aktion wieder abblasen

(5. ♔a7 ♖a3+), aber dem ist nicht so: **5. ♖c6!!** bewirkt erstens die Verstellung der c-Linie (5. ... ♖a3 6. ♔c8) und lenkt zweitens den schwarzen Turm auf ein Feld, von dem aus er die a-Linie nicht mehr rechtzeitig erreichen kann: **5. ... ♖c6: 6. ♔a7**, und Weiß gewinnt.

Wie gewonnen, so zerronnen

236

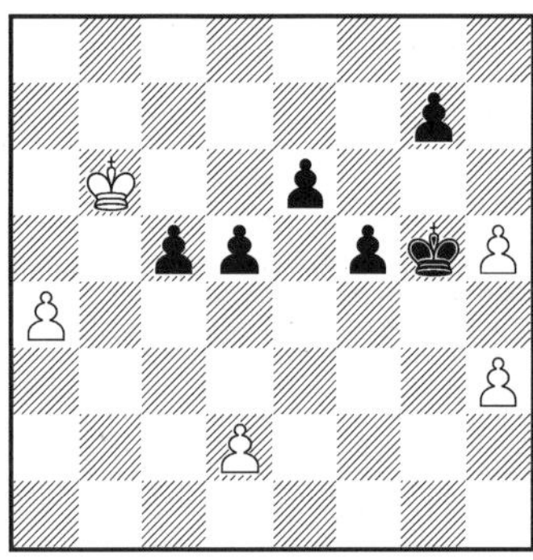

H. van der Holst
„De Schaakwereld", 1936
Weiß gewinnt

Unzählige Beispiele aus Partie und Studie gibt es, in denen beide Gegner eine neue Dame erhalten, die eine aber von der anderen abgefangen wird. Wir beschränken uns auf einige besonders bemerkenswerte Fälle. Weiß gewinnt durch das überraschende und schöne Bauernopfer **1. h6!!** (1. a5? oder 1. ♔c5:? wird mit 1. ... f4! usw. widerlegt) **1. ... gh6:**. Nach 1. ... ♔h6: 2. ♔c5:! hat Weiß ein entscheidendes Tempo gewonnen. **2. a5 f4 3. a6 f3 4. a7 f2 5. a8♕ f1♕ 6. ♕g8+**, und Schwarz kann aufgeben.

Radulescus Fund

Siehe Diagramm 237

Frau Filipescu zog **1. ♔c6(?)**, und nach **1. ... f52. ♔d5 ♔f4 3. a4 ♔g3 4. a5 f4 5. a6 f3 6. a7 f2** 7. **a8♕ f1♕** endete die Partie unentschieden. Meister **Radulescu** fand aber in der Analyse die Möglichkeit 1. h6!!, genau wie bei v. d. Holst! Nach 1. ... gh6: wird die schwarze Dame ebenso abgefangen wie in der Studie, und 1. ... ♔h6: hätte der Anziehenden das entscheidende Tempo verschafft: 2. ♔c6 ♔g5 (oder 2. ... f5 3. ♔d5 g5 4. ♔e5 usw.) 3. ♔d5 f5 4. a4 f4 5. ♔e4, und Weiß gewinnt.

237

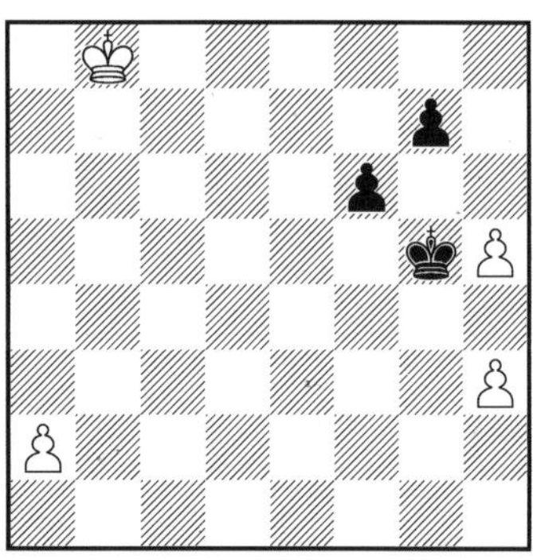

Frau Dr. Filipescu (am Zug)
– Frau Czitron
Rumänische Damenmeisterschaft
1955

Interessant, dass die Partiestellung, was Ökonomie der Mittel und künstlerische Schönheit betrifft, der Studie klar „überlegen" ist!

Zweimal Damenfang
238

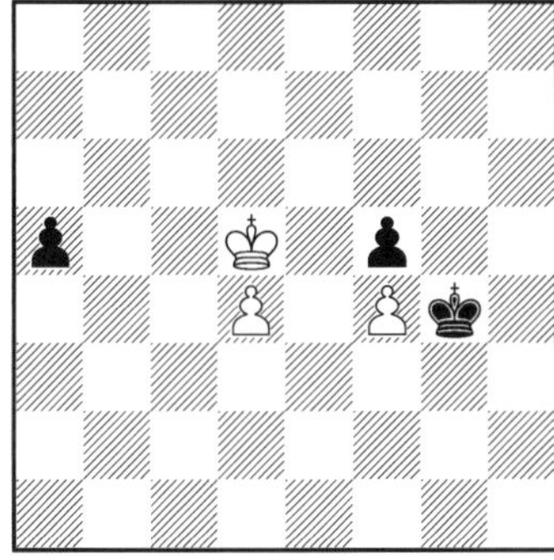

A. S. Selesniew
„Prawda", 1927 – Weiß gewinnt

Selesniew, der auch ein Meister des praktischen Spiels war, zeigt hier, was man in der Ausgangsstellung keineswegs vermutet, einen „doppelt gesetzten Damenfang"! **1. ♔c4! ♔f4:** (erzwungen, wie leicht zu sehen) **2. d5 ♔e5 3. ♔c5**, und nun – man ahnt es schon – werden die schwarzen Damen (je nachdem, ob der a- oder f-Bauer vorrückt) durch zwei Schachgebote erobert: **3. ... a4(f4) 4. d6 ♔e6**(!) **5. ♔c6 a3(f3) 6. d7 a2(f2) 7. d8♕ a1♕ (f1♕) 8. ♕e8+** nebst 9. ♕h8(f8)+ und Damengewinn!

„Um die Ecke gezielt"
239

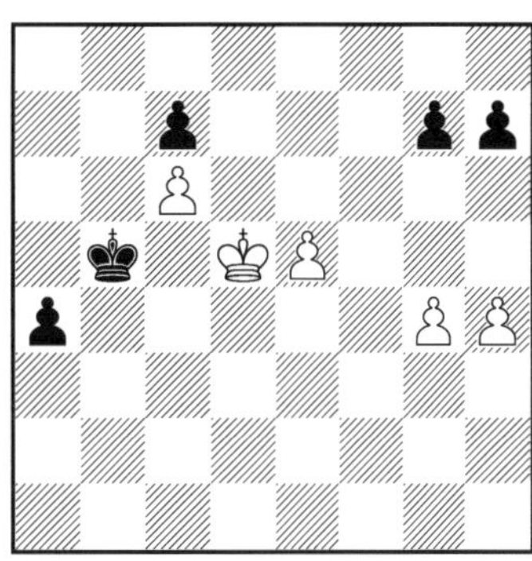

Lehnert – Wiesner (am Zug)
Leipzig 1960

Es wäre interessant zu wissen, was die beiden Gegner von der nach **1. ... a3 2. e6 a2 3. e7 a1♕ 4. e8♕** entstandenen Stellung erhofft haben. Nun, „objektiv" brauchte sich Weiß keine Hoffnungen zu machen, denn 4. ... ♕d1+ 5. ♔e6 ♕g4:+ 6. ♔f7 ♕h5+! (nach ... ♕h4:? 7. ♔g7: hätte Weiß Remisaussichten) 7. ♔f8 ♕e8:+ 8. ♔e8: ♔c6: 9. ♔f7 h5! ergibt einen klaren Gewinn für Schwarz. Dieser aber entdeckte eine noch bessere Möglichkeit: Damenfang in drei Zügen! Es folgte **4. ... ♕a2+!** (lässt den König nicht nach e6) **5. ♔d4 ♕d2+**; Weiß gab auf.

Auch die Großmeister!
240

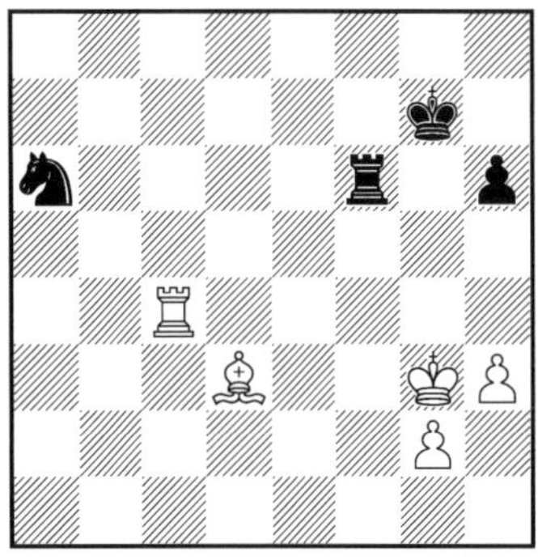

Fischer – Reschewsky (am Zug)
Wettkampfpartie 1961

Weiß hat zwar einen Bauern mehr, aber das sollte trotz der ungünstigen Stellung des schwarzen Springers nicht zum Gewinn ausreichen. Reschewsky beschloss, da er den Bauern nicht zurückgewinnen konnte, jedenfalls seinen Springer besser aufzustellen. So zog er **1. ... ♘b8??**, was Fischer mit **2. ♗e4??** beantwortete. Reschewsky behielt recht; die Partie endete schließlich unentschieden. (Gut war 1. ... ♖d6.)
Warum aber zog Fischer nicht 2. ♖c7+!, womit er den unglücklichen Springerzug schrecklich hätte bestrafen können? Niemand weiß es, und man muss sich eben mit dem tröstlichen Erfahrungssatz zufrieden geben, dass „auch Großmeister Menschen sind".
Nach 2. ♖c7+ ♖f7 (2. ... ♔g8 3. ♖c8+ kommt auf dasselbe heraus) 3. ♖f7:+ ♔f7: 4. ♗b5! wäre der Springer in eine tragikomische Lage geraten; Weiß gewinnt ohne Mühe.

*

Es versteht sich, dass sich auch die Studienkomponisten dieses dankbaren Themas angenommen haben. Dafür aus der großen Zahl von Vorbildern ein hübsches kleines Beispiel:

Ein tragikomischer Springer
241

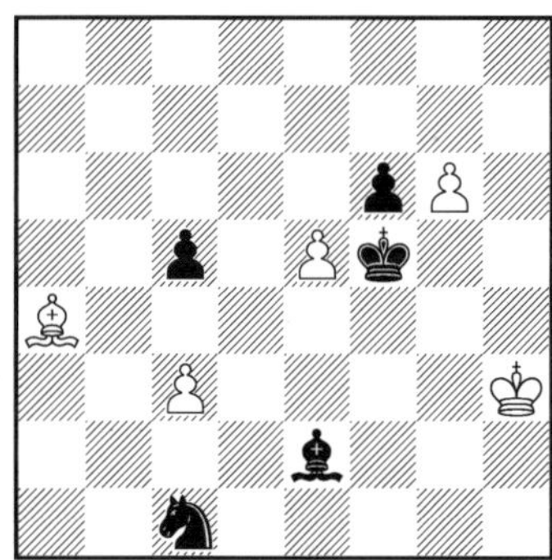

G. Bernhardt
„Schach-Express", 1948
Weiß gewinnt

1. g7 ♗c4 2. e6!. Ein typisches Lenkungsmanöver, das zum indirekten Tausch der weißen Freibauern gegen den schwarzen Läufer führt. Übrig bleibt nach **2. ... ♗e6: 3. ♗d7! ♔g6+ 4. ♗e6: ♔g7: 5. ♗c4!** der „tragikomische Springer", der sich seines Daseins nicht mehr lange erfreuen wird; Weiß „holt ihn ab" und gewinnt leicht.

Waagerecht gefangen

242

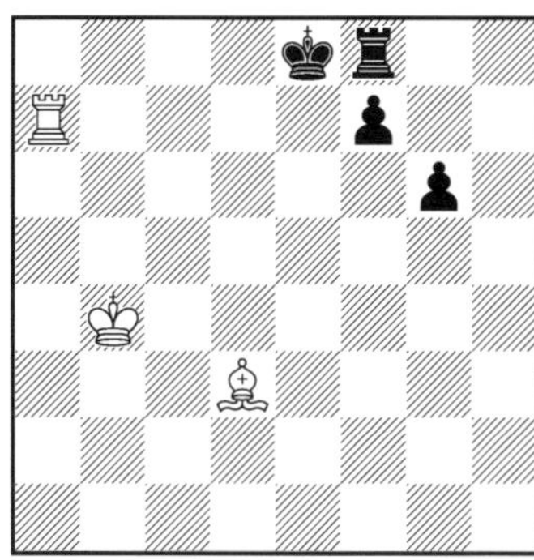

J. Hasek
„Ceskoslovensky Sach“, 1929
Weiß gewinnt

Wenn, wie wir in einem früheren Kapitel gesehen haben, der Turm „senkrecht“ abgefangen werden kann, warum soll es dann nicht auch auf der Waagerechten gehen?

Weshalb wir dies ausgerechnet zur Einleitung der berühmten Studie von Hasek sagen, wird nach dem Schlüsselzug **1. ♗f5!!** deutlich, der alles andere als auf der Hand liegt, aber die einzige Möglichkeit darstellt, den befreienden Vorstoß f5 zu verhindern. **1. ... gf5:**. Mit 1. ... f6? 2. ♗g6:+ ♔d8 3. ♗f7! würde Schwarz' in eine Zugzwangsstellung geraten; der weiße König hält den schwarzen Bauern auf, erobert ihn und erzwingt dann einen verderblichen Königs- oder Turmzug des Gegners. **2. ♔c5 f6.** Wegen der Drohung ♔d6 erzwungen. **3. ♔d6 ♖g8 4. ♔e6 ♔f8 5. ♔f6:**, und Weiß gewinnt.

*

Auch der große **S. Loyd** hat in jungen Jahren („Chess Monthly“, 1859) das Thema dargestellt, und zwar mit einem, wenn auch einfachen Farbwechsel-Echo (auch „Chamäleon-Echo“ genannt): ♔e5, ♖b2 ♖d1 – ♔h7, ♖f8, ♖g8, ♙a4, c6, e6; Weiß gewinnt. 1. ♖h1+ ♔g7(6) 2. ♖g1+ ♔f7(!) 3. ♖f1+ ♔e8(!) 4. ♖f8:+, und nun entweder 4. ... ♖f8: 5. ♔e6: oder 4. ... ♔f8: 5. ♔f6, und Weiß gewinnt (obgleich in dem entstandenen Endspiel noch Fallstricke zu vermeiden sind).

Verbunden – gebunden

243

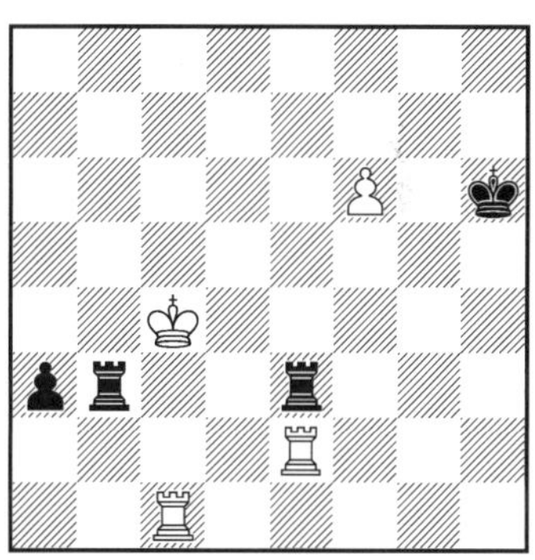

Dr. A. Mandler und E. König
„Wiener Schachzeitung“, 1924
Weiß gewinnt

Türme, die einander decken, können stark, aber auch schwach sein; hier sind sie letzteres: **1. f7 ♔g7.** Schon zeigt sich der Nachteil: der ♖b3 ist vom König angegriffen! **2. f8♕+!**

♔f8: 3. ♖f1+. Jetzt wird dieser unglückliche Turm nicht weniger als viermal erobert (natürlich nur je einmal!). **3. ... ♔e8 4. ♖fe1!**, oder 3. ... ♖f3 4. ♖ef2!, oder 3. ... ♔g8 4. ♖g2+ ♖g3 5. ♖fg1!, oder in dieser Variante 4. ... ♔h6 5. ♖h1+ ♖h3 6. ♖gh2. – Ein spaßiges „Häufungs"-Problem.

243 A

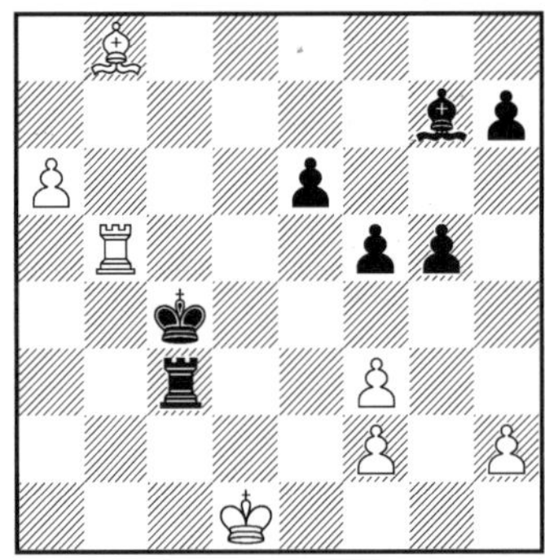

Fischer – Dr. Euwe
Schacholympiade Leipzig 1960

Der Freibauer triumphiert dank einer Läufer-Fesselung: **1. ♖b7! ♗d4 2. ♖c7+ ♔d3** (2. ... ♗c5 3. ♗a7) **3. ♖c3:+ ♔c3: 4. ♗e5!** und der a-Bauer ist nicht mehr aufzuhalten.
Natürlich gibt es auch zu diesem Thema eine Studie.

243 B

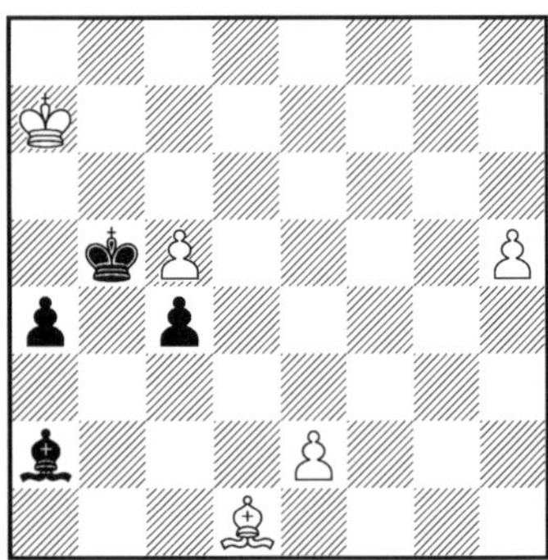

S. Herland
„Schachmaty", 1948. Gewinn

1. c6! (Auf 1. h6? ♗b1 2. c6 a3! 3. c7 a2 verwandeln sich die Bauern gleichzeitig:
4. c8♕ a1♕+, remis.) **1. ... ♔c6: 2. h6 ♗b1 3. e4! ♗e4: 4. ♗f3 ♗f3: 5. h7** und gewinnt.

Klassischer Fall
244

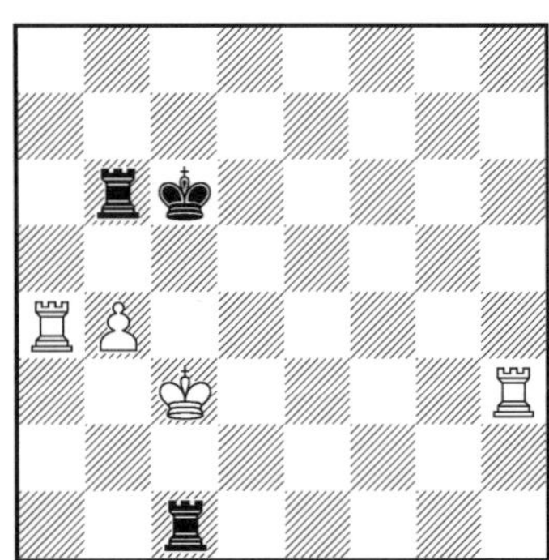

Prokes (am Zug) – Dr. Balogh
Schacholympiade Den Haag, 1928

Dies ist wohl einer der amüsantesten Turmfänge der ganzen Schachgeschichte! Nach **1. ♔b2** trachtete der bedeutende Fernschachmeister Balogh, auf bequeme Art den störenden Bauern zu erobern. Das aber war zu „nahes" Schach! Auf **1. ... ♔b5?** erwies der Bauer noch im letzten Augenblick eine ungeheuere Wirkungskraft: er deckte den Punkt a5 und ermöglichte dadurch **2. ♖a5+.** Es folgte **2. ... ♔b4: 3. ♖ha3!!**, und Schwarz gab auf. Diese Gelegenheit ließ sich der Studienkünstler Prokes nicht entgehen!

Ein Freibauer, prächtig anzuschauen...

245

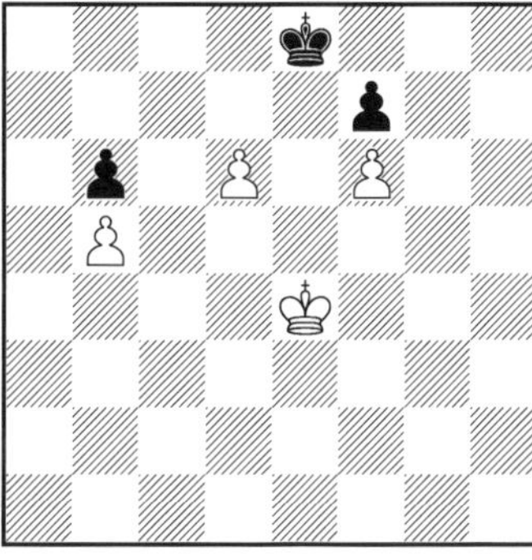

J. A. Lawrence – Finnie (am Zug)
London 1962
(Variante; Stellung nach 4. ed6:)

Zu dieser Stellung kam es in einem nächtlichen Londoner Blitzturnier von 53(!!) Runden; – oder vielmehr, sie wäre entstanden, wenn Schwarz eine unverhoffte Gelegenheit wahrgenommen hätte:

In der Stellung ♔c4, ♖d6, ♙b5, e5, f6 – ♔e8, ♖b1, ♙b6, f7 hatte Schwarz 1. ... ♖c1+ gespielt und auf 2. ♔d4 (♔d5 ♖c5+) mit 2. ... ♖d1+ fortgesetzt. Es folgte 3. ♔e4; und jetzt wird Lawrence, sollte er etwa den Braten gerochen haben, hoch befriedigt gewesen sein, als sein Gegner 3. ... ♖e1+(??) antwortete (4. ♔d5 ♖d1+ 5. ♔c6 ♖c1+ 6. ♔b6:, und Schwarz gab auf).

Mit dem Schach auf e1 schenkte Finnie seinem Gegner einen halben Punkt, für den Lawrence eine besonders gute Verwendung hatte: er gewann nämlich das Turnier mit 46½ Punkten, genau einen halben Punkt vor seinem nächsten Verfolger Payne!

Mit 3. ... ♖d6:!! (ein überraschender Übergang ins Bauernendspiel) 4. ed6: (vgl. das Stellungsbild) 4. ... ♔d8! wäre eine – für ein Blitzturnier gewiss sensationelle – Remisstellung entstanden. Aber wer wird es Finnie verargen, dass er nicht blitzschnell „sensationell" gespielt hat!

Nach 4. ... ♔d8 wird der Versuch 5. ♔d5 mit der Opposition (5. ... ♔d7) beantwortet; Weiß seinerseits kann die berühmte Opposition nur erreichen, wenn er den Bd6 opfert (5. d7), aber dann nützt sie ihm in diesem Ausnahmefall nichts; der weiße König kann nach 5. (d7) ♔d7: 6. ♔d5 ♔c7! nirgendwo eindringen, weil ihm das Feld e6 nicht zugänglich ist. – Versuche schließlich, über h6 in die schwarze Stellung einzudringen, würden gar mit dem Verlust der Partie bestraft werden.

Der letzte Versuch
246

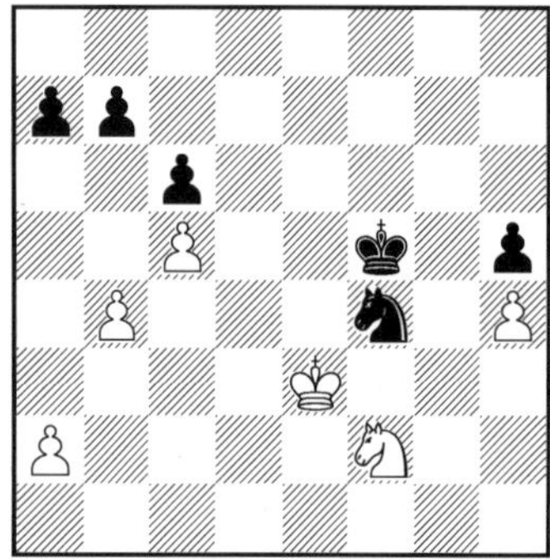

Aaron (am Zug) – Robatsch
Beverwijk 1962

In der Erkenntnis, dass die Fortsetzung 1. ♔f3 ♘g6 2. ♔g3 den schönen Damenflügel vertrauensvoll dem schwarzen König überlassen hätte, unternahm Indiens Spitzenspieler mit **1. ♘e4(!)** noch einen verzweifelten Versuch, und er hatte damit einen überraschenden Erfolg: **1. ... ♘g2+??** (1. ... ♘d5+!) Robatsch rechnete nur mit 2. ♔d3 ♘e1+ 3. ♔e3 ♘c2+ und war höchlichst überrascht, als Aaron mit **2. ♔d4!** fortsetzte; Ziel: Damenflügel (diesmal der schwarze!). **2. ... ♘h4: 3. ♘g3+! ♔g4 4. ♘h5:! ♔h5:**. Und jetzt frisch ans Werk! **5. ♔e5**. Die verkehrte Welt; Schwarz muss den Verlust abwehren! **5. ... ♘g6+ 6. ♔d6 ♘f4 7. a3 ♘d5 8. ♔d7 ♔g6 9. ♔c8 b6. Mit 10. ♔d7(!)** (Abgabezug) wurde die Partie abgebrochen und später remis gegeben.

Ist das nun bloß eine Sache der „Technik", wenn man einen so raffinierten Zug wie 2. ♔d4! übersieht?!

Mit kombinatorischen Mitteln
247

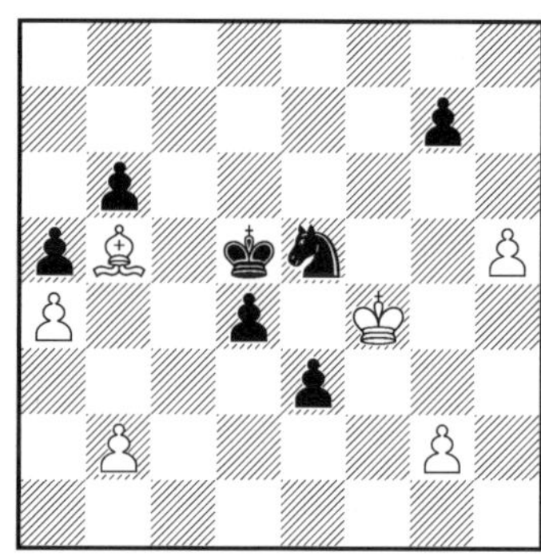

N. N. – Staudte (am Zug)
Aachen 1951

Bei materiell überlegener schwarzer Stellung durften die Aussichten des Gegners am Königsflügel, insbesondere der Vormarsch des g-Bauern, nicht unterschätzt werden. Es geschah **1. ... ♘c4** mit der Drohung, das „gehemmte" Freibauernpaar in Bewegung zu setzen. Mit 1. ... g5+? hätte Schwarz dagegen nur Remis erreicht (2. ♔g3!). **2. b3.**

Weiß lässt sich auf das mit dem Springerzug angebotene Figurenopfer ein. Hätte er sich zu 2. ♔f3 (!) entschlossen, so wäre der schwarze König nach 2. ... ♘d6! 3. ♗d3 mit 3. ... ♔e5 in den Besitz des wichtigen Zentralfeldes e5 gelangt; Schwarz stünde dann positionell auf Gewinn. Dies ist also einer jener nicht seltenen Fälle, in denen ein begrenztes strategisches Ziel nur mit kombinatorischen Mitteln erreicht werden kann.

Die Partie nahm folgenden weiteren Verlauf: **2. ... d3 3. ♗c4:+** (3. bc4:+ ist ebenso wenig besser wie 3. ♔f3 e2) **3. ... ♔d4 4. ♔f3 e2 5. ♔f2 ♔c3 6. ♗d3:**. Die Alternative war 6. ♔e1, aber dann gewinnt Schwarz mit 6. ... d2+, weil dem Weißen nach 7. ♔e2: ♔c2 das Schachfeld b3 fehlt (beileibe jedoch nicht mit 6. ... ♔c2? 7. ♗d3 :+ und jetzt gewinnt plötzlich Weiß!). **6. ... ♔d3: 7. ♔e1 ♔e3 8. g4 ♔f4.** Weiß gab auf.

Capablancas Bauernopfer
248

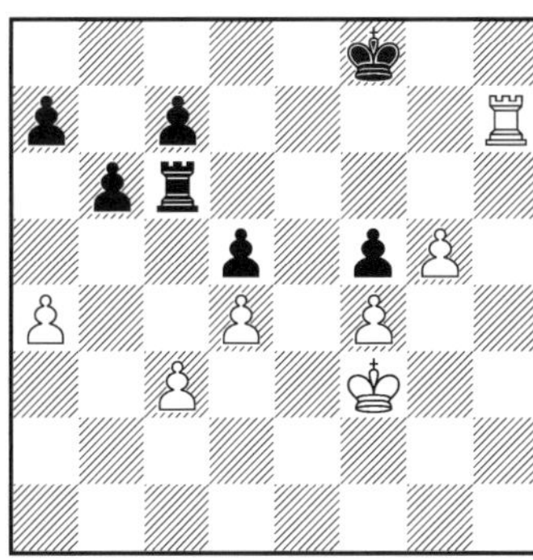

Capablanca (am Zug)
– Dr. Tartakower
New York 1924

Um seinen König – unter dem Schutz durch den Bf5! – so wirksam wie möglich aufzustellen, opferte Capablanca mit **1. ♔g3!!** zwei Bauern. Es folgte **1. ... ♖c3:+ 2. ♔h4! ♖f3 3. g6! ♖f4:+ 4. ♔g5 ♖e4 5. ♔f6! ♔g8 6. ♖g7+ ♔h8 7. ♖c7: ♖e8 8. ♔f5:** Besser als 8. ♔f7 ♖d8! (Aljechin). **8. ... ♖e4 9. ♔f6 ♖f4+ 10. ♔e5 ♖g4 11. g7+! ♔g8** (erzwungen) **12. ♖a7: ♖g1 13. ♔d5:**, und Schwarz gab nach einigen Zügen auf. Diese „positionelle Kombination" des damaligen Weltmeisters ist klassisch geworden.

Die vermeintliche Rettung
249

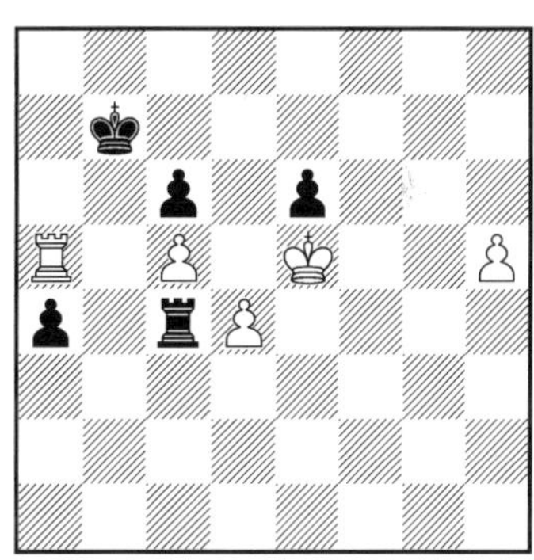

Dr. Lasker – Spielmann (am Zug)
Moskau 1925

Schwarz zog **1. ... ♖c1**, konnte aber nach **2. ♖a4: ♖h1 3. ♔d6! ♖h5: 4. ♖b4+ ♔c8 5. ♔c6: ♖d5 6. ♖a4 ♔b8 7. ♔b6** die Partie nicht halten. – Später vertrat Spielmann, wie Bogoljubow im Turnierbuch mitteilte, die

Ansicht, dass er mit 1. ... ♖b4! hätte unentschieden halten können; z. B. 2. h6 ♖b3! 3. ♔f6 ♖h3 4. ♔g7 ♖g3+ 5. ♔h8 ♖h3 6. h7 a3; oder 3. ♖a4: ♖h3 4. ♔d6 ♖h6: 5. ♖b4+ ♔c8 6. ♔c6: e5+; Remis.

Aber das ist nicht richtig! Den Gegenbeweis erbrachte der tschechoslowakische Studienkomponist **J. Prokop** in einer 1926 im „L'Echiquier" veröffentlichten Studie (♔e3, ♖g8, ♙b4, c5, d4, h5 – ♔a6, ♖c4, ♙a4, a5, c6, e6). Nach 1. ♖a8+! ♔b7! 2. ♖a5: ♖b4: ist fast die Partiestellung Lasker – Spielmann entstanden; der einzige, aber unbedeutende Unterschied liegt in der weißen Königsstellung. Prokop setzt jetzt mit 3. ♔f4!! fort und führt das Spiel nach 3. ... ♖d4:+ 4. ♔g5 ♖d1 mit 5. ♖a4: zum Gewinn.

Zieht Weiß aber 3. h6? oder 3. ♔e4? (an Stelle von 3. ♔f4), so wird das Spiel nach 3. ... ♖b1! 4. ♔f4 ♖h1 5. ♔g5 ♖g1+ 6. ♔h6 ♖a1 7. ♔h7 ♖h1 remis. In der Hauptvariante der Lösung darf Weiß übrigens nicht etwa auf 5. ♖a4:! verzichten und 5. h6? spielen, weil dies ähnlich widerlegt werden kann: 5. ... ♖g1+ 6. ♔f6 ♖f1+ 7. ♔g7 ♖g1+ 8. ♔h8 ♖h1 9. h7 ♖a1!.

Es entbehrt nicht eines gewissen Reizes (um einen nach Kmochs sehr wohlbegründeter Meinung „einer gewissen Albernheit nicht entbehrenden" Ausdruck zu verwenden), dass, wenn Schwarz die vermeintliche Remis-Variante (1.) ... ♖b4 gewählt hätte, sich Lasker des „Capablanca-Manövers" hätte bedienen müssen, um zu gewinnen! Nun, glücklicherweise hätte Capablanca keine Urheberrechte auf dieses Manöver geltend machen können; – das gibt es nur, und mit Recht, bei der Problem- und Studienkomposition.

Positionelles Remis?
(Leider nur Analyse)
250

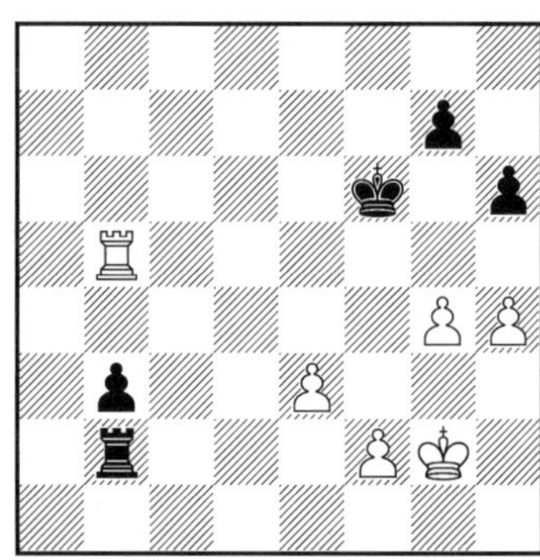

Kortschnoj – Letelier (am Zug)
Havanna 1963

Der chilenische Meister verlor dieses Endspiel mit **1. ... ♖b1? 2. ♔f3 b2 3. h5 g5 4. hg6: i. V. ♔g6: 5. ♔f4 ♔f6 6. e4,** ohne rechten Widerstand leisten zu können.

Hier gab es aber eine typische „Ressource der schwachen Stellung"; mit 1. ... ♔e6! hätte Schwarz Aussichten auf Remis erlangt. Die positionelle Drohung ist, den Turm von b5 zu vertreiben und dann, um den ♖b2 zu befreien, mit dem König nach c4 zu gehen. Ein guter Plan, dessen Ausführung Weiß nicht verhindern kann. Will er es doch, und greift er zu diesem Zweck den Bg7 an, so ergibt sich folgende humoristische Pointe: 2. ♖b7 ♔d6! 3. ♖g7: ♖f2:+!! 4. ♔f2: ♔c6!. Darauf kann der verirrte weiße Turm, obgleich der schwarze Freibauer erst auf b3(!) steht, nicht mehr rechtzeitig zurückkehren, und so ist nach 5. ♖g8 ♔c7 6. ♖g7+ ♔c6 ein Remis die zwangsläufige (und gerechte) Folge.

Das Wandern ist des Königs Lust

(aber nur im Endspiel!)

251

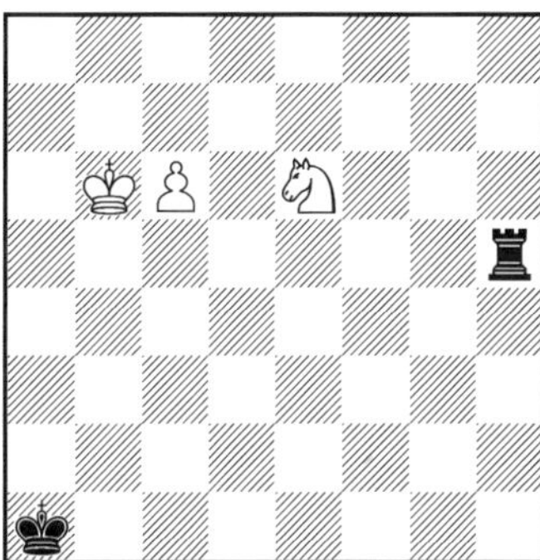

M. Karstedt
„Deutsches Wochenschach“, 1911
Weiß gewinnt

Wir haben schon einige amüsante Spaziergänge des weißen Königs gesehen, würden uns aber nicht anmaßen wollen, seine Majestät nun „Wanderkönig“ nennen zu wollen: Diese Bezeichnung ist nämlich längst von den Mittelspiel-Glossatoren mit Beschlag belegt, betrifft den aus seiner sicheren Rochadestellung vertriebenen König und pflegt etwa mit der Floskel dargeboten zu werden: „Der Wanderkönig wird eben meist mattgesetzt“.

Im Endspiel dagegen packt den König manchmal ein richtiger Wandertrieb, – natürlich nur, wenn er „getrieben“ wird; von Natur aus ist er nämlich bequem und hat eine wohlwollende Gemütsveranlagung (wenn man einmal von der „Opposition“ absehen will).

Nach **1. c7 ♖h8 2. ♘d8 ♖h6+** beginnt der König seinen Spaziergang über b5; nach 3. ♔c5? ♖h1 nämlich wäre schon alles zu Ende. **3. ♔b5! ♖h5+ 4. ♔b4 ♖h4+ 5. ♔b3 ♖h3+ 6. ♔c2 ♖h2+ 7. ♔d3 ♖h3+ 8. ♔d4 ♖h4+ 9. ♔d5 ♖h5+ 10. ♔d6 ♖h6+ 11. ♔e7 ♖h7+ 12. Sf7!** (deckt h8!), und Weiß gewinnt.

*

Von Großmeister **Kotow** gibt es eine Studie desselben Inhalts: ♔g6, ♘g4, ♙a6, f6 – ♔h1, ♖a1 („Schachmaty“, 1945): 1. f7 ♖a6:+ 2. ♘f6 ♖a8 3. ♘e8 usw., wie bei Karstedt. Natürlich ist das Stück, das zudem keine konstruktiven Vorteile aufweist (im

Gegenteil!), ebenso wie die von Selesniew vorweggenommene Studie Rétis (vgl. Stellung 139) nicht existenzberechtigt.

Ausgedehnte Exkursion
252

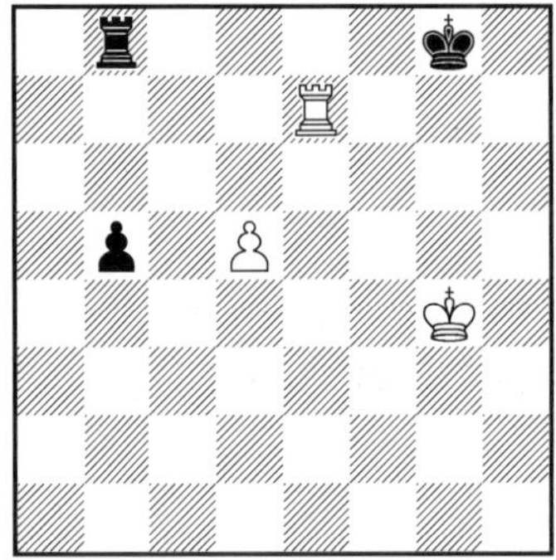

V. Jandera
„Ceskoslovensky Sach", 1959
1. Preis
Weiß gewinnt

Das zum Gewinn führende Manöver beginnt mit **1. ♔f5,** was am besten mit **1. ... b4** beantwortet wird. Auf 1. ... ♖b6 folgt 2. ♔e5 b4 3. d6 ♔f8 4. ♖h7 ♔e8 5. ♔e6 ♔f8 6. ♖f7+ ♔e8 7. ♖a7 ♔f8 8. ♖a8+ ♔g7 9. ♔e7 b3 10. ♖b1 b2 11. ♖g1+ ♔h7 12. d7 mit Gewinn. **2. d6 b3 3. d7 ♔f8 4. ♔f6 b2 5. ♖h7 ♖b6+ 6. ♔e5 ♖b5+ 7. ♔d4 ♖b4+ 8. ♔c(e)3 ♖b3+ 9. ♔d2! ♖d3+ 10. ♔c2 ♖d1 11. ♔b2:,** und Weiß gewinnt.

*

Wenn man diese Lösung gesehen hat, fühlt man sich äußerst lebhaft an eine Partie **Bogoljubow – G. A. Thomas,** Hastings 1922, erinnert (♔c5, ♖h7, ♙c6 – ♔e8, ♖a6, ♙a2; Weiß am Zuge), die Bogoljubow nach 1. c7 ♖a5+ 2. ♔b6 ♖a6+ 3. ♔c5 ♖a5+ 4. ♔c6 ♖a6+ 5. ♔d5 ♖a5+ 6. ♔e6 ♖a6+ remis gab, anstatt sie, – genau wie bei Jandera! – mit einer gemütlichen Wanderung nach a2 zu gewinnen: 7. ♔d5 ♖a5+ 8. ♔c4 ♖a4+ 9. ♔b3 ♖a3+(!) 10. ♔c2! ♖c3+ (oder 10. ... a1♘+ 11. ♔b2 usw.) 11. ♔b2!. Der König verspeist den Bauern und begibt sich dann zu seinem eigenen Bauern zurück.

Ein reizender Fischer-Zug
253

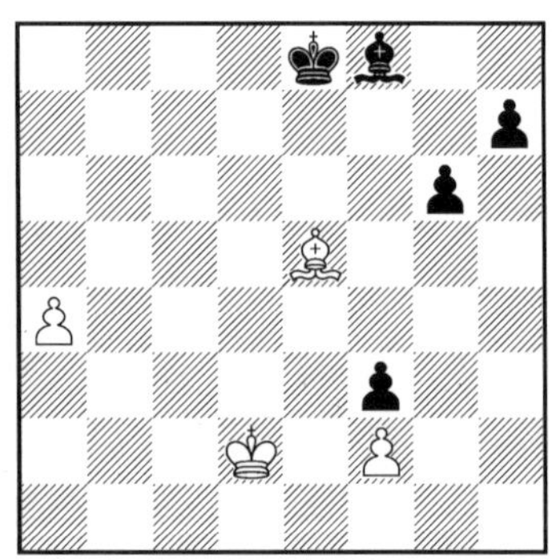

Fischer – Matanovic (am Zug)
Bled 1961

Nach **1. ... ♗c5 2. ♔d3(!)** antwortete Matanovic **2. ... g5,** da er sich von 2. ... ♗f2: 3. ♔e4 usw. im Hinblick auf die günstige weiße Königsstellung mit Recht nichts versprach. **3. ♔e4 g4 4. ♗g3 h5 5. a5 ♔d7.** Jetzt aber sah es nicht gut aus; z. B. 6. ♔f5 ♗e7! mit Gewinn für Schwarz (7. ♗h2 ♔c6! usw.).

Doch Fischer meisterte die Lage; er zog **6. ♔d5!** und machte dadurch die Antwort 6. ... ♗e7 unmöglich (7. a6! mit Gewinn für Weiß!). **6. ... ♗a7 7. ♔e4**(!!). Zielbewusste Gelassenheit! 7. ... **♔c8** (letzter Versuch) **8. ♔f5! ♗b8 9. ♔g5**!!. Ein reizender Zug: Geschieht jetzt 9. ... ♗g3:. so folgt 10. ♔h5: ♗f2: 11. ♔g4: mit Eroberung des letzten schwarzen Bauern. Also Remis!

Hinderliche Masse

254

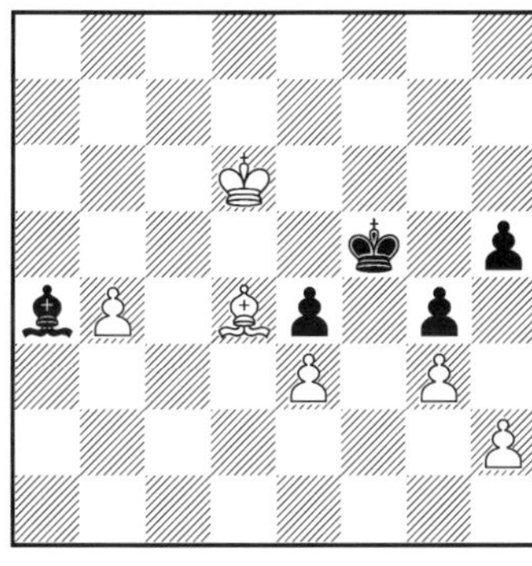

Dr. Trifunovic (am Zug)
– Matulovic
Jugoslawische Meisterschaft 1961

Der weiße König ist ins schwarze Lager eingedrungen und hat den schwarzen Heerführer auf ein kleines Reservat beschränkt. Für das Auge sieht das alles schön aus, aber bei näherem Zusehen stellt sich heraus, dass wegen der ungleichen Läufer der Gewinn noch in weiter Ferne ist. Um den Freibauern beweglich zu machen, muss der weiße König wieder Raum geben, aber das führt zu überraschenden Schwierigkeiten. Diesen ging Trifunovic mit **1. ♗a7!!** unter der Devise „Platz für den König!" von vornherein aus dem Wege. Ein unwahrscheinlicher Zug, aber er beruht, wie der weitere Verlauf zeigt, auf vollkommen logischen Erwägungen. Es folgte **1. ... ♔f6 2. ♔d5 ♔f5 3. ♔c5 ♔e6 4. b5 ♔d7 5. ♔b4!** Nicht aber 5. b6? ♗c6! usw., Remis. **5. ... ♗d1 6. b6 ♔c6** 7. **♔c4.** Auf dem Wege über das durch 1. ♗a7 frei gewordene Feld d4 erneut ins feindliche Lager! 7. ... **♗c2 8. ♔d4 ♗d3 9. ♔e5 ♗c2 10. ♔f5 ♗d3 11. ♔f4 ♗c2 12. ♔g5 ♗b3 13. ♔h5: ♗e6 14. ♔g5 ♗c8 15. ♔f4 ♔d5.** Nun entscheidet ein hübsches Tempospiel. **16. ♗b8! ♔c6 17. ♗c7 ♔d5 18. ♗d8! ♔c6 19. ♔e4: ♔d7 20. ♗f6 ♔e6 21. ♗d4** (wieder daheim!) **21. ... ♔d6 22. ♔f4.** Schwarz gab auf.

Wir wollen nicht entscheiden, ob 1. ♗a7 die einzige Gewinnmethode war; es scheint uns aber sicher zu sein, dass der „direkte Weg" 1. ♔c5 ♔e6 2. b5 ♗b3! ein Schlag ins Wasser gewesen wäre (3. ♔c6 ♗a4!). Interessant ist hierbei noch, dass Schwarz auf 2. b5 nicht den nahe liegenden Zug

2. ... ♔d7? tun darf, denn das würde ihn nach 3. ♗e5! in tödlichen Zugzwang bringen; z. B. 3. ... ♔e6 oder 3. ... ♔c8 4. b6 mit ähnlichen Spielen wie in der Partie.

Ins Leere
255

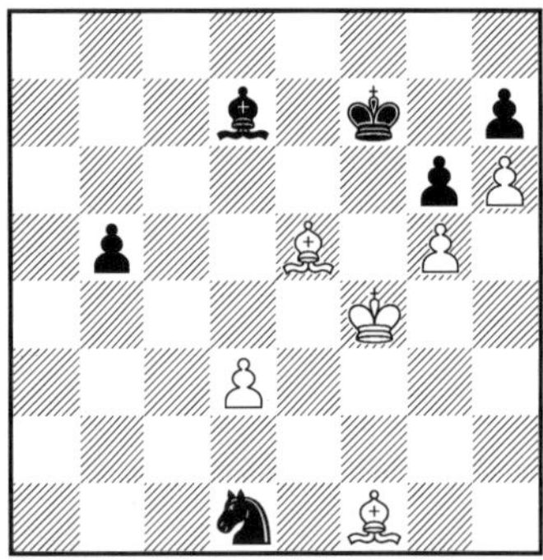

Emden (am Zug) – Tagmann
„Coupe Suisse“, 1956

Kaum einer der bei dieser Pokalpartie kiebitzenden Meister wäre bereit gewesen, für Tagmann auch nur einen Schweizer Rappen, will sagen: einen Pfennig zu geben; – nur Tagmann selbst!
1. ♗d6 ♘**a2 2. ♗b4** ♘**c3:!!** Da haben wir ihn schon, den Rappen! **3. ♗c3: ♗e6!** (auch der Bb5 wird als überflüssig geopfert) **4. ♗b5: ♗a2.** Der Läufer hat die Aufgabe, nur um den Preis des Abtauschs die Schräge a2/g8 zu verlassen; Weiß könnte dann wegen absoluten Läuferleerlaufs nicht gewinnen, sondern höchstens pattsetzen.

Es geschah noch **5. ♗b4 ♗b3 6. ♔e5 ♗a2 7. ♗e8+ ♔g8.** Schwarz bleibt systemgetreu; er hätte auch schlagen können. **8. ♔f6 ♗b3 9. ♗g6: hg6: 10. ♔g6: ♗c2+ 11. ♔f6 ♔h7**; Remis!

Der Turm im Kampf gegen den Läufer
256

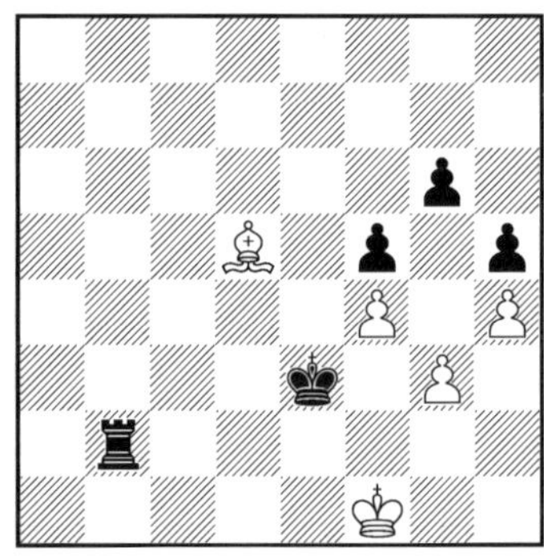

Cholmow – Taraschkowski
UdSSR-Halbfinale, Tiflis 1971.
Weiß am Zug

Weiß hat nur Läuferzüge auf der Diagonalen a8/d5 und mit dem König die Felder g1 und f1 zur Verfügung.
1. ♗c6 ♖d2 2. ♔g1 ♖d6 3. ♗b7 g5! Die Gewinnidee. Einen Bauern muss Schwarz geben, damit ein Freibauer entstehe. **4. fg5:.** Oder 4. hg5: h4 5. gh4: ♔f4: 6. ♗c8 ♔g3 7. ♔f1 f4 und so fort. **4. ... f4 5. gf4: ♔f4: 6. ♔f2 ♔g4** (oder auch 6. ... ♖d2+) 7. **♗e4 ♔h4: 8. g6 ♖d7 9. ♔f3 ♔g5 10. ♔g3 ♖e7 11. ♗b1 h4+ 12. ♔h3 ♖e3+ 13. ♔h2 ♖g3 14. ♗c2 ♔f4**

15. ♗b1 h3 16. ♗f5! ♔f3 17. ♗c8! (Oder 17. ♗h3:? ♖g6: 18. ♗f5 ♖g2+ 19. ♔h3 ♖g5 und Schwarz gewinnt.) **17. ... ♖g6: 18. ♗b7+! ♔g4 19. ♗c8+ ♔h4 20. ♗h3: ♖c6.** Die Gewinnstellung. Wie Großmeister Cholmow in Schachmatny Bulletin (10/ 1973) zeigt, haben wir die Stellung einer Studie mit vertauschten Farben vor uns. Der Rest der Partie war identisch mit der Lösung der folgenden Platow-Studie.

257

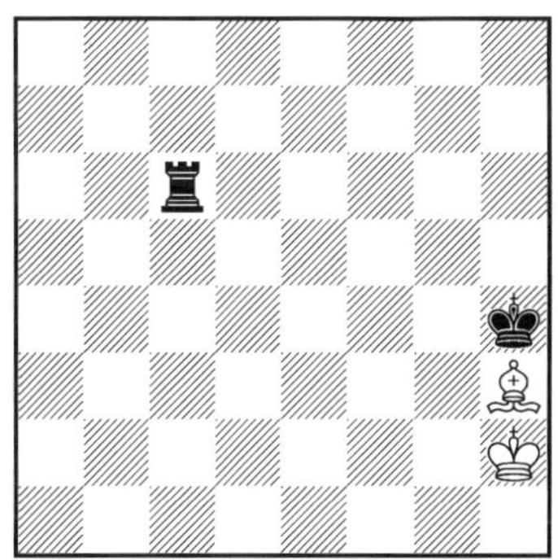

W. Platow (mit vertauschten Farben)
Weiß zieht, Schwarz gewinnt

1. ♗d7 ♖c2+ 2. ♔g1 ♔g3 3. ♔f1 ♔f3 4. ♔e1 ♔e3 5. ♔f1 ♖f2+ 6. ♔g1 ♔f3! gefolgt von **♔g3,** und Schwarz gewinnt.

Nachwort

Wir sind am Ende unseres Spaziergangs angelangt. Er hat uns gewissermaßen „kreuz und quer durchs Gelände" geführt. Die Verfasser hoffen aber, dass Sie, liebe Leser, auf manche schöne Aussichtspunkte gestoßen sind, zu denen sich weitere Exkursionen lohnen. Sie hoffen weiter, Ihnen die Gewissheit vermittelt zu haben, dass auch das Endspiel – oder vielmehr gerade das Endspiel – voll von besonderen Schönheiten ist und dass Sie in ihm alles das finden können, was das Wesen der Schachkunst ausmacht.

Verzeichnis der hauptsächlich benutzten Quellen

Awerbach: Lehrbuch der Endspiele, Bd. 1-3 (Deutsch: Berlin 1958 bis 1963)

Bän: Taktik des Endspiels (The tactics of endgames), Englisch: London 1963

Berger: Theorie und Praxis der Endspiele, Berlin 1922

Chéron: Lehr- und Handbuch der Endspiele, Berlin 1955-1958

Dedrle: Moderne Endspiele (Finales Artisticos), Buenos Aires 1952

Delaere (Lamare): Endspiele (Fins de partie), Paris 1925

Euwe: Das Endspiel (Deutsch: Hamburg 1957 bis 1960)

Farago: Neue Ideen im Kunstschach (Idei noi in Sahul Artistic), Bukarest 1956

Fine: Grundlegende Schach-Endspiele (Basic Chess Endings), Philadelphia 1941

Fritz: Schachstudien (Sachova studie), Prag 1954

Gawlikowski: Schach-Endspiele (Koncowa gra Szachowa), Warschau 1954

Gurwitsch/Speckmann: Meisterwerke der Endspielkunst, Berlin 1964

Halberstadt: Taktische Merkwürdigkeiten im Endspiel (Curiosites tactiques des finales), Paris 1954

Herbstman: Die Schachstudie in der Gegenwart (De schaakstudie in onze dagen), Holländisch: Lochen 1943

Kan: Das schachliche Werk N. D. Grigoriews (Schachmatnoje Twortschestwo N. D. Grigorjewa), Moskau 1954

Kasanzew, Kofman, Liburkin: Sowjetische Schachstudien (Sowjetskij Schachmatnij Etjud), Moskau 1956

Kasparjan: Ausgewählte Studien und Partien (Isbranje Etjudi i partii), Erewan 1959

Korn: Der brillante Einfall (The brilliant Touch, 240 Chess Brilliancies), London 1950

Korolkow: Ausgewählte Studien (Isbranje Etjudi), Moskau 1958

Korolkow und Tschechower: Ausgewählte Studien A. A. Troitzkys (Isbranje Etjudi A. A. Troitzkogo), Moskau 1959

Kotow: Das Schacherbe Aljechins (Deutsch: Berlin 1957

Lissitzin: Endspiele, Leningrad 1956

Löwenfisch/Smyslow: Theorie der Turmendspiele (Deutsch: Berlin 1959)

Mandler: Sämtliche Studien von Richard Réti, Mährisch-Ostrau 1929

Marwitz/de Feyter: Die Endspielstudie (De Eindspelstudie), Lochern 1948

Prokes: Schachstudien (Kniha Sachovych Studii), Prag 1951

Richter, K.: Kurzgeschichten um Schachfiguren, Berlin 1955

Richter/Staudte: Richtig und falsch, Berlin 1962

Rinck: 1414 Endspiele (1414 fins de partie), Barcelona 1950

Rueb: Die Schachstudie / Quellen der Schachstudie (De Schaakstudie / Bronnen van de Schaakstudie), Gouda 1948-1955

Staudte: Aus der Welt der Schachstudie, Bad Nauheim 1961

Troitzky: 500 Endspielstudien, Berlin 1924

Tschechower: Schachstudien und -endspiele (Schachmatnije Etjudi i Okontschanja), Moskau 1959

Zeitschriften:

Chess, Chess Review, Deutsche Schachblätter, Deutsche Schachzeitung, Europe-Echecs, Magyar Sakkelet, Revista Romana de Sah, Sahs, Schach, SchachEcho, Schachmaty w SSSR, Schakend Nederland, Szachy.

Namenregister der Autoren und Spieler

Aaltonen 99
Aaron 210
Adcock 178
Ahrend, L. 65
Ahues, C. 163
Alexandrcscu 162
Aljechin 35, 76
Aloni, H. 23, 86
Alster 117
Arulaid 87
Arzruni 185
Awerbach 143

Balogh 57, 208
Bannik 53
Barbier, G. 77
Barcza 20, 21, 37, 119, 159, 189
Behting, J. 168, 169
Beinfest, B. 120
Belkadi 61
Benesch, F. 65
Beni 174
Berg, v. d. 148
Berger, J. 66, 81, 117, 183
Bernhardt, G. 206
Bernstein 191
Betbeder 84
Bethge, F. 115, 157, 158
Bethge, V. 115
Bildhauer 153
Bilek, I. 35
Bisguir, A. 176, 186
Blackburne 99, 135
Blasbalg 34
Blau 192
Boekdrukker 158
Bogoljubow 76, 214
Bohosiewicz 101
Bondarewsky 96
Bonet 113
Borissenko 165
Borth 122
Botwinnik 44, 74, 105, 121
Bozik 103
Breazu 24
Bronstein 58, 121
Browne 42
Brüntrup 145
Buschniak 152
Bykowa 19

Capablanca 144, 172, 211
Castilla 170
Chambere 178
Chéron, A. 18, 63, 68, 202
Chess Player's Chronicle 147
Cholmow 216
Chitescu 133
Ciawlowsky, W. 111
Ciocaltea 91
Colle 47
Cortlever 191
Csanadi 54
Csulits 150
Czerniak 50, 155
Czitron 204

Darga 156, 194
Davidescu 62
Dawson, T. 36
Dedrle, F. 147
Demberger 80
Dickmann 128
Diez del Corral, J. 198
Dima 153
Dobrescu, E. 102
Dommes 38
Dorfman 178
Duras, O. 39, 93, 130, 203

Eiber 122
Eisenstadt, M. A. 75
Eliskases 87
Elistratow 70
Emden 216
Erdös 40
Ermolajew 164
Euwe 208

Fairhurst 182
Farago, P. 24, 60, 129
Fenton 77
Feyter, C. J. de 30, 179
Filipescu 204
Fine 44
Finnie 209
Fischer, J. 133, 176, 206, 208, 214
Flohr 172
Florian 69
Forintos 54
Freund 184
Freytag 101
Friedstein 78
Fritz, J. 23
Fuchs 108, 150

Garcia Toledo 79, 98
Genes 37
Gergeli 26
Gligonc 14, 16, 58
Gohn, M. 78
Goldberg 165
Grigoriew, N. D. 20, 22, 29, 41, 43, 121, 122, 132, 146, 162, 201
Grünfeld 47
Gumprich 156
Günsberger 109
Gunst, J. 62
Gurgenidse 87
Gurwitsch, A. S. 18
Gusew 94

Halberstadt, V. 18, 171, 172, 174
Hansen 141
Hariel 85
Hasek, J. 207
Havasi, A. 191
Hecht 80, 189
Henneberger, M. 98, 99
Herberg 18, 116, 129, 139, 140, 157
Herbstman, A. O. 133
Herland 34, 155, 208
Herrmann, H. 181
Heuäcker, P. 118, 123, 198
Hilden 39
Hoch, J. 42
Holaszek 143
Holst, H. van der 204

Holzhausen, W. v. 104
Horwitz 164, 201
Horwitz und Kling 164, 201
Hufendick, E. 112

Iljin, P. N. 106
Isenegger, S. 46, 91, 151, 161, 163
Ivkow 79

Jakobsen, O. 143
Jandra, V. 214
Jasy 168
Joita, P. 106
Jovcic 72
Juchowitzky 94
Juk 165
Jurawlew 108

Kahn 110
Kammenich 81
Kan 45
Kantorowitsch, I. A. 19, 199
Karpitzky 164
Karstedt, M. 213
Kasanzew, A. 152
Kasparjan, G. M. 184
Kawataradse 192
Keres 49, 87
Keto 99
Kieninger, G. 197, 202
Klanski 59
Kling, J. 67, 164, 201
Klowan 70
Kluger 67
Kmoch 44
König, E. 207
Kopetzky 166
Korne 81
Korolkow, W. A. 32, 33, 83
Kortschnoj 29, 159, 212
Kosek, V. 181
Kotlerman 117
Kotow, A. 213
Kozma 108
Kraemer, A. 71
Kubbel, K.A.L. 27
Kubbel, L.I. 15, 16

Lang 25
Larsen 143
Lasker, Ed. 31, 36, 132, 211
Lasker, Em. 49, 51, 144
Lawrence 209
Lazard 107
Lehmann 69, 179
Lehner 83
Lehnert 205
Leick, W. 106
Lein 72
Letelier 212
Lewander 158
Liberson 14, 15, 16
Liburkin, M.S. 145
Lintia 92
Ljubojevic 42
Lladó 194
Loewenton 33
Logrin, L. 88
Loman 36
Losew 55
Loyd, S. 178, 207
Lutikow 78

Maiselis 44
Mandelbaum, A. 83
Mandler, A. 207
Marco 31
Matanovic 214
Mattison, H. 112
Matulovic 215
Mecking 98
Meddeler 113
Mendelssohn 155
Mendes 84
Michel 99, 166
Milescu, M. 114
Minic 58
Mititelu 55
Moll 132
Moravec 18, 36, 59, 87, 101
Mouterde, A. 94
Müller, H. 167

Najdorf 50
Nemkow 50
Nemtschin 26
Nestorescu, V. 114
Neukirch 109
Neumann 199
Neustadt 66
Niculescu 62
Niessl 128
Nikolajcwski 27, 53
Nikolic 152
Nimzowitsch 141
N.N. 89, 146, 180, 191, 199, 210
Nüsken 70

O'Kelly 197
Olafsson 45
Opocensky 49
Orban 24
Ortueta 119
Otten, H.

Pachman 61, 91, 180
Pahl 140
Panaitescu 33
Papp 40
Parma 58, 125
Peckover, J. 86
Peger 103
Perfiliew 74
Perlo, van 113
Perneder 46
Petrosjan 29
Pilnik 45, 174
Platow, W. 217
Platz 88
Plönnings, E. 101
Pogats 72
Polerio 180
Pomogalow, W. 134
Ponziani, D.L. 49, 67
Portisch 20, 21
Post 46
Potter 77
Prins 69
Prokes 18, 23, 33, 82, 135, 176, 208
Prokop, J. 212

Rabinowitsch 146
Radulescu 204
Raina, C. 53, 92

Rautenberg 181
Rellstab 140, 141
Reschewsky 187, 206
Réti, R. 18, 25, 75, 89, 127, 188
Richter, K. 136, 141
Rico 113
Rieger 56
Rinck, H. 18, 57, 154, 156, 198
Robatsch 40, 210
Rodriguez 59
Romanowsky 88
Rossolimo 187
Rothschild, Baron 83
Rubzowa 19

Saavedra 77
Sackmann, F. 52, 162
Salvioli 74
Salwe 102
Sandor 67
Sanz 119
Sarkisjan 185
Satulowskaja 95
Schachar 23
Schallopp 99
Scheltinga, van 44
Schijanowski 41
Schindlbeck 184
Schlage 163
Schlechter 31
Schmid, L. 182
Schultheiß 202
Schurawlew 130
Schwidenko 41
Selesniew, A.S. 26, 28, 52, 74, 127, 170, 193, 205
Seyboth, H. 65
Skuja 108
Smiltiner 85
Soos 109
Sosonko 38
Speckmann, W. 18, 151
Spielmann 211
Spitz 25
Sporis 130
Starck 56
Staudte, H.H. 39, 63, 125, 180, 200, 210
Stein 178
Stephan 179
Stoltz 136
Subarew 45
Sunyer 170
Svacina 167
Sworykina 165
Szabó, St. 95, 162

Tagmann 216
Taimanow 27
Tal 105
Taraschkowski 216
Tarrasch, S. 28, 31, 202
Tartakower 89, 211
Teschner 117
Thal 110, 145
Thelen 69
Thomas, G.A. 134, 214
Topel 128
Trifunovic 215
Troianescu, O. 168
Troitzky, A.A. 18, 37, 56, 65, 159
Tschechower, W.A. 18, 82, 96, 117
Tschelebi 119

Tschigogidse 192
Tschigorin 28
Tullidge 51

Udovcic 155
Uhlmann 40
Unbekannt 186
Unzicker 192

Vancura, J. 147
Velimirovic 125
Vitense, J. 186
Vitzthum 109
Vlk 70
Voia, R. 123
Volkmann 103
Vukovic 72

Walther 103
Wamper 63
Weenink, H. 55
Welling 180
Werner 157
Wiesner 205
Witton 51
Winz 128
Wolf 57, 134
Wolkewitsch 66
Wolpert 95
Wotawa, A. 51, 90, 93, 200

Yates 32
Yepez 186

Zelinski 50
Ziolo 184
Zukertort, J.H. 135